ESBOÇO PARA UMA CRÍTICA
DA ECONOMIA POLÍTICA
e outros textos de juventude

Friedrich Engels

ESBOÇO PARA UMA CRÍTICA DA ECONOMIA POLÍTICA
e outros textos de juventude

Organização e apresentação
José Paulo Netto

Tradução
Nélio Schneider

© Boitempo, 2021

Direção-geral	Ivana Jinkings
Edição	Pedro Davoglio
Coordenação de produção	Livia Campos
Assistência editorial	Carolina Mercês
Tradução	Nélio Schneider
	Ronaldo Vielmi Fortes (artigos 5 e 6)
	José Paulo Netto e Maria Filomena Viegas
	(artigo 10)
Preparação	Mariana Echalar
Revisão	Daniel Rodrigues Aurélio
Capa e diagramação	Antônio Kehl,
	sobre desenho de Gilberto Maringoni

Equipe de apoio Artur Renzo, Camila Nakazone, Débora Rodrigues, Elaine Ramos, Frederico Indiani, Higor Alves, Ivam Oliveira, Jéssica Soares, Kim Doria, Luciana Capelli, Marcos Duarte, Marina Valeriano, Marissol Robles, Marlene Baptista, Maurício Barbosa, Raí Alves, Thais Rimkus, Tulio Candiotto

CIP-BRASIL. CATALOGAÇÃO NA PUBLICAÇÃO
SINDICATO NACIONAL DOS EDITORES DE LIVROS, RJ

E48e

Engels, Friedrich, 1820-1895
Esboço para uma crítica da economia política : e outros textos de juventude / Friedrich Engels ; tradução Nélio Schneider com a colaboração de Ronaldo Vielmi Fortes e José Paulo Netto . - 1. ed. - São Paulo : Boitempo, 2021.
(Marx-Engels ; 29)

"Coletânea de vários textos"
Apêndice
Inclui índice
ISBN 978-65-5717-102-8

1. Filosofia. 2. Marxismo. 3. Comunismo. 4. Economia. I. Schneider, Nélio. II. Fortes, Ronaldo Vielmi. III. Paulo Netto, José. IV. Título. V. Série.

21-73438   CDD: 335.4
                             CDU: 330.85

Meri Gleice Rodrigues de Souza - Bibliotecária - CRB-7/6439

É vedada a reprodução de qualquer
parte deste livro sem a expressa autorização da editora.

1ª edição: outubro de 2021

BOITEMPO
Jinkings Editores Associados Ltda.
Rua Pereira Leite, 373
05442-000 São Paulo SP
Tel.: (11) 3875-7250 / 3875-7285
editor@boitempoeditorial.com.br
boitempoeditorial.com.br | blogdaboitempo.com.br
facebook.com/boitempo | twitter.com/editoraboitempo
youtube.com/tvboitempo | instagram.com/boitempo

SUMÁRIO

Nota da edição 7

Apresentação. Os escritos do *jovem* Engels – *José Paulo Netto*................9

Cartas de Wuppertal...57

Schelling sobre Hegel 77

Schelling e a revelação. Crítica da mais nova tentativa de reação contra a filosofia livre 85

Cartas de Londres..129

Progresso da reforma social no continente..............................143

Esboço para uma crítica da economia política..........................161

Rápido progresso do comunismo na Alemanha 185

[Dois discursos em Elberfeld]..199

[O *status quo* na Alemanha]..219

Princípios do comunismo...235

Anexo. De Paris a Berna 251

Índice onomástico..271

Cronologia resumida de Marx e Engels 279

Coleção Marx-Engels 293

NOTA DA EDIÇÃO

Vigésimo nono lançamento da Coleção Marx-Engels, este livro oferece um panorama do pensamento de juventude de Friedrich Engels no período de 1839 a 1849, quando ele tinha entre 19 e 29 anos de idade. Dos onze textos incluídos na coletânea, apenas três já circulavam em português, com destaque para o seminal "Esboço para uma crítica da economia política", que dá título ao volume em virtude de sua importância pioneira para o que depois se tornaria a crítica da economia política, espécie de "disciplina" de base de todo o pensamento marxista – e que nomeia sua contribuição mais original e indelével à história das ideias sociais e políticas.

Procurou-se apresentar aqui o caráter precoce do enorme arco de interesses de Engels e de sua versatilidade tanto em termos temáticos (filosofia, teologia, economia política, sociologia, política, arquitetura e urbanismo) quanto de gênero textual (polêmica, relato de viagem, epistolar, palestra e discurso político, sátira, poesia, jornalismo, didático). Mescla de erudição científica, olhar agudo e fino talento literário, postos a serviço de uma visão solidária com a humanidade, que rapidamente se desenvolveu em perspectiva comunista bem fundamentada e orientada para a articulação política e a intervenção revolucionária.

A fonte dos textos traduzidos pode ser encontrada na primeira nota de cada artigo. A proposta de publicação, a seleção dos textos e a redação da apresentação são de José Paulo Netto. A tradução da maioria dos textos que compõem o volume coube a Nélio Schneider. Dois deles – "Progresso da reforma social no continente" e "Esboço para uma crítica da economia política" – já publicados, respectivamente, nas revistas *Libertas* e *Verinotio*, foram traduzidos por Ronaldo Vielmi Fortes, que também revisou o artigo "Princípios do comunismo", traduzido por José Paulo Netto e Maria Filomena Viegas e originalmente publicado em 1981 no hoje raro *Engels: política*, volume dezessete da Coleção Grandes Cientistas Sociais, da Editora Ática. A preparação dos originais foi feita por Mariana Echalar e a revisão do texto consolidado por Daniel Rodrigues Aurélio. Felipe Cotrim redigiu a orelha do livro e deu indicações preciosas sobre pontos do texto. A ilustração do jovem

Friedrich Engels – Esboço para uma crítica da economia política

Engels na capa, exclusiva para nossa edição, é de Gilberto Maringoni. A todos esses profissionais, que somados à equipe da Boitempo são responsáveis diretos pela qualidade deste livro, a Boitempo expressa seu mais profundo agradecimento.

As notas de rodapé vão numeradas, com a indicação de autoria ao lado seguindo esta anotação:

N. E. – Nota da Edição Brasileira
N. E. A. – Nota da Edição Alemã
N. E. E. – Nota da Edição Espanhola
N. E. I – Nota da Edição Inglesa
N. E. It. – Nota da Edição Italiana
N. R. T. – Nota da Revisão da Tradução
N. T. – Nota da Tradução Brasileira

As raras notas desacompanhadas dessas siglas e marcadas com asterisco (*) são de autoria de Engels.

Outubro de 2021

APRESENTAÇÃO
Os escritos do *jovem* Engels
José Paulo Netto

Os principais elementos da biografia de Friedrich Engels (1820-1895) – dos quais, nesta apresentação, retomaremos apenas uns poucos eventos registrados até 1849 – já estão minimamente ao alcance dos leitores de língua portuguesa[1]. O mesmo não se pode dizer, ainda hoje, dos escritos do *jovem* Engels. À exceção daqueles elaborados em coautoria com Karl Marx (*A sagrada família, A ideologia alemã* e o *Manifesto do Partido Comunista*), parece-nos que tão somente *A situação da classe trabalhadora na Inglaterra*, obra desde há muito tornada clássica, ganhou no Brasil ressonância para além de círculos de especialistas.

Decerto que dois célebres ensaios teóricos engelsianos, um teórico e outro político – o seminal "Esboço para uma crítica da economia política" e o significativo "Princípios do comunismo" –, há décadas (pelo menos desde a abertura dos anos 1980) estão disponíveis aos nossos leitores[2]. Todavia, tudo indica que é correto operar com a hipótese de que parte bem relevante dos materiais produzidos pelo *jovem* Engels – à diferença da fortuna, entre nós, de fundamentais peças devidas ao trabalho do *jovem* Marx[3] – ainda permanece pouco acessível aos interessados

---

[1] Ver *Friedrich Engels: biografia*, obra coletiva bem documentada, mas de viés hagiográfico (Lisboa/Moscou, Avante!/Progresso, 1986); Osvaldo Coggiola, *Engels, o segundo violino* (São Paulo, Xamã, 1995); Tristam Hunt, *Comunista de casaca: a vida revolucionária de Friedrich Engels* (trad. Dinah Azevedo, Rio de Janeiro, Record, 2010), e Gustav Mayer, *Friedrich Engels: uma biografia* (trad. Pedro Davoglio, São Paulo, Boitempo, 2020). Para um rol maior de fontes em outros idiomas, ver nota 1 da nossa apresentação à obra aqui citada de Gustav Mayer.

[2] Esses dois textos engelsianos foram traduzidos para o português e coligidos há quarenta anos em *Engels: política*, v. 17 da coleção Grandes Cientistas Sociais, coordenada por Florestan Fernandes e organizado pelo autor da presente apresentação (São Paulo, Ática, 1981). Faz bem pouco tempo que uma parte essencial da produção jornalística juvenil de Engels, relativa ao período da revolução de 1848, foi integralmente traduzida, graças ao belo trabalho de organização e tradução de Lívia Cotrim em Karl Marx e Friedrich Engels, *Nova Gazeta Renana* (São Paulo, Expressão Popular, 2020), 2 v.; simultaneamente, na mesma data e pela mesma editora, republicou-se, também organizado por Cotrim, o material jornalístico marxiano daquele período já antes dado à luz em Karl Marx, *Nova Gazeta Renana* (1. ed., São Paulo, Educ, 2010).

[3] Recordemos que, de Karl Marx, o leitor brasileiro pode ter em mãos, entre outros textos juvenis, a *Diferença entre a filosofia da natureza de Demócrito e a de Epicuro* (trad. Nélio

Friedrich Engels – Esboço para uma crítica da economia política

no seu estudo e pesquisa e também àqueles que desejam desenvolver a sua cultura política para melhor qualificar a sua intervenção social.

Este volume da coleção Marx-Engels, mesmo considerados os seus limites, pretende oferecer um aporte à compreensão do processo da formação intelectual – teórica, filosófica e política – de Friedrich Engels. O exame do material nele coligido (dez textos, dos quais somente três até aqui publicados em português, mais um anexo apenas agora trazido ao vernáculo) permite avançar na verificação – bem adiantada por vários analistas, como Gustav Mayer, Auguste Cornu e György Lukács – segundo a qual, embora só reivindicando com generosa modéstia a condição de *segundo violino* na parceria com Marx, Friedrich Engels foi sempre, desde a sua precoce iniciação literária, um talentoso pensador, com luz e brilho próprios[4].

A obra do *jovem* Engels: contexto e desenvolvimento

Tomamos aqui a obra do *jovem* Engels, circunscrevendo-a aos anos de 1839 a meados de 1849 – cobrindo, pois, o que ele produziu entre os seus 19 e 29 anos (incompletos) de idade[5]. A circunscrição não é arbitrária: parte da sua estreia literária

---

Schneider, São Paulo, Boitempo, 2018), *Sobre a questão judaica* (trad. Nélio Schneider e Wanda Caldeira Brant, São Paulo, Boitempo, 2010), *Crítica da filosofia do direito de Hegel* (trad. Rubens Enderle e Leonardo de Deus, São Paulo, Boitempo, 2013), tanto o "Manuscrito de Kreuznach", de 1843, quanto o texto publicado em 1844, e parte substantiva dos *Cadernos de Paris e Manuscritos econômico-filosóficos de 1844* (trad. José Paulo Netto e Maria Antónia Pacheco, São Paulo, Expressão Popular, 2015).

[4] Ver Gustav Mayer, *Friedrich Engels: una biografia* (México, Fondo de Cultura Económica, 1979), p. 46-219; Auguste Cornu, em vários passos do seu indispensável *Karl Marx et Friedrich Engels* (Paris, PUF, 1958-1962), t. I, II e III, e György Lukács, *Marx e Engels como historiadores da literatura* (trad. Nélio Schneider, São Paulo, Boitempo, 2016), esp. p. 63-80. Para outro tratamento, mais abrangente, ver Horst Ullrich, *Der junge Engels* (Berlim, Deutscher Verlag der Wissenschaften, 1961-1966), v. 1-2. Recentemente, a obra de juventude de Engels recebeu novos cuidados de Terrell Carven, *Engels before Marx* (Nova York, Palgrave Macmillan, 2020). Data de 1884 a autocaracterização de Engels como sendo, ao lado de Marx, um *segundo violino*; ver carta de Engels a Johann Philipp Becker, 15 de outubro de 1884, em *Marx-Engels Werke* (MEW) (Berlim, Dietz, 1967), v. 36, p. 218.
A interação intelectual de Marx e Engels foi objeto, há quatro décadas, de interessante estudo de Terrell Carven, *Marx e Engels: The Intellectual Relationship* (Bloomington, Indiana University Press, 1983); mas, ressalte-se, a relação de Marx e Engels não se reduz à colaboração intelectual. Como Lênin salientou: "As lendas da Antiguidade contam exemplos comoventes de *amizade*. O proletariado da Europa pode dizer que a sua ciência foi criada por dois sábios, dois lutadores, cuja *amizade* ultrapassa tudo o que de mais comovente oferecem as lendas dos antigos" (Vladímir I. Lênin, *Obras escolhidas em três tomos*, Lisboa/Moscou, Avante!/Progresso, 1977, t. 1, p. 33; itálicos nossos).

[5] Não cabe neste espaço a discussão específica da noção e/ou mesmo do conceito de *jovem* e *juventude*, tema de pesquisa e problematização que, ao longo do século XX, ocupou diferentes pensadores do campo socialista e/ou democrático, entre psicólogos (Lev S. Vygotsky), filósofos (Walter Benjamin) e sociólogos (Pierre Bourdieu). Ademais, é ocioso observar que, independentemente dessa discussão, na bibliografia que trata da tradição marxista são inú-

Apresentação. Os escritos do jovem *Engels*

e fecha-se quando a derrota da Revolução Alemã de 1848 mostra-se iminente, com a *Neue Rheinische Zeitung* (*Nova Gazeta Renana*) encerrando as suas atividades em 19 de maio de 1849[6] – compreende, pois, o itinerário no curso do qual o jovem burguês, filho de uma família de empresários têxteis, transforma-se em militante revolucionário, aliado da classe operária.

Nessa produção juvenil, o traço de imediato mais saliente diz respeito à sua impressionante extensão. Os materiais que compõem esse largo acervo, de natureza bastante diferenciada, como indicaremos, foram veiculados, na sua esmagadora maioria (salvo parte da sua colaboração com Marx nesses anos e *A situação da classe trabalhadora na Inglaterra*), em periódicos de diversas tendências político--ideológicas e de vários países. Uma recolha de referência desse amplo conjunto textual encontra-se em volumes das *Marx-Engels Werke* – a conhecida MEW, editada em Berlim pela Dietz entre 1956 e 1968, com 39 volumes e 41 livros. Contudo, os leitores interessados centralmente nos textos do *jovem* Engels podem socorrer-se de coletâneas que incluem apenas os seus próprios textos[7].

O exame dos materiais elaborados por Engels ao longo da década aqui tomada como o seu período de juventude propicia ao estudioso da dinâmica social

---

meros os estudos focados nos *textos de juventude* de vários de seus clássicos, por exemplo, Marx, Engels, Lênin e Lukács.

[6] Na imediata sequência do encerramento da *Nova Gazeta Renana*, Engels interveio diretamente em combates revolucionários no Palatinado e em Baden, dando provas de coragem e heroísmo. Derrotada a força militar de que fez parte, comandada por August Willich, a quem serviu como ajudante de campo, Engels deslocou-se para a Suíça; daí, em princípios de outubro, foi para Gênova, embarcando no vapor que o levou a Londres, onde aportou cinco semanas depois.

[7] Até 1848, quando surge a *Nova Gazeta Renana* (ver nota 2), a intervenção jornalística de Engels divulgou-se, entre outros, nos seguintes periódicos: *Allgemeine Zeitung* (*Gazeta Geral*, de Augsburgo), *Bote für Stadt und Land* (*Mensageiro para a Cidade e o Campo*, de Kaiserslautern), *Deutsches Bürgerbuch* (*Anais Alemães*, de Leipzig), *Deutsch-Französische Jahrbücher* (*Anais Franco-Alemães*, revista editada em Paris por Marx e Arnold Ruge), *Deutsche Brüsseler Zeitung* (*Gazeta Alemã de Bruxelas*), *Gesellschaftsspiegel* (*O Espelho da Sociedade*, de Elberfeld), *La Réforme* (*A Reforma*, de Paris), *Morgenblatt für gebildete Leser* (*Folha Matutina para Leitores Cultos*, de Stuttgart), *Rheinische Zeitung* (*Gazeta Renana*, de Colônia, da qual Marx foi redator-chefe), *Rheinische Jahrbücher zur gesellschaftlichen Reform* (*Anais Renanos sobre a Reforma Social*, de Darmstadt), *Schweizerischer Republikaner* (*O republicano suíço*, de Zurique), *Telegraph für Deutschland* (*Telégrafo para a Alemanha*, de Hamburgo), *The New Moral World* (*O Novo Mundo Moral*, de Londres, órgão dos owenistas), *The Northern Star* (*A Estrela do Norte*, de Leeds e Londres, porta-voz dos cartistas), e *Vorwärts!* (*Avante!*, de Paris). Na MEW, a produção do *jovem* Engels distribui-se nos volumes 1 a 5; nas *Marx-Engels Collected Works* (MECW), cinquenta volumes editados entre 1975 e 2005 por Lawrence & Wishart (Londres), os textos juvenis de Engels encontram-se nos volumes 2 a 9; das MECW, há edição eletrônica (2010). Dentre as coletâneas que reúnem exclusivamente os textos engelsianos juvenis, destacamos especialmente Friedrich Engels, *Escritos de juventud: obras fundamentales de Carlos Marx e Federico Engels* (org. Wenceslao Roces, México, Fondo de Cultura Económica, 1981), v. 2, e Friedrich Engels, *Écrits de jeunesse* (Paris, Éd. Sociales/Geme, 2018), v. 1-2.

Friedrich Engels – Esboço para uma crítica da economia política

moderna rastrear o processo pelo qual um indivíduo singular rompe com os condicionalismos (de toda ordem) que derivam diretamente da sua origem de classe e os supera ao ponto de se constituir como personalidade capaz de incorporar-se a um movimento socio-histórico cuja teleologia aponta para a própria liquidação da sociedade de classes (isto é, direcionado ao comunismo). Mais: personalidade capaz não só de incorporar-se a um tal movimento, *mas de realizar-se integramente na sua plenitude humana ao concretizar, objetivando-a, essa incorporação.* De fato, a incorporação, pelo *jovem* Engels, da "missão histórica" que ele, com Marx, atribui ao proletariado em meados da década de 1840[8] não configurou, como a história haveria de comprovar, um episódio juvenil: foi uma opção *radical* (intelectual e existencial) que conferiu à sua vida inteira o *sentido* que lhe permitiu atravessar o tempo da maturidade e experimentar os prelúdios da senectude com firmeza e sabedoria, preservando os essenciais valores que assumiu na juventude. O jovem tornado comunista morreu, comunista, aos 75 anos.

É supérfluo assinalar que esse processo, visibilíssimo na trajetória do *jovem* Engels, quase sempre tensiona os nele envolvidos, desata conflitos e mesmo confrontos (com os familiares, com o círculo de amigos, com as instituições); trata-se, realmente, de uma verdadeira subversão nas modalidades da socialização que conduzem à formação da personalidade de um adulto[9]. O *jovem* Engels vivenciou conflitos e confrontos e aludiremos a eles, muito brevemente, nas páginas seguintes[10]. Entretanto, o que cumpre é sublinhar que um processo dessa natureza supõe e implica, para não resultar em impasses trágicos, muito mais que o complexo desenvolvimento de um indivíduo singular: supõe e implica que tal desenvolvimento se opere numa contextualidade histórico-social mais ampla e inclusiva, que o viabilize segregando possibilidades objetivas de favorecer, precipitar e consolidar as transformações em cuja direção se movem os indivíduos singulares que o experimentam. E o *jovem* Engels estava, na década de 1840, inserido em semelhante contextualidade.

Com efeito, a juventude de Engels decorre nos anos em que o modo de produção capitalista se afirma na Europa Ocidental, no quadro da industrialização/urbanização que se processa na Inglaterra, na Bélgica e na França, com a sociedade burguesa erguida triunfante e já revelando os antagonismos que se expressam nas lutas operárias alçadas a níveis mais altos e logo permitindo vislumbrar a emergência do proletariado

---

[8] A opção de incorporar a "missão histórica" do proletariado não é uma tomada de posição moralista ou caridosa, muito menos a deificação da classe operária. Ver Karl Marx e Friedrich Engels, *A sagrada família* (trad. Marcelo Backes, São Paulo, Boitempo, 2003), p. 48-9.

[9] Note-se que tais ressocializações não são exclusivas da juventude, embora mais raras quando operadas posteriormente – pense-se, por exemplo, na trajetória de Franz Mehring (1846-1919).

[10] E, deve-se dizê-lo, não apenas nos seus anos de juventude. Os conflitos familiares (em especial com o pai e os irmãos) prosseguiram, de algum modo, até mais tarde. Aqui, porém, havemos de nos limitar àqueles anos.

Apresentação. Os escritos do jovem *Engels*

como *classe para si*[11] – como o provaria a revolução de 1848 na França[12]. Nesses anos, nem mesmo a *miséria alemã* (que atormentou a geração de intelectuais que ingressou na cena cultural germânica na passagem da terceira para a quarta década do século XIX)[13] impediu a Alemanha – como diz uma fórmula cara a Marx – de "entrar na dança". Modifica-se a ambiência sociocultural alemã; também ela é afetada politicamente pela insurreição dos tecelões da Silésia, um divisor de águas erguido na primeira semana de junho de 1844, e fica claro que o relativo atraso do capitalismo na Confederação Germânica (em comparação com a Inglaterra, a Bélgica e a França) não a imunizaria da ação do vírus revolucionário que avançava pela Europa; nessa ambiência se adensam os traços específicos da cultura do *pré-março* (como a designam os alemães, *Vormärz*)[14], que operará como a preparação ideológica da revolução de 1848. A obra do *jovem* Engels, que participa de tal cultura, está nela imersa simultaneamente como a sua constituinte e beneficiária – uma cultura que, como o próprio Engels registraria décadas depois, experimenta, não por acaso, o seu refluxo quando efetivamente a Alemanha "entra na dança"[15].

Em nossa perspectiva analítica, o evolver intelectual e político do *jovem* Engels, a par de conflitos de caráter privado, processa-se de início mediante uma intensa e viva articulação entre as exigências específicas postas pela ampliação/aprofundamento do seu horizonte cultural e teórico, as tendências filosóficas e políticas então emergentes na cultura alemã e as experiências da sua estância na Inglaterra[16], que estimulam fortemente sua sensibilidade à "questão social", a que

---

[11] Sobre este ponto, ver Karl Marx, *Miséria da filosofia* (trad. José Paulo Netto, São Paulo, Boitempo, 2017), p. 146.

[12] Decerto compreende o leitor que não é possível, neste espaço, relacionar suficientemente a documentação que elucida as condições históricas e econômico-sociais que estiveram subjacentes às profundas mudanças aqui sumariamente referidas. Várias delas estão indicadas em boas biografias de Engels (ver nota 1).

[13] Ver José Paulo Netto, *Karl Marx: uma biografia* (São Paulo, Boitempo, 2020), p. 37-9.

[14] Ver Jost Hermand (org.), *Der deutsche Vormärz* (Stuttgart, Reclam, 1976). A designação alude à revolução alemã de 1848, que eclode em 18 de março, em Berlim.

[15] Marx e Engels, de fato, às vésperas da revolução de 1848, sintetizam, em passagem esclarecedora, o processo que, de algum modo, vivenciaram no curso da década de 1840: "Nos momentos em que a luta de classes se aproxima da hora decisiva, o processo de dissolução no interior da classe dominante, no interior de toda a velha sociedade, assume um caráter tão aberto, tão violento, *que uma pequena fração da classe dominante dela se desvincula e se junta à classe revolucionária, à classe que traz nas mãos o futuro.* Assim, tal como, outrora, uma parte da nobreza passou-se para a burguesia, também atualmente uma parte da burguesia passa-se para o proletariado, *notadamente uma parte dos ideólogos burgueses que conseguiram elevar-se à compreensão teórica do movimento histórico em seu conjunto*" (Karl Marx e Friedrich Engels, *Manifesto do Partido Comunista*, trad. Álvaro Pina, São Paulo, Cortez, 1998, p. 17; itálicos nossos).

[16] Antes de viver na Inglaterra por quase dois anos (1842-1844), Engels lá estivera, acompanhando o pai numa breve visita (verão de 1838, passando antes alguns dias na Holanda); e, na primavera de 1841, viajara pelo Norte da Itália e pela Suíça.

Friedrich Engels – Esboço para uma crítica da economia política

ele passa a se referir expressamente. A partir do segundo semestre de 1844, o seu desenvolvimento adquire uma nova dinâmica, enriquecido pela interlocução com Marx e pela consequente colaboração teórica e política. E essa dinâmica se acelera no ano seguinte, quando ele se afasta da família e se dirige a Bruxelas, mergulhando então na ação política da qual resultará a sua interação com revolucionários empenhados na organização do proletariado – que culminará na criação da Liga dos Comunistas. A irrupção revolucionária de fevereiro de 1848 completará esse período juvenil de formação, ao cabo do qual o perfil do pensador e revolucionário comunista emergirá com os seus traços fundamentais já determinados – mas perfil que as décadas seguintes de lutas, estudos e novas experiências afinarão para conferir-lhe a feição definitiva.

As páginas que se seguem procuram capturar, numa aproximação necessariamente sintética, os momentos mais significativos do complexo movimento sinalizado nas linhas precedentes.

Friedrich Oswald: os primeiros passos do escritor

Em 28 de novembro de 1820, em Barmen, centro industrial mais importante da Renânia, vizinho a Elberfeld, no vale do rio Wupper, nasceu o primeiro filho do casal Friedrich Engels (1796-1860) e Elizabeth Engels (em solteira, Elizabeth Franziska Mauritia van Haar, 1797-1873) – eles teriam ainda mais oito filhos[17]. Os antepassados de Friedrich Engels, que deu ao primogênito o seu nome, eram conhecidos na região desde o fim do século XVI pela operosidade e pelas firmes convicções religiosas; empreendedor tipicamente capitalista, Friedrich Engels já no fim dos anos 1830 dispunha até de negócios têxteis na Inglaterra (em Manchester, era sócio da família Ermen). Elizabeth, filha de renomado pedagogo[18], era mulher culta e de refinado gosto.

Quando do nascimento do primogênito dos Engels, a Alemanha não se constituía ainda como um Estado nacional moderno: era uma frouxa articulação, a Confederação Germânica, de 39 unidades (35 principados soberanos e 4 cidades livres), satélites do poderoso reino da Prússia. Carente de unidade nacional (apenas em 1834 criou-se uma união aduaneira, *Zollverein*), posto que sem experimentar o processo histórico da revolução burguesa, a heterogeneidade da Confederação

---

[17] Assim se chamavam os irmãos de Engels: Hermann (1822-1905), Marie (1824-1901), Anna (1825-1853), Emil (1828-1884), Hedwig (1830-1904), Rudolf (1831-1903), Wilhelm (1832-1833) e Elise (1834-1912); Marie foi a irmã mais querida por Engels. As moças casaram-se no interior do seu meio social e os rapazes (à exceção de Engels e Wilhelm, falecido prematuramente) tornaram-se, como o pai, industriais capitalistas.

[18] Gerhard Bernhart van Haar (1760-1837), de origem holandesa, foi professor em Hamm (Norte da Renânia) e influiu diretamente na educação do neto até a sua adolescência.

Apresentação. Os escritos do jovem *Engels*

Germânica saltava à vista: era um conglomerado de reinos marcados por sistemas de representação política diversificados e restritivos, ausência de laicização, burocracias de cariz feudal e submissão à nobreza fundiária. Enfim, tratava-se de um espaço pouco propício ao erguimento da ordem caracteristicamente burguesa. Dentre o mosaico das unidades componentes da Confederação Germânica, porém, a Renânia apresentava particularidades; por exemplo, ali a emergência de relações econômico-sociais capitalistas encontrava vias menos obstruídas – tudo indica que a longa permanência (quase vinte anos) das tropas francesas na província renana, impondo até mesmo a vigência do Código Napoleônico, tenha a ver com o fato de ela experimentar, a partir da década de 1830, em comparação com outras unidades da Confederação Germânica, um expressivo crescimento do capitalismo na indústria, a que logo corresponderia a formação de uma incipiente burguesia. E é nesse movimento de avanço (ainda débil, mas efetivo) das relações capitalistas que se insere o desenvolvimento da indústria em Barmen.

Os Engels, logo que o seu primogênito chegou à idade de receber o ensino fundamental, cuidaram de matriculá-lo na escola municipal de Barmen, a qual ele frequentou até completar catorze anos. Nesse período, submetido a um ensino rotineiro e tradicionalista[19], duas vivências marcaram profundamente o menino. A primeira decorreu na própria escola: ali imperava absoluto e difundia-se o pietismo, uma religiosidade extremamente opressiva, expressão fanática e intolerante da Igreja luterana[20]. Era formalmente a orientação própria da casa paterna[21] como, aliás, a dominante em toda a Barmen; contra ela, o jovem rebelou-se gradualmente – já em 1839 ele a critica publicamente (como se verá nas suas "Cartas de Wuppertal"), mas é somente no primeiro terço dos anos 1840 que assumirá uma posição materialista. A segunda vivência esteve, de algum modo, ligada à frequência escolar: para chegar à escola, o menino tinha de percorrer alguns bairros pobres onde se

---

[19] Apesar disso, anos depois Engels recordaria que teve, então, o seu interesse despertado para duas "ciências naturais" (física e química), as quais estudaria com atenção na sua maturidade, e para outras línguas, em especial o francês, sempre se lembrando do nome do professor (Phillip Schifflin) que ali o iniciou nesse idioma. Note-se que na frequência ao liceu, que tangenciaremos em seguida, Engels acentuou o seu gosto pelo estudo de outras línguas, que desenvolveu ao longo da vida – acabou por dominar mais de uma dezena delas.

[20] O pietismo, uma derivação da ortodoxia luterana, desenvolveu-se na Alemanha na segunda metade do século XVII, a partir da pregação de Philipp Jakob Spener (1635-1705) e experimentou o seu auge entre 1750 e 1800. Chegou a exercer significativa influência entre intelectuais mediante a sua incidência na universidade de Halle.

[21] Em princípios de 1845, o jovem Engels, já ateu, materialista e comunista, reclamava da intolerância paterna (ver nota 82). Todavia, a dar-se crédito ao seu primeiro grande biógrafo (Gustav Mayer), não reinava um clima de intolerância na casa da família: o pai, embora religioso, era homem viajado, cultivava a música e promovia saraus com música de câmara; quanto à mãe, leitora de Goethe, era uma mulher alegre, que nada tinha de pietista, e, com ela, Engels sempre manteve relações de afeto e ternura.

Friedrich Engels – Esboço para uma crítica da economia política

concentravam artesãos e operários. Ele testemunhou por anos, na infância e na entrada da adolescência, a miséria dessa população, que contrastava flagrantemente com o ambiente em que vivia – e muito precocemente foi tomado por uma indignação de que deu provas por toda a sua existência.

Em outubro de 1834, os pais transferiram o jovem para o liceu de Elberfeld[22], na época um acreditado estabelecimento de ensino. Em regime de internato, Engels progrediu visivelmente no estudo de idiomas (grego e latim), entusiasmou-se com a disciplina de história antiga, lembrava-se com simpatia do professor Johann Clausen, adquiriu bons conhecimentos de física e matemática e estabeleceu novas relações de amizade, em especial com os irmãos Wilhelm e Friedrich Graeber[23]. Nos quase três anos em que permaneceu no liceu, Engels participou com entusiasmo – além das atividades em sala de aula, nas quais se destacou com brilho – de eventos festivos e musicais; foi saliente a sua presença constante num círculo literário, em que os jovens discutiam poesias e contos e mostravam as suas próprias composições[24].

Completavam o curso liceal estudantes que pretendiam ingressar na universidade, e há indicações de que o jovem Engels pensava dirigir-se para a área das ciências econômicas e jurídicas. Mas outros eram os planos de seu pai: o senhor Engels pretendia fazer do seu primogênito um sucessor à frente dos seus negócios – e, para tanto, julgou desnecessário que ele avançasse até a conclusão formal dos estudos liceais. Por isso, em setembro de 1837, o rapaz, a contragosto, deixou o internato em Elberfeld e retornou à casa paterna, sendo-lhe atribuídas algumas obrigações no escritório da empresa familiar em Barmen.

A falta de empenho que ele logo demonstrou levou o pai a considerar que um estágio longe das suas vistas, mas sob uma supervisão segura, colocaria o rapaz no bom caminho da gestão comercial capitalista. (Com tal objetivo, não foi esse o único equívoco do senhor Engels: em 1842 ele haverá de repetir algo semelhante e, nessa segunda vez, com resultados desastrosos, no viso do pai...) E eis que, cerca de um ano depois do retorno do filho a Barmen, o senhor Engels providencia para que ele vá trabalhar no escritório de negócios de importação e exportação do seu amigo Heinrich Leopold, cônsul saxão em Bremen.

---

[22] A proximidade entre Barmen, Elberfeld e outras aglomerações menores e seu ulterior desenvolvimento acabaram por unificá-las, formando uma única municipalidade, a partir de 1930, sob o nome oficial de Wuppertal. Basta um indicador apenas para mostrar a relevância industrial do vale do Wuppertal em meados do século XIX: em Elberfeld, em 1863, foi criada a hoje conhecida transnacional Bayer, que ainda mantém instalações na cidade.

[23] Com os quais, após deixar o liceu, manteve interessante correspondência. Ver Karl Marx e Friedrich Engels, *Werke: Ergänzungsband. Schriften bis 1844* (Berlim, Dietz, 1967), v. 2.

[24] Nesse círculo, Engels apresentou algumas obras de sua própria lavra. Foi também nesse espaço que ele começou a se dedicar ao desenho, manifestando as qualidades de caricaturista que haveria de cultivar ao longo da sua vida adulta.

Apresentação. Os escritos do jovem Engels

O rapaz chega à cidade provavelmente em meados de agosto de 1838 e o período em que nela viverá (até fins de março de 1841) lhe proporcionará uma liberdade pessoal que nunca conhecera. Em Bremen, grande centro portuário, dispondo de contatos com praticamente todo o mundo, circulavam agentes comerciais e viajantes de inúmeros países, transitavam marujos de várias procedências e idiomas, chegava a imprensa estrangeira... Era de fato uma cidade cosmopolita, com uma rica vida cultural[25]. Nessa ambiência, e contando com algum tempo livre, as primícias literárias do *jovem* Engels haveriam de desabrochar. E um escritor haveria de nascer.

O trabalho no escritório de Leopold, que não despertará em Engels qualquer interesse maior, ocupará pouco do seu tempo[26]; foi, antes de 1869 (quando ele pôde retirar-se, enfim, ao cabo de quase vinte anos, do seu "cativeiro egípcio"[27]), o maior período da sua vida em que lhe foi possível desfrutar do que se poderia chamar de ócio criativo. Então, volta-se para a leitura do grande poeta Heinrich Heine (obrigado ao exílio em Paris desde 1831) e Ludwig Börne, autores que deram origem à Jovem Alemanha, tendência literária que originariamente se opunha ao romantismo reacionário e ao conservadorismo do Estado prussiano e da Igreja. Logo que chega a Bremen, Engels se relaciona com Karl Gutzkov, romancista vinculado à Jovem Alemanha que editava, em Hamburgo, o periódico *Telegraph für Deutschland*, que circulou, quatro vezes por semana, entre 1838 e 1848 (embora de pequena tiragem, teve leitores fiéis e influentes entre os que se posicionavam contra o *status quo*). Nesse veículo, Engels deu à luz muito da sua produção nos anos de Bremen, inicialmente de forma anônima e, a partir de novembro de 1839,

---

[25] Da qual Engels tratou de extrair o melhor possível. Veja-se o que escreveu à sua irmã Marie (carta de 11 de março de 1841), depois de uma audição da "Quinta sinfonia" de Beethoven: "Ontem à noite, que sinfonia! Se ainda não conheces esta peça grandiosa, nada ouviste na tua vida. Aquele confronto cheio de desespero no primeiro andamento, aquela elegíaca melancolia, aquele terno lamento de amor no adágio e aquela celebração juvenil, poderosa, da liberdade pelo trombone no terceiro e quarto andamentos!" (Karl Marx e Friedrich Engels, *Werke*, cit., v. 2, p. 482).

[26] Biógrafos registram que, para além do trabalho no escritório e das atividades intelectuais a que então se entregou, Engels dispunha de tempo para flanar pelo centro da cidade, conversar com estrangeiros de todos os níveis sociais e ainda praticar exercícios físicos (natação e esgrima; na maturidade, a tais exercícios preferiu a equitação e a caça).

[27] De finais de 1850 a 1869, Engels, reconciliado com o pai e a família, dedicou-se à gestão, em Manchester, da empresa que os Engels tinham em sociedade com os Ermen. Nesses anos (que Marx caracterizou, aludindo à história dos judeus, como o *cativeiro egípcio* do amigo), Engels, com seu árduo trabalho – que, mercê da sua energia física e mental, não o impediu de continuar pesquisando e publicando –, garantiu recursos para assegurar a sobrevivência da família Marx e ainda preparou-se para manter-se comodamente no derradeiro quarto de século da sua vida. É óbvio que escapa ao escopo desta apresentação tematizar os últimos 25 anos da biografia de Engels, mas é obrigatório afirmar ao leitor que, neles, foi intensa e produtiva a atividade teórica e política do camarada de Marx.

Friedrich Engels – Esboço para uma crítica da economia política

valendo-se do pseudônimo *Friedrich Oswald*[28]. Foi sob esse pseudônimo que Engels verdadeiramente nasceu como escritor – e a real identidade de Friedrich Oswald manteve-se ignorada (até mesmo pela família Engels) por alguns anos.

Os textos que tornaram Friedrich Oswald conhecido do público foram as "Cartas de Wuppertal", divulgadas em março-abril de 1839 pelo *Telegraph für Deutschland*. Elas impactaram o vale do Wupper e causaram furor. Não há exagero nessa informação: de uma parte, as "Cartas de Wuppertal" fizeram "grande sucesso em Elberfeld e Barmen: os cidadãos quebravam a cabeça para adivinhar o [verdadeiro] nome de seu autor. Ninguém pensou no filho do industrial que era um membro tão respeitável da igreja"[29]; de outra, o jornal da região, a *Elberfeld Zeitung* (Gazeta de Elberfeld), que circulou de 1834 a 1904, abalou-se a defender os fabricantes capitalistas e os pietistas.

As "Cartas de Wuppertal"[30] são um documento notável da crítica social possível numa Alemanha em que a censura calava os denunciantes e os opositores do *status quo*. Trata-se, em poucas páginas, de um texto que, focado na específica região do vale do Wupper, reúne uma perfeita descrição física da zona, já evidenciando que o autor era um observador cuidadoso[31], e um relato, embasado em evidências inegáveis, das sequelas que necessariamente acompanham os primeiros passos do desenvolvimento das relações capitalistas, ou seja, ganância ilimitada dos industriais, aguda pauperização dos operários (mas também aviltamento e ruína dos artesãos), exploração do trabalho feminino e infantil, com o rebatimento de tudo isso no quadro sanitário e educacional. O texto – não se esqueça: de um autor que

---

[28] Afirmam os biógrafos soviéticos da obra coletiva citada na nota 1, que "a primeira obra publicada por Engels foi o poema 'Os beduínos'", segundo eles dirigida contra o dramaturgo reacionário August von Kotzebue (1761-1819) (o texto, de 1838, está disponível na edição eletrônica das MECW, v. 2, p. 3-4, com referência à fonte original). Outras produções poéticas do *jovem* Engels são arroladas pelos mesmos biógrafos: mencionam uma "tragicomédia inacabada", de 1839, "Siegfried, o Invulnerável", e também o "drama em verso *Cola di Rienzo*, aparentemente escrito em fins de 1840 e princípios de 1841 para libreto de uma ópera" (MECW, v. 2, p. 21). Em razão do caráter claramente episódico da produção poética e ficcional do *jovem* Engels, aliás logo abandonada pelo autor, não a levaremos em conta aqui; só mencionaremos mais um de seus poemas: "Ein Abend" ("Uma noite"), firmado sob o pseudônimo Friedrich Oswald e publicado no *Telegraph für Deutschland*, n. 125, agosto de 1840, e significativo porque "foi escrito sob a influência direta do eminente poeta romântico revolucionário inglês Shelley, cujos versos Engels nessa altura estava a traduzir" (VV. AA., *Friedrich Engels*, cit., p. 21). Para essa produção, ver Karl Marx e Friedrich Engels, *Werke*, cit., p. 7 e seg.; e MECW, ed. eletr., p. 3 e seg.

[29] Gustav Mayer, *Friedrich Engels: uma biografia*, cit., p. 32.

[30] Ver neste volume p. 57.

[31] A qualidade de Engels como observador arguto e rigoroso – verificável nos seus textos de juventude, sobretudo em *A situação da classe trabalhadora na Inglaterra* (trad. B. A. Schumann, São Paulo, Boitempo, 2010), mas constatável também no manuscrito "De Paris a Berna" (p. 251 deste volume) – será ainda mais desenvolvida na sua obra posterior.

Apresentação. Os escritos do jovem Engels

tem pouco mais de dezoito anos, mas já oferece provas de um domínio do conhecimento histórico ponderável – conjuga a crítica social à crítica da funcionalidade do misticismo e do sectarismo religioso (e, quanto a isso, nomeia expressamente o papel dos seus pregadores)[32]. A conexão entre a exploração capitalista e a hipocrisia religiosa é situada sem deixar qualquer dúvida: "os ricos donos de fábrica possuem uma consciência flexível e fazer uma criança degradar-se em maior ou menor grau não leva nenhuma alma pietista para o inferno, especialmente se ela for duas vezes à igreja todos os domingos"[33]. A denúncia do pietismo como opiáceo de efeito anestésico para as mazelas sociais não se faz – ainda – por um viés materialista, mas indica que o autor já dispõe de uma visão nada ingênua do fenômeno religioso e, principalmente, da teologia protestante – quase certamente ele já estava lendo David Strauss[34]. Nesse texto que inaugura a sua crítica social (incluindo a escola, a cultura e os intelectuais), vê-se que, *com Friedrich Oswald, nasce o escritor Engels*: nas "Cartas de Wuppertal", para além da crítica das relações sociais, reponta também o *estilo* que marcará a escritura do Engels da maturidade, com a polêmica vazada em modulação irônica – é expressiva a notação de que o opúsculo de um professor de Elberfeld sobre a pronúncia inglesa não passa de uma "primorosa inutilidade"...

Sob as vestes de Friedrich Oswald, vários outros textos do *jovem* Engels ainda virão à luz depois da publicação das "Cartas de Wuppertal"[35]. Mas, a pouco e pouco, depois de 1841, o escritor começa a deixar de lado o pseudônimo e, após fins de 1842, não o usará mais[36].

---

[32] O mais destacado pregador pietista da região, Friedrich Wilhelm Krummacher, é o principal alvo de Friedrich Oswald.

[33] Ver "Cartas de Wuppertal", p. 57 deste volume.

[34] David F. Strauss (1808-1874), autor de *A vida de Jesus* (*Das Leben Jesu kritisch bearbeitet*, Tübingen, C. F. Osiander, 1835), obra que vulnerabilizou os fundamentos da ortodoxia cristã e impactou fortemente a geração intelectual do *pré-março*. Numa carta a Wilhelm Graeber, de 8 de outubro de 1839 (ver Karl Marx e Friedrich Engels, *Werke*, cit., p. 419), Engels diz ao amigo: "agora sou um straussiano". Em cartas desse mês ao mesmo correspondente, dá conta das suas leituras (e inferências) sobre as polêmicas teológicas em curso (Idem, p. 423-30) – o que se verifica também em vários dos textos que, subsequentemente, publica no *Morgenblatt für gebildete Leser*, de Stuttgart (acessíveis na mesma fonte citada nesta nota).

[35] Dentre eles, destacamos "Sinais retrógrados do tempo" (fevereiro de 1840), "Réquiem para o jornal da nobreza alemã" (abril de 1840) e "Ernst Moritz Arndt" (janeiro de 1841). Estes e outros textos menores estão igualmente coligidos na fonte citada na nota anterior.

[36] Há indicações de que o último texto em que o utiliza ("*F. O.*") é o artigo "Frederico Guilherme IV, rei da Prússia", redigido no outono de 1842, mas publicado no verão de 1843, num opúsculo editado em Zurique e intitulado *Vinte e uma folhas da Suíça* (ver nota 50). Na sua grande biografia de Engels, Gustav Mayer (*Friedrich Engels: una biografia*, cit., p. 79) dá notícia da revelação da real identidade de "Friedrich Oswald".

Friedrich Engels – Esboço para uma crítica da economia política

Berlim, 1841-1842: o confronto com Schelling e o "comunismo filosófico"

Em fins de março de 1841, Engels retornou a Barmen. De volta à casa paterna, o que mais lhe importava era postergar ao máximo a retomada do trabalho no escritório da indústria do pai. Compreende-se, pois, que tenha se disposto a prestar o serviço militar, em Berlim, numa brigada de artilharia, na condição de voluntário[37]. A sua chegada ao quartel foi registrada em setembro de 1841 e a ele permaneceu vinculado até a primeira semana de outubro de 1842, quando recebeu o certificado de artilheiro (a instrução militar que lhe foi ministrada revelou-se muito útil no curso ulterior da sua vida). Porém, ao longo desse ano berlinense, relevante mesmo foi o seu ingresso na batalha de ideias que então se travava na cultura alemã.

Constitutivo do referido *pré-março* foi, no período que sucedeu à morte do grande filósofo Hegel (falecido em 1831, aos 61 anos de idade), o surgimento da chamada esquerda hegeliana. Formavam-na intelectuais de oposição ao *status quo* que na época ingressavam no proscênio da cultura alemã, especialmente, mas não exclusivamente em Berlim, uns já conhecidos, como era o caso de Ludwig Feuerbach, e outros ainda nem tanto, como Arnold Ruge e Bruno Bauer. Vistos como integrantes do compósito movimento jovem-hegeliano, esses filósofos, que desenvolviam sobretudo concepções ateias e radicais e, até 1840, não eram pressionados pelo regime prussiano, a partir de então, com a chegada ao trono de Frederico Guilherme IV, sofreram os maiores constrangimentos[38].

O novo imperador, um romântico reacionário que pessoalmente odiava a figura e a obra de Hegel, logo se empenhou na perseguição aos jovens hegelianos. Ele não se limitou a promover a sua exclusão da vida universitária e fez mais: providenciou a vinda, de Munique para a Universidade de Berlim, justamente para

---

[37] Condição que o desobrigaria de viver no quartel da unidade militar e lhe permitiu instalar-se numa casa da capital prussiana (na Dorotheenstrasse, n. 56) e utilizar como lhe aprouvesse o tempo livre dos afazeres da caserna. Na ida de Barmen para Berlim, aproveitou para fazer a viagem mencionada na nota 16.

[38] Sobre a esquerda hegeliana e os *jovens hegelianos*, ver, entre muitos, Auguste Cornu, *Karl Marx et Friedrich Engels*, cit., v. 1; Mario Rossi, *Marx e la dialettica hegeliana*, v. 2: *La genesi del materialismo storico* (Roma, Editori Riuniti, 1963); Bert Andreas, "Marx et Engels et la gauche hégelienne", em VV. AA., *Il giovane Marx e il nostro tempo* (Milão, Feltrinelli, 1965); David McLellan, *The Young Hegelians and Karl Marx* (Londres, MacMillan, 1969); Claudio Cesa, *Studi sulla sinistra hegeliana* (Urbino, Argalia, 1972); Maximilien Rubel, "Introduction", em Karl Marx, *Oeuvres*, v. 3: *Philosophie* (Paris, La Pléiade/Gallimard, 1982), esp. p. xxxvi-lxxxvii. Dois textos bem posteriores do próprio Engels são extremamente úteis para o estudo das questões aqui envolvidas: o extrato do *Anti-Dühring* (obra publicada em livro em 1878) que apareceu em francês (1880) sob o título "Do socialismo utópico ao socialismo científico" e o ensaio (de 1886, publicado em livro dois anos depois) "Ludwig Feuerbach e o fim da filosofia clássica alemã" – ambos estão coligidos em Karl Marx e Friedrich Engels, *Obras escolhidas* (trad. Almir Matos, Rio de Janeiro, Vitória, 1961-1963), v. 2 e 3.

Apresentação. Os escritos do jovem Engels

ocupar a cátedra de Hegel, o filósofo Friedrich Wilhelm Schelling, que na entrada do século XIX fora companheiro daquele na crítica ao idealismo subjetivo de Kant, tornou-se depois o seu intransigente adversário e estava pronto para converter-se no anti-Hegel[39]. O rei estava determinado a erradicar da universidade da capital do reino mais poderoso da Confederação Germânica as raízes do hegelianismo e do racionalismo que era o seu corolário.

Com efeito, os anos de 1841-1842, nos quais Frederico Guilherme IV explicitou sem rebuços o seu projeto autocrático e tratou de afirmá-lo, foram autênticos *annus horribilis* para a esquerda hegeliana: expurgos na academia, nova lei de imprensa[40] e repressão aos oponentes, numa empreitada obscurantista que se prolongou até a eclosão revolucionária de março de 1848[41]. Talvez somente uma luz tenha brilhado, em novembro daquele 1841, para animar a resistência dos jovens hegelianos: a publicação de *A essência do cristianismo*, de Feuerbach, obra que ofereceu uma fundamentação para avançar na crítica ao que havia de especulativo na monumental elaboração idealista-objetiva de Hegel e que deu carta de cidadania ao materialismo na filosofia alemã. O jovem Engels, que desde 1839 já se voltava para o estudo atento da filosofia hegeliana, foi um daqueles que mais entusiasticamente apreciou a contribuição de Feuerbach[42].

---

[39]   Sobre Schelling, ver Mikios Miklos, *Études sur l'idéalisme allemand* (Paris, L'Harmattan, 1998); Franck Fischbach, *Du commencement en philosophie: étude sur Hegel et Schelling* (Paris, Vrin, 1999); Jean-François Courtine (org.), *Schelling* (Paris, Cerf, 2010); Alexandra Roux, *Schelling: l'avenir de la raison* (Paris, Félin, 2016). Especial atenção merece György Lukács, *O jovem Hegel e os problemas da sociedade capitalista* (trad. Nélio Schneider, São Paulo, Boitempo, 2018), p. 555-85.

[40]   Cujo caráter atentatório à liberdade motivou a primeira intervenção jornalística notável de Marx. Ver os artigos que, publicados na *Gazeta Renana*, levaram-no a tornar-se o principal redator do jornal em Karl Marx, *Liberdade de imprensa* (trad. Cláudia Schilling e José Fonseca, Porto Alegre: L&PM, 2006).

[41]   Essa vaga repressiva desatada por Frederico Guilherme IV foi um dos motivos que levaram o jovem Marx – que em 15 de abril de 1841 recebera, da Universidade de Jena, o título de doutor em filosofia – a abandonar o seu projeto de ingressar na carreira acadêmica. Ver a nossa biografia de Marx, cit., esp. p. 57-60.

[42]   Muitos anos depois (na segunda metade da década de 1880), tematizando, na filosofia de Hegel, a contradição entre o seu método revolucionário e o seu sistema conservador, Engels escreveu sobre o livro publicado em 1841: "Foi então que apareceu *A essência do cristianismo*, de Feuerbach. De repente, essa obra pulverizou a contradição ao restaurar o materialismo em seu trono. [...] Quebrara-se o encantamento: o sistema [idealista] salta[va] em pedaços e era posto de lado [...]. Só tendo vivido [...] a força liberadora desse livro é que podemos imaginá-la. *O entusiasmo foi geral – e momentaneamente todos nós nos transformamos em feuerbachianos*" (Engels, "Ludwig Feuerbach e o fim da filosofia clássica alemã", em Karl Marx e Friedrich Engels, *Obras escolhidas*, cit., v. 3, p. 177; itálicos nossos). O respeito à contribuição de Feuerbach para o avanço do materialismo manteve-se sempre por parte de Marx e Engels, mas o entusiasmo de ambos foi mesmo, como Engels observou, momentâneo: em 1845, Marx estabeleceu as bases para a crítica do materialismo feuerbachiano ("Teses sobre Feuerbach") e, em 1845-1846, ele e Engels desenvolveram-nas amplamente em *A ideologia alemã* (trad.

Friedrich Engels – Esboço para uma crítica da economia política

De fato, logo que chegou a Berlim, Engels procurou contato com os jovens hegelianos; estabeleceu-os rapidamente nesse mesmo outono de 1841, relacionando-se com Bruno Bauer[43] e seu irmão, Edgar Bauer; interage com os intelectuais que gravitam em torno de ambos e, em paralelo, cuida (sem prejuízo do cumprimento dos seus deveres na caserna) de participar de eventos universitários: como ouvinte, frequentou disciplinas e seminários. Assistindo às conferências acadêmicas de Schelling, Engels ficou impressionado com o reacionarismo das ideias do velho filósofo, explícito nos ataques ao racionalismo de Hegel e na expressa compatibilidade das suas próprias concepções com aquelas subjacentes à política implementada por Frederico Guilherme IV.

Diante da posição de força do imperador, os jovens hegelianos – que desde o último terço da década anterior disputavam com sucesso a hegemonia dos debates filosóficos na universidade – estavam agora claramente na defensiva, mas nem por isso intimidados. Nas suas hostes, a determinação para avançar nos seus pontos de vista era perceptível e Engels decidiu-se a entrar nessa batalha ideal, voltando-se diretamente para o alvo que, com acerto, considerou mais importante: o próprio Schelling. O conhecimento de Hegel, que vinha acumulando desde 1839, a contribuição oferecida no último livro de Feuerbach e as discussões com o círculo dos Bauer estimularam-no a confrontar-se com o velho filósofo.

Assim, o jovem Engels trabalhou intensa e produtivamente entre fins de 1841 e inícios de 1842, disso resultando o artigo "Schelling sobre Hegel" e os opúsculos "Schelling e a revelação: crítica da mais nova tentativa de reação contra a filosofia livre" e "Schelling, o filósofo em Cristo"[44]. O artigo e o primeiro opúsculo

---

Luciano Cavini Martorano, Nélio Schneider e Rubens Enderle, São Paulo, Boitempo, 2007). Para uma aproximação a Feuerbach, ver a síntese oferecida por Ugo Perone, *Invito al pensiero di Feuerbach* (Milão, Mursia, 1992) e os textos substantivos de Alfred Schmidt, *Feuerbach o la sensualidad emancipada* (Madri, Taurus, 1975), Josef Winiger, *Ludwig Feuerbach, Denker der Menschlichkeit: Eine Biographie* (Berlim, Aufbau, 2004) e Francesco Tomasoni, *Ludwig Feuerbach. Biografia intellettuale* (Brescia, Morcelliana, 2011).

[43] Desde meados de 1841, sob pressão de Frederico Guilherme IV, os *jovens hegelianos*, muitos dos quais radicados por anos em Berlim, dispersaram-se em busca de alternativas profissionais para a sua sobrevivência – encontradas principalmente na imprensa fora da Prússia. Mas Bruno Bauer, cuja liderança era inconteste desde os tempos do Clube dos Doutores, cenáculo do qual participou o jovem Marx, permanecia uma figura muito destacada, movendo-se então no sentido de uma posição filosófica cada vez mais abstrata e especulativa, reunindo os chamados Livres de Berlim – dos quais Marx se afastara e, inicialmente, Engels se aproximou. Sobre Bauer, ver o sucinto estudo de Antonio Gargano, *Bruno Bauer* (Nápoles, Città del Sole, 2003) e o ensaio de Douglas Moggach, *The Philosophy and Politics of Bruno Bauer* (Cambridge, Cambridge University Press, 2003).

[44] Esse último opúsculo, não coligido no presente volume, foi publicado anonimamente em maio de 1842 e encontra-se em Karl Marx e Friedrich Engels, *Werke*, cit., p. 225-45. Recorrendo ao artifício de se apresentar como um devoto pietista, o autor se propõe traduzir para os não iniciados em filosofia o que "existia por trás de Schelling" e mostra que, desde a "espantosa

Apresentação. Os escritos do jovem *Engels*

condensam o essencial da crítica que, na época, o jovem Engels dirige a Schelling e, como constatará o leitor, desenvolvem-se no sentido de sustentar uma dupla defesa: a da superioridade teórico-filosófica de Hegel em face de Schelling e a da pertinência e validez da operação mediante a qual a esquerda hegeliana (particularmente Feuerbach, em *A essência do cristianismo*, e Bruno Bauer, em *Posaune*[45]) retomava, transformando-a, a obra hegeliana. Na argumentação expendida nos dois textos, bem mais detalhada no opúsculo que no artigo, a posição de Engels não é a de um mero epígono de Hegel e, aliás, revela-se consciente de alguns dos limites do sistema do mestre. Já tem clareza de que, em Hegel, "os princípios sempre são independentes e liberais, as conclusões – ninguém o nega – são aqui e ali contidas e até não liberais" e afirma, sem ambiguidade, que os "discípulos" (obviamente, colocando-se como um deles) prendem-se aos princípios e rejeitam as consequências, procedimento com que se constitui a esquerda hegeliana[46].

O jovem Engels revela, na época em que redigiu esses textos, um expressivo domínio da filosofia de Hegel. Mas é patente que, para enfrentar um pensador como Schelling, a sua bagagem filosófica era, ainda, reconhecidamente insuficiente (e ele não parece negá-lo)[47]; no entanto, era apta a denunciar, notadamente em "Schelling e a revelação", que o velho filósofo faz "a caricatura da dialética hegeliana"[48] e carece de uma filosofia da história. Nesse mesmo opúsculo, Engels põe de manifesto as incongruências de Schelling ao jogar com as determinações das filosofias *positiva* e *negativa*. Entretanto, o forte da argumentação expendida pelo jovem Engels ao longo dessas páginas é a análise que oferece das implicações da tese hegeliana segundo a qual tudo o que é racional é real (e inversamente), equivalente à proposição do caráter racional do mundo (e da filosofia) e à inferência de que leis regem a realidade – enquanto Schelling propõe uma "ciência pura da

---

Revolução Francesa", o positivismo cristão de Schelling é a única arma com que contam os cristãos num mundo dividido entre apenas dois partidos, "o dos cristãos e o dos não cristãos". Com a irônica e aparente defesa do irracionalismo schellinguiano, o jovem Engels revela o problema central do pensamento reacionário alemão: reverter as ressonâncias da revolução de 1789 na cultura germânica.

[45] Bruno Bauer, *Die Posaune des jüngsten Gerichts über Hegel den Atheisten und Antichristen. Ein Ultimatum* (Leipzig, 1841). (N. E.)

[46] Ver "Schelling e a revelação", p. 85 deste volume. É de observar que, já aqui, Engels antecipa a ideia de que, em Hegel, há contradição entre método e sistema (ver nota 42).

[47] Um episódio mostra-o meio divertidamente: logo que leu "Schelling e a revelação" e soube quem o redigira, Arnold Ruge, que não conhecia pessoalmente o autor, escreveu-lhe uma carta elogiosa, tratando-o como "doutor em filosofia" – ao que Engels respondeu: "Não sou, absolutamente, um doutor em filosofia [...]. Sou apenas comerciante e artilheiro do reino da Prússia. Por favor, poupe-me desse título" (carta de 15 de junho de 1842, em MEW, cit., 1965, v. 27, p. 404); cerca de um mês depois, ao mesmo correspondente, esclarece: "Sou jovem e autodidata em filosofia" (carta de 26 de julho de 1842, em idem, p. 408).

[48] Ver "Schelling e a revelação", p. 101 deste volume.

Friedrich Engels – Esboço para uma crítica da economia política

razão" que esvazia a realidade de relações lógicas e necessárias. O núcleo duro do argumento do jovem crítico é a centralidade do racionalismo hegeliano (alvo da desconstrução de Schelling), racionalismo qualificado para vincular *necessidade* e *liberdade*: em Hegel, o jovem Engels vê a liberdade articulada à necessidade, ao passo que Schelling identifica a liberdade ao arbítrio. Enfim, Engels aponta para o que conduz o império da razão: ele leva ao ateísmo: "Todos os princípios básicos do cristianismo [...] caíram diante da crítica implacável da razão"[49].

Ao inquisitorial do jovem Engels ao velho Schelling, defendendo o que de progressista continha a obra de Hegel, subjaz um substrato político inequívoco: entre 1841 e 1842, o crítico se move no espaço de uma concepção democrático-revolucionária cujos contornos estão delineados num texto[50] em que ele termina afirmando que a Prússia contemporânea vive uma situação comparável à da França às vésperas da revolução de 1789. Esse posicionamento democrático-revolucionário não se pôs ao jovem Engels de modo repentino, tampouco surgiu do seu trato com a "filosofia da revelação" schellinguiana: ele veio se constituindo especialmente a partir das suas memórias de infância e adolescência e, principalmente, das suas vivências e leituras em Bremen e da sua reflexão sobre elas, de início sob a inspiração de Heine e Börne – fruto, pois, da evolução do seu processo intelectual desde 1839.

Assim, ao elaborar a crítica do reacionarismo filosófico do velho Schelling, o jovem Engels articulou-a coerentemente com a sua postura de franco opositor ao regime de Frederico Guilherme IV. Ele compreendeu perfeitamente bem que Schelling "colocou seu sistema [filosófico] à disposição do rei": diante da ameaça representada pela crítica da esquerda hegeliana, "Schelling foi convocado a Berlim para provocar o desfecho da luta e tornar a teoria hegeliana proscrita em seu próprio território filosófico"[51]. E mesmo com os jovens hegelianos na defensiva, Engels está seguro de que o *desfecho da luta* não será favorável aos que convocaram o velho Schelling a Berlim – ele o afirma convictamente nos dois últimos parágrafos de "Schelling e a revelação". Um persistente otimismo histórico, como verificaremos, haverá de acompanhar toda a trajetória do jovem Engels.

O breve período de Engels em Berlim, contudo, foi importante para que ele esclarecesse melhor as suas próprias posições em face da cultura alemã. A sua relação extremamente simpática, estabelecida em Bremen, com a Jovem Alemanha foi inteiramente subvertida. O aprofundamento da sua postura democrático-revolucionária levou-o a perceber que havia muita retórica e pouca consequência (inclusive estética)

---

[49]   Ver "Schelling e a revelação", p. 89 deste volume.
[50]   Trata-se do artigo "Frederico Guilherme IV, rei da Prússia" (em MEW, cit., 1958, v. 1, p. 446-53). Em resumo, nele o jovem Engels põe em questão a vigência na Prússia dos traços substantivos do *antigo regime* e bate de frente com a ideia – bancada por Frederico Guilherme IV – de um "Estado cristão alemão".
[51]   Ver "Schelling e a revelação", p. 90 deste volume.

Apresentação. Os escritos do jovem Engels

na atividade de grande parte dos escritores alinhados ao movimento – dos quais boa parcela apoiou a cruzada anti-hegeliana conduzida na Universidade de Berlim por Schelling. Em julho de 1842, Engels publicou a resenha do livro de um autor ligado à Jovem Alemanha formulando tantas e tão contundentes críticas (literárias e políticas) que o texto acabou por ser a declaração pública da sua ruptura com o movimento[52]. Esse esclarecimento envolveu também a relação de Engels com os jovens hegelianos que gravitavam em torno de Bruno Bauer: se até o verão de 1842 alinhou-se a eles, como evidencia o poema satírico que compôs juntamente com Edgar Bauer[53], logo em seguida se afastou dos Livres de Berlim em razão do crescente alheamento desses intelectuais em relação aos concretos problemas socio-históricos da realidade alemã. E muito rapidamente tal afastamento derivou numa irreversível ruptura teórico-política entre Engels e seus primeiros companheiros em Berlim.

Todavia, não foi apenas Feuerbach que, em 1841, impactou profundamente o jovem Engels. Outra obra, publicada anonimamente em Leipzig, um pouco antes de *A essência do cristianismo*, foi examinada por ele: *Die europäische Triarchie* (*A triarquia europeia*)[54]. Apresentava a tese segundo a qual Europa experimentara, até então, duas revoluções: a primeira, *religiosa* (a Reforma protestante), tivera por

---

[52] Esse texto de Engels é a recensão de "Alexander Jung, *Vorlesungen über die moderne Literatur der Deutschen*" (em MEW, cit., v. 1, p. 433-45). O livro de Jung fora publicado, no mesmo ano, em Danzig. Anos depois (1851), Engels sintetiza assim o seu juízo sobre o movimento: "Para completar a confusão de ideias reinantes depois de 1830 na Alemanha, misturavam-se a esses elementos de oposição política recordações universitárias mal digeridas de filosofia alemã e fragmentos mal compreendidos de socialismo francês, particularmente de saint-simonismo; e a *clique* de escritores que divulgava esse conglomerado heterogêneo de ideias intitulava-se presunçosamente 'Jovem Alemanha' ou 'Escola Moderna'. Arrependeram-se depois dos seus pecados de juventude, mas não melhoraram o seu estilo de escrever" (Friedrich Engels, "Revolução e contra-revolução na Alemanha", em *A revolução antes da revolução*, São Paulo, Expressão Popular, 2008, p. 179).

[53] O poema – "Die frech bedräute, jedoch wunderbar befreite Bibel oder Der Triumph des Glaubens" ("A Bíblia insolentemente ameaçada, porém milagrosamente salva ou O triunfo da fé") – foi escrito provavelmente em junho-julho de 1842 e publicado anonimamente como folheto em dezembro do mesmo ano (Karl Marx e Friedrich Engels, *Werke*, cit., p. 283-316). Parodiando o *Fausto* goethiano, e reiterando o artifício de apresentar-se como um devoto pietista, Engels propõe-se contribuir para erradicar "as abominações da blasfêmia" e descreve os neo-hegelianos e seus "erros". Plasma com finura os perfis dos hegelianos de esquerda – Feuerbach, "personificando todo o exército dos ateus insolentes", é "um feroz meteoro envolto nos vapores do inferno"; Marx, a quem Engels não conhecia pessoalmente, aparece como "um verdadeiro monstro" que, "quando agita o punho vigoroso", faz "tudo tremer"; e é expressiva a (auto)caracterização de Friedrich Oswald, que "avança pela esquerda", "toca um instrumento chamado guilhotina" e canta o estribilho: "*Formez vos bataillons! Aux armes, citoyens!*" ("Formai vossos batalhões! Às armas, cidadãos!"). Segundo o texto, Mefistófeles aconselha Bruno Bauer a seguir o exemplo de Hegel... Gustav Mayer qualifica esse texto de Engels como um "atrevido libelo" e dele oferece uma elucidativa glosa em *Friedrich Engels*, cit., p. 89-95.

[54] Destacando *A essência do cristianismo* (trad. José da Silva Brandão, 4. ed., Petrópolis, Vozes, 2013) e *Die europäische Triarchie* (*A triarquia europeia*), estamos tão somente referindo as obras filosóficas cujo impacto foi *determinante* nessa fase da evolução do *jovem* Engels. Não

Friedrich Engels – Esboço para uma crítica da economia política

berço a Alemanha; a segunda, *política* (a revolução de 1789), ocorrera na França; caberia à Inglaterra, onde o cartismo avançava, concretizar os vetores emancipatórios contidos em ambas na realização de uma terceira revolução, de caráter *social*. Na sua argumentação, o autor de *A triarquia europeia* estabelecia uma conexão entre Hegel e Saint-Simon e abria uma perspectiva ausente em Feuerbach, em Bauer e nos Livres de Berlim – a perspectiva da ação política. Era justamente a alternativa que a posição democrático-revolucionária do jovem Engels exigia e que, nos seus últimos meses berlinenses, se via radicalizada à medida que ele percorria avidamente a literatura socialista e comunista, basicamente estrangeira, a que tinha acesso.

Já vimos que Engels permaneceu em Berlim até outubro de 1842. De Berlim, já na primavera do mesmo ano, ele começara a enviar textos a um jornal de Colônia, a *Rheinische Zeitung* (*Gazeta Renana*), que publicava material dos jovens hegelianos. Tratava-se de um órgão criado por franjas da burguesia renana que se opunham a Frederico Guilherme IV e que, a partir de outubro de 1842, entregou a chefia da sua redação a um filósofo que passara anos em Berlim e então se destacava por suas posições democráticas radicais, o doutor Karl Marx.

Deslocando-se de Berlim para regressar a Barmen, Engels passou por Colônia e foi à redação da *Gazeta Renana* para uma entrevista com Marx. Não o encontrou, mas teve uma longa conversa com Moses Hess, filósofo não acadêmico, membro da redação do jornal e autor de *A triarquia europeia*[55]. Estabeleceram uma relação que se prolongaria nos anos seguintes e o jovem Engels impressionou o interlocutor que, numa carta, relatou a um amigo: "Falamos de problemas atuais e Engels saiu do encontro como um comunista entusiasmado"[56]. A concepção de *comunismo* que os irmanava ainda estava decerto distanciada do conteúdo mais determinado e preciso que adquirirá nos anos seguintes; se, para o jovem Engels, no texto "Progresso da reforma social no continente", a que aludiremos mais à frente, Wilhelm Weitling deve ser considerado o "fundador do comunismo alemão"[57], outro é o comunismo a que ele se vincula com Hess: o *comunismo filosófico*, "uma consequência tão necessária da filosofia neo-hegeliana", e do qual Hess é o fundador[58].

Vê-se: o jovem Engels que retorna a Barmen em meados de outubro de 1842 está transitando da concepção democrático-revolucionária para o comunismo.

é possível, nesta apresentação, assinalar, já nesses anos, a importância que teve para a sua formação a arte (a dramaturgia clássica, a poesia e o romance).

[55] Sobre Moses Hess, ver Edmund Silberner, *Moses Hess: Geschichte seines Lebens*. Leiden: Brill, 1966; György Lukács, "Moses Hess and the Problems of Idealist Dialectics", em *Political Writings, 1919-1929* (Londres, NLB, 1972) e Gérard Bensussan, *Moses Hess, la philosophie, le socialisme (1836-1845)* (Paris, PUF, 1985).

[56] Carta de Moses Hess a Berthold Auerbach, citada por Gustav Mayer, *Friedrich Engels: una biografia*, cit., p. 122.

[57] Ver "Progresso da reforma social no continente", p. 153 deste volume.

[58] Ibidem, p. 157.

Apresentação. Os escritos do jovem Engels

Uma transição que haverá de se processar fundamentalmente mediante a sua experiência na Inglaterra.

A experiência decisiva: Inglaterra (novembro de 1842 a agosto de 1844)

Chegando a Barmen, Engels encontra o pai com uma decisão amadurecida enquanto ele esteve em Berlim e, da capital prussiana, vinham rumores que lhe causavam redobradas preocupações: amigos bem informados trouxeram ao seu conhecimento boatos que indicavam o envolvimento do filho na feitura de folhetos anônimos que provocavam o homem forte de Frederico Guilherme IV na universidade. E eis que o senhor Engels resolve afastar o jovem da Alemanha e da convivência de agitadores: cumpria enviá-lo à Inglaterra, para enfim qualificá-lo na gerência da indústria de fiação que, em Manchester, era propriedade de Ermen & Engels. Assim como em 1839, quando mandou o filho para Bremen, Engels pai fez cálculos equivocados: queria que o filho encontrasse o caminho convencional para torna-se um burguês bem-sucedido, completando a sua formação gerencial na "oficina do mundo", mas deu-lhe, sem querer e de mão beijada, a oportunidade de transformar-se num revolucionário a serviço do proletariado. A Inglaterra haveria de oferecer ao jovem Engels as condições iniciais e decisivas para converter o *comunismo filosófico* derivado do neo-hegelianismo em comunismo de raiz proletária.

Por todas as razões e motivos, o jovem Engels arrumou alegremente as malas e tratou de viajar para a Inglaterra – apenas detendo-se em Colônia para encontrar-se com o principal redator da *Gazeta Renana*. Dessa vez, em 16 de novembro de 1842, o encontro ocorreu, mas o doutor Karl Marx concedeu-lhe uma entrevista meramente burocrática, fria, pois suspeitava que o moço era mais um dos Livres de Berlim, com os quais estava em conflito. O único saldo da conversa foi o acerto de o jornal publicar os artigos que eventualmente o rapaz enviasse de Manchester – e foi de lá que procederam os cinco artigos que, em dezembro, a *Gazeta Renana* disponibilizou aos seus leitores[59].

Engels aportou em Londres no dia 19 de novembro de 1842 e, nos primeiros dias de dezembro, instalou-se em Manchester, berço da indústria têxtil do Lancashire,

---

[59] Com efeito, em dezembro de 1842 saíram na *Gazeta Renana* os artigos de Engels: "O ponto de vista inglês sobre as crises internas", "As crises internas", "Posição dos partidos políticos", "Situação da classe trabalhadora na Inglaterra" e "As leis do trigo". Impressiona como tão rapidamente o jovem apreendeu problemas candentes da sociedade inglesa e encontrou o tom adequado para apresentá-los acessivelmente ao leitor alemão. Esses artigos foram as últimas colaborações de Engels para o jornal de Colônia. Em janeiro de 1843 as autoridades prussianas determinaram o fim da licença para a sua circulação, que deveria cessar em abril e a maioria dos acionistas burgueses capitulou diante da pressão governamental. Marx demitiu-se em 17 de março e a *Gazeta Renana* finou-se no último dia do mês.

Friedrich Engels – Esboço para uma crítica da economia política

onde permaneceria 21 meses, até fins de agosto de 1844[60]. Em poucos dias, organizou o emprego do seu tempo: oito horas diárias nas instalações industriais da fiação na rua Southgate, assumindo trabalhos no escritório, mas acompanhando a produção; à noite, leituras, reflexão sistemática e redação (textos e correspondência); aos fins de semana, visitas aos bairros operários – uma rotina só alterada para assistir a eventos culturais e científicos, participar de manifestações políticas e, eventualmente, viajar pela região.

Em janeiro de 1843, Engels conheceu Mary Burns, operária de origem irlandesa que possuía um nível de instrução elementar, mas uma inteligência viva e voluntariosa. Ativista da causa pela independência da Irlanda, combativa na defesa dos interesses imediatos dos operários e solidária com todos os trabalhadores, Mary conhecia admiravelmente as zonas operárias de Manchester e os costumes populares. A relação de camaradagem com Engels evoluiu para um envolvimento afetivo que se consolidou na segunda metade da década e durou até a sua morte prematura, em 1863 (antes de completar quarenta anos). Foi guiado por ela que Engels penetrou no universo dos trabalhadores da "oficina do mundo" e descobriu os rincões sombrios e miseráveis daquela Manchester de 400 mil habitantes[61]. Mais tarde, a partir do fim de 1843, um outro personagem passou a acompanhar as andanças de Engels e Mary: o poeta Georg Weerth[62], funcionário de uma firma alemã em Bradford, a sessenta quilômetros de Manchester. Eles se visitavam com frequência e juntos incursionavam pelas áreas onde vivia o povo trabalhador.

A imersão de Engels no mundo dos trabalhadores ingleses não era fruto de uma simples curiosidade juvenil. As ideias de Hess expressas em *A triarquia europeia* encontraram eco na atividade teórica e prática desenvolvida pelo jovem Engels – se a revolução social necessária para abrir a via para a emancipação humana deveria

---

[60] Sobre os anos de Engels em Manchester, ver, além dos capítulos pertinentes de Horst Ullrich, *Der junge Engels*, cit., Roy Whitfield, *Frederick Engels in Manchester* (Salford, Working Class Movement Library, 1998), Steven Marcus, *Engels, Manchester and the Working Class* (Abingdon, Routledge, 2015) e Michael Brie, *Sozialist-Werden. Friedrich Engels in Manchester und Barmen. 1842-1845* (Berlim, Rosa Luxemburg Stiftung, 2020).

[61] A importância de Mary na formação política (e na vida) de Engels é reconhecida por praticamente todos os pesquisadores que se interessam por ele. Todavia, não registramos a existência de uma biografia de Mary que faça jus à sua relevância. Consignamos, é verdade, incontáveis aproximações de pequeno fôlego, mas nenhum tratamento rigoroso e amplo da sua vida. Em trabalhos recentes, alguns autores mencionam uma tese doutoral defendida, sob o título *Mary Burns*, por Belinda S. Webb, em 2012, na Kingston University (Kingston upon Thames, Londres). Registramos a indicação, mas advertimos ao leitor que não tivemos acesso a esse texto.

[62] Georg Weerth ligou-se desde então a Engels e, posteriormente, a Marx. Membro da Liga dos Comunistas, regressou à Alemanha e participou da revolução de 1848, trabalhando com Marx e Engels na redação da *Nova Gazeta Renana*. Abandonou a produção literária – aliás, significativa e que fez com que o Engels da maturidade o julgasse o "primeiro poeta do proletariado alemão" – depois da derrota da revolução: envolveu-se em várias atividades comerciais, viajou pelo mundo e acabou por radicar-se no Caribe (Saint Thomas e Cuba, onde faleceu).

Apresentação. Os escritos do jovem Engels

ter a Inglaterra por palco, então cabia priorizar o conhecimento e o estudo de suas condições objetivas e de seus potenciais protagonistas. E ao conhecimento e ao estudo o jovem Engels entregou-se com exemplar dedicação, como a sua produção intelectual desses anos ingleses comprovou inquestionavelmente. O cenário inglês sugeria que a prospecção de Hess tinha procedência: nele, a Revolução Industrial operava a pleno vapor, a urbanização a ela conexa desdobrava-se em ritmo espantoso e a massa operária estava empolgada pelo cartismo[63].

Antes mesmo de processar teórica e analiticamente todo o material que recolhia na sua imersão no mundo dos trabalhadores e nas leituras a ele pertinentes (processamento que se realizará com êxito em *A situação da classe trabalhadora na Inglaterra*, a que nos referiremos adiante), Engels cuidou de estabelecer relações com representantes dos mais diversos movimentos que dinamizavam a ação operária, dialogando e aprendendo com eles. Entre os dirigentes cartistas, Engels se relacionou primeiro com o operário James Leach e, em seguida, com George Julian Harney, líder da ala esquerda do cartismo, e também se aproximou de John Watts, na época dirigente owenista. Tais contatos favoreceram a sua colaboração com a imprensa popular, o jornal cartista *The Northern Star* e *The New Moral World*, dos seguidores de Robert Owen, o grande pioneiro reformador. Pouco depois, haveria de conhecer os exilados alemães Karl Schapper, Heinrich Bauer e Joseph Moll, dirigentes da Liga dos Justos[64].

Nesses meses em Manchester, a atividade jornalística de Engels, concomitante com as suas pesquisas e estudos, foi intensa. Boa parte do que escreveu para os jornais em que intervinha foi no sentido de contribuir para o mútuo conhecimento dos revolucionários e ativistas europeus[65], que, como ele avaliava corretamente, ainda era superficial e insuficiente para que pudessem coordenar esforços na luta por grandes transformações sociais – luta que só seria exitosa se fosse articulada

---

[63]   Incontáveis são as fontes para a verificação desse cenário. Cite-se sumária e aleatoriamente: sobre a industrialização, David S. Landes, *Prometeu desacorrentado: transformação tecnológica e desenvolvimento industrial na Europa Ocidental, desde 1750 até a nossa época* (trad. Vera Ribeiro, Rio de Janeiro, Nova Fronteira, 1994); sobre a urbanização, Paul Bairoch e Gary Goertz, "Factors of Urbanisation in the Nineteenth Century Developed Countries", *Urban Studies*, v. 23, n. 4, 1986, p. 285-305, e Jeffrey G. Williamson, *Coping with City Growth During the British Industrial Revolution* (Cambridge, Cambridge University Press, 1990); sobre o cartismo, Édouard Dolléans, *Le chartisme. 1831-1848* (Paris, M. Rivière, 1949), e Malcolm Chase, *Le chartisme: aux origines du mouvement ouvrier britannique. 1838-1858* (Paris, Publications de la Sorbonne, 2013).

[64]   Desses três homens, com os quais haveria de trabalhar na formação da Liga dos Comunistas, Engels disse muitos anos depois: "Conheci-os, todos os três, em Londres, em 1843; eram os primeiros revolucionários proletários que via. E apesar de que nossas opiniões divergissem muito, naquela época, quanto a minúcias [...], jamais esquecerei a formidável impressão que me causaram aqueles três homens de verdade, justamente no momento em que eu começava a tornar-me um homem" (Friedrich Engels, "Contribuição à história da Liga dos Comunistas", em Karl Marx e Friedrich Engels, *Obras escolhidas*, cit., v. 3, p. 154).

[65]   Os cinco artigos que enviou para a *Gazeta Renana* (ver nota 59) já atendiam a essa intenção.

Friedrich Engels – Esboço para uma crítica da economia política

entre todos eles. Reunimos na presente coletânea três dos artigos que são exemplares do esforço do jovem Engels para promover esse mútuo conhecimento: "Cartas de Londres", "Progresso da reforma social no continente" e "Rápido progresso do comunismo na Alemanha"[66].

As quatro "Cartas de Londres", preparadas entre maio e junho de 1843 e publicadas nesses meses pelo *Schweizerischer Republikaner* (*Republicano Suíço*), periódico progressista editado em Zurique, documentam como o meio ano vivido pelo jovem Engels em Manchester foi bem aproveitado para a observação e o estudo da sociedade inglesa naquela quadra histórica. Numa linguagem fluente, e com a sua já habitual ironia, Engels oferece ao leitor continental uma panorâmica política e cultural da ilha: resume as contrafações e os limites da política institucional (*whigs* x *tories*), mostra o papel dos democratas e a gravitação popular de que desfruta o cartismo, indica a disposição das classes, tangencia a realidade universitária, sinaliza o peso da questão irlandesa... Em "Progresso da reforma social no continente", redigido no outono de 1843 e publicado em novembro em *The New Moral World* (*O novo mundo moral*), órgão dos owenistas, ele faz o movimento inverso: apresenta aos ingleses um panorama do pensamento socialista/comunista na França, na Alemanha e na Suíça[67]. É de interesse fazer notar que, na altura em

---

[66] Observe-se que "Rápido progresso do comunismo na Alemanha", à diferença dos outros, *não foi redigido em Manchester: ele foi escrito em Barmen, em novembro de 1844 e fevereiro de 1845*, portanto meses depois do regresso de Engels à Alemanha. Entretanto, como se enquadra perfeitamente no mesmo espírito dos dois anteriores – promover e propiciar o mútuo conhecimento dos revolucionários europeus –, julgamos adequado inseri-lo aqui, uma vez salientada essa precisão cronológica.

[67] Um dos primeiros parágrafos desse artigo é elucidativo do seu empenho em fomentar o mútuo conhecimento já referido: diz o jovem Engels que "os três grandes e civilizados países da Europa – Inglaterra, França e Alemanha – chegaram à conclusão de que uma completa revolução dos mecanismos sociais, baseada na comunidade de propriedade [isto é, abolida a propriedade privada], tornou-se agora uma necessidade urgente e inevitável. Esse resultado é tanto mais impressionante quanto foi alcançado por cada uma das nações referidas de maneira independente uma das outras; um fato, do qual não pode haver prova mais forte, de que o comunismo não é consequência da posição particular dos ingleses, ou de qualquer outra nação, mas a conclusão necessária, que não se pode evitar de esboçar das premissas dadas nos fatos gerais da civilização moderna.
Deve, portanto, parecer desejável que as três nações devam se entender, saber em que pontos concordam e em que pontos discordam, pois deve também haver desacordo, em razão da origem diferente da doutrina da comunidade em cada um dos três países. Os ingleses chegaram à conclusão *praticamente*, pelo rápido aumento da miséria, pela desmoralização e pelo pauperismo em seu país; os franceses chegaram a ela *politicamente*, reivindicando primeiro a liberdade política e a igualdade, e, achando isso insuficiente, adicionaram a liberdade social e a igualdade social às suas reivindicações políticas; os alemães tornaram-se comunistas *filosoficamente*, ao raciocinar sobre os primeiros princípios. Sendo essa a origem do socialismo nos três países, deve haver diferenças em pontos menores; mas acho que poderei mostrar que essas diferenças são muito insignificantes e bastante consistentes com o melhor sentimento por parte dos reformadores sociais de cada país para com os do outro. O que se quer é que

Apresentação. Os escritos do jovem *Engels*

que escrevia esse texto, o jovem Engels ainda não superara elementos idealistas do *comunismo filosófico* – de que é prova suficiente a sua ilusória atribuição, às "classes educadas" da Alemanha, de uma permeabilidade às ideias socialistas e comunistas[68]. Quanto ao artigo "Rápido progresso do comunismo na Alemanha", também publicado no periódico dos owenistas[69], nele transparece o visível otimismo com que o jovem Engels avalia e valoriza os pequenos passos do movimento que, informa ele, acabara de conquistar, entre outros intelectuais, a adesão de um poeta do calibre de Heinrich Heine.

A atividade publicística de Engels está longe de reduzir-se aos textos que citamos aqui. Ele prosseguiu incansável, com materiais que, num exame acurado, revelam avanços expressivos no curso do seu pensamento. Contudo, o ponto mais alto da sua produção, nos meses de Manchester, mostra-se no ensaio "Esboço para uma crítica da economia política".

Há indicações de que, por volta de setembro de 1843, num encontro com o poeta Georg Herwegh, este tenha transmitido a Engels um convite de Karl Marx e Arnold Ruge para que colaborasse com o periódico que planejavam editar fora da Alemanha[70]. Engels dispôs-se a colaborar e redigiu, entre fins de 1843 e inícios de janeiro, o "Esboço para uma crítica da economia política", juntamente com outros três textos[71]. Tirante a obra indiscutivelmente maior do jovem Engels, *A situação*

---

eles se conheçam; obtido isso, estou certo de que todos terão os melhores votos de sucesso para seus irmãos comunistas estrangeiros" (p. 143-4 deste volume).

[68] Escreve o jovem Engels: "Há uma maior chance na Alemanha do que em qualquer outro lugar de que um partido comunista se estabeleça entre as classes educadas da sociedade. Os alemães são uma nação muito desprendida; se na Alemanha o princípio entra em conflito com o interesse, aquele quase sempre silencia as reivindicações deste. O mesmo amor aos princípios abstratos, o mesmo desprezo pela realidade e pelo interesse próprio que levou os alemães a um estado de nulidade política, essas mesmas qualidades garantem o sucesso do comunismo filosófico no país.

Parecerá muito singular aos ingleses que um partido que visa a destruição da propriedade privada seja composto principalmente por proprietários; e, ainda assim, esse é o caso na Alemanha. Podemos recrutar nossas fileiras apenas nas classes que tiveram uma educação muito boa, isto é, nas universidades e na classe comercial; e até agora em nenhuma delas encontramos qualquer dificuldade considerável" (p. 158 deste volume).

Essa ilusão do jovem Engels acerca das "classes educadas" alemãs será ultrapassada em setembro de 1845, quando escreve (de Bruxelas) para o *The Northern Star* que "é do próprio coração do nosso povo trabalhador que a atividade revolucionária começará na Alemanha [...] Felizmente não contamos, em absoluto, com as classes médias" (MEW, cit., v. 1, p. 459).

[69] *The New Moral World*, n. 25, dez. 1844, e n. 37, mar. 1845.

[70] Tratava-se dos *Anais Franco-Alemães*, revista que saiu uma única vez em Paris, em fevereiro-março de 1844. Sobre o projeto e a organização dos *Anais*, ver Auguste Cornu, *Karl Marx et Friedrich Engels*, cit., t. II, p. 229-51, e Nicolai Lápine, *O jovem Marx* (Lisboa, Caminho, 1983), p. 193-202.

[71] Além do "Esboço para uma crítica da economia política", Engels enviou a Marx e Ruge, sob a rubrica geral de "A situação da Inglaterra" ("Die Lage Englands"), três ensaios: "O passado e o presente, de Thomas Carlyle" ("Past and Present, by Thomas Carlyle"), "O século XVIII"

Friedrich Engels – Esboço para uma crítica da economia política

da classe trabalhadora na Inglaterra, esse artigo entrou para a história da tradição marxista como tendo sido relevante no direcionamento da pesquisa de Marx, em 1844, para a crítica da economia política, e reconhecido por ele como um "esboço genial", objeto do cuidado de inúmeros estudiosos[72].

Trata-se, de fato, de um ensaio duplamente notável, seja pelo aspecto autoral, seja pelo seu contributo objetivo – e este é o mais importante – ao pensamento anticapitalista.

No que toca ao aspecto autoral, ele impressiona pela recepção e pelo trato de uma parcela na época significativa das concepções econômico-sociais constitutivas da economia política: a recepção se operou num breve lapso temporal, mas nem por isso foi superficial ou rasa; e o tratamento conferido pelo jovem Engels aos autores que aborda, ao contrário, é sempre sério e crítico, e a sua análise incide sobre o que, nesses autores, é substantivo. Ele nunca elude as questões decisivas, seja cuidando dos clássicos, como Adam Smith e David Ricardo, seja tratando dos menores, como Jean Baptiste Say e John R. McCulloch. É característico do seu procedimento o exame de Thomas R. Malthus, no qual enfrenta a essencialidade da sua doutrina. Levando-se em conta que, na cultura alemã de que provinha, Engels praticamente não tinha precursores de vulto, esse aspecto autoral torna-se saliente.

Contudo, o mais relevante na composição do "Esboço para uma crítica da economia política" é que o trato dos economistas criticados é articulado às ques-

---

("Das achtzehnte Jahrhundert") e "A Constituição Inglesa" ("Die englische Konstitution"). Desses textos, só a resenha crítica do livro de Carlyle saiu nos *Anais*, em razão do encerramento do periódico; os outros dois foram publicados no jornal *Vorwärts!*, editado em Paris, em agosto-outubro de 1844. A resenha da obra de Carlyle é um dos ensaios mais brilhantes do jovem Engels, registrando nitidamente a superação de traços idealistas que até bem pouco antes vincavam o seu pensamento. Engels considera que o livro de Carlyle publicado em 1843 é o único que, pelas suas qualidades, "toca as cordas humanas", mesmo que o autor se veja mais próximo dos *tories* que dos *whigs*; mas o relevo que Engels confere a Carlyle entre os seus contemporâneos ingleses não impede que faça a crítica acurada das contradições que comprometem a sua obra de 1843. Como Engels o vê como pensador sério, estima e augura que possa solucioná-las positivamente – porém, a evolução de Carlyle, depois de 1848, não concretizou os desejos do jovem Engels.

[72] Marx leu imediatamente o manuscrito recebido em Paris. Entre os textos que compuseram os *Manuscritos econômico-filosóficos de 1884*, encontrou-se um resumo do "Esboço para uma crítica da economia política". O juízo que o caracteriza como um "esboço genial" comparece no seu prefácio de janeiro de 1859 à *Contribuição à crítica da economia política* (trad. Florestan Fernandes, São Paulo, Expressão Popular, 2008), p. 49. Décadas depois, avaliando o seu "Esboço" juvenil, o próprio Engels emitiu juízos exageradamente rigorosos: ver, por exemplo, o que escreveu em carta de 13 de abril de 1871 a Wilhelm Liebknecht, na qual o considera "envelhecido", redigido ao "estilo hegeliano" e apresentando apenas "valor histórico" (MEW, cit., 1966, v. 33, p. 208). Bibliografia pertinente e útil sobre o "Esboço para uma crítica da economia política" está arrolada na ótima dissertação de Felipe Cotrim, *Jovem Engels: evolução filosófica e crítica da economia política. 1838-1844* (mestrado em história econômica, Faculdade de Filosofia, Letras e Ciências Humanas, Universidade de São Paulo, 2020), esp. p. 165-84.

Apresentação. Os escritos do jovem *Engels*

tões histórico-concretas de que Engels se ocupa: a perquirição dos argumentos dos economistas se faz em relação estreita com as questões que são postas pela realidade da dinâmica da economia. Tais questões, basicamente, são a concorrência e o monopólio, a centralização do capital, as crises e a pauperização dos trabalhadores – ou seja, as expressões empíricas decorrentes da organização da economia e da sociedade fundadas na propriedade privada dos meios fundamentais de produção. Aqui, não é preciso fazer referência às passagens com que se depara o leitor nas páginas do artigo: a fluidez do texto de Engels permite facilmente a sua localização. Efetivamente, a leitura atenta mostra que as reflexões teóricas se engrenam com os enunciados das evidências factuais.

A originalidade do "Esboço..." – mais: o *caráter peculiar, distintivo*, do ensaio do jovem Engels – não reside no fato de Engels partir da crítica da propriedade privada para fundar a crítica (teórica) da economia política, para estabelecer as bases históricas da crítica das suas categorias (teóricas) fundamentais. Antes dele, muitos já haviam feito isso[73]. A sua originalidade está em que, nele, *pela primeira vez, esse procedimento analítico é orientado pelo método dialético*. Em síntese: esse ensaio de Engels é o primeiro texto em que o método materialista-dialético sustenta a análise da economia capitalista e, assim, sustenta a crítica da economia política – apreendida a economia política, simultaneamente, como empreendimento teórico (de caráter científico em clássicos como Smith e Ricardo) e, todavia, portando substratos valorativos que comprometem a sua cientificidade (a instituição da propriedade privada como "natural", incidente até mesmo na reflexão dos clássicos e dominante/exclusiva nos simples apologistas da ordem burguesa). A resultante da perspectiva teórico-metodológica materialista-dialética de Engels é a inteira historicização (ou, se se quiser, desnaturalização) das categorias teóricas da economia política e, simultaneamente, dos referentes a que remetem. A crítica da economia política assim elaborada tem claríssimas implicações prático-políticas: historicizar a *categoria* de *propriedade privada* é um passo necessário para infirmar a perenidade da propriedade privada *real*.

O texto mais criativo, mais original, mais importante que o jovem Engels concluiu durante a sua experiência inglesa foi o "Esboço..."[74]. Entretanto, em virtude do

---

[73] Pense-se, por exemplo, no célebre ensaio de 1841 de Pierre-Joseph Proudhon, *O que é a propriedade?* (trad. Marília Caeiro, Lisboa, Estampa, 1971).

[74] O leitor que percorrer, neste volume, as páginas do "Esboço para uma crítica da economia política", verificará que os parágrafos – compulsoriamente poucos – que dedicamos ao texto engelsiano concernem apenas ao seu núcleo duro e deixam de lado algumas determinações absolutamente luminosas alcançadas pelo jovem Engels. Nem sequer nos referimos, por exemplo, à tendência, detectada expressamente por Engels, da *decadência* do nível teórico dos economistas à medida que avança a sociedade capitalista; à desconsideração, pelos economistas, do papel da *ciência* na dinâmica produtiva; à correlação entre a economia mercantil-concorrencial e as taxas de criminalidade e tantos outros pontos… De fato, o "Esboço para

Friedrich Engels – Esboço para uma crítica da economia política

próprio domínio que Engels tinha do método materialista-dialético no curso da sua estância em Manchester, ele padece ainda de traços típicos do *comunismo filosófico*. Um desses traços, presentes em vários passos do ensaio, é o recurso à *indignação moral* para encorpar a crítica social. Mas o que é francamente problemático na sua estrutura e formulação é a *teoria do valor* com que Engels sustenta alguns pilares da sua argumentação – todos os leitores avisados do ensaio admitem que, *ao creditar a determinação do valor à concorrência* (posição expressa de Engels), a crítica da economia política perde em suas pretensões à cientificidade[75]. Porém, igualmente, todos os leitores avisados reconhecem que, se essa debilidade afeta o "Esboço...", muito mais ponderáveis são os ganhos que trouxe ao pensamento revolucionário ao demonstrar, pela primeira vez, as possibilidades crítico--analíticas do método materialista-dialético no enfrentamento da ciência mais típica do período de constituição do mundo burguês.

No fim de agosto de 1844, Engels deixou Manchester para regressar à Alemanha. Ao cabo de 21 meses de residência, pesquisas e reflexões na ilha, e ainda sem completar 24 anos, o seu desenvolvimento pessoal registrara, sem dúvida, avanços. Não era mais o *comunista filosófico* que chegara em 1842: a relação com o movimento proletário (o cartismo) colocou-lhe exigências teóricas e políticas que reclamavam outras respostas. E ele começou, efetivamente, a trilhar o caminho para encontrá-las na Inglaterra: o da dialética *materialista* e o da *crítica* da economia política.

Porém, ainda no marco da sua juventude, alçado a uma nova fase, a um estágio mais alto da sua formação como revolucionário comunista, carecia, para adensá--la e consolidá-la, de mais pesquisas e reflexões e, sobretudo, de *prática política organizada* para responder às novas demandas. Ele chegará à fundamentação para formular as novas respostas necessárias num lapso temporal um pouco menos breve do que durara a sua experiência inglesa – e Engels vai encontrá-la entre 1845 e 1847, compartilhando os seus desafios com um novo companheiro de lutas e ao seu lado viverá também o processo crucial por que geralmente deve passar o revolucionário: o processo da revolução *a quente*. Trata-se de um processo extremamente complexo, mas também educativo, pedagógico. Nele, Engels aprenderá muito, inclusive livrando-se das suas ilusões[76].

---

uma crítica da economia política" contém uma riqueza temática que excede largamente o breve excurso aqui apresentado.

[75] O procedimento do *jovem* Marx, pelo menos em 1844 (nos *Manuscritos econômico-filosóficos*, cit.), é o mesmo e, para alguns analistas, advém da sua leitura do "Esboço para uma crítica da economia política". Não é possível, neste espaço, avançar nessa discussão.

[76] "O apelo para que [os homens] abandonem as ilusões a respeito da sua condição é o *apelo para abandonarem uma condição que precisa de ilusões*" (Karl Marx, *Crítica da filosofia do direito de Hegel*, cit., p. 147-8).

Apresentação. Os escritos do jovem Engels

A parceria com Marx: revolução teórica e organização da classe operária

A publicação de textos de Engels no número único dos *Deutsch-Französische Jahrbücher* (*Anais Franco-Alemães*) levou Marx a iniciar uma correspondência com o jovem, ainda na Inglaterra; na sua viagem de regresso à Alemanha, Engels decidiu passar por Paris para encontrá-lo.

Nos últimos dias de agosto, os dois se reuniram – primeiro, num café historicamente frequentado por grandes intelectuais (*Café de la Régence*) e, em seguida, na casa onde Marx vivia. Deram-se muito bem: à diferença do que ocorrera em Colônia, estabeleceu-se entre eles um diálogo fraterno que se prolongou por cerca de dez dias. Marx, cuja mulher estava em viagem, passeou com Engels pela cidade, levou-o a cafés tradicionais e apresentou-o a pessoas do seu círculo e a figuras do exílio[77]. Nas longas conversas mantidas nesses dias (e nas noites que em claro passaram palestrando), procuraram conhecer os diversos caminhos que percorreram até convergirem no terreno comum em que se encontravam: na política, considerando-se comunistas e revolucionários que buscavam uma relação orgânica com os trabalhadores; e na filosofia, recusando as posições de ex-companheiros ligados à esquerda hegeliana (em especial, os Livres de Berlim). Mas a convergência projetava-se para o futuro: estavam convencidos, por uma parte, de que a relação orgânica com o proletariado era imprescindível para viabilizar a sua atividade revolucionária e, por outra, de que esta reclamava um suporte teórico cuja primeira exigência era uma crítica das concepções correntes entre as esquerdas socialistas e comunistas. Colocaram-se, quanto a esse ponto, uma tarefa imediata: criticar os rumos recentes dos neo-hegelianos alemães, agora perdendo-se em elucubrações abstratas e no absenteísmo político. Muitos anos depois, Engels rememorou: "Quando, no verão de 1844, visitei Marx em Paris, ficou patente nosso acordo completo em todos os terrenos teóricos e data dessa época a nossa colaboração"[78]. Decidida a redação de um opúsculo a quatro mãos, Engels partiu, em inícios de setembro, para a Alemanha.

Os planos de Engels para a sua vida eram aparentemente simples: editar o opúsculo, dedicar-se ao máximo para transformar em livro os seus rascunhos e anotações sobre os trabalhadores em Manchester e lançar-se na propaganda das ideias comunistas no vale do Wupper. Faltou, naturalmente, indagar se o Engels pai aprovava tais planos...

---

[77] Engels conheceu a redação do *Vörwarts!*, jornal da colônia alemã em Paris, e um de seus redatores, Karl L. Bernays, August H. Ewerbeck, dirigente da Liga dos Justos na cidade, e o exilado russo Mikhail Bakunin.

[78] Friedrich Engels, "Contribuição à história da Liga dos Comunistas", cit., p. 157.

Friedrich Engels – Esboço para uma crítica da economia política

Antes de iniciar a campanha de propaganda, Engels entrou em contato com umas poucas pessoas que já revelavam simpatia e/ou interesse pelo comunismo. Percorreu algumas cidades – Colônia, Düsseldorf – e logo se concentrou em Elberfeld e Barmen, articulando-se com simpatizantes do que entendiam por comunismo e radicais burgueses e pequeno-burgueses que se opunham ao absolutismo. Desdobrou-se nessa atividade e encontrou tempo para escrever artigos breves que divulgava em órgãos de alcance regional, e ainda organizou a publicação de uma revista, *Gesellschaftsspiegel* (*O espelho da sociedade*), em Elberfeld[79]. Seus esforços resultaram na mobilização de vários militantes e, poucas semanas depois, ampliou-se o círculo de pessoas simpáticas às ideias comunistas (em geral, compreendidas como tais as noções do senso comum correlatas à retórica socialista-utópica da vida social). Engels e seus amigos prepararam um evento em Elberfeld: conferências a serem seguidas de debates. Em fevereiro de 1845, em três dias (8, 15 e 22) realizaram-se, em espaços públicos, os atos do evento. Os assistentes cresceram rapidamente: o primeiro contou com 40 pessoas, o segundo com 130 e o terceiro com 200. A plateia, nas três sessões, atraía gente de todas as classes, mas a presença proletária era residual. Os oradores principais foram Hess, Engels e o poeta Gustav A. Köttgen.

Em duas das sessões, Engels ocupou a tribuna[80]. A relevância desses dois discursos está em que indicam a forma pela qual Engels se comunica com um público interessado em um tema pouco ventilado nos seus ambientes habituais (note-se a presença residual de operários) e, em princípio, curioso no que toca aos aspectos práticos da vida cotidiana: como eles seriam mudados numa sociedade comunista. Engels não se perde em formulações de alta teoria: vale-se de exemplos de transformações factíveis (por exemplo, expõe as soluções habitacionais advogadas por Owen) e mostra como a supressão da propriedade privada, acarretando a supressão da concorrência, afetaria a vida de todos: das tarefas mais comezinhas (cuidados domésticos) às mais impactantes (fim dos exércitos permanentes). É um modelo de didática: ele não mergulha em elaborações sofisticadas; critica o então influente economista Friedrich List, relacionando suas propostas às consequências destas; trata as crises econômicas, partindo de suas evidências imediatas para depois rastrear sua causalidade. Engels não escamoteia as expressões mais prementes da "questão social": para a educação, propõe a universalização compulsória da escola pública gratuita; para a beneficência, uma reorganização geral, com o redirecionamento dos investimentos públicos revertendo a sua lógica lucrativa. E enfrenta com franqueza o fato de as soluções comunistas não se realizarem da noite para

---

[79] Pensou ainda em criar uma "Biblioteca dos Grandes Socialistas Estrangeiros", um projeto editorial que não se realizou.

[80] Os discursos encontram-se na p. 199 deste volume.

Apresentação. Os escritos do jovem Engels

o dia e a questão da transformação social derivar em confrontos sangrentos, que são indesejáveis. Sobretudo, sustenta que a revolução social será inevitável se não se modificarem as condições econômicas vigentes.

A propaganda das ideias comunistas obviamente preocupou as autoridades: os deslocamentos de Engels pela Renânia passaram a ser vigiados e ele suspeitou que a sua correspondência estava sob controle da censura. Mas preocupou especialmente o senhor Engels: o filho cada vez menos cumpria funções úteis na empresa da família, gastava tempo escrevendo o que o pai não sabia exatamente o que era e à noite fazia agitação política. Desde setembro do ano anterior (1844), quando Engels regressou à casa, a tensão entre pai e filho crescia. Para entendê-la, façamos um breve excurso, que nos permitirá cuidar do que o jovem Engels escrevia: *A situação da classe trabalhadora na Inglaterra*[81]. Simplesmente, ele estava elaborando, com base no farto material que colhera na Inglaterra e da relação que ali estabelecera com a classe operária, *a obra mais importante da sua juventude*. E em março de 1845, quando as autoridades policiais já o tinham na mira e o pai explodia irritadíssimo com o filho comunista[82], ele concluiu o seu trabalho. Passemos ao nosso excurso.

Entre os anos 1830 e 1850, o brutal *pauperismo* das camadas trabalhadoras urbanas, produzido diretamente pelo desenvolvimento das relações capitalistas, impactou a consciência social europeia e derivou numa larga e copiosa documentação. Intelectuais dos mais diversos matizes – reacionários e conservadores, liberais e democratas, reformadores e revolucionários – ocuparam-se do que então era designado por todos como "questão social"[83]. Ora, *A situação da classe trabalhadora na Inglaterra* (que ocupou Engels do último trimestre de 1844 a março de 1845 e foi publicada em maio seguinte, em Leipzig) inscreve-se no marco dessa

---

[81] Nesse excurso, retomamos, com modificações, parágrafos da nossa apresentação a Friedrich Engels, *A situação da classe trabalhadora na Inglaterra*, cit., p. 30-5.

[82] Em cartas a Marx de 20 de janeiro de 1845 e de 17 de março de 1845, Engels revela ao amigo que a intolerância paterna, exacerbada, está criando um clima doméstico irrespirável, e que ele só vislumbra como solução abandonar definitivamente a casa da família (ver Friedrich Engels, *Escritos de juventud*, cit., p. 724-8 e 733-66).

[83] Recorde-se, aleatoriamente, Peter Gaskell, *The Manufacturing Population of England, Its Moral, Social and Physical Conditions* (Londres, Baldwin and Cradock, 1833), Alban de Villeneuve-Bargemont, Économie politique chrétienne, ou Recherche sur la nature et les causes du paupérisme (Paris, Paulin, 1834), Alexis de Tocqueville, *Mémoire sur le paupérisme* (Paris, Imprimerie Nationale, 1835) [ed. bras.: *Ensaio sobre a pobreza*, trad. Juliana Lemos, Rio de Janeiro, UniverCidade, 2003], Louis René Villermé, *Tableau de l'état physique et moral des ouvriers employés dans les manufactures de coton, de laine et de soie* (Paris, J. Renouard, 1840), Eugène Buret, *De la misère des classes laborieuses en Angleterre et en France* (Paris, Paulin, 1840) e Édouard Ducpétiaux, *De la condition physique et morale des jeunes ouvriers et des moyens de l'améliorer* (Bruxelas, Meline, 1843). Sobre o referido impacto do pauperismo, vale recorrer a Robert Castel, *As metamorfoses da questão social* (trad. Iraci D. Poleti, 6. ed., Petrópolis, Vozes, 1998), esp. p. 283 e seg.

Friedrich Engels – Esboço para uma crítica da economia política

literatura da qual não é ponto de partida nem signo terminal. Trata-se de uma obra encharcada do *esprit du temps*[84] e, de fato, o jovem Engels se insere no debate social mais significativo daqueles anos.

Mas precisamente porque a temática estava na ordem do dia – com o seu objeto já sendo amplamente explorado – ganha especial relevo o modo pelo qual se dá a inserção de Engels no debate, modo que revela a *radical originalidade* da contribuição do jovem revolucionário. Essa originalidade não reside na "observação participante"[85] ou mesmo na natureza dos dados dos quais o autor se vale, muitos disponíveis nos estudiosos que o precederam (e que ele examinou com cuidado). A radical originalidade do trabalho juvenil de Engels, o que torna *A situação da classe trabalhadora na Inglaterra* uma obra absolutamente inovadora, pode ser sinalizada se considerarmos que, na literatura europeia de que é parte integrante, é nela que, *pela primeira vez*:

1) a *Revolução Industrial* ganha a centralidade que de fato lhe cabe para se compreender como o capital passa a controlar a *produção* de mercadorias (controle que, como se sabe, assinala efetivamente a emergência da circulação *capitalista* que desloca a circulação simples); não se registra, em toda a literatura contemporânea à obra jovem-engelsiana, nenhuma elaboração que tenha apreendido com similar acuidade o fenômeno industrial[86];

2) a solução da "questão social" não é hipotecada à filantropia, à moralização da sociedade ou à realização de receitas utópicas idealizadas por mentes generosas; porque é compreendida como implicação necessária do padrão societário

---

[84] Alguns analistas quiseram localizar no texto do jovem Engels, na medida em que foi legatário de parte da documentação já publicada, uma pretensa falta de originalidade. Gustav Mayer (*Friedrich Engels*, cit., p. 196 e seg.) mostrou o infundado dessa reserva. Outras críticas tiveram réplica suficiente no ensaio de Anne Dennehy, "The Condition of the Working Class in England: 150 Years on", em Christopher J. Arthur (org.), *Engels Today: A Centenary Appreciation* (Londres, Macmillan, 1996).

[85] É de se notar o que se segue ao título da obra, muitas vezes omitido em edições posteriores: "segundo as observações do autor e fontes autênticas"; o que depois, segundo alguns analistas, seria designado como "observação participante" foi uma técnica efetivamente empregada por Engels, mas não pode ser considerado um traço original na composição de *A situação da classe trabalhadora na Inglaterra*. No que toca às fontes, Engels não foi o primeiro a valer-se de relatórios e documentação oficiais – um procedimento depois largamente utilizado por Marx em *O capital* (trad. Rubens Enderle, São Paulo, Boitempo, 2011-2017, 3 v.) e reiterado por Lênin em *O desenvolvimento do capitalismo na Rússia* (trad. José Paulo Netto, São Paulo, Abril Cultural, 1982) –, mas cumpre realçar a significação que confere às informações veiculadas pela imprensa, notadamente aquela ligada ao movimento operário (assinale-se o peso dos informes, e mesmo avaliações, do *Northern Star*).

[86] Nem, por outra parte, a sua relevância para se compreender a *urbanização capitalista* como instrumento particular de segregação social; cumpre notar que os méritos do jovem Engels no trato do urbano já foram adequadamente reconhecidos: fonte de credibilidade considerou a "sua descrição de Manchester [...] uma obra-prima de análise ecológica" (Ruth Glass, "Urban Sociology in Great Britain: A Trend Report", *Current Sociology*, v. 4, n. 4, 1955, p. 30).

Apresentação. Os escritos do jovem *Engels*

embasado na propriedade privada dos meios de produção fundamentais, sua resolubilidade é posta como função da supressão desse padrão;

3) o proletariado não é tomado como massa indiferenciada, sofredora e passiva, tal como o visualizavam os socialistas contemporâneos do jovem Engels; este foi capaz de apreender, na situação proletária, a dinâmica criativa que, saturando a rebeldia e o protesto operários, põe o proletário, o trabalhador urbano-industrial, enquanto *classe*, como *sujeito revolucionário*, qualificado para promover a sua *autoliberação*.

Seguramente esses traços não escaparão ao leitor de *A situação da classe trabalhadora na Inglaterra*, que, além do mais, é vazada numa linguagem cristalina e elegante e apresenta-se com uma arquitetura formal impecável. A centralidade da Revolução Industrial comparece frontalmente na "Introdução" e no primeiro capítulo[87]. Nessas páginas introdutórias, Engels oferece um rápido, mas elucidativo, panorama das transformações que ela opera na Inglaterra entre 1780 e 1840. Na sequência, ele dá prosseguimento à tematização da Revolução Industrial, mas a ênfase recai na característica *concentradora/centralizadora* da grande indústria – econômica (a concentração da riqueza), social (a polarização e o aparecimento da classe operária) e ecológica (a urbanização). Esta última constitui o objeto do segundo capítulo: o fato de tomar teórica e analiticamente a urbanização moderna como variável da industrialização capitalista permite-lhe escapar do empirismo no tratamento que dá às grandes cidades; os dados factuais de que dispõe são articulados a partir dessa chave heurística e fornecem uma perfeita sinopse da modalidade de emergência da cidade que o domínio do capital amolda às suas exigências.

No terceiro capítulo, o leitor encontra a súmula do esquema teórico – derivado da argumentação do "Esboço... – que estrutura as ideias do jovem Engels em matéria de crítica da economia política. A *concorrência* aparece como o fenômeno axial da organização societária posta pelo capitalismo e é dela que derivam as *crises*, cuja periodicidade tipifica o próprio movimento do crescimento econômico. Nesse esquema teórico dá-se a primeira aproximação ao que Marx, em *O capital*, chamará de *exército industrial de reserva* (que Engels designa então como "exército de trabalhadores desempregados"). Ainda nesse capítulo, o jovem Engels engrena uma problemática teoria dos salários segundo a qual o *salário médio* tende a distanciar-se muito pouco do *salário mínimo* que assegura a reprodução dos proletários, os escravos modernos.

Se o quarto capítulo enfoca a utilização da reserva da força de trabalho (também fornecida pela imigração), manipulada pela grande indústria, o seu objeto real – e de todos os capítulos subsequentes, até o décimo – é mesmo a situação

---

[87] Engels não numerou os capítulos; nossos comentários seguem a ordem em que aparecem em seu livro.

Friedrich Engels – Esboço para uma crítica da economia política

proletária. Analisando as condições de vida e trabalho dos operários dos diversos ramos industriais (inclusive a agricultura impactada pelas relações capitalistas), o jovem Engels oferece o painel das misérias da classe trabalhadora – no contraponto, o oitavo capítulo centra-se nas formas do protesto proletário.

O último capítulo, por sua vez, é um primor de análise psicossocial. Não se trata, nele, apenas do comportamento sociopolítico da burguesia, classe que impõe à sociedade a sua ditadura. O jovem Engels, com singelo exemplário, fornece também as pistas mais significativas para a determinação dos mecanismos pelos quais os sujeitos sociais burgueses constroem a sua autoimagem.

Ao leitor arguto não será difícil perceber que há um conjunto de capítulos fundados especialmente em observações pessoais (o segundo, o quarto, o sexto e o décimo primeiro). Quanto às fontes, Engels não as escamoteia e podemos indicar como mais importantes as obras de Peter Gaskell, John Wade, George Richardson Porter, Edward Baines, Andrew Ure, Thomas Carlyle, os irmãos Archibald e William Pulteney Alison e, ainda, os relatórios de comissões parlamentares, inspetores e comissários fabris, além da imprensa.

O mesmo leitor notará que *A situação da classe trabalhadora na Inglaterra* não passou incólume pelas provas do tempo e da história. A obra exsuda um otimismo revolucionário um tanto ingênuo (mas o autor tinha 24 anos!), paga seus tributos ao eticismo provindo dos utópicos (nomeadamente Owen) e assenta-se numa concepção ainda pouco concreta da nuclearidade da dinâmica social sob o capitalismo (a apreensão do papel das lutas de classes ainda não alcança determinação adequada). Na verdade, dentre as fragilidades do texto jovem-engelsiano[88], a mais evidente diz respeito às projeções que esboça, entre as quais as substantivas gravitam em torno da tese da iminência da revolução social na Inglaterra, que não deixam vislumbrar nem uma alternativa a médio prazo para o capitalismo nem a possibilidade de uma degradação reformista do movimento operário. Mas não se creia que isso deva ser creditado apenas ao grau de maturação das concepções do jovem Engels; antes, hipoteca-se às condições histórico-sociais e políticas nas quais ele trabalha – a culminação da crise que, em 1842, propiciou a greve geral declarada pelos cartistas e

---

[88] A nós parece que a já antiga crítica de Eric J. Hobsbawm (em prefácio reproduzido em Friedrich Engels, *La situation de la classe laborieuse en Angleterre*, Paris, Éd. Sociales, 1961, p. 8) é aquela que melhor trata dos aspectos problemáticos de *A situação da classe trabalhadora na Inglaterra*. Para o grande historiador, há de se lamentar, nessa obra, a pouca atenção dada à influência religiosa sobre os meios operários, a subestimação de formas "autônomas" de cultura proletária e o descuido para com o movimento cooperativista. Marx releu a obra na entrada dos anos 1860 e escreveu ao amigo: "A releitura do teu livro fez-me pensar como é triste ficar velho. Com que frescor e paixão está concebido o livro, com que audaciosa antecipação, sem vacilações doutas e científicas! E a própria ilusão de que amanhã ou depois de amanhã o resultado final virá historicamente à luz do dia confere ao todo um calor e um humor do prazer de viver [...]" (carta de 9 de abril de 1863, MEW, cit., 1964, v. 30, p. 343).

Apresentação. Os escritos do jovem Engels

que possuiu, para a Inglaterra, a mesma ponderação que a crise revolucionária de 1848-1849 teria para o continente. Trabalhando nessa ambiência – e, ainda, com a reverberação de *A triarquia europeia* em sua mente –, não é de estranhar que o colapso do capitalismo se lhe tenha afigurado como algo imediato. É o *catastrofismo* com que o jovem Engels encara o presente do capitalismo que, como se vê, funda muito do seu *otimismo revolucionário* dos anos 1840, o qual o velho Engels reconheceu, naturalmente de bom grado, como um equívoco. Esse catastrofismo deriva de uma análise ela mesma equivocada das perspectivas de desenvolvimento do capitalismo, análise que o levava (assim como a Marx naquela época) a supor iminente o exaurimento do capitalismo – ainda voltaremos a essa questão.

Mesmo vincando e, logo, comprometendo historicamente o texto, essa perspectiva equivocada não lesiona a essencialidade da obra do jovem Engels. *A situação da classe trabalhadora na Inglaterra* é um *clássico* pela abrangência com que a pesquisa empírica se articula com a matriz teórica, pela adequação entre o cuidado para com a factualidade e a exigência de generalização. Dir-se-á: uma *obra exemplar*, paradigmática de como um enquadramento teórico orienta a seleção e a análise factual e como esta, tratada dialeticamente, pode incidir na correção daquele. Em *A situação da classe trabalhadora na Inglaterra*, essa incidência ainda não comparece íntegra: terá lugar na posterior elaboração de Marx e de Engels; mas suas linhas gerais estão contidas na concepção global da obra.

Enfim, há um outro constitutivo nuclear dessa obra do jovem Engels, igualmente assinalado com propriedade por Eric Hobsbawm: "Engels prova-nos que, no domínio das ciências sociais, ninguém pode produzir uma obra científica sem se ter desembaraçado previamente das ilusões da sociedade burguesa"[89]. Com efeito, não é apenas uma opção (de classe) revolucionária que garante na teoria social a alternativa da possibilidade, digamos, científica; nesse domínio, entretanto, essa opção parece configurar uma *condição necessária* à pesquisa que se quer qualificar como científica. E a leitura de *A situação da classe trabalhadora na Inglaterra* – tornada tanto mais atual na medida em que as ciências sociais contemporâneas descobrem que a "questão social" continua na ordem do dia – revela o profundo *pathos* com que o jovem Engels atendeu a essa condição, rompendo resolutamente com as constrangedoras restrições que a sua origem de classe lhe impunha.

Podemos, agora, voltar à situação pessoal de Engels. Depois das conferências de propaganda comunista em fevereiro, o clima doméstico na família Engels se deteriorou muito, acentuado pelas ameaças policiais[90]. E o jovem tendeu a perceber

---

No "Prefácio à edição alemã de 1892", em *A situação trabalhadora na Inglaterra* (cit., p. 345-58), Engels traz elementos de avaliação da obra-prima da sua juventude.

[89] Eric J. Hobsbawm, "Préface", cit., p. 18.

[90] De que dão conta o coletivo de biógrafos soviéticos em *Friedrich Engels*, cit., p. 72-3.

Friedrich Engels – Esboço para uma crítica da economia política

como hostil qualquer comportamento paterno. Se as relações entre ambos já vinham mal desde a entrada do novo ano, depois do evento de fevereiro deu-se um agravamento das tensões[91] e Engels tomou a decisão extrema: romper relações com o pai e sair de casa. Ele estava convencido de que a atividade em colaboração com Marx seria produtiva e exitosa para a intervenção revolucionária que os dois haviam concertado em Paris.

E viu-se convencido ainda pela importância de que se revestiu a primeira produção coletiva de ambos – o opúsculo criticando os remanescentes da esquerda hegeliana se concluíra rapidamente. Ainda em Paris, deixara prontas umas poucas páginas como contribuição ao pequeno livro e delegou a Marx a elaboração do texto final. Foi surpreendido quando viu o resultado: pelas mãos do parceiro, o opúsculo se transformou num livro com mais de duas centenas de páginas! É fato que, em Paris, haviam discutido longamente o conteúdo – mas a sua contribuição registrada foi muito diminuta. O livro foi editado em fevereiro de 1845, em Frankfurt, com o título *A sagrada família ou A crítica da Crítica crítica contra Bruno Bauer e consortes*[92]. A obra torna pública a ruptura de ambos com os Livres de Berlim e faz uma crítica demolidora das mais recentes posições filosóficas destes últimos (notadamente as de Bruno Bauer, mas também as de alguns "consortes" de menor expressão)[93]. Ainda muito influenciada pelo pensamento de Feuerbach, cuja crítica logo viria pioneiramente da parte de Marx ("As teses sobre Feuerbach" datam da primavera de 1845)[94], essa obra assinala que a assunção do materialismo avança nas concepções de Marx e Engels; nela também se explicita claramente que ambos estão comprometidos com a perspectiva de classe do proletariado e há uma clarificação da sua concepção teórico-metodológica.

Deixando Barmen, Engels resolveu fixar-se algum tempo em Bruxelas, para onde Marx se deslocou após a expulsão que lhe fora imposta pelo governo francês – a partir de fevereiro, passara a residir, na condição oficial de asilado político, na capital belga. Engels seguiu-o: em abril de 1845, alugou uma casa fronteira à de Marx, o que lhes permitia contato diário. A convivência cotidiana aproximou-os ainda mais e começaram a surgir novos projetos intelectuais e políticos. Para prosseguir nos estudos de economia política, Marx aceitou a sugestão de viajarem

---

91 Ver nota 82.
92 Na edição original, sem consultar o parceiro, Marx antepôs o nome de Engels ao seu.
93 Para a avaliação da obra, ver Émile Bottigelli, *A gênese do socialismo científico* (trad. Mário de Carvalho, Lisboa, Estampa, 1971), p. 145-58; Pedrag Vranicki, *Storia del marxismo* (Roma, Editori Riuniti, 1973), v. 2, p. 107-10; Mario Dal Pra, *La dialettica in Marx* (Bari, Laterza, 1977), p. 201-34; Franz Mehring, *Karl Marx: a história de sua vida* (trad. Paula Maffei, São Paulo, Sundermann, 2013), p. 109-15.
94 Não cabe aqui discutir as teses. Permitimo-nos, porém, remeter o leitor interessado ao recente e erudito ensaio de José Barata-Moura, *As teses das "Teses"* (Lisboa, Avante!, 2018), um exaustivo tratamento das teses marxianas.

Apresentação. Os escritos do jovem Engels

à Inglaterra. Aportaram em Londres provavelmente em 12 de julho e permaneceram na ilha até 21 de agosto. Foi mesmo uma viagem de estudos: dirigiram-se a Manchester e pesquisaram em longas jornadas na Biblioteca de Chetham, que guardava um acervo considerável. A maior parte dessas semanas, eles a passaram em Manchester: Engels reencontrou-se com Mary Burns e o casal circulou demoradamente pela cidade com Marx, permitindo-lhe conhecer diretamente a realidade dos meios operários que Engels documentara em *A situação da classe trabalhadora na Inglaterra*[95]. Enfim, na última semana da estância, Engels levou Marx a Londres; ali, como em Manchester, percorreu com o parceiro as áreas de concentração dos trabalhadores e apresentou-o aos dirigentes cartistas. Tiveram também a oportunidade de contatar os líderes da Liga dos Justos.

De volta a Bruxelas, retomaram o projeto de avançar na pesquisa teórica para assegurar uma relação orgânica com o proletariado, que concebiam como o sujeito coletivo capaz de protagonizar um processo de revolução social. E trataram de articular a intervenção simultânea nesses dois níveis.

A primeira iniciativa deu-se no nível teórico. No outono, elaboraram o projeto de uma obra que, de algum modo prolongando *A crítica da Crítica crítica*, sistematizaria a crítica da filosofia pós-hegeliana. Por volta de setembro começaram a redigi-la e o trabalho estendeu-se irregularmente – com momentos de dedicação intensiva entremeados de interrupções – até agosto de 1846; então, mesmo sem tê-lo concluído, fizeram gestões para a sua publicação, que não tiveram êxito, e terminaram por abandonar o manuscrito, que só veio à luz integramente em 1932 (da história dessa obra inacabada, Marx deixou um registro bastante divulgado)[96]. À

---

[95] A viagem, uma iniciativa de Engels, causou enorme impacto sobre Marx, assim registrado por fina observadora: "Se era realidade o que Marx estava procurando, ele a encontrou em Manchester. Antes dessa viagem jamais conhecera efetivamente a vida proletária, e era improvável que já tivesse experimentado alguma coisa que pudesse prepará-lo para a degradação da humanidade que viu ali [em Manchester]. Ele havia encontrado trabalhadores de Paris, mas apenas para ouvir suas histórias. Agora estava afundado até os joelhos em detrito industrial, físico e espiritual. As visões, os cheiros e os sons angustiados daquele lugar devem ter sido chocantes. Marx era, afinal, um intelectual da classe média casado com uma aristocrata, que viajava percorrendo círculos de cultura. Embora havia muito criticasse aqueles que enganavam com a teoria, a verdade é que também fizera o mesmo. Mas não o faria mais" (Mary Gabriel, *Amor & capital: a saga familiar de Karl Marx e a história de uma revolução*, trad. Alexandre Barbosa de Souza, Rio de Janeiro, Zahar, 2013, p. 126).

[96] "Quando, na primavera de 1845, ele [Engels] também veio domiciliar-se em Bruxelas, resolvemos trabalhar em comum para salientar o contraste de nossa maneira de ver com a ideologia da filosofia alemã, visando, de fato, acertar as contas com a nossa antiga consciência filosófica. O propósito se realizou sob a forma de uma crítica da filosofia pós-hegeliana. O manuscrito [*A ideologia alemã*], dois grossos volumes em oitavo, já se encontrava há muito tempo em mãos do editor na Westfália quando nos advertiram que uma mudança de circunstâncias criava obstáculos à impressão. Abandonamos o manuscrito à crítica roedora dos ratos, tanto mais a gosto quanto já havíamos alcançado nosso fim principal, que era nos esclarecer" (Karl Marx,

Friedrich Engels – Esboço para uma crítica da economia política

diferença da redação de *A sagrada família*, em que cada um dos autores escreveu o texto que lhe cabia individualmente, ainda que com uma discussão prévia, em *A ideologia alemã* cada passo foi objeto de reflexão comum, de debate a dois, ainda que a redação final tenha sido dividida entre eles. O manuscrito que se conservou é um documento riquíssimo que atesta que Marx e Engels estavam explicitando, ao mesmo tempo que punham em questão as formulações dos filósofos alemães, a *sua* concepção de história, sociedade e cultura. É nessa documentação que expõem, de maneira rigorosa, o que a tradição marxista consignou como sendo a "concepção materialista da história"[97] – *base da revolução teórica que promoveram na cultura ocidental*. Estavam, de fato, formulando a concepção teórico-metodológica necessária (volte-se ao encontro de Paris, em agosto-setembro de 1844), o suporte teórico, para encontrar novas respostas aos novos desafios.

Em *A ideologia alemã*, além da crítica áspera (e, ao mesmo tempo, irônica) à filosofia dos Livres de Berlim[98], Marx e Engels examinam o pensamento de Feuerbach, a natureza da ideologia, as conexões entre modos de produção e formações societárias, as relações entre forças produtivas e relações de produção, entre a divisão do trabalho e as formas de propriedade, entre a sociedade civil e o Estado etc. – todo um largo elenco de temas e problemas a que, aqui, não é possível sequer aludir[99]. Fundamental, todavia, é frisar que, nesse documento, Marx e

---

prefácio a *Contribuição à crítica da economia política*, cit., p. 49). Na entrada do século XXI, abriu-se entre especialistas uma polêmica sobre a primeira edição (1932) de *A ideologia alemã* e sua fidelidade ao manuscrito deixado por Marx e Engels. Uma breve notícia dessa polêmica e indicações bibliográficas encontram-se na nossa biografia de *Karl Marx*, cit., p. 154.

[97] Veja-se o que Engels escreveu, três anos depois da morte de Marx, referindo-se à teoria marxista: "Seja-me permitido aqui um pequeno comentário pessoal. Ultimamente, tem-se aludido, com frequência, à minha participação nessa teoria: não posso, pois, deixar de dizer aqui algumas palavras para esclarecer este assunto. Que tive certa participação independente na fundamentação e sobretudo na elaboração da teoria, antes e durante os quarenta anos de minha colaboração com Marx, é coisa que eu mesmo não posso negar. A parte mais considerável das ideias diretrizes principais, particularmente no terreno econômico e histórico, e especialmente sua formulação nítida e definitiva, cabem, porém, a Marx. A contribuição que eu trouxe – com exceção, quando muito, de alguns ramos especializados – Marx também teria podido trazê-la, mesmo sem mim. Em compensação, eu jamais teria feito o que Marx conseguiu fazer. Marx tinha mais envergadura e via mais longe, mais ampla e mais rapidamente que todos nós outros. Marx era um gênio: nós outros, no máximo, homens de talento. Sem ele, a teoria estaria hoje muito longe de ser o que é. Por isto, ela tem, legitimamente, seu nome" (Friedrich Engels, "Ludwig Feuerbach e o fim da filosofia clássica alemã", em Karl Marx e Friedrich Engels, *Obras escolhidas*, cit., v. 2 e 3, p. 193).

[98] Mesmo essa crítica tem uma dimensão fortemente política – o alvo preferencial é o "socialismo verdadeiro" (ver *A ideologia alemã*, cit., p. 437 e seg.), a que voltaremos adiante.

[99] É imenso o rol bibliográfico em que se encontram abordagens qualificadas de *A ideologia alemã*. Além do material crítico contido em fontes que já citamos, aponte-se: Paul Kägi, *La génesis del materialismo histórico* (Barcelona, Península, 1974); José Barata-Moura, *Materialismo e subjetividade: estudos em torno de Marx* (Lisboa, Avante!, 1997); John B. Foster, *A ecologia de Marx: materialismo e natureza* (trad. Maria Teresa Machado, Rio de Janeiro, Civilização

Apresentação. Os escritos do jovem Engels

Engels, sem prejuízo de futuros desenvolvimentos, *demonstram que seus respectivos movimentos teóricos – que vinham operando nos últimos anos – os conduziram, definitivamente, ao materialismo (dialético) e ao comunismo*[100].

O outro nível da intervenção de Marx e Engels, acordado no histórico encontro de Paris, referido à ação organizativa de ambos, decorrerá especialmente a partir de 1846: em janeiro daquele ano, os dois amigos, com o apoio do belga Philippe Gigot, criam em Bruxelas o Comitê de Correspondência Comunista. A essa primeira organização, Marx e Engels dedicarão os seus esforços nos dois anos seguintes – sem prejuízo do seu trabalho teórico, que prosseguirá paralelamente e articulado ao seu empenho organizativo (é desse período, por exemplo, a polêmica marxiana contra Proudhon: *Miséria da filosofia* data de 1847). O projeto do comitê consistia na constituição de uma espécie de fórum de debates e espaço centralizador das atividades e iniciativas de comunistas de vários países que fossem capazes de socializar as experiências[101]. Situá-lo em Bruxelas era estratégico: facilitava as comunicações, uma vez que a cidade ficava a meio caminho de Paris e Londres e o país, até então, não reprimia os exilados políticos[102]. A ideia era

---

Brasileira, 2005); Adolfo Sánchez Vázquez, *Filosofia da práxis* (trad. María Encarnación Moya, Buenos Aires/São Paulo, Clacso/Expressão Popular, 2007); Luca Basso, *Socialità e isolamento: la singolarità in Marx* (Roma, Carocci, 2008); Martin Empson, *Land and Labour: Marxism, Ecology and Human History* (Londres, Bookmarks, 2013).

[100] O materialismo que assumem se distingue claramente do materialismo anterior (inclusive o de Feuerbach, já superado por Marx nas "Teses sobre Feuerbach"). Trata-se mesmo de um *novo* materialismo, o dialético, ele mesmo resultante da sua elaboração. A sua determinação está consagrada na lapidar formulação: "Não é a consciência que determina a vida, mas a vida que determina a consciência" (Karl Marx e Friedrich Engels, *A ideologia alemã*, cit., p. 94). E o comunismo a que se vinculam "não é para nós um *estado de coisas* [*Zustand*] que deve ser instaurado, um *Ideal* para o qual a realidade deverá se direcionar. Chamamos de comunismo o movimento *real* que supera o estado de coisas atual. As condições desse movimento [...] resultam dos pressupostos atualmente existentes" (Idem, p. 38) – um comunismo, pois, sem utopismos, sempre criticados por Marx e Engels (José Barata-Moura, *Marx, Engels e a crítica do utopismo*, Lisboa, Avante!, 2015).

[101] Já então Marx e Engels tinham consciência da relevância do *internacionalismo* para a intervenção comunista.

[102] Já não eram poucos os que, como Marx, ali se abrigaram. Entre os revolucionários perseguidos que por lá estiveram contavam-se alemães, franceses, poloneses, russos... Em princípios de 1846, a instâncias de Marx, o já citado e famoso – pela sua obra *Garantien der Harmonie und Freiheit* (Vivis, Verlage des Verfassers, 1842) – Wilhelm Weitling deslocou-se para Bruxelas e participou de reuniões do comitê, numa das quais (30 de março de 1846) ocorreu entre ele e Marx um deseducado confronto. E foi por essas mesmas semanas que se deu a denúncia do Comitê de Bruxelas contra o jornalista alemão Hermann Kriege. Membro da Liga dos Justos, Kriege emigra em 1845 para os Estados Unidos e, em Nova York, criara ali um núcleo da organização e o jornal *Der Volks Tribun* (O Tribuno do Povo). Apresentando-se como representante do comunismo germânico aos seus leitores, Kriege – de fato, um "socialista verdadeiro" – propaga um conjunto de ideias que compromete o comunismo aos olhos dos trabalhadores americanos. Marx e Engels propõem ao comitê que se manifeste publicamente contra Kriege; aprovada pelo coletivo a proposta, encarregam-se os dois de redigir um

Friedrich Engels – Esboço para uma crítica da economia política

expandir o comitê em outros países, criando núcleos que operariam como sucursais. Em Bruxelas, o organismo começou por encontrar-se na casa de Marx, mas logo passou a fazer reuniões noutros espaços, à medida que o número de participantes crescia – de início, não passava de um punhado de homens ligados a Marx e a Engels[103]. Uma das principais atividades do comitê era a remessa de publicações para outros países – e a intensa correspondência era da responsabilidade de Marx.

Engels foi figura central na criação do comitê e, criado este, foi encarregado de constituir, em Paris, um núcleo do organismo. Ali ele chegou em 15 de agosto de 1846. Com o seu entusiasmo de sempre, Engels pôs mãos à obra: contatou socialistas de relevo e operários combativos (Ewerbeck, já mencionado nestas páginas, os adeptos de Fourier e de Saint-Simon, o velho Cabet, Adolph Junge, Louis Blanc)[104], desdobrou-se em infindáveis reuniões e palestras e encontrou adversários que lhe deram muito trabalho[105]. Na verdade, o clima que ele encontrou entre os trabalhadores parisienses de esquerda era extremamente confuso. Para criar um núcleo do comitê em Paris, Engels labutou por meses; enfrentou a resistência de seguidores de Weitling e, especialmente, de Grün – este misturando as ideias de Proudhon com o "socialismo verdadeiro". Essa corrente, objeto de crítica já em *A ideologia alemã*, gozava de prestígio nos meios socialistas e comunistas na Alemanha, na França e até na Inglaterra; mesmo membros da Liga dos Justos partilhavam de algumas de suas ideias. Combatendo-o na prática, mas também escrevendo contra ele, Engels perdeu tempo e paciência[106]. Ao fim e ao cabo, cumpriu a sua tarefa, mas não sem levantar suspeitas nas autoridades francesas[107]: criou o Comitê de Paris e ganhou mesmo a

---

documento em que o comitê, como organismo comunista, critica as ideias de Kriege. O texto, conhecido como "Circular contra Kriege" ("Zirkular gegen Kriege", em MEW, cit., 1959, v. 4, p. 3-17), divulgado em maio de 1846, inclusive nos Estados Unidos, repercutiu muito nos círculos socialistas e comunistas.

[103] Entre eles, Wilhelm Wolff ("Lupus"), Joseph Weydemeyer, Ferdinand Wolff, o já citado poeta Georg Weerth e Sebastian Seiler. A mulher de Marx, Jenny von Westphalen (1814-1881), participava das reuniões, assumindo até mesmo a responsabilidade de secretariá-las.

[104] Charles Fourier, figura destacada do pensamento utópico; Claude-Henri de Rouvroy, conde de Saint-Simon, outro utópico de referência; Étienne Cabet, um dos socialistas mais respeitados na época; Adolph Junge, operário do qual se sabe apenas que depois de 1848 emigrou para os Estados Unidos; Louis Blanc, socialista pequeno-burguês.

[105] Especialmente Karl Grün, amigo pessoal de Proudhon. Ambos tinham grande influência sobre os socialistas de Paris (no caso de Proudhon, sobre todos os socialistas franceses daqueles anos).

[106] Nos primeiros meses de 1847, Engels elaborou um ensaio – "Os socialistas verdadeiros" ("Die wahren Sozialisten", em MEW, cit., v. 4, p. 248-90), em que disseca essa corrente ideopolítica, que só deixou de ter peso no movimento operário depois de 1848. A influência do "socialismo verdadeiro" pode ser avaliada pela reiteração da sua crítica por Marx e Engels entre 1845-1846 e 1847; aliás, concedem-lhe significativa importância e caracterizam-na como expressão típica da pequena burguesia alemã, difusora de uma "literatura suja e degradante", no *Manifesto do Partido Comunista* (cit., p. 36-9).

[107] Segundo o coletivo de biógrafos soviéticos (cit., p. 99), os passos de Engels foram vigiados e em fins de 1846 a polícia realizou uma busca em sua casa.

Apresentação. Os escritos do jovem Engels

sua indicação para representá-lo no II Congresso da Liga dos Comunistas, do qual falaremos adiante – aliás, para tanto, ele se valeu de expediente pouco ortodoxo[108].

Engels também teve papel muito destacado durante todo o ano de 1847, seja nas transformações operadas na Liga dos Justos nos seus congressos de junho (quando ela se transforma em Liga dos Comunistas) e novembro/dezembro (quando ele e Marx são encarregados da redação do programa comunista), seja no seu processo de aproximação e ingresso, dele e do grupo de Marx, na nova organização[109]. Em razão das importantes atividades que desenvolveu naquele ano, Engels viveu movimentando-se entre Paris, Bruxelas e Londres. Tratemos de resumir ao máximo a sua intervenção no ano que precedeu à Primavera dos Povos.

Desde 1843 dirigentes da Liga dos Justos procuraram contatar Marx e Engels. Depois dos encontros que tiveram em Londres com o trio dirigente Schapper, Moll e Bauer, quando se negaram a incorporar-se à Liga dos Justos, os dois continuaram a ser alvo da sua atenção. Especialmente a partir de 1845-1846, quando ambos começaram a ganhar destaque entre os socialistas e comunistas da nova geração, quer pelas suas publicações, quer pela criação dos comitês de Bruxelas e de Paris, eles passaram a ser mais assediados pela gente da Liga.

As razões da recusa de Marx e Engels aos convites da Liga dos Justos sempre foram sinceramente verbalizadas nos contatos mantidos com os seus membros. Ambos consideravam que a Liga se movia em meio a concepções teóricas superadas, cultivava um secretismo sectário e concebia a revolução como resultante de conspiratas; ademais, nos seus poucos núcleos de base (em termos quantitativos, ela era muito débil), reinavam fortes preconceitos contra intelectuais cuja origem de classe não era artesã ou proletária – donde, segundo eles, a simpatia pelo comunismo tosco de autodidatas como Weitling.

A direção da Liga, porém, evoluía em face da evidência das suas próprias dificuldades e da verificação do resultado positivo das experiências em curso – a recuperação do cartismo desde as derrotas de 1842, o crescimento da Associação Educacional dos Trabalhadores Alemães de Londres e o avanço do Comitê de Correspondência Comunista[110]. Fato é que a direção da Liga, em janeiro de 1847,

---

[108] Como ele mesmo relata em carta de 25-26 de outubro de 1847 a Marx (MECW, cit., v. 38, p. 138-9).

[109] É diferenciada e ampla a bibliografia que trata de tais congressos, mas dois estudos devem ser indicados como *indispensáveis*: Bert Andreas, *La Ligue des Communistes (1847): documents constitutifs* (Paris, Aubier, 1972), e Fernando Claudín, *Marx, Engels y la revolución de 1848* (Barcelona, Siglo XXI, 1975). Corridos tantos anos desde as suas primeiras edições, esses textos permanecem referência inarredável. Ademais, o último deles (que, segundo informações que nos chegaram, está em vias de ser publicado pela Expressão Popular) continua sendo a melhor obra que trata do envolvimento de Marx e Engels nos processos revolucionários de 1848.

[110] Diz um biógrafo de Marx sobre essa associação, criada em Londres e dirigida por membros da Liga (os próprios Schapper, Moll e Bauer): "Ao contrário da sociedade secreta [a Liga], essa

Friedrich Engels – Esboço para uma crítica da economia política

decidiu convocar um congresso (que seria o primeiro da sua história) visando a sua reorganização e voltou a contatar Marx e Engels, enviando Joseph Moll a Bruxelas e a Paris, em fins daquele mês, para entabular tratativas com os dois jovens. As conversações foram bem-sucedidas e os comitês de Bruxelas e Paris anunciaram o seu ingresso na Liga dos Justos e a disposição de participar do congresso anunciado pela direção[111].

O congresso reuniu-se em 2 de junho de 1847, em Londres – era o primeiro da Liga dos Justos e, de fato, o constitutivo da Liga dos Comunistas. Engels participou na condição de representante das comunas parisienses da Liga e a representação dos comunistas de Bruxelas foi delegada a Wilhelm Wolff[112]. As intervenções de Engels no andamento do congresso foram reconhecidamente importantes. A Liga alterou a sua denominação (deixou de ser "dos justos" para tornar-se "dos comunistas") e a sua divisa (de "Todos os homens são irmãos" para "Proletários de todos os países, uni-vos!"), e Engels foi um dos defensores dessas alterações. Também relevante foi o seu esforço para mudar os estatutos da organização, com o abandono de regras e rituais que vigiam desde a década anterior. Nem todas as suas propostas foram aceitas, mas avançou-se na democratização da vida da Liga (o novo estatuto seria

---

associação era um grupo aberto ao público, um florescente empreendimento que oferecia a seus associados – no auge, chegou a contar com 700 – oportunidades de socialização, recreação, educação para adultos e um fundo mútuo de benefícios para ajudá-los quando acometidos por enfermidades ou vitimados pelo desemprego" (Jonathan Sperber, *Karl Marx: uma vida do século XIX*, trad. Lúcia Helena de Seixas, Barueri, Amarilys, 2014, p. 163). A associação é também referida como "fachada para recrutar membros" para a Liga (Mary Gabriel, *Amor & capital*, cit., p. 128).

[111] Em 1885, Engels recordou que, nessas conversações com Moll, este lhe disse "que estava convencido não só da justeza geral de nossa concepção, mas também da necessidade de libertar a Liga das velhas tradições e formas conspirativas. Que, se quiséssemos ingressar, dar-nos-ia, num congresso, a oportunidade de desenvolver nosso comunismo crítico num manifesto que, em seguida, seria publicado como manifesto da Liga; e que poderíamos também contribuir para a substituição da arcaica organização da Liga por outra nova, mais adequada à época e aos objetivos visados.
Não tínhamos a menor dúvida de que a classe operária alemã necessitava de uma organização, ainda que apenas por razões de propaganda, e de que esta organização, na medida em que não fosse puramente local, deveria ser necessariamente clandestina, mesmo fora da Alemanha. Pois bem, na Liga tínhamos precisamente essa organização. O que ela tivera até então de censurável para nós era agora abandonado, por errôneo, por seus próprios representantes e eles mesmos nos convidavam a colaborar em sua reorganização. Podíamos, então, recusar? Claro que não. Ingressamos, portanto, na Liga [...]" (Friedrich Engels, "Contribuição à história da Liga dos Comunistas", cit., p. 160).

[112] A ausência de Marx foi reiteradamente atribuída à sua falta de recursos para realizar a viagem a Londres. Claudín considera essa justificativa discutível e sugere que, na realidade, entre Marx e os dirigentes da Liga existia uma desconfiança mútua. Claudín também problematiza os esclarecimentos de Engels – que reproduzimos na nota precedente – acerca da adesão dele e de Marx à Liga na preparação do congresso de junho (ver Fernando Claudín, *Marx, Engels y la revolución de 1848*, cit., p. 58-71).

Apresentação. Os escritos do jovem Engels

submetido ao próximo congresso). Entretanto, a questão fundamental era a do programa a adotar-se, objeto de muito debate durante o evento. Propôs-se uma "profissão de fé" – que foi, no essencial, redigida por Engels – a ser substituída por um programa mais apurado, a discutir-se e a aprovar-se também no próximo congresso, que seria precedido por um debate alargado. Enfim, decidiu-se a criação de um periódico oficial da Liga e definiu-se a data para a realização do próximo (o segundo) congresso: novembro de 1847[113].

Na sequência do congresso, Engels voltou-se para a questão programática da Liga. Atento ao debate deflagrado entre os membros, produziu um texto[114] para subsidiar a formulação definitiva do programa a submeter-se ao congresso de novembro. Deste, como se sabe, saiu a decisão de encarregar Marx e o próprio Engels da redação final do programa, a partir da contribuição oferecida pelos debates que o precederam e por aqueles travados nas sessões congressuais. A forma utilizada no texto foi admiravelmente superada pelo concurso de Marx e o conteúdo final do *Manifesto do Partido Comunista* é diverso do texto redigido por Engels, mas um cotejo entre os dois materiais, notadamente entre os doze pontos que reúnem as medidas mais importantes a serem implementadas no "regime democrático" concretizado pela "dominação política do proletariado"[115] e as dez medidas que comparecem no *Manifesto do Partido Comunista*[116], comprova a plena sintonia entre os dois documentos. E no segundo congresso da Liga – realizado em Londres, entre 29 de novembro e 8 de dezembro, com a presença de Marx –, as intervenções de Engels também foram de vulto. Pode-se creditar a ele parcela significativa das decisões saídas deste que, de fato, foi o evento fundacional da Liga dos Comunistas[117].

Mas, ao longo de 1847, a atividade revolucionária do jovem Engels desbordou amplamente a intervenção nos dois congressos da Liga. Como já assinalamos, naquele ano ele circulou entre Paris (para ali estabelecer uma seção do Comitê de Correspondência Comunista), Londres (para contatos políticos) e Bruxelas. Nesta última, a sua atividade organizativa também se fez sentir: em agosto, juntamente com Marx, criou na capital belga a Sociedade dos Operários Alemães, mais ou menos nos moldes da londrina Associação Educacional dos Trabalhadores Alemães. Também em Bruxelas, o seu labor jornalístico foi exercido fecundamente na *Deutsche Brüsseler Zeitung* (*Gazeta Alemã de Bruxelas*), que começou a

---

[113] O periódico da Liga, intitulado *Kommunistische Zeitschrift* (Revista Comunista), teve apenas um número publicado, sem a participação de Marx e Engels.

[114] Ver "Princípios do comunismo", p. 235 deste volume.

[115] Ibidem, p. 243

[116] Karl Marx e Friedrich Engels, *Manifesto do Partido Comunista*, cit., p. 30-1.

[117] Ver do coletivo de autores russos, *Friedrich Engels*, cit., p. 121-4.

Friedrich Engels – Esboço para uma crítica da economia política

circular em janeiro daquele ano e sobre a qual, desde março, Marx passou a ter uma considerável influência. Engels começou a escrever a partir de abril e, até outubro, sua presença enriqueceu as páginas do periódico[118]. De cerca de uma dezena de textos que publicou nesse jornal[119], é particularmente relevante aquele dirigido contra Karl Heinzen, "Os comunistas e Karl Heinzen", divulgado entre 3 e 7 de outubro. A tese defendida por Heinzen, expressiva de uma parcela da intelectualidade liberal pequeno-burguesa, sustentava que os comunistas jogavam na divisão do campo democrático. Na sua contra-argumentação, Engels desmontou ponto a ponto a tese de Heinzen e avançou reflexões sobre o papel agregador e unificador dos comunistas na luta contra as instituições e organizações limitadoras da participação política.

Durante 1847, publicou artigos não somente no jornal de Bruxelas, como também escreveu muito na imprensa francesa – principalmente, mas não exclusivamente, no parisiense *La Réforme* (*A reforma*) – e manteve a sua colaboração regular com o cartista *The Northern Star*. A análise dos textos de Engels daquele ano revela a reiteração de uma tese central: *a iminência de uma eclosão revolucionária em escala continental*. Não era uma previsão – que, aliás, se demonstrou acertada pela história imediata – compartilhada somente por Engels (e por Marx); a maior parte dos revolucionários europeus e das suas organizações compartia da mesma ideia. Mas, na projeção de Engels (e a de Marx não era diferente), a ideia vinha articulada a outra: *tratava-se da revolução que selaria o destino final da ordem burguesa*, isto é, a desaparição do capitalismo e da dominação política da burguesia. Engels (com Marx) pensava que a revolução seria, nos países mais avançados – Inglaterra à frente, mas também França e Países Baixos – *a revolução proletária*; na Alemanha, dado o seu atraso econômico-político comparativamente com os mais avançados, seria o prelúdio da revolução proletária; e o resto da Europa teria o caminho livre para a erradicação das formas econômicas e políticas ainda subsistentes do Antigo Regime. Como pressuposto dessa projeção engelsiana (e marxiana) estava a visão de que o capitalismo chegara ao ponto do seu exaurimento. *Essa ideia, em boa medida responsável pelo otimismo do jovem Engels na época, não se demonstrou correta, porque se fundava num pressuposto que não se sustentou.*

---

[118] Como mencionamos (ver nota 24), Engels tinha dotes para o desenho e a caricatura. Em maio de 1847, produziu uma caricatura de Frederico Guilherme IV que, estampada no jornal, ganhou grande publicidade, sendo reproduzida por outros jornais belgas e até pela imprensa inglesa.

[119] Coligidos especialmente em MEW, cit., v. 4. O texto contra Heinzen, a que aludiremos a seguir, encontra-se nesse mesmo volume da MEW, p. 309-24; ali também se reuniu a sua produção jornalística, tangenciada no próximo parágrafo.

Apresentação. Os escritos do jovem Engels

Hora de revolução e, na derrota, hora de saudar a vida

Entre 29 de novembro e 8 de dezembro de 1847 realizou-se o segundo congresso da Liga, este com a presença de Marx, que participou ativamente dos debates. O evento foi dirigido por membros eleitos: presidente, Schapper, e secretário, Engels. As discussões foram intensas e os resultados foram ponderáveis. Aprovaram-se um novo estatuto e as linhas programáticas fundamentais, de cuja redação final foram incumbidos Marx e Engels. De fato, a conclusão congressual significou uma vitória das ideias defendidas por ambos e a sua síntese está consubstanciada no *Manifesto do Partido Comunista*[120].

Marx e Engels não foram, no cumprimento da sua tarefa de redatores, tão rápidos quanto queriam os dirigentes da Liga: só enviaram o manuscrito a Londres... em fins de janeiro de 1848. A impressão do panfleto de 23 páginas ficou pronta na última semana de fevereiro – praticamente ao mesmo tempo que explodia, em Paris, a revolução que por mais de um ano fez tremer os tronos da Europa. Foi a hora da revolução que, na apreciação de Fernando Claudín, constituiu a mais europeia de todas as revoluções. É indispensável citar esse autor para nos poupar a contextualização geral da atividade revolucionária de Engels nesse período. Informa o estudioso espanhol:

> Iniciada em Paris, a revolução se alastra como um rastilho de pólvora pela maior parte da Europa continental, entre o Atlântico e as fronteiras russas. Num primeiro momento, parece que vai estender-se à Inglaterra. Além da França, o torvelinho envolve a Prússia, a Áustria, a Baviera, a Saxônia e os outros Estados da Confederação Germânica, os territórios poloneses ocupados pela Prússia, a Boêmia e a Hungria (que tentam livrar-se do jugo austríaco, em particular esta última, cuja guerra nacional revolucionária se prolongará por um ano), a Itália do Norte (Lombardia), ocupada pelos austríacos, e todos os Estados italianos (o reino da Sardenha, o Piemonte, os Estados do Papa, o reino de Nápoles etc.).
>
> É a revolução mais europeia de toda a história da Europa. Dirigida, em primeiro lugar, contra as monarquias absolutas ou reacionárias, contra o sistema da Santa Aliança e contra todas as sobrevivências feudais em geral, tem, ao mesmo tempo, um gume antiburguês reconhecido por todos os protagonistas. O medo das "potências da velha Europa" diante do "espectro do comunismo", que Marx evoca nas primeiras linhas do *Manifesto* [*do Partido Comunista*], torna-se virulento porque o fantasma parece tomar corpo. Os proletários estão nas primeiras filas dos insurretos de Paris e Berlim, de Viena e Milão,

---

[120] Não é possível nem necessário retomar aqui o conteúdo e a importância deste que é um documento fundamental não só da história das lutas dos trabalhadores nos últimos dois séculos, mas também da *cultura* moderna. Todos os biógrafos de Marx e/ou Engels se detiveram, com maior ou menor propriedade, sobre o *Manifesto do Partido Comunista* e, além dessa produção, basta lembrar que, na passagem do seu sesquicentenário de publicação (1998), foram disponibilizados ao leitor brasileiro materiais de muito boa qualidade.

Friedrich Engels – Esboço para uma crítica da economia política

e exigem mais que o sufrágio universal. Em junho de 1848, Paris é o teatro do primeiro grande combate da história entre burguesia e proletariado pelo poder político. A luta de classes se desenvolve nitidamente e se combina com as lutas de libertação nacional e os conflitos entre as potências, resultando um processo revolucionário internacional de imensa complexidade.[121]

Marx e Engels foram a Paris para participar do processo que vinham prevendo e anunciando desde 1846. Em fins de março, ambos se encontram na capital francesa. Ali, com os olhos postos na Alemanha, onde a insurreição de Berlim (18 de Março) abre a revolução alemã, redigem "As reivindicações do Partido Comunista na Alemanha", que a Liga assume como seu programa oficial para orientar os comunistas e o povo alemão[122]. Alastrando-se a revolução pela Alemanha, iniciada com o 18 de Março, Marx e Engels dirigem-se a Colônia, centro da província renana, onde concentrarão as suas atividades e criarão o diário *Nova Gazeta Renana*, subintitulado "Órgão da democracia", que circulará (com uma temporária interdição policial) de 1º de junho de 1848 a 19 de maio de 1849.

Por meio da *Nova Gazeta Renana*, que se tornou a referência maior do segmento radical-democrático alemão, Marx e Engels assumirão de fato a direção política dos comunistas alemães, priorizando o jornal em detrimento da Liga dos Comunistas e vinculando-se inicialmente à ala esquerda do chamado Partido Democrata[123]. Porém, no curso do processo revolucionário, trabalharam sempre para assegurar a autonomia da intervenção dos comunistas no marco da frente política democrática, que envolvia basicamente segmentos pequeno-burgueses – uma vez que o movimento operário, de origem recente (a rebelião dos tecelões da Silésia fora o seu ponto de partida), era ainda muito débil. A orientação que Marx e Engels imprimiram à *Nova Gazeta Renana* era clara, mas exigia uma estratégia que combinasse *flexibilidade tática e firmeza de princípios*. Vê-se, pois, quão delicada era a posição dos comunistas no processo alemão.

Até então, Marx e Engels supunham que a luta contra a monarquia (Frederico Guilherme IV e a nobreza fundiária) contaria com um suporte burguês; por isso, imaginavam que haveria um momento em que a burguesia assumiria a direção do processo, preludiando o momento em que as forças proletárias iriam ultrapassá-la. O desenvolvimento da revolução, contudo, mostrou que, desde o 18 de Março, a

---

[121] Fernando Claudín, *Marx, Engels y la revolución de 1848*, cit., p. ix-x.

[122] Esse programa comunista – que foi impresso em Paris como uma folha volante para ser distribuído na Alemanha – está disponível em Karl Marx e Friedrich Engels, *Lutas de classes na Alemanha* (trad. Nélio Schneider, São Paulo, Boitempo, 2010).

[123] Apesar dessa vinculação, o jornal nunca deixou de criticar as vacilações e cedências do Partido Democrata. E quando elas passaram a comprometer o curso revolucionário, já em 1849, Marx e Engels romperam publicamente com esse partido.

Apresentação. Os escritos do jovem *Engels*

grande burguesia tendeu ao compromisso com a monarquia e a nobreza fundiária. Com a concretização desse compromisso, operada sob o impacto da derrota do proletariado parisiense (junho de 1848), selou-se a sorte da revolução alemã. Ficou claro que qualquer analogia com o processo francês de 1789 – marcante nas reflexões de Marx e Engels até a experiência alemã – era enganosa; ficou claro que da burguesia alemã não se poderia esperar qualquer protagonismo revolucionário. Ambos aprenderam essa lição da história, como se constata na brilhante análise que Engels empreendeu cerca de dois anos depois – referimo-nos aqui, especificamente, aos textos enfeixados sob o título de *Revolução e contrarrevolução na Alemanha*[124].

O jornalista Engels acompanhou o processo revolucionário de 1848-1849 não como um observador imparcial, mas como um analista comprometido com o próprio processo. Acompanhou-o com a objetividade possível no calor da luta e deu conta dele, com a lupa da razão e o fogo da paixão, na sua assombrosa atividade na *Nova Gazeta Renana* – que pode ser examinada passo a passo nos seus artigos, hoje à disposição do leitor de língua portuguesa em mais de setecentas páginas[125]. Analisando a revolução e a contrarrevolução nos países do Ocidente da Europa continental (França e Alemanha) e nos países da Europa Central (onde com ela se conjugaram específicos processos de libertação nacional)[126], o jovem Engels expõe toda a riqueza e também os limites do seu pensamento.

Obviamente é impossível seguir nesta apresentação o passo a passo do evolver do seu pensamento. Mas algo deve ser sinalizado aqui acerca das lições que a história lhe ofereceu (e também a Marx), porquanto indicadoras de questões que ele haveria de revisar e retificar no seu desenvolvimento posterior – umas relativas a processos especificamente alemães (como a que acima assinalamos), outras concernentes a processos de mais ampla pertinência; dessas, a duas cabe menção, posto nos parecerem cruciais. A primeira, já aludida, refere-se à ideia que subjaz, como pressuposto, ao pensamento econômico-político do jovem Engels (e ao jovem Marx): a ideia segundo a qual a dominação do capital estava a ponto de exaurir--se. Essa ideia suporta o centro das análises e das projeções econômico-políticas de Marx e Engels ao longo da segunda metade dos anos 1840, e a experiência revolucionária de 1848-1849 efetivamente a infirmou. Entretanto, somente *depois*

---

[124] Esses artigos, na verdade o primeiro estudo sistemático produzido sob ótica marxista da história da Revolução Alemã de 1848-1849, foram escritos entre agosto de 1851 e setembro de 1852 e publicados, sob a firma de Marx, que os revisou, no *New York Daily Tribune*, entre outubro de 1851 e outubro de 1852. Só após a morte de Engels se comprovou a sua autoria.

[125] Karl Marx e Friedrich Engels, *Nova Gazeta Renana*, cit.; Karl Marx, *Nova Gazeta Renana*, cit.

[126] Acerca dos quais Engels desenvolveu uma problemática teoria dos "povos sem história" (ver em especial o artigo "O pan-eslavismo democrático", em *Nova Gazeta Renana*, cit., p. 417-31). Essa teoria jovem-engelsiana foi objeto do exemplar exame de Roman Rosdolsky, *Friedrich Engels y el problema de los "pueblos sin historia"* (México, Siglo XXI, 1980).

Friedrich Engels – Esboço para uma crítica da economia política

de 1849 é que tanto Engels quanto Marx foram capazes de avançar no sentido de superá-la. A segunda diz respeito ao nível de consciência social e política alcançado pelo proletariado, que, na sua concepção (e, igualmente, na de Marx), é, na ordem burguesa, o sujeito revolucionário *par excellence*; a experiência dos processos de 1848-1849 mostrou que Engels e Marx não só *superestimaram* esse nível quanto – mesmo considerando as vanguardas operárias – não cuidaram, até então, da possibilidade da sua reversão. Decerto tais equívocos não foram cometidos somente por Engels (e Marx), tampouco deixaram de ser reiterados, em diferentes condições históricas, por outros revolucionários (inclusive seus seguidores). Isso, contudo, não nos exime do dever de assinalá-los – até porque a evolução posterior de Engels (e, novamente, também de Marx) registra o empenho, em grande medida, exitoso, para superá-los.

Voltemos, porém, ao efetivo processo alemão. Desde finais de junho, avançando a contrarrevolução, Colônia mobilizou-se na defesa da revolução ameaçada – em setembro de 1848 realizaram-se na cidade concentrações e assembleias populares. A *Nova Gazeta Renana* dinamizou essa mobilização e Engels (ao lado de Marx e outros redatores do jornal) consolidou a sua imagem pública – especialmente depois que ele e Wilhelm Wolff propuseram a criação de um Comitê de Salvação Pública e ele foi eleito, numa assembleia popular e ao lado de outros comunistas e democratas, para a sua direção. Em 17 de setembro, numa das maiores assembleias populares já ocorridas em Colônia e com a presença de delegações operárias de Düsseldorf e outras cidades, uma multidão proletária – em ato presidido por Schapper e secretariado por Engels – pronunciou-se em defesa de uma "república democrático-social", uma "república vermelha". O governo reagiu uma semana depois: decretou estado de sítio, proibiu a *Nova Gazeta Renana* (que só voltou a circular em 12 de outubro) e começaram as prisões – Engels entrou na clandestinidade, até que se oficializou um mandato de busca contra ele, em 3 de outubro, e ele saiu da Alemanha. Foi para a Bélgica, onde lhe recusaram asilo e o expulsaram do país, deixando-o na fronteira com a França. Praticamente sem um tostão, conseguiu chegar a Paris ainda na primeira semana de outubro. Logo partiu para a Suíça... a pé, numa viagem que narra em "De Paris a Berna". Chegou à Suíça em fins de outubro, passou por Genebra e Lausanne e fixou-se em Berna, de novembro até meados de janeiro de 1849. Durante esses meses, prosseguiu enviando artigos para a *Nova Gazeta Renana*[127].

Ao fim desse período, já vencida a ameaça de prisão, Engels regressou a Colônia. A contrarrevolução avançava a passos largos. Em 7 de fevereiro de 1849, junto com Marx, foi obrigado a comparecer a tribunal. Em maio, tentando barrar a contrarre-

---

[127] Ver Friedrich Engels, *Nova Gazeta Renana*, cit., esp. p. 308-88.

Apresentação. Os escritos do jovem *Engels*

volução, a insurreição eclodiu na Renânia, no Palatinado e em Baden. Sobreveio o fim (19 de maio) da *Nova Gazeta Renana*. Marx foi compelido a ir para a França, enquanto Engels, depois de tentar a resistência armada em Elberfeld, alistou-se no exército revolucionário do Palatinado, sob o comando de August Willich, a quem serviu como ajudante de campo. Participou diretamente dos confrontos que se seguiram ao mês de junho, batendo-se na grande Batalha de Rastatt, vencida pelas tropas prussianas. E, em 12 de julho, com o último destacamento revolucionário, Engels cruzou a fronteira para a Suíça. Cortando pelo Norte da Itália, embarcou em Gênova. Chegou a Londres em novembro e ali se encontrou com Marx.

Com a derrota da revolução alemã, completou-se a formação do *jovem* Engels.

———————

Esta apresentação pretendeu ser apenas uma breve introdução ao percurso intelectual do *jovem* Engels – no curso dos dez anos que medeiam entre seus primeiros escritos e a derrota da Revolução Alemã de 1848-1849.

Importou-nos explicitar que o *segundo violino*, que seguiu por quase quarenta anos o genial *primeiro violino* que foi Marx, possuía, de fato, luz e brilho próprios – não foi um planeta que, orbitando em torno do companheiro, apenas refletia a luminosidade que procedia dele.

A sua trajetória mostra-o, na juventude, trilhando caminhos que o seu companheiro só descobriria depois. Enquanto Marx, no princípio do outono de 1843, considerava o comunismo "uma abstração dogmática", Engels já se via um "comunista filosófico". Enquanto Marx, em janeiro de 1844, ainda tateava na busca de conhecimentos econômico-políticos, Engels lhe enviava o "Esboço para uma crítica da economia política". Quando Marx, no verão de 1845, travou contato direto com a real situação operária, teve Engels (e Mary Burns) como guia experiente. Essa precocidade não é própria de um epígono – antecipa, como promessa, um grande pensador. E sabemos que há promessas falhadas. Não foi o caso de Friedrich Engels. Ele cumpriu-se como um grande pensador.

No encontro histórico de fins de agosto de 1844, no parisiense *Café de la Régence*, a sua formação juvenil não estava completa – só a experiência revolucionária concreta poderia dissolver as suas ilusões da juventude. Decerto, dividindo com Marx a imaginação criadora e o rigor na longa viagem iniciada com o "ajuste de contas" com a ideologia alemã, mais os primeiros frutos da revolução teórica que o genial camarada estava operando, ele viu-se elevado a um nível de elaboração intelectiva a que dificilmente acederia sozinho. Porém, essa parceria sem emulações não lhe retira os méritos pessoais.

Enfim, o mergulho nas tarefas de organização do movimento proletário e a decorrente participação nas lutas de classes *a quente* – o processo revolucionário

Friedrich Engels – Esboço para uma crítica da economia política

de 1848-1849 – concluíram a sua formação juvenil. A entrada no terceiro decênio da sua vida constitui um horizonte que vai além dos limites desta apresentação. Todavia, no seu parágrafo derradeiro, cabe assinalar que Engels não se abateu com a derrota iminente.

Naquela altura da avassaladora maré montante da contrarrevolução, ele não se afastou um milímetro sequer do seu compromisso revolucionário. Antes, mostrou o singular tônus vital com que mergulhou nas lutas de classes quando elas atingiram o auge do confronto direto. Prova desse tônus é o estado de espírito que se expressa em "De Paris a Berna". Peça que comparece neste volume como anexo, síntese de observação refinada, relação empática com o povo, informações históricas e sensibilidade estética. Afastado compulsoriamente por meses da Alemanha, mas sem interromper o seu trabalho para a *Nova Gazeta Renana*, ele retorna a Colônia com a contrarrevolução em marcha, mas é capaz de produzir uma peça literária na qual nem a clara perspectiva da derrota da revolução impede a expressão da alegria de viver. Ele continua a saudar as mais simples mostras da sociabilidade da gente comum e a desfrutar, com essa gente, de uma boa taça de vinho – sempre erguendo um brinde à surpreendente aventura da vida.

Na verdade, Friedrich Engels nunca deixaria de ser jovem.

Recreio dos Bandeirantes
Rio de Janeiro, setembro de 2021

Cartas de Wuppertal[1]

I[2]

Como é de conhecimento geral, esse nome[3] tão mal afamado entre os *Amigos da luz*[4] refere-se a duas cidades, Elberfeld e Barmen, que ocupam o vale do rio numa extensão de quase três horas de viagem. O rio acanhado derrama suas águas purpúreas, ora céleres, ora quase paradas, por entre fábricas fumarentas e quaradouros repletos de fios; porém o tom vermelho forte das águas não se deve a nenhuma batalha sangrenta, pois as únicas brigas que ocorrem por aqui são a das penas teológicas e a das velhas faladeiras sempre em torno das barbas do imperador, tampouco ao rubor da vergonha diante das atividades humanas, embora de fato houvesse razão suficiente para isso, mas deve-se única e exclusivamente às muitas tinturarias que utilizam o vermelho-turco. Quando se chega à cidade vindo de Düsseldorf, adentra-se o sacro território em Sonnborn; o rio Wupper se arrasta indolente e barrento e sua deplorável

---

[1] Friedrich Engels, "Briefe aus dem Wuppertal", em *Marx-Engels Werke* (Berlim, Dietz, 1981), v. 1, p. 413-32. Com essas cartas, escritas em março de 1839, Engels deu início ao seu trabalho jornalístico. Ele escreveu esses textos sob o pseudônimo "Friedrich Oswald" para a revista *Telegraph für Deutschland* [Telégrafo para a Alemanha], editada pelo movimento literário Junges Deutschland [Jovem Alemanha], formado por autores e críticos de cunho liberal na década de 1830 na Alemanha que, sob a influência inicial de Heinrich Heine e Ludwig Börne, refletiram o pensamento e os sentimentos da pequena burguesia e defenderam bandeiras como a liberdade de consciência e de imprensa. O movimento se desfez após 1848. (N. E. A.)

[2] Primeira parte publicada na revista *Telegraph für Deutschland*, n. 49, 50, 51 e 52, mar. 1839. (N. E. A.)

[3] Antes de 1930, quando passou a designar uma cidade independente da Alemanha, originária da fusão das cidades de Barmen, Elberfeld, Vohwinkel, Ronsdorf, Cronenberg, Langerfeld e Beyenburg, o topônimo "Wuppertal" significava simplesmente "vale do rio Wupper". (N. T.)

[4] Os Amigos da Luz [*Freunde des Lichtes* ou *Lichtfreunde*] constituíam uma corrente religiosa nas décadas de 1830 e 1840, contrária ao pietismo e ao rigoroso misticismo reinantes na igreja protestante oficial. Tratou-se de uma manifestação de insatisfação da burguesia do século XIX com a ordem reacionária vigente na Alemanha. (N. E. A.)

Friedrich Engels – Esboço para uma crítica da economia política

aparência reduz significativamente as expectativas de quem acabou de deixar para trás o Reno. A região é bastante aprazível; os montes não muito elevados, com encostas ora levemente inclinadas, ora íngremes, totalmente cobertas de vegetação, intrometem-se atrevidamente pelos prados verdejantes e, quando faz bom tempo, o céu azul, espelhando-se no Wupper, faz desaparecer por completo o escarlate de suas águas. Numa curva do caminho, passando um penhasco, avista-se a pouca distância as torres extravagantes de Elberfeld (humildes, as casas escondem-se atrás dos jardins) e, em poucos minutos, chega-se à Sião dos obscurantistas. Praticamente fora dos limites da cidade encontra-se a igreja católica; ela está ali como se tivesse sido banida dos muros sagrados. Tendo por base um projeto muito bem desenhado em estilo bizantino, foi muito mal construída por um mestre de obras bastante inexperiente; a antiga igreja católica foi demolida para dar lugar à ala esquerda do prédio da prefeitura, ainda não construída; só ficou em pé a torre, que serve ao bem comum a seu modo, a saber, como prisão. Logo a seguir chega-se a um grande edifício cujo telhado repousa sobre colunas. Essas colunas, todavia, possuem um formato bem curioso; por sua espessura, são egípcias na parte de baixo, dóricas no meio e jônicas na parte de cima, desprezando, ademais, por boas razões, todo e qualquer acessório supérfluo, como pedestal e capitel. Tempos atrás, esse edifício se denominava museu; mas as musas debandaram e o peso de uma grande dívida permaneceu, de modo que, há algum tempo, o edifício foi leiloado e assumiu o nome de cassino, que, aliás, foi afixado com todas as letras no frontispício vazio para apagar todas as lembranças do nome poético que tivera. Além disso, o edifício é tão massudo e disforme em todas as suas dimensões que, ao entardecer, é capaz de ser confundido com um camelo. A partir daí começam a estender-se as ruas monótonas e descaracterizadas; o belo prédio novo da prefeitura, concluído apenas pela metade, foi tão mal situado por falta de espaço que a fachada ficou virada para um beco estreito e feio. Por fim, alcança-se novamente o rio Wupper e uma bela ponte indica que estamos chegando a Barmen, onde pelo menos se dá mais valor à beleza arquitetônica. Atravessando a ponte, tudo assume um caráter mais amigável; casas grandes e maciças em estilo arquitetônico moderno e de bom gosto ocupam o lugar daqueles medíocres prédios de Elberfeld, que não são nem à moda antiga nem modernos, nem belos nem caricatos; em toda parte, erguem-se casas novas de pedra, o calçamento de pedra termina e a rua continua em uma estrada pavimentada em linha reta, ocupada por casas de ambos os lados. Por entre as casas aparecem os quaradouros verdes. O que torna a região tanto mais bela quanto mais se avança são as águas do Wupper, aqui ainda claras, os montes bem próximos, com seus contornos levemente arqueados, e a variada alternância de bosques, prados e jardins, dos quais assomam em toda parte telhados avermelhados. Da metade da avenida, avista-se a fachada da igreja de Unterbarmen um pouco afastada da estrada; é o edifício mais belo do vale, muito bem construído no mais nobre estilo bizantino. Contudo, logo se alcança novamente o calçamento de pedra, as casas cinzentas cobertas de ardósia aglomeram-se umas contra as outras; mas aqui a variação é muito maior do que em Elberfeld, na medida em que a eterna monotonia é quebrada ora por um quaradouro viçoso, ora por uma casa moderna, ora por um trecho do rio, ora por uma fileira de jardins adjacente à estrada. Isso nos deixa em dúvida se devemos considerar Barmen uma cidade ou um simples conglomerado de construções de todo tipo; ademais, Barmen não passa de uma união de muitas localidades, unidas pelo laço das instituições citadinas. As localidades mais importantes são: Gemarke, desde sempre o centro da confissão reformada; Unterbarmen, no caminho para Elberfeld, bem próximo de Wupperfeld, acima de Gemarke, e mais adiante Rittershausen, tendo à esquerda Wichlinghausen e à direita Hekinghausen, com o belíssimo Rauhental; todos luteranos em duas igrejas distintas[5]; os católicos, entre dois e três mil no máximo, estão espalhados por todo o vale. Passando por Rittershausen, o viajante chega ao fim do mundo e, atravessando a paliçada, deixa as terras do condado de Berg, ingressando no território da velha Prússia, na região da Vestfália.

Essa é a aparência exterior do vale que, de modo geral, salvo as tristonhas ruas de Elberfeld, causa uma boa impressão; mas a experiência mostra que esta se perdeu no que concerne aos seus moradores. Nada se percebe aqui do viço e do vigor que caracteriza a vida da população em quase toda a Alemanha, ainda que, à primeira vista, não pareça ser diferente, pois toda noite é possível ouvir os artesãos percorrendo alegres as ruas e cantando suas canções, mas trata-se das canções mais obscenas e chulas já saídas de lábios inflamados pela aguardente; nunca se ouve nenhuma daquelas canções populares conhecidas em toda a Alemanha e que certamente são motivo de orgulho para nós. Todos os botecos ficam lotados, especialmente aos sábados e domingos, e, quando cerram as portas às 11 horas da noite, escorrem de dentro deles os bêbados que geralmente curam o porre dormindo na vala que ladeia o pavimento da estrada. Os mais reles dentre eles são os chamados carreteiros[6], uma população totalmente desmoralizada, sem teto e sem renda certa, que ao raiar do dia rasteja para fora de tocas, celeiros, estábulos etc., caso não tenha passado a noite em montes de estrume ou debaixo das escadas das casas. Agora a autoridade municipal impôs de certa maneira um termo a essa situação, limitando a quantidade de pessoas, que antes era indeterminada[7].

---

[5] Depois que o poder estatal impôs a união de luteranos e reformados calvinistas em 1817, os adversários dessa união se separaram e fundaram a comunidade cristã dos veteroluteranos, fiel aos escritos confessionais luteranos. (N. E. A.)

[6] *Karrenbinder* ou *Karbender* eram os trabalhadores avulsos que descarregavam e carregavam carretas. (N. T.)

[7] Daqui em diante, *Telegraph für Deutschland*, n. 50, mar. 1839. (N. E. A.)

Friedrich Engels – Esboço para uma crítica da economia política

As razões dessa situação são óbvias. Em primeiro lugar, o trabalho nas fábricas contribui muito para isso. O trabalho nos recintos de teto baixo, nos quais as pessoas respiram mais fumaça de carvão e poeira do que oxigênio, e isso geralmente já desde o sexto ano de vida, foi feito sob medida para roubar-lhes todo o vigor e toda a vontade de viver. Os tecelões que possuem teares individuais em suas casas ficam curvados da manhã até a noite sobre eles e deixam o fogão quente ressecar-lhes a medula espinhal. Quem dessas pessoas não cai nas mãos do misticismo passa a beber aguardente. A forma petulante e abjeta de misticismo predominante nesse lugar necessariamente produz o extremo oposto, e essa é a principal razão pela qual sua *população* consiste apenas de "gente fina" (assim são chamados os místicos) e da ralé dissoluta. Essa divisão em dois partidos hostis, por si só, independentemente de sua constituição, já seria capaz de acabar com o desenvolvimento de uma consciência de povo, e o que mais se poderia esperar, se o desaparecimento de um dos partidos de nada adiantaria, já que ambos sofrem igualmente de tuberculose pulmonar? Os únicos vultos robustos que se veem por ali são quase exclusivamente carpinteiros e outros artesãos, todos procedentes de outras regiões; entre os curtidores nativos do local também se veem pessoas robustas, mas três anos de suas vidas bastam para aniquilá-los física e espiritualmente; três de cada cinco pessoas morrem de tuberculose pulmonar, o que é causado pela ingestão de aguardente. No entanto, isso de fato não teria se generalizado dessa maneira terrível se o funcionamento das fábricas não tivesse sido manejado de modo tão absurdo pelos proprietários e se não houvesse o tipo de misticismo que há ali, e ameaça se disseminar ainda mais. Ademais, reina uma miséria assustadora nas classes baixas, especialmente entre os trabalhadores das fábricas no vale do Wupper; doenças sifilíticas e pulmonares grassam em uma extensão difícil de acreditar; só em Elberfeld, de 2.500 crianças em idade escolar, 1.200 são privadas do ensino e crescem dentro das fábricas, unicamente para que o dono da fábrica não tenha de pagar a um adulto, cujo posto elas ocupam, o dobro do salário que paga a uma criança. Mas os ricos donos de fábrica possuem uma consciência flexível e fazer uma criança degradar-se em maior ou menor grau não leva nenhuma alma pietista para o inferno, especialmente se ela for duas vezes à igreja todos os domingos. Pois uma coisa é certa: entre os donos de fábrica, os pietistas são os que dão aos seus trabalhadores o pior tratamento, reduzindo-lhes o salário de todas as maneiras possíveis, sob o pretexto de tirar-lhes o ensejo de beber, mas na eleição do pregador são sempre os primeiros a subornar seu pessoal.

Nos estamentos mais baixos, o misticismo reina principalmente entre os artesãos (entre os quais não incluo os donos de fábrica). É um espetáculo muito triste ver um homem caminhando cabisbaixo pelas ruas, vestindo um casaco longo, bem longo, o cabelo repartido na cabeça ao estilo pietista. Todavia, quem de fato quiser conhecer essa gente precisa entrar numa

Cartas de Wuppertal

oficina de ferreiro ou num ateliê de sapateiro de propriedade de pietistas. Ali está sentado o mestre, tendo à direita a Bíblia e à esquerda, com bastante frequência... a aguardente. Trabalhando, que é bom, não se vê muito; o mestre está quase sempre lendo a Bíblia, volta e meia toma um trago e às vezes entoa um hino espiritual em coro com os artesãos; porém, o mais importante é sempre a condenação do amado próximo. Vê-se que aqui essa tendência é a mesma que existe em toda a parte. Sua ânsia de converter gente não é em vão. Convertem-se em especial muitos beberrões ímpios etc., geralmente de modo milagroso. Mas isso é bem possível; todos esses prosélitos são pessoas estressadas e desanimadas que se deixam persuadir sem muito esforço; eles se convertem, deixam-se comover toda semana várias vezes até as lágrimas e secretamente continuam a levar a vida de sempre. Há alguns anos, tal negócio veio à tona para espanto de todos os santarrões. Pois chegou à região um especulador norte-americano denominado pastor Jürgens; ele pregou algumas vezes e atraiu um grande público, porque a maioria das pessoas acreditou que, por ser norte-americano, deveria ter pele escura ou até preta. Como se admiraram, porém, quando viram que não só ele era branco, como também pregava de tal maneira que toda a igreja se desfazia em lágrimas; aliás, a razão disso é que, quando todos os meios de comover as pessoas deixavam de surtir efeito, ele próprio começava a choramingar. Correu entre os fiéis uma exclamação de admiração; alguns sensatos se opuseram, mas de imediato foram apostrofados de ímpios; logo Jürgens passou a moderar conventículos, recebeu generosos presentes de amigos respeitados e passou a ter uma vida esplêndida e só de alegrias. Suas pregações eram frequentadas como nenhuma outra; seus conventículos eram superlotados, cada uma de suas palavras arrancava lágrimas de homens e mulheres. Todos passaram a crer que ele era, no mínimo, meio profeta e construiria a nova Jerusalém, mas então a brincadeira acabou. De repente vieram a público as coisas que sucediam em seus conventículos; o senhor Jürgens foi preso e passou alguns anos penitenciando-se por sua devoção na penitenciária[8] de Hamm. Depois disso, prometendo emendar--se, foi solto e mandado de volta para a América do Norte. Também correu a notícia de que ele já aplicara suas artimanhas na América do Norte e, por isso, fora mandado embora; para não perder a prática, repetira a dose na Vestfália, onde fora solto sem mais investigações por mercê, ou melhor, por leniência das autoridades, para então coroar sua vida devassa com nova reincidência em Elberfeld. Ora, quando veio à tona o que sucedia nas reuniões desse nobre senhor, eis que toda a população se levantou contra ele e não se encontrou mais ninguém que quisesse saber dele; todos

---

[8] No original, *Inquisitoriat*. Naquela época, instância investigativa da justiça alemã com poderes de polícia. (N. T.)

Friedrich Engels – Esboço para uma crítica da economia política

apostataram dele, do Líbano até o Mar Morto[9], isto é, da localidade de Berg em Rittershausen até a represa de Sonnborn no rio Wupper[10].

Porém, o verdadeiro centro de todo pietismo e misticismo é a comunidade calvinista reformada de Elberfeld. Desde sempre ela se caracterizou pelo espírito rigorosamente calvinista, mas, nos últimos anos, mediante a contratação de pregadores extremamente fanáticos – no momento, há quatro deles em ação lá –, converteu-se à mais dura intolerância e pouco deixa a desejar ao senso dos adeptos do papado. Nas reuniões acontecem julgamentos inteiros de hereges; o comportamento de quem não as frequenta é submetido a uma acurada análise; então alegam: este e aquele leem romances, em cujo título consta "romance cristão", mas o pastor Krummacher disse que livros de romances são ímpios; ou este e aquele também pareciam andar diante do Senhor, mas anteontem foram vistos no concerto – e todos põem as mãos na cabeça horrorizados diante desse pecado abominável. E, se algum pregador pega fama de racionalista (e isso é todo aquele que não concorda com o exato teor da visão deles), este é chamado e eles verificam minuciosamente se seu casaco é todo preto e a cor de sua calça é mesmo ortodoxa; e ai dele se comparecer vestindo um casaco que puxe para o azul ou trajando alguma veste racionalista! Ora, quando aparece alguém que não crê na predestinação, logo se diz: este é quase tão ruim quanto um luterano, um luterano não é melhor do que um católico, um católico e um adorador de ídolos estão condenados por sua natureza. E que tipo de pessoa fala assim? Pessoas inscientes que mal sabem se a Bíblia foi escrita em chinês, hebraico ou grego, e que julgam tudo com base nas palavras de algum pregador que um dia reconheceram como ortodoxo, quer sejam pertinentes ou não.

Esse espírito vem desde a época em que a Reforma se impôs nessa região, mas não recebeu atenção até que o pregador G. D. Krummacher, falecido há alguns anos, começou a ativá-lo e cultivá-lo justamente nessa comunidade; logo o misticismo começou a florescer exuberante, mas Krummacher morreu antes que o fruto amadurecesse; isso só veio a acontecer depois que o filho de seu irmão, o dr. Friedrich Wilhelm Krummacher, elaborou e definiu a doutrina de modo tão estrito que não sabemos se o conjunto deve ser considerado uma baboseira ou uma blasfêmia. Agora o fruto está maduro; mas ninguém vai querer colhê-lo e, assim, com o tempo, forçosamente ele apodrecerá e cairá do pé.

Gottfried Daniel Krummacher, irmão do dr. F. W. Krummacher, conhecido em Bremen por suas parábolas, faleceu há cerca de três anos em Elberfeld, após um longo período de ministério. Há mais de vinte anos, quando em

---

[9] Referência aos limites norte e sul da terra conquistada por Josué para os israelitas nos tempos bíblicos (ver o Antigo Testamento, Livro de Josué, capítulo 12). (N. T.)

[10] Daqui em diante, *Telegraph für Deutschland*, n. 51, mar. 1839. (N. E. A.)

Cartas de Wuppertal

Barmen um pregador, falando do púlpito, não ensinou a predestinação em termos tão rigorosos quanto ele queria, eles, alegando que uma pregação tão ímpia quanto aquela nem poderia ser considerada como tal, começaram a fumar na igreja, fazer barulho e impedi-lo de pregar, de modo que a autoridade se viu forçada a intervir. Então Krummacher escreveu uma carta terrivelmente grosseira ao magistrado de Barmen, mais ou menos no mesmo tom com que Gregório VII teria escrito a Henrique IV[11], ordenando-lhe que não se tocasse num fio de cabelo dos santarrões, visto que apenas estavam defendendo seu precioso evangelho; ele também pregou sobre isso. Mas só riram dele. Isso caracteriza seu espírito, que ele preservou até o fim de seus dias. A propósito, ele tinha hábitos tão curiosos que milhares de anedotas circulam a seu respeito, com base nas quais é preciso tê-lo na conta de um excêntrico curioso ou um homem sobremaneira rude.

O dr. Friedrich Wilhelm Krummacher é um homem em torno dos quarenta anos de idade, alto, forte, uma figura imponente, mas, no tempo em que esteve em Elberfeld, adquiriu um volume físico considerável. Ele arruma o cabelo de maneira totalmente esdrúxula, no que é imitado por seus adeptos, pois, quem sabe, talvez um dia voltará a ser moda pentear-se ao estilo Krummacher; no entanto, essa moda superaria *todas* as anteriores, inclusive a das perucas empoadas, em termos de mau gosto.

No tempo de estudante, ele cooperou com a demagogia ginasiana[12], escreveu canções libertárias, carregou um pendão no festival do Wartburg[13] e pronunciou um discurso que teria tido forte repercussão. Ainda hoje, de cima do púlpito, faz menção frequente a esses anos animados com as seguintes palavras: quando eu vivia entre os heteus e os cananeus[14]. Mais tarde, foi eleito pastor da comunidade reformada-calvinista de Barmen e sua reputação propriamente dita é dessa época. Mal chegou, já provocou cisão, com sua rigorosa doutrina da predestinação, não só entre luteranos e reformados, mas também entre estes últimos, ou seja, entre os predestinacionistas rigorosos e

---

[11] Referência à luta pelo poder entre o papa Gregório VII e o imperador alemão Henrique IV em 1075-1076. (N. T.)

[12] Trata-se do surgimento das equipes de ginástica estudantis no início do século XIX na Alemanha. Elas se envolveram na luta contra a dominação estrangeira francesa sob Napoleão. Após o Congresso de Viena, em 1815, muitos membros dessas equipes defenderam a unificação da Alemanha e fizeram oposição a governos reacionários nos estados alemães. Por isso, foram chamados de "demagogos" e sofreram represálias. (N. E. A.)

[13] O Festival do Castelo de Wartburg, realizado nos dias 17-18 de outubro de 1817, foi organizado pelas agremiações estudantis alemãs em memória da Batalha de Leipzig, em 1813, e do 300º aniversário da Reforma, em 1517. Foi a primeira manifestação nacional da oposição burguesa contra os príncipes reacionários e despóticos da Alemanha e a favor da unidade e da liberdade nacional. (N. E. A.)

[14] Menção irônica a povos bíblicos "pagãos" e inimigos do povo de Israel. (N. T.)

Friedrich Engels – Esboço para uma crítica da economia política

os moderados. Certa vez, um velho e teimoso luterano saiu de um encontro social já um pouco ébrio e teria de atravessar uma ponte em mau estado. Na sua condição, pareceu-lhe que seria um tanto arriscado e então começou a refletir: se eu atravessar e chegar do outro lado, tudo estará bem, mas se não correr bem, cairei no rio Wupper e os reformados dirão que era para ser assim; mas não é para ser assim. Portanto, ele retornou e procurou um ponto raso do rio e atravessou-o com água pela cintura com a sensação de ter privado os reformados de cantar vitória.

Quando se abriu uma vaga de pregador em Elberfeld, Krummacher foi eleito para ela e logo cessou toda a discórdia em Barmen, enquanto em Elberfeld ela foi suscitada com intensidade tanto maior. A pregação inaugural de Krummacher provocou a ira de uns e o entusiasmo de outros; a discórdia aumentou, especialmente porque cada pregador, mesmo que todos defendessem as mesmas posições, conseguiu formar um partido próprio que compunha sua única audiência. Mais tarde isso atingiu um ponto de saturação e cessou a eterna gritaria do "eu sou krummacheriano", "eu sou kohliano" etc., não por amor à paz, mas porque os partidos se distanciaram de forma cada vez mais resoluta.

Krummacher é inegavelmente um homem dotado de excelente talento retórico e também poético; suas pregações não são jamais entediantes, sua fluência é segura e natural; ele é especialmente primoroso em descrições sombrias – a descrição que faz do inferno é sempre nova e ousada, não importa com que frequência ela ocorra – e em antíteses. Em compensação, atém-se com bastante frequência à fraseologia bíblica e às metáforas nela contidas e, mesmo que sua aplicação na maioria das vezes seja espirituosa, elas forçosamente acabam gerando repetições; no meio de tudo isso, deparamo-nos também com uma imagem sumamente prosaica da vida comum ou uma narrativa extraída de sua história de vida e experiências mais corriqueiras. Tudo ele traz para o púlpito, seja apropriado ou não; recentemente relatou em duas pregações aos seus devotos ouvintes uma viagem que fez a Württemberg e à Suíça, falando de suas quatro vitoriosas disputas teológicas com Paulus em Heidelberg e com Strauss em Tübingen, só que de maneira bem diferente da externada por Strauss em carta sobre o mesmo assunto. – Sua declamação é muito boa em algumas passagens e sua gesticulação forte e contundente com frequência é bem aplicada; às vezes, porém, é exageradamente amaneirada e de mau gosto. Ora, ele corre de um lado para o outro em cima do púlpito, inclina-se em todas as direções, bate na beirada, sapateia como um cavalo de batalha e berra ao mesmo tempo, fazendo trepidar as vidraças e encolher-se as pessoas que estão passando na rua. É nessa hora que os ouvintes começam a soluçar; primeiro choram as meninas mais novas, as mulheres velhas aderem com um soprano de cortar o coração, os pietistas estressados, dados à aguardente, que sentiriam as palavras do pastor até a medula óssea se ainda a tivessem, completam a

Cartas de Wuppertal

dissonância com seus tons de lamento, e, no meio de toda essa choradeira, ressoa a voz potente com a qual ele pinta diante de toda congregação incontáveis sentenças condenatórias ou cenas diabólicas[15].

E o que dizer de sua doutrina! Não se entende como alguém pode crer nesse tipo de coisa que contradiz frontalmente a razão e a Bíblia. Não obstante, Krummacher formulou sua doutrina de modo tão preciso, extraindo e registrando suas consequências de maneira tal que não há como refutar nada a partir do momento em que o fundamento for admitido, a saber, a incapacidade do ser humano de querer e muito menos de fazer o bem pelas próprias forças. Daí decorre a necessidade de uma capacitação de fora e, já que o ser humano não é capaz nem mesmo de querer o bem, é preciso que Deus lhe imponha essa capacidade. Da vontade livre de Deus decorre, então, a concessão arbitrária dessa capacidade, que, pelo menos em aparência, tem apoio na escritura. – É nesse tipo de dedução que se baseia toda a doutrina; os poucos eleitos *nolentes volentes* [querendo ou não] serão salvos, os demais, portanto, serão condenados eternamente. "Eternamente? – Sim, eternamente!!" (Krummacher). Além disso, está escrito: "ninguém vem ao Pai, senão por mim"[16]; mas os pagãos não podem vir ao pai por meio de Cristo, porque não conhecem Cristo; eles, portanto, só existem para encher o inferno. – Entre os cristãos, muitos foram chamados, mas poucos serão escolhidos; porém só foram chamados muitos para manter a aparência e Deus se precaveu de chamá-los com tanta veemência que viessem a lhe obedecer, tudo pela honra de Deus e para que não tenham desculpa nenhuma. Mas também está escrito: a sabedoria de Deus é loucura para os sábios deste mundo[17]; o místico vê isso como uma ordem para compor sua fé de modo absurdo, para que esse dito de fato se cumpra. Como isso se coaduna com a doutrina dos apóstolos que falam do "culto racional"[18] e do "leite racional"[19] do evangelho constitui um mistério demasiado sublime para a razão.

Essas doutrinas estragam todas as pregações de Krummacher; as únicas passagens em que elas não aparecem com tanta ênfase são aquelas em que ele elabora o contraste entre a opulência terrena e a humildade de Cristo ou entre a altivez dos príncipes mundanos e a de Deus. Nesse ponto, com frequência ainda transparece o brilho de sua antiga demagogia e, se nesses momentos ele não falasse em termos tão genéricos, o governo não se calaria.

Apenas poucas pessoas em Elberfeld apreciam o valor estético de suas pregações, pois, na comparação entre ele e seus três colegas, quase todos com

---

[15] Daqui em diante, *Telegraph für Deutschland*, n. 52, mar. 1839. (N. E. A.)
[16] Citação de frase dita por Jesus (João 14,6). (N. T.)
[17] Citação não literal de reflexão teológica do apóstolo Paulo (Coríntios 1,18-31). (N. T.)
[18] Alusão à expressão usada pelo apóstolo Paulo em Romanos 12,1. (N. T.)
[19] Alusão à expressão usada pelo apóstolo Pedro em Pedro 2,2. (N. T.)

Friedrich Engels – Esboço para uma crítica da economia política

audiência igualmente numerosa, ele aparece como o número um e os demais não passam de zeros ao seu lado, que só servem para aumentar seu valor. O mais antigo desses zeros chama-se Kohl, cujo nome designa, ao mesmo tempo, suas pregações[20]; o segundo zero é Hermann, que não é descendente daquele que agora está sendo homenageado com um monumento que deve durar mais do que a história e Tácito[21]; o terceiro chama-se Ball – a saber, joguete de Krummacher[22]; todos os três são ortodoxos ao extremo e, em suas pregações, imitadores das facetas ruins de Krummacher. Os pastores luteranos em Elberfeld são Sander e Hülsmann, que tempos atrás se pegaram pelos cabelos para valer, quando o primeiro ainda estava em Wichlinghausen e se envolveu na famosa briga com Hülsmann, o irmão do atual colega de Sander, que estava em Dahle e agora está em Lennep. No posto atual, os dois se comportam com dignidade, mas os pietistas tentam reavivar a discórdia, sempre acusando Hülsmann de ter cometido todo tipo de falta contra Sander. O terceiro [pastor luterano em Elberfeld] é Döring, cujos modos dispersivos são bastante originais; ele não consegue dizer três frases com continuidade lógica, mas é capaz de transformar três partes de uma pregação em quatro, repetindo literalmente uma delas sem se dar conta disso. *Probatum est* [Ele foi aprovado]. Sobre seus poemas falaremos mais adiante.

Entre os pregadores de Barmen não há grandes diferenças; todos são estritamente ortodoxos com uma porção maior ou menor de pietismo. *Stier* de Wichlinghausen é o único digno de menção. Diz-se que Jean Paul o teria conhecido ainda moço e descoberto excelentes talentos nele. Ele tinha um cargo de pastor em Frankleben, perto de Halle, e, nessa época, publicou vários escritos em poesia e prosa, um melhoramento do catecismo de Lutero, um sucedâneo e um suplemento deste para leitores estúpidos. E, não menos importante, publicou também um opúsculo sobre a carência de hinários na província da Saxônia, muito elogiado pela *Evangelische Kirchenzeitung* [Jornal Evangélico], e pelo menos continha opiniões mais sensatas sobre os hinos eclesiais do que as que se ouvem no bendito vale do rio Wuppertal, mesmo que ainda apareçam nele algumas palavras de ordem injustificadas. Seus poemas são extremamente entediantes; ademais, ele se notabilizou por tornar alguns poemas pagãos de Schiller palatáveis para os ortodoxos. Um exemplo tirado de *Os deuses da Grécia*:

---

[20] O termo *Kohl*, além de ser um sobrenome bastante comum, significa "repolho" e é usado na linguagem coloquial como sinônimo de "bobagem". "*Kohl reden*" é "falar bobagem". É comparável ao nosso "falar abobrinhas". (N. T.)

[21] Referência ao *Hermannsdenkmal*, monumento construído entre 1838 e 1875 na Floresta de Teutoburgo, onde o comandante querusco Armínio (Hermann, em alemão) derrotou três legiões romanas no ano 9 d.C. (N. E. A.)

[22] Engels faz um jogo de palavras com o sobrenome "*Ball*", que significa "bola", e o termo "*Spielball*" que significa "joguete", "marionete". (N. T.)

Quando vocês ainda regiam o mundo vão,
Pelo laço do pecado enganoso,
Por longo tempo comandando gerações
Vácuos seres do reino fabuloso!
Enquanto seu culto pecaminoso reluzia,
Como era diferente então tudo!
Quando de coroas teu templo se cobria,
Vênus de Amatúsia![23]

Realmente muito espirituoso, verdadeiramente místico! Faz meio ano que Stier está em Wichlinghausen no lugar de Sander, mas ainda não chegou a enriquecer a literatura de Barmen.

Uma localidade perto de Elberfeld, chamada *Langenberg*, por toda a sua essência ainda faz parte do vale do rio Wupper. A mesma indústria, o mesmo espírito pietista. Ali está *Emil Krummacher*, irmão de Friedrich Wilhelm; ele não é um predestinacionista tão rude quanto este, mas procura imitá-lo no que pode, como mostra esta passagem de sua última pregação natalina:

> Com os corpos terrenos ainda estamos aqui sentados em bancos de madeira, mas nossos espíritos se alçam em companhia de milhões de crentes ao santo monte e, depois de ouvirem ali o júbilo dos exércitos celestiais, descem até a pobre localidade de Belém. E o que avistam ali? Primeiro um estábulo pobre e, dentro do estábulo muito pobre, uma manjedoura pobre e, dentro da manjedoura pobre, feno e palha muito pobres e, deitado sobre o feno e a palha muito pobres, como a criança pobre de um mendigo, enrolada em fraldas pobres, o rico Senhor do mundo.

Agora seria o momento de tratar da casa missionária, mas os "sons de harpa" de um ex-missionário, já mencionados nestas páginas[24], são testemunho suficiente do espírito que reina ali. Aliás, o inspetor da casa, o dr. Richter, é um homem erudito, um orientalista e cientista natural de renome, que também publica uma "Bíblia doméstica explicada".

É assim que atuam os pietistas no vale do rio Wupper; não se entende como, em nosso tempo, algo assim ainda pode medrar; mas, ao que parece, nem mesmo esse rochedo do antigo obscurantismo continuará resistindo à correnteza estrepitosa do tempo; a areia está sendo arrastada, a rocha tombará e a queda será retumbante.

---

[23] O original de Schiller diz (em tradução literal): "Quando vocês ainda regiam este belo mundo,/ Com seus suaves laços de gozo/ Gerações mais felizes conduzindo/ Lindos seres do reino fabuloso!/ Enquanto seu culto de delícias reluzia,/ Como era bem diferente então tudo!/ Quando de coroas teu templo se cobria/ Vênus de Amatúsia!". (N. T.)

[24] Referência à resenha intitulada "Zeichen der Zeit" [Sinais dos tempos], que o *Telegraph für Deutschland*, n. 208, dez. 1838, publicou sobre o livro *Harfenklänge* [Sons de harpa], de J. C. F. Winkler. (N. E. A.)

Friedrich Engels – Esboço para uma crítica da economia política

II[25]

Numa região tão repleta de devoção pietista, é óbvio que esta se expande para todos os lados, impregnando e deteriorando todo e qualquer aspecto da vida. Ela exerce seu poder principalmente sobre o sistema de ensino, em especial nas escolas de ensino fundamental [*Volksschulen*]. Parte destas está totalmente em seu poder; trata-se das escolas da igreja, e cada comunidade possui uma. De um pouco mais de liberdade, mesmo que ainda sejam supervisionadas pelo escolarcado eclesiástico, gozam as demais escolas de ensino fundamental, sobre as quais a administração civil tem influência mais significativa. E, diante disso, as incidências inibidoras do misticismo ficam claras, pois, enquanto as escolas da igreja continuam a fazer o que faziam outrora sob o bem-aventurado príncipe eleitor Carlos Teodoro, ou seja, além de ensinar a ler, escrever e calcular, só incutem o catecismo em seus alunos, nas demais já se passou a ensinar os rudimentos de algumas ciências e alguma coisa de francês, e muitos alunos, estimulados por isso, procuram continuar sua formação, mesmo depois de deixar a escola. Essas escolas se encontram em uma fase de intenso progresso e, desde que o governo prussiano assumiu, ultrapassaram em muito as escolas da igreja, em relação às quais estavam antes muito atrasadas. As escolas da igreja, porém, são muito mais frequentadas, pois geram menos despesas e muitos pais continuam a mandar suas crianças para elas, em parte por apego, em parte por verem o progresso das crianças como uma disseminação da mentalidade secular.

O vale do rio Wupper mantém três educandários superiores: a Escola Municipal em Barmen, a Escola Real em Elberfeld e o Ginásio no mesmo local.

A Escola Municipal de Barmen, embora dotada de um orçamento muito baixo e, por isso, mal suprida de professores, faz o que pode. Ela é totalmente dominada por um conselho curador limitado e avarento que geralmente elege pietistas para os cargos de professor. O diretor, que não é estranho a essa corrente, exerce seu cargo de acordo com princípios rígidos e é muito hábil para indicar a cada professor o lugar que lhe é devido. Em seguida, vem o senhor Johann Jakob Ewich, que ensina muito bem, quando se baseia em um bom manual, e, no ensino de história, é adepto fervoroso do sistema anedótico de Nösselt[26]. Ewich é autor de muitos escritos pedagógicos, o maior deles – quanto ao volume, claro – leva o título *Human*[27] [Humano], publicado em Wesel por Bagel, em dois volumes, quarenta folhas de impressão, ao preço de um táler imperial. Todos eles estão cheios de ideias elevadas, desejos

---

[25]   Daqui em diante, *Telegraph für Deutschland*, n. 57, abr. 1839. (N. E. A.)

[26]   Referência a Friedrich August Nösselt (1781-1850), pedagogo e escritor alemão. (N. T.)

[27]   Johann Jacob Ewich, *Human: der Lehrer einer niederen und höheren Volksschule in seinem Wesen und Wirken* (Wesel, Bagel, 1829), 2 v. (N. E.)

Cartas de Wuppertal

piedosos e propostas inexequíveis. Diz-se que sua prática pedagógica está muito aquém de sua bela teoria.

O dr. Philipp Schifflin, o segundo professor titular, é o mais capacitado da escola. Talvez ninguém na Alemanha tenha se aprofundado tanto na estrutura gramatical da língua francesa moderna como ele. Ele não partiu do latim antigo, mas absorveu a língua clássica do século passado, especialmente a de Voltaire, e passou desta para o estilo dos autores mais recentes. Os resultados de suas pesquisas estão disponíveis em sua *Anleitung zur Erlernung der französischen Sprache, in drei Cursen* [Guia para o aprendizado da língua francesa em três cursos], sendo que o primeiro e o segundo já tiveram várias reedições e o terceiro será publicado agora na Páscoa. Indubitavelmente essa é, ao lado da gramática de Knebel, a melhor gramática da língua francesa que temos; logo ao ser lançado, o primeiro curso foi recebido com imensa aprovação e goza já de uma difusão quase sem precedentes em toda a Alemanha, chegando até a Hungria e as províncias russas do Mar Báltico.

Os demais professores são jovens seminaristas, alguns dos quais tiveram uma boa capacitação, enquanto outros andam prenhes de um caos de todo tipo de ciência. O melhor desses jovens professores era o senhor Köster, o amigo de Freiligrath, do qual consta em um plano de aulas o esboço de uma poética da qual ele excluiu totalmente a poesia didática e subordinou à épica ou à lírica os gêneros que costumam ser atribuídos a ela; o artigo atesta noção e clareza. Foi chamado para Düsseldorf e, dado que os senhores do Conselho Curador o conheciam como adversário de toda a devoção pietista, de bom grado deixaram que partisse. O oposto dele é representado por um professor que, ao ser perguntado por um aluno do quarto ano sobre quem foi Goethe, respondeu: "um homem sem Deus".

A Escola Real de Elberfeld dispõe de um bom fundo e, por isso, pode escolher professores mais capacitados e implementar um curso mais completo. Em compensação, reina ali aquela terrível mania de escrever em cadernos que, em meio ano, é capaz de embotar um aluno. Aliás, de atividade diretiva pouco se percebe; o diretor passa metade do ano viajando e marca sua presença com um rigor exagerado. A Escola Real está vinculada a uma escola profissionalizante, na qual os alunos projetam mal metade de sua vida. Dos professores, o único digno de menção é o senhor dr. Kruse, que passou seis semanas na Inglaterra e escreveu um opúsculo sobre a pronúncia inglesa que se notabiliza por sua primorosa inutilidade; os alunos têm uma reputação muito ruim e são motivo das queixas de Diesterweg sobre a juventude de Elberfeld.

O Ginásio de Elberfeld encontra-se em situação apertada, mas é reconhecidamente um dos melhores do Estado prussiano. É propriedade da comunidade reformada, mas sofre pouco com o misticismo desta, porque os pregadores não se ocupam dele e os escolarcas não entendem nada dos assuntos ginasiais; mas entendem tanto mais de sua sovinice. Esses senhores não têm a mínima noção da excelência da formação ginasial prussiana e procuram encaminhar tudo para a Escola Real, tanto dinheiro quanto alunos, e, ainda assim, acusam o Ginásio de não conseguir cobrir nem suas despesas com o dinheiro das taxas escolares. Há tratativas no sentido de que o Ginásio seja assumido pelo governo, que tem grande interesse nisso; caso não se chegue a um acordo, o Ginásio terá de ser fechado em poucos anos por falta de recursos. Agora a escolha dos docentes também passou a ser da alçada dos escolarcas, pessoas que sabem bem como lançar um item no livro-razão, mas não têm a mínima noção de grego, latim ou matemática. O critério principal de sua escolha é este: melhor eleger um diletante reformado do que um luterano ou até um católico capacitado. Porém, como entre os filólogos prussianos há muito mais luteranos do que reformados, eles quase nunca conseguiram guiar-se por esse critério.

O dr. Hantschke, professor por nomeação real e diretor provisório, é originário de Luckau, na [região de] Lausitz, escreve um latim ciceroniano em verso e prosa, sendo também autor de várias pregações, de escritos pedagógicos e de um livro de exercícios da língua hebraica. Há muito já seria diretor definitivo, se não fosse luterano e se o escolarcado não fosse tão sovina.

O dr. Eichhoff, o segundo professor titular, escreveu com seu colega mais jovem, o dr. Beltz, uma gramática da língua latina que, no entanto, não obteve uma apreciação muito favorável na *Allgemeine Literatur-Zeitung* [Gazeta Geral de Literatura] de F. Haase. Sua especialidade é o grego.

O dr. Clausen, o terceiro professor titular, sem dúvida é o homem mais capaz de toda a escola, versado em todas as disciplinas, excelente nas de história e literatura. Sua maneira de expor os temas é de rara graciosidade; é o único que sabe como despertar nos alunos o senso para a poesia, senso que de resto se atrofiaria miseravelmente entre os filisteus do vale do rio Wupper. Como escritor, pelo que sei, ele só aparece em uma dissertação curricular intitulada *Pindaros der Lyriker* [Píndaro, o lírico], que, segundo se diz, tornou-o famoso entre os professores ginasiais na Prússia e fora dela. Ela naturalmente nunca apareceu no comércio livreiro.

Essas três escolas só foram instaladas de 1820 para cá; antes disso, só havia uma escola reitoral[28] em Elberfeld e uma em Barmen e uma grande quantidade de institutos particulares que não tinham condições de oferecer uma formação sólida. As repercussões dessas escolas ainda podem ser sentidas nos comerciantes mais antigos de Barmen. Nem a mais leve noção de formação; quem souber tocar Whist e Billard, falar alguma coisa de política, fazer um cumprimento maneiro é considerado um homem culto em Barmen e Elberfeld. Essas pessoas levam uma vida terrível e ainda conseguem achá-

---

[28] *Rektoratschule*, no original, designa a escola básica de cinco classes das províncias do Reno e da Vestfália. (N. T.)

Cartas de Wuppertal

-la muito divertida; durante o dia, afundam-se nos números de seus livros contábeis, e fazem isso com uma gana, um interesse quase inacreditáveis; ao entardecer, todos comparecem às reuniões sociais, onde jogam cartas, conversam sobre política e fumam, e voltam para casa quando o sino bate 9 horas. Assim é todo santo dia, invariavelmente, e ai de quem se atravessar no caminho deles; seguramente incorrerá na mais implacável ira das famílias principais. – As pessoas jovens são docilmente levadas para a escola por seus pais; elas também se prestam bem a se tornar como seus pais. Seus objetos de entretenimento são bastante uniformes; os de Barmen falam mais de cavalos, os de Elberfeld, mais de cães; quando muito, também fazem a apreciação de beldades ou conversam sobre negócios, e isso é tudo. A cada meio século, também falam de literatura, designação que, para eles, inclui Paul de Kock, Marryat, Tromlitz, Nestroy e consortes. Na política, como bons prussianos porque estão sob o domínio da Prússia, todos têm *a priori* aversão a todo e qualquer liberalismo, mas só enquanto for do agrado de Sua Majestade manter o *Code Napoléon* em vigor[29]; pois junto com este desapareceria todo e qualquer patriotismo. Ninguém conhece o movimento *Junges Deutschland* [Jovem Alemanha] por sua importância literária; ele é tido como uma sociedade secreta, do mesmo tipo da demagogia, sob a liderança dos senhores Heine, Gutzkow e Mundt. Alguns dos nobres jovens certamente leram alguma coisa de Heine, talvez as *Reisebilder* [Quadros de viagem], omitindo as poesias, ou *Über den Denunzianten* [Sobre o informante], mas a respeito das demais obras predominam os conceitos obscuros proferidos pelos pastores ou funcionários públicos. A maioria conhece Freiligrath pessoalmente e o considera um bom camarada. Quando veio a Barmen, foi cumulado de visitas por essa nobreza verde (é assim que ele denomina a classe dos jovens comerciantes); mas logo discerniu a mentalidade deles e se retraiu; mas eles foram atrás dele, elogiaram seus poemas e seu vinho e quiseram a todo custo selar a fraternidade com alguém que mandara imprimir algo; pois, para essas pessoas, um poeta não é nada, mas um autor de livros é tudo. Pouco a pouco Freiligrath foi rompendo os laços com todas essas pessoas e, depois que Köster deixou Barmen, só se relaciona com poucas. Seus empregadores[30], mesmo estando em situação precária, sempre o trataram com decência e polidez; curiosamente, ele é um assistente comercial extremamente preciso e diligente. Seria supérfluo falar

---

[29]   O *Code Napoléon*, código civil francês que passou a vigorar na França em 1807, mantendo a essência das conquistas da Revolução Francesa no terreno da igualdade civil formal, também foi introduzido nas regiões do Oeste e Sul da Alemanha conquistadas pela França. Na província do Reno, permaneceu em vigor também após a união com a Prússia em 1815. (N. E. A.)

[30]   Trata-se dos proprietários da casa comercial J. P. von Eynern & Söhne, de Barmen, para os quais Ferdinand Freiligrath trabalhou de 1837 a 1839 como assistente comercial. (N. E. A.)

Friedrich Engels – Esboço para uma crítica da economia política

aqui sobre suas produções poéticas, depois que Dingelstedt, no *Jahrbuch der Literatur* [Anal de Literatura][31], e Carrière, nos *Jahrbücher* [Anais] de Berlim[32], fizeram uma apreciação tão minuciosa dele. No entanto, a meu ver, ambos não deram atenção suficiente ao fato de que ele, mesmo vagando por terras distantes, é muito apegado à pátria. Isso é indicado pelas frequentes alusões a contos populares alemães, como, por exemplo, na p. 54[33], a rainha dos sapos, na p. 87, Branca de Neve, entre outros, aos quais é dedicado, na p. 157, um poema inteiro ("Im Walde" [Na floresta]), a imitação de Uhland (o falcão nobre, na p. 82, "Die Schreinergesellen" [Os marceneiros], na p. 85, e também o primeiro dos "Zwei Feldherrngräber" [Dois túmulos de generais]" só recorda o que o favorece), bem como "Die Auswanderer" [Os emigrantes] e, acima de tudo, seu insuperável "Prinz Eugen" [Príncipe Eugen]. É preciso dar a esses dois momentos uma atenção tanto maior quanto mais Freiligrath vai se perdendo na direção oposta. Um vislumbre profundo do seu sentimento também permite o poema "Der ausgewanderte Dichter" [O poeta emigrado], especialmente os fragmentos impressos pelo *Morgenblatt* [Folha da Manhã][34]; ali ele já percebe que não conseguirá se sentir em casa em terras distantes, se não lançar raízes na autêntica arte poética alemã[35].

Na literatura própria do vale do rio Wupper, o jornalismo ocupa o posto mais importante. Em lugar de destaque está a *Elberfelder Zeitung* [Gazeta de Elberfeld], tendo como redator o dr. Martin Runkel, sob cuja direção criteriosa o jornal angariou um renome significativo e bem merecido. Ele assumiu a redação por ocasião da fusão de dois jornais, a *Allgemeine Zeitung* [Gazeta Geral] e a *Provinzialzeitung* [Gazeta Provincial]; esse diário surgiu sob um signo não muito auspicioso; a *Barmer Zeitung* [Gazeta de Barmen] surgiu como concorrente direto, mas, por meio da aquisição de correspondentes próprios e de seus editoriais, Runkel fez dele um dos principais jornais do Estado prussiano. Ele obteve pouco reconhecimento em Elberfeld, onde os editoriais são lidos por poucas pessoas, mas tanto mais fora dali, no que a decadência da *Preußische Staats-Zeitung* [Gazeta do Estado Prussiano] teve sua cota de participação. O suplemento beletrístico intitulado *Intelligenzblatt* [Folha da Inteligência] não vai além do habitual. A *Barmer Zeitung*, cujos editores, redatores e censores mudaram com frequência, está agora sob a direção

---

[31] Franz Dingelstedt, "Ferdinand Freiligrath: ein Literaturbild", *Jahrbuch der Literatur*, Hamburgo, v. 1, 1839, p. 219-56. (N. T.)

[32] Moriz Carrière, "Gedichte von Ferdinand Freiligrath", *Jahrbücher für wissenschaftliche Kritik*, Berlim, v. 8, jan. 1839, col. 60-4. (N. T.)

[33] A página refere-se a Ferdinand Freiligrath, *Gedichte* (2. ed. ampl., Stuttgart/Tübingen, J. G. Cotta, 1839). (N. T.)

[34] Ferdinand Freiligrath, "Der ausgewanderte Dichter", *Morgenblatt für gebildete Stände*, Stuttgart/Tübingen, n. 218, 10 set. 1836, p. 869-70. (N. T.)

[35] Daqui em diante, *Telegraph für Deutschland*, n. 59, abr. 1839. (N. E. A.)

Cartas de Wuppertal

de H. Püttmann, que às vezes publica uma resenha na *Abendzeitung* [Gazeta da Tarde]. Ele até gostaria de elevar o nível do jornal, mas suas mãos estão atadas pela escassez de recursos bem fundamentada do editor. O folhetim contendo alguns de seus poemas, algumas resenhas ou excertos de escritos maiores, tampouco traz resultados. O *Wuppertaler Lesekreis* [Círculo de Leitura do Wuppertal] que o acompanha nutre-se quase exclusivamente do periódico *Europa*, de Lewald. Além desses, são publicados ainda o *Tägliche Anzeiger* [Manchete Diária] de Elberfeld, ao lado do *Fremdenblatt* [Folha Estrangeira], uma cria da *Dorfzeitung* [Jornal do Povoado], imbatível nos poemas de partir o coração e nas piadas de mau gosto, bem como o *Barmer Wochenblatt* [Semanário de Barmen], um jornal pesado e modorrento, que a toda hora deixa entrever as orelhas de asno por baixo da pele de leão das belas-letras.

Dos demais gêneros literários, a prosa não vale nada; tirando os escritos teológicos, ou melhor, pietistas, e alguns opúsculos muito superficiais sobre a história de Barmen e Elberfeld, não sobra nada. Mas a poesia é profusamente cultivada no "vale bendito" e uma quantidade considerável de poetas fixou residência nele.

Wilhelm Langewiesche, livreiro em Barmen e Iserlohn, escreve sob o pseudônimo de W. Jemand[36], sua obra principal é uma tragédia didática, *Der ewige Jude* [O eterno judeu][37], que, no entanto, não está à altura da elaboração do mesmo tema por Mosen[38]. Como editor, ele é o mais importante dentre os concorrentes no vale do rio Wupper, o que, aliás, é coisa fácil, pois os dois que ele tem, Hassel em Elberfeld e Steinhaus em Barmen, só editam pietismo genuíno. Freiligrath mora na casa de Langewiesche.

Karl August Döring, pregador em Elberfeld, é autor de boa quantidade de escritos em prosa e verso; a ele aplica-se o dito de Platen: o senhor é um rio caudaloso que ninguém consegue nadar até o fim.

Ele subdivide seus poemas em hinos espirituais, odes e poesias líricas. Às vezes, ao chegar na metade da poesia, ele já se esqueceu do começo e, então, embrenha-se por regiões bem peculiares; das ilhas dos mares do Sul e seus missionários, ele chega ao inferno e, dos lamentos da alma contrita, toma o rumo do gelo do Polo Norte.

Lieth, diretor de uma escola para meninas em Elberfeld, é autor de histórias infantis que geralmente são escritas em um linguajar antiquado e não resistem a uma comparação com as de Rückert, Güll e Hey; mas entre elas também se encontram algumas belas histórias.

Friedrich Ludwig Wülfing, incontestavelmente o maior poeta do vale do rio Wupper, nascido em Barmen, é um homem cuja genialidade não passa

---

[36] *Jemand* significa "alguém". (N. E.)

[37] Wilhelm Jemand, *Der ewige Jude. Didactische Tragödie* (Iserlohn, Wilhelm Langewiesche, 1831). (N. T.)

[38] Julius Mosen, *Ahasver. Episches Gedicht* (Leipzig, Fleischer, 1838). (N. T.)

Friedrich Engels – Esboço para uma crítica da economia política

despercebida de ninguém. Quando se avista um homem alto e delgado, de cerca de 45 anos de idade, vestindo um casaco longo castanho-avermelhado com a metade da idade do seu dono, carregando sobre os ombros um semblante indescritível, sobre o nariz óculos dourados, cujas lentes decompõem seus olhares faiscantes, a cabeça coroada com um gorro verde, uma flor na boca, na mão um botão que acabou de arrancar do casaco – este é o Horácio de Barmen. Dia após dia ele passeia pelo morro da Hardt, esperando topar com uma nova rima ou uma nova amada. Até seu trigésimo ano de vida, ele venerou Palas Atena como homem industrioso; depois disso, caiu sob o poder de Afrodite, que lhe apresentou uma série de nove Dulcineias; estas são suas musas. Nem se fale de Goethe, que de tudo conseguia extrair uma faceta poética, nem de Petrarca, que vertia em soneto cada olhar e cada palavra da amada – eles não chegam aos pés de Wülfing. Quem conta os grãos de areia que sentiram o peso dos pés da amada? O grande Wülfing faz isso. Quem decanta as meias de Minchen (a Clio das nove musas), sujas da travessia de um relvado pantanoso? Ninguém além de Wülfing. – Seus epigramas são obras-primas da mais fina e original grosseria popular. Quando sua esposa faleceu, ele escreveu um obituário que levou todas as serviçais às lágrimas e uma elegia bem mais bonita: "Wilhelmine, o mais belo de todos os nomes!". Seis semanas depois ele já estava noivo outra vez e agora está com a terceira esposa. Todo dia esse homem espirituoso faz novos planos. Quando ainda se encontrava no apogeu de sua inspiração poética, queria ser ora fabricante de botões, ora agricultor, ora vendedor de papéis; por fim, atracou no porto da fabricação de velas, para de algum modo fazer sua luz brilhar. Seus escritos são como a areia da praia.

Montanus Eremita[39], um anônimo de Solingen, também faz parte desse espaço como amigo da vizinhança. Ele é o historiógrafo poético das terras de Berg; seus versos não são tão absurdos quanto tediosos e prosaicos.

O mesmo se pode dizer de Johann Pol, pastor em Heedfeld, perto de Iserlohn, que escreveu um pequeno volume de poesias. "Reis provêm de Deus e missionários também,/ mas o poeta Goethe vem exclusivamente de homens". Esse verso mostra o espírito do volume todo. Mas ele também mostra que tem humor quando diz: "Os poetas são luminares, os filósofos são mucamas da verdade". E quanta fantasia está contida nas duas linhas iniciais de sua balada "Attila an der Marne" [Átila às margens do rio Marne]: "Colossal como uma avalanche,/ Duro e cortante qual espada e seixo,/ Em meio a escombros e cidades em chamas arrasa a Gália Godegisel".

---

[39] Eremita da Montanha é como Engels chama ironicamente o escritor alemão Vincenz Jakob von Zuccalmaglio, que publicou o livro *Die Vorzeit der Länder Cleve-Mark, Jülich-Berg und Westphalen* [A pré-história dos territórios de Cleve-Mark, Jülich-Berg e Vestfália] (Solingen, Amberger, 1836), sob o pseudônimo Montanus. (N. E. A.)

Ele também escreveu salmos, ou melhor, os compôs a partir de fragmentos davídicos. Sua obra principal é a louvação do conflito entre Hülsmann e Sander, e de um modo muito original: em epigramas. Ali tudo gira em torno da ideia de que os racionalistas ousam "injuriar e blasfemar o Senhor de senhor". Nem Voss nem Schlegel jamais produziram um espondeu tão perfeito ao final de um hexâmetro. Ele sabe classificar seus poemas ainda melhor do que Döring, subdividindo-os em: "Canções espirituais, hinos e poesias mistas".

F. W. Krug, candidato à teologia, autor de primícias poéticas ou relíquias prosaicas, tradutor de várias pregações holandesas e francesas, também escreveu uma novela comovente ao gosto de Stilling, na qual ele, entre outras coisas, propõe uma nova prova da verdade da história mosaica da criação. O livro é adorável.

Por fim, ainda preciso mencionar um homem jovem e espirituoso que, ao ver que Freiligrath é assistente comercial e poeta, teve a brilhante ideia de que ele também deveria sê-lo. Tomara que em breve a literatura alemã seja acrescida de algumas de suas novelas, que não são superadas nem pelas melhores; as únicas falhas que se pode apontar nelas são a banalidade do enredo, a disposição precipitada e o estilo descuidado. Eu teria o maior prazer em compartilhar aqui o excerto de uma delas, se a decência não me proibisse de fazê-lo; mas talvez logo algum livreiro do grande D.[40] (não ouso mencionar o nome inteiro, pois, do contrário, sua modéstia ferida o levaria a abrir um processo de injúria contra mim) se compadeça dele e edite suas novelas. Ele também *quer* ser um amigo muito preciso de Freiligrath.

Essas são mais ou menos todas as manifestações literárias do mundialmente famoso vale, entre as quais talvez se deva incluir ainda as de alguns gênios da originalidade que, inflamados pelo vinho, experimentam esporadicamente uma rima, dos quais recomendo que o senhor dr. Duller faça um retrato para o seu novo romance. Toda a região foi inundada por um mar de pietismo e filistinismo e o que assoma de dentro dele não são belas ilhas floridas, mas tão somente rochedos descalvados ou extensos bancos de areia, e Freiligrath singra no meio deles como um navegador que se desviou da rota.

---

[40] Referência a Dürholt, um assistente comercial de Barmen. (N. E. A.)

Schelling sobre Hegel[1]

Se perguntarem hoje a qualquer pessoa em Berlim que tenha alguma noção do poder do espírito sobre o mundo qual é a arena em que se trava o combate pelo domínio da opinião pública da Alemanha nos campos da política e da religião, ou seja, pelo domínio da própria Alemanha, ela responderá que essa arena é a universidade, mais precisamente o auditório n. 6, onde Schelling profere suas preleções sobre a filosofia da revelação. Pois, neste momento, todos os antagonismos que contestam a supremacia da filosofia hegeliana ficaram obnubilados, empanados e tiveram de recuar diante dessa oposição de Schelling; todos os contendores postados fora da filosofia, Stahl, Hengstenberg, Neander, cedem lugar a um lutador, a respeito do qual estão seguros de que combaterá invicto em seu próprio campo. E a peleja, de fato, é bastante peculiar. Dois velhos amigos de juventude, colegas de quarto no Tübinger Stift, voltam a se encarar quarenta anos depois como adversários; um deles morto há dez anos, porém mais vivo do que nunca em seus alunos; o outro, como dizem estes, intelectualmente morto há três décadas, agora aparece mais do que repentinamente, reivindicando para si pleno vigor e validade. Quem for suficientemente "imparcial", ciente de ser igualmente estranho a ambos, ou seja, ciente de não ser um hegeliano – pois, pelas poucas palavras que disse até agora, decerto ninguém poderá se declarar adepto de Schelling –, portanto, quem tiver essa tão aclamada vantagem da "imparcialidade", verá a sentença de morte de Hegel pronunciada pela atuação de Schelling em Berlim como a vingança dos deuses contra a sentença de morte de Schelling anunciada por Hegel em seu tempo.

---

[1] Em *Marx-Engels Werke*, v. 41: *Schriften, Manuskripte, Briefe bis 1844, Zweiter Teil* (Berlim, Dietz, 1967), p. 163-70. Primeira publicação na revista *Telegraph für Deutschland*, n. 207, dez. 1841. Com este artigo, Engels, sob o pseudônimo de Friedrich Oswald, abriu o debate contra a filosofia de cunho místico e religioso de Friedrich Schelling, que em 1841 foi convidado pelo imperador Frederico Guilherme IV para ocupar uma cátedra da Universidade de Berlim, visando contrapor-se à filosofia de Hegel e sobretudo às ideias dos jovens hegelianos. (N. E. A.)

Friedrich Engels – Esboço para uma crítica da economia política

Uma audiência significativa, bem variada, reuniu-se para ser testemunha desse embate. Nas primeiras filas, os notáveis da universidade, os corifeus da ciência, cada um dos quais deu origem a uma corrente característica, e aos quais foram cedidos os lugares mais próximos da cátedra, e, atrás deles, misturados conforme o acaso os congregava, representantes de todas as posturas de vida, nações e confissões de fé. Aqui e ali, no meio da juventude irrequieta, sentou-se um oficial do estado-maior de barba prateada e, ao lado dele, sem nenhuma cerimônia, um oficial voluntário que, em outro círculo, não saberia nem como demonstrar sua devoção ao oficial superior. Velhos doutores e sacerdotes, cuja matrícula em breve comemorará o jubileu, voltam a pensar com a cabeça do jovem estudante há muito esquecido e comparecem à preleção, judaísmo e islamismo querem saber a quantas anda a questão da revelação cristã; ouve-se alemão, francês, inglês, húngaro, polonês, russo, grego moderno e turco, tudo ao mesmo tempo – então é dado o sinal de silêncio e Schelling sobe à cátedra.

Um homem de estatura mediana, cabelos brancos, olhos azul-claros e serenos, cuja expressão tende mais para a vivacidade do que para a imponência e, associada a uma silhueta avantajada, permite vislumbrar o dono de casa no conforto do lar mais do que o pensador genial, dotado de um órgão de fala pouco ágil, mas forte, usando o dialeto característico da Suábia e da Baviera: essa é a aparência de Schelling.

Omito aqui o conteúdo de suas primeiras preleções[2] e passo de imediato aos seus enunciados sobre Hegel, reservando-me o direito de acrescentar o que for necessário para o seu esclarecimento. Reproduzo aqui o teor da preleção conforme anotado por mim durante a mesma.

A filosofia da identidade, como proposta por mim, constituiu apenas um lado da filosofia toda, a saber, o negativo. Esse lado negativo tinha de ser satisfeito pela exposição do lado positivo ou então, devorando o teor positivo das filosofias anteriores, estabelecer-se como o positivo e alçar-se à condição de filosofia absoluta. Sobre a sorte do ser humano *também paira uma razão que o faz perseverar na unilateralidade até esgotar todas as possibilidades dela*. Assim, foi Hegel que propôs a filosofia negativa como filosofia absoluta. – É a primeira vez que menciono o nome do senhor Hegel. Do mesmo modo que me pronunciei livremente sobre Kant e Fichte, que foram meus professores, também o farei a respeito de Hegel, embora não sinta nenhuma alegria ao fazê-lo. Contudo, farei isso em razão da franqueza que lhes prometi, meus senhores. Não quero dar a impressão de que tenho algo a recear, de que há pontos sobre os quais não tenho permissão de falar livremente. Recordo

---

[2] Ver o texto da primeira preleção de Schelling em Berlim, no dia 15 de novembro de 1841, em *Schelling's Erste Vorlesung in Berlin, 15. November 1841* (Stuttgart/Tübingen, Cotta, 1841). (N. E. A.)

Schelling sobre Hegel

a época em que Hegel foi meu ouvinte, o colega com quem compartilhei minha vida e preciso dizer que, no período em que a filosofia da identidade era formulada por todos em termos genericamente rasos e superficiais, foi ele que resgatou sua ideia principal e a carregou sã e salva até o período posterior, reconhecendo-a continuamente até o último momento, como, a meu ver, atestam suas *Preleções sobre a história da filosofia*. Ele, que já encontrou boa parte do material elaborada, ateve-se principalmente ao método, enquanto nós asseguramos preferencialmente o aspecto material, concreto. Eu próprio, insatisfeito com os resultados negativos obtidos, teria acolhido de bom grado qualquer finalização satisfatória, mesmo que procedesse de outra pessoa.

Aliás, aqui se trata de verificar se a posição ocupada por Hegel na história da filosofia, a posição que lhe deve ser designada entre os grandes pensadores, é de fato esta, ou seja, que ele tentou alçar a filosofia da identidade à condição de filosofia absoluta, de filosofia última, o que, todavia, só pôde acontecer com modificações importantes; e pretendo provar isso a partir de seus escritos, aos quais todo mundo tem acesso. Se alguém objetar que aí está embutida uma reprimenda a Hegel, responderei que Hegel fez o que era mais de seu feitio. A filosofia da identidade teve de lutar consigo mesma enquanto não estava ainda presente a dita ciência do positivo, que também abarca a existência. Por isso, nesse afã, Hegel teve de fazer com que a filosofia da identidade rompesse sua barreira, a potência do ser, do puro poder ser, e subordinasse a existência a ela.

"Hegel, que em companhia de Schelling se alçou ao reconhecimento do absoluto, desviou-se deste, na medida em que não o pressupôs na intuição intelectual, mas quis que fosse encontrado pela via científica." Essas palavras compõem o texto sobre o qual lhes falarei agora. – A passagem acima está baseada na opinião de que a filosofia da identidade tem como resultado o absoluto não só em termos de objeto, mas também em termos de existência; dado que o ponto de partida da filosofia da identidade é a não diferença entre sujeito e objeto, encampa-se, desse modo, também sua existência como se estivesse demonstrada pela intuição intelectual. Desse modo, Hegel supõe candidamente que pretendi provar a existência, o ser da referida não diferença, por meio da intuição intelectual e me repreende por insuficiência de provas. A ressalva, tantas vezes feita por mim, de que a filosofia da identidade não é um sistema da existência, mostra que não pretendi fazer isso; e quanto à intuição intelectual, essa determinação nem sequer ocorre na exposição da filosofia da identidade que reconheço única e exclusivamente para a exposição científica de tempos mais antigos. Essa exposição se encontra onde ninguém a procura, a saber, na *Zeitschrift für spekulative Physik* [Revista de Física Especulativa], volume II, caderno II. De resto, decerto ela também ocorre e constitui um dos itens do legado de Fichte. É por meio dela que Fichte, com o qual eu não quis romper de vez, chega à sua consciência imediata, ao Eu; tomo isso como ponto de partida

Friedrich Engels – Esboço para uma crítica da economia política

para chegar, por essa via, à não diferença. Ora, na medida em que não é mais analisado subjetivamente pela intuição intelectual, o Eu ingressa na esfera do pensamento e, assim, não possui mais existência imediata e certa. De acordo com isso, a própria intuição intelectual não provaria nem mesmo a existência do Eu; e, quando Fichte a usa para esse fim, não posso me reportar a ela para demonstrar a existência do absoluto a partir dela. Assim sendo, Hegel não pôde me repreender por causa da insuficiência de uma prova que eu nunca quis apresentar, mas somente porque eu nunca disse com todas as letras que não estou de nenhuma forma preocupado com a existência. Pois quando Hegel exige a prova do ser da potência infinita, ele vai além da razão; caso existisse a potência infinita, a filosofia não estaria livre do ser; nesse ponto, é preciso levantar a pergunta se é possível pensar o *prius* da existência. Hegel nega essa possibilidade, pois principia sua lógica com o ser e, de imediato, parte para um sistema existencial. Nós, porém, a afirmamos, na medida em que principiamos com a existência da pura potência do ser somente no pensamento. Hegel, que fala tanto da imanência, só é imanente no que *não* é imanente ao pensamento, pois o ser é esse não imanente. Retirar-se para dentro do puro pensamento significa especialmente retirar-se de todo ser, exceto do pensamento. A afirmação de Hegel de que a existência do absoluto estaria comprovada pela lógica, ainda tem a desvantagem de que, desse modo, tem-se duas vezes o infinito, no final da lógica e depois de novo no final de todo o processo. De modo geral, não se compreende por que, na *Enciclopédia*, a lógica é antecipada, em vez de impregnar e dar vitalidade a todo o ciclo[3].

Até aqui Schelling. Em grande parte e na medida do que me foi possível, citei o tom original e atrevo-me a afirmar que ele não se recusaria a assinar esses excertos. À guisa de complemento, acrescento, a partir das preleções anteriores, que ele analisa as coisas em dois sentidos, separando o *quid* do *quod*, essência e conceito ele separa da existência e atribui aqueles à pura ciência racional ou filosofia negativa, e esta a uma ciência nova com elementos empíricos a ser fundada, a filosofia positiva. Sobre esta até agora ainda não se ouviu nada, a primeira apareceu há quarenta anos numa versão incompleta, abandonada pelo próprio Schelling, e agora está sendo desenvolvida por ele em sua expressão verdadeira e adequada. Sua base é a razão, a potência pura do conhecimento, cujo conteúdo imediato é a potência pura do ser, o poder ser infinito. O respectivo terceiro elemento necessário é a potência sobre o ser, a potência que não pode mais exteriorizar-se, a saber, o absoluto, o espírito, aquilo que foi declarado livre da necessidade da passagem para o ser e mantém-se eternamente livre do ser. A unidade "órfica" daquelas potências também pode ser denominada o absoluto, além do qual

---

[3] Daqui em diante, *Telegraph für Deutschland*, n. 208, dez. 1841. (N. E. A.)

Schelling sobre Hegel

nada existe. Quando as potências se contrapõem umas às outras, essa sua exclusividade é a finitude.

Penso que essas poucas frases são suficientes para compreendermos a citação anterior e delinearmos o neoschellinguianismo em seus traços básicos, na medida em que estes podem ser expostos aqui e até agora. O que me resta fazer é tirar disso as consequências decerto intencionalmente silenciadas por Schelling e defender a causa do grande falecido.

Se despirmos de sua linguagem curial a sentença de morte que Schelling pronunciou contra o sistema hegeliano, aparece o seguinte: Hegel nem sistema próprio teve, mas sobreviveu mal e porcamente dos dejetos de meus pensamentos; enquanto eu me ocupava com a *partie brillante* [parte brilhante], com a filosofia positiva, ele se regalava com a *partie honteuse* [parte vergonhosa], com a filosofia negativa, e assumiu sua elaboração e seu aperfeiçoamento, visto que eu não tinha tempo para isso, e ficou muito feliz por eu ainda lhe ter confiado isso. Vocês vão querer criticá-lo por isso? "Ele fez o que era mais de seu feitio." Ainda assim, ele tem "uma posição [...] entre os grandes pensadores", pois, "no período em que a filosofia da identidade era formulada por todos em termos genericamente rasos e superficiais, foi ele que resgatou sua ideia principal". Não obstante, sua situação não é nada boa, pois ele quis transformar meia filosofia em filosofia inteira.

Transmite-se um dito, supostamente da boca de Hegel, mas que, a julgar pelas manifestações acima, indubitavelmente provém de Schelling: "Só um dos meus alunos me entendeu, e até esse infelizmente me entendeu mal".

Mas, falando sério, vamos mesmo permitir que essas injúrias sejam inscritas na lápide de Hegel, sem que nós, que devemos a ele mais do que ele deveu a Schelling, aceitemos um desafio em honra ao falecido, por mais terrível que seja o adversário? E trata-se mesmo de injúrias; Schelling pode dizer o que quiser e a forma com que o diz pode ser a mais científica possível. Ora, se fosse preciso, eu poderia descrever o senhor Schelling e qualquer outro de maneira tão intrinsecamente ruim "pela via puramente científica" que ele seguramente reconheceria as vantagens do "método científico"; mas o que eu ganharia com isso? De qualquer maneira, seria uma atitude frívola, se um jovem como eu quisesse dar lições a um ancião, ainda mais a Schelling, que, por mais resolutamente que tenha se afastado da liberdade, será para sempre o descobridor do absoluto e, no momento em que aparece como precursor de Hegel, só pode ser mencionado por nós todos com a mais profunda reverência. Todavia, na condição de sucessor de Hegel, Schelling só tem direito a um pouco de piedade e serei o último a quem ele pedirá calma e frieza; pois me dispus a defender um falecido e um pouco de paixão cai bem em um militante; quem puxa sua espada a sangue frio raramente tem entusiasmo pela causa que defende.

Tenho de dizer que essa atuação de Schelling e, principalmente, essas invectivas contra Hegel deixam pouca margem a dúvidas quanto àquilo em que

Friedrich Engels – Esboço para uma crítica da economia política

até agora ninguém quis acreditar, a saber, que se trata de algo muito parecido com o retrato feito dele no prefácio à conhecida e mais recente brochura de Riedel[4]. Se esse jeito de primeiro fazer todo o desenvolvimento da filosofia neste século, Hegel, Gans, Feuerbach, Strauss, Ruge e os *Deutsche Jahrbücher* [Anais Alemães] depender dele e em seguida não só negá-los, mas ainda por cima expô-los mediante uma firula retórica que lança uma luz favorável *apenas sobre ele*, como um luxo que o espírito propicia a si mesmo, uma curiosidade em termos de mal-entendido, uma galeria de digressões inúteis – se isso não ultrapassa tudo que se critica em Schelling naquela brochura, então não tenho nenhuma noção do que é costume na relação recíproca. É claro que, para Schelling, pode ter sido difícil encontrar um caminho intermediário que não comprometesse nem a ele nem a Hegel e seria perdoável o egoísmo que o levou a sacrificar o amigo para manter-se. Porém é um tanto exagerado quando Schelling pede que este século dispense quarenta anos de esforços e trabalho, quarenta anos de atividade pensante, de renúncia aos interesses mais caros e às tradições mais sagradas como tempo desperdiçado e perda de rumo, só para que ele tenha a sensação de não ter vivido quarenta anos além da conta; soa mais como ironia quando ele atribui a Hegel uma posição entre os grandes pensadores precisamente riscando-o de suas fileiras no que se refere à sua causa, tratando-o como sua criatura, seu serviçal; e, por fim, ele aparenta haver algo como avareza do pensamento ou (como é mesmo o nome daquela conhecida paixão amarelo-pálida?) – mesquinha, quando reclama tudo e cada coisa que reconhece em Hegel como propriedade sua, como carne de sua carne. Seria estranho se a velha verdade schellinguiana tivesse se preservado apenas na forma hegeliana ruim; nesse caso, a crítica à expressão obscura, feita por Schelling anteontem a quem ele atacou, necessariamente recairia sobre ele próprio, o que, no entanto, já está acontecendo, segundo a opinião geral e apesar da clareza prometida. Quem se esbalda no uso de períodos como os que Schelling continuamente formula, quem usa expressões como "quiditativo" e "quoditativo", "unidade órfica" etc., e nem com elas consegue ficar satisfeito, de modo que, a todo momento, precisa buscar auxílio em frases e palavras latinas e gregas, esse certamente perde o direito de xingar o estilo de Hegel.

Aliás, o que mais se deve deplorar em Schelling é o infeliz mal-entendido em relação à existência. O bom e ingênuo Hegel com sua crença na existên-

---

[4]   Referência à brochura publicada anonimamente por Carl Riedel com o título *V. Schellings religionsgeschichtliche Ansicht; nach Briefen aus München. Mit einer vergleichenden Zugabe: Peter Feddersen Stuhr über Urgeschichte und mitologia, und einem Vorberichte über v. Schellings jüngste literarische Fehden* [A perspectiva histórico-religiosa de v. Schelling; de acordo com cartas de Munique. Com um suplemento comparativo: Peter Feddersen Stuhr sobre proto-história e mitologia e um relato prévio sobre as mais recentes querelas literárias de v. Schelling] (Berlim, 1841). (N. E. A.)

cia de resultados filosóficos, no motivo justificado de a razão ingressar na existência, de dominar o ser! Mas, de fato, estranho seria se aquele a quem Schelling acabou estudando a fundo e com quem cultivou uma longa relação pessoal, se todos os outros que procuraram destrinçar a filosofia da identidade não tivessem percebido absolutamente nada do ponto alto da coisa toda, a saber, que tudo isso são apenas disparates que só existiam na cabeça de Schelling e não tinham nenhuma pretensão de exercer qualquer influência sobre o mundo exterior. Em algum lugar isso deveria estar escrito e alguém certamente o teria encontrado. Porém ficamos realmente tentados a duvidar se essas foram desde o início as opiniões de Schelling ou se se trata de um acréscimo posterior.

E a nova versão da filosofia da identidade? Kant livrou o pensamento racional do espaço e do tempo, Schelling ainda nos priva da existência. O que ainda nos resta? Aqui não é o lugar para demonstrar contra ele que a existência de fato figura no pensamento, que o ser é imanente ao espírito e que o princípio de toda filosofia moderna, o *cogito, ergo sum* [penso, logo existo], não pode ser derrubado no atropelo; mas peço licença para perguntar: a potência que não possui existência pode gerar alguma existência? Uma potência que não pode mais se exteriorizar ainda é potência? A tricotomia das potências não corresponde curiosamente à trindade de ideia, natureza e espírito que se desdobra a partir da *Enciclopédia*[5] de Hegel?

E o que resultará disso tudo para a filosofia da revelação? Ela naturalmente fará parte da filosofia positiva, do lado empírico. Schelling não terá outro jeito senão aceitar o fato da revelação, que ele talvez fundamente de alguma maneira, exceto a racional, pois para esta ele trancou a porta. Hegel dificultou um pouco mais as coisas para si mesmo – ou Schelling teria outros canais de informação na manga? Assim, essa filosofia pode ser corretamente denominada filosofia empírica, sua teologia de teologia positiva e sua jurisprudência decerto será a histórica. Isso, no entanto, seria muito semelhante a uma derrota, pois tudo isso já era do nosso conhecimento antes de Schelling vir para Berlim.

Nossa causa será acompanhar sua argumentação e escudar o túmulo do grande mestre contra xingamentos. Não receamos a briga. Não poderíamos desejar nada melhor do que ser *ecclesia pressa* [igreja oprimida] por algum tempo. É nessa hora que se discernem os espíritos. O que é autêntico passará incólume pelo fogo e de bom grado sentiremos a falta do que é inautêntico em nossas fileiras. Os adversários têm de admitir que jamais uma juventude tão numerosa aderiu às nossas bandeiras, jamais a ideia que nos governa se desdobrou de maneira tão profusa, jamais a coragem, o caráter e o talento

---

[5]   Georg W. F. Hegel, *Enciclopédia das ciências filosóficas em compêndio* (1830) (trad. Paulo Meneses, São Paulo, Loyola, 1995-1997), 3 v. (N. E.)

Friedrich Engels – Esboço para uma crítica da economia política

estiveram tão do nosso lado quanto agora. Assim sendo, queremos nos erguer com confiança contra o novo inimigo; no final, entre nós haverá alguém para assegurar que a espada do entusiasmo é tão boa quanto a espada do gênio.

Schelling, porém, precisa ver se consegue reunir uma escola. Muitos só agora aderem a ele porque, como ele, são contrários a Hegel e aceitariam todo aquele que o ataca, mesmo Leo ou Schubarth. Mas penso que Schelling é bom demais para esses dois. Veremos se consegue adeptos, além desses. Ainda não acredito nisso, embora alguns de seus ouvintes estejam progredindo e já tenham chegado à *indiferença*.

Schelling e a revelação

Crítica da mais nova tentativa de reação contra a filosofia livre[1]

Há uma década as montanhas do Sul da Alemanha começaram a se cobrir com uma nuvem carregada que tomou formas cada vez mais ameaçadoras e sombrias para a filosofia do Norte da Alemanha. Era Schelling retomando suas atividades em Munique; havia rumores de que seu novo sistema estaria próximo de sua finalização e desafiaria a preponderância da escola hegeliana. Ele próprio se manifestava resolutamente contrário a essa corrente de pensamento e, mesmo que todas as razões do poder vitorioso tivessem de ceder lugar àquela teoria, aos demais adversários da mesma sempre restava o recurso de apontar Schelling como o homem que a exterminaria em definitivo.

Por conseguinte, os discípulos de Hegel viram como um desiderato o fato de que, há meio ano, Schelling tenha se transferido para Berlim e prometido que entregaria à apreciação pública seu sistema já pronto. Assim, era de se esperar que finalmente não seria mais preciso ouvir o falatório vazio e irritante a respeito dele, a respeito do grande desconhecido, e poderíamos verificar do que ele era feito. De qualquer modo, tendo em vista o espírito combativo que sempre distinguiu a escola hegeliana, tendo em vista a autoconfiança que ela sempre teve, a oportunidade de medir forças com um adversário famoso só podia ser bem-vinda; há muito tempo Schelling foi desafiado por Gans, Michelet e pelo *Athenäum* [Ateneu] e seus alunos mais jovens pelos *Deutsche Jahrbücher* [Anais Alemães].

Assim, a nuvem carregada deslocou-se para cá e descarregou-se com trovões e relâmpagos que, a partir da cátedra de Schelling, começaram a inquietar toda a cidade de Berlim. Agora o trovão silenciou, o relâmpago não brilha mais; será que ele atingiu seu alvo, incendiando a estrutura do sistema hegeliano, esse altivo palácio do pensamento? Os hegelianos correm para salvar o que ainda pode ser salvo? Até agora não se viu nada disso.

---

[1] Em *Marx-Engels Werke*, v. 41: *Schriften, Manuskripte, Briefe bis 1844, Zweiter Teil* (Berlim, Dietz, 1967), v. 41, p. 173-221. Primeira edição: Friedrich Engels, *Schelling und die Offenbarung. Kritik des neuesten Reaktionsversuchs gegen die freie Philosophie* (Leipzig, Robert Binder, 1842). Escrito entre o fim de 1841 e o início de 1842. (N. E. A.)

Friedrich Engels – Esboço para uma crítica da economia política

E, no entanto, de Schelling esperava-se tudo. Acaso os "positivos" não se puseram de joelhos para lamentar o estio na terra do Senhor e rogar a vinda da nuvem de chuva que pairava no horizonte distante? Não aconteceu exatamente como outrora em Israel, quando Elias foi conjurado a expulsar os padrecos de Baal daquele tempo? E, quando ele veio, quando chegou o grande exorcista do diabo, de súbito silenciou toda a ruidosa e despudorada denunciação, cessou toda fúria e gritaria desordenada, para que não se perdesse nenhuma palavra sequer da nova revelação! Como se retraíram imbuídos de modéstia os valentes heróis da *Evangelische Zeitung* [Gazeta Evangélica] e da *Allgemeine Berliner Kirchenzeitung* [Jornal Geral da Igreja de Berlim], do *Literarischer Anzeiger* [Apontador Literário], da revista fichtiana[2], para abrir passagem para o São Jorge que abateria o dragão da hegelianice, cujo hálito lança chamas de impiedade e expele fumaça de obscurantismo! Porventura não se fez silêncio na terra como se o Espírito Santo estivesse prestes a descer, como se Deus em pessoa fosse falar de dentro das nuvens?

Então, quando o messias filosófico ascendeu ao seu trono lígneo e muito mal estofado no *Auditorium maximum*, quando prometeu feitos da fé e maravilhas da revelação, como foi intensa a aclamação exultante com que foi recebido pelo arraial dos positivos! Todas as línguas só falavam daquele em quem os "cristãos" haviam depositado suas esperanças! Não se dizia que o intrépido guerreiro invadiria sozinho, tal Rolando, o território inimigo, fincaria seu estandarte no coração do país hostil, mandaria pelos ares o castelo mais recôndito da infâmia, a fortaleza inexpugnada da ideia, de modo que os inimigos perderiam sua base, seu centro, sem conseguir achar saída nem lugar seguro onde se esconder em sua própria terra? Por acaso não se proclamou a derrubada do hegelianismo até a Páscoa de 1842, a morte de todos os ateístas e não cristãos?

Tudo foi diferente. A filosofia hegeliana continua subindo à cátedra, vivendo na literatura, na juventude; sabe que todos os golpes tentados até agora contra ela não conseguiram atingi-la e segue tranquilamente o curso de seu desenvolvimento interno. Sua influência sobre a nação se encontra em rápido crescimento, como prova a ira mais intensa e os esforços redobrados dos adversários, e Schelling deixou insatisfeitos quase todos os seus ouvintes.

Trata-se de fatos contra os quais nem mesmo os poucos adeptos da sabedoria neoschellinguiana conseguirão apresentar uma objeção consistente. Quando as pessoas se deram conta de que os preconceitos formulados em relação a Schelling se confirmaram em toda a linha, elas ficaram, num primeiro momento, sem saber ao certo como coadunar o respeito pelo velho mestre da ciência com aquela rejeição franca e resoluta de suas pretensões que

---

[2] Referência à *Zeitschrift für Philosophie und spekulative Theologie* [Revista de Filosofia e Teologia Especulativa], editada por Immanuel Hermann Fichte. (N. E. A.)

deviam a Hegel. Entretanto, ele logo nos fez o favor de nos livrar do dilema, pronunciando-se a respeito de Hegel de um modo que nos dispensou de toda consideração para com o seu suposto sucessor e suplantador. Por isso, a mim tampouco se levará a mal se eu adotar um princípio democrático em minha avaliação e, sem acepção de pessoas, limitar-me pura e exclusivamente à causa e à sua história.

Quando Hegel faleceu, em 1831, e deixou seu sistema como herança a seus discípulos, a quantidade destes era relativamente pequena. O sistema só existia naquela forma rigorosa e rígida, mas também já consolidada, que desde então foi tão criticada, mas que não passava de uma necessidade. O próprio Hegel, confiando altivamente na força da ideia, pouco contribuiu para a popularização de sua teoria. Todos os escritos publicados por ele haviam sido redigidos em um estilo estritamente científico, quase espinhoso, e apenas podiam contar com um público reduzido e interessado de eruditos, a exemplo dos *Jahrbücher für wissenschaftliche Kritik* [Anais de Crítica Científica], nos quais seus alunos escreviam no mesmo estilo. A linguagem não deveria se envergonhar das cicatrizes adquiridas na luta com as ideias; de início, o mais importante era rejeitar resolutamente tudo que é imaginário, fantástico, sentimental e apreender a ideia pura em sua autocriação. Uma vez conquistada essa base segura de operações, era possível enfrentar tranquilamente uma reação posterior dos elementos excluídos e até mesmo descer à consciência não filosófica, pois a retaguarda estava protegida. A repercussão das preleções de Hegel sempre se limitou a um pequeno círculo e, por mais significativa que fosse, só poderia trazer resultados anos mais tarde.

Foi, porém, depois da morte de Hegel que sua filosofia começou realmente a viver. A publicação de todas as suas obras, especialmente das preleções, teve uma repercussão imensurável. Novos portais se abriram para dar acesso ao maravilhoso tesouro escondido no ventre silencioso da montanha, cujo resplendor até aquele momento só havia reverberado para poucos. A quantidade daqueles que ousavam adentrar por conta própria o labirinto dos acessos era bem pequena; agora há uma avenida direta e cômoda pela qual se poderia alcançar a joia fabulosa. Ao mesmo tempo, na boca dos alunos de Hegel, a teoria assumiu uma forma mais humana, mais palpável, a oposição feita pela própria filosofia se tornou cada vez mais débil e insignificante e, aos poucos, ouviam-se apenas as queixas dos teólogos e juristas mais tacanhos sobre a impertinência com que alguém se imiscuía sem ser chamado em sua erudita especialidade. A juventude apoderou-se da novidade oferecida com avidez tanto maior porque, nesse meio tempo, a própria escola fizera progressos que levaram às mais significativas discussões referentes a questões vitais tanto da ciência quanto da práxis.

As barreiras com que o próprio Hegel represou a caudalosa correnteza em efervescência juvenil das consequências de sua teoria foram condicionadas em parte por sua época, em parte por sua personalidade. O sistema

Friedrich Engels – Esboço para uma crítica da economia política

estava pronto em seus traços básicos antes de 1810, a cosmovisão de Hegel foi concluída em 1820. Sua visão política, sua teoria do Estado desdobrada em vista da Inglaterra trazem inconfundivelmente o cunho da época da restauração, e também não ficou clara para ele a necessidade histórico-mundial da Revolução de Julho. Ele foi vítima de seu próprio ditado de que toda filosofia constitui tão somente o teor das ideias de sua época. Em contrapartida, suas opiniões pessoais foram depuradas pelo sistema, mas não sem influir em suas consequências. Assim, a filosofia da religião e a filosofia do direito sem dúvida teriam assumido formas bem diferentes, se ele tivesse abstraído mais dos elementos positivos que a formação daquela época pusera dentro dele e as tivesse desenvolvido a partir da ideia pura. A isso se pode reduzir todas as incoerências, todas as contradições de Hegel. Tudo o que na filosofia da religião aparece como demasiado ortodoxo, no direito do Estado como demasiado pseudo-histórico, deve ser captado a partir desse ponto de vista. Os princípios sempre são independentes e liberais, as conclusões – ninguém o nega – são aqui e ali contidas e até não liberais. Foi nesse ponto que uma parte de seus alunos entrou em ação, atendo-se aos princípios e rejeitando as consequências, quando não era possível justificá-las. Assim se compôs a esquerda, Ruge criou para ela um órgão de divulgação, os *Hallische Jahrbücher* [Anais de Halle], e, da noite para o dia, foi declarada a apostasia do domínio do positivo. Contudo, ninguém ainda ousava proclamar abertamente todas as consequências disso. Mesmo depois de Strauss, ainda nos acreditávamos no seio do cristianismo e, diante dos judeus, insistíamos no caráter cristão; em questões como as da personalidade de Deus e da imortalidade individual ainda não tínhamos clareza suficiente para formular um juízo incondicional; quando antevíamos a aproximação das inevitáveis consequências vinha-nos a dúvida se não seria melhor manter a nova teoria como propriedade esotérica da escola e segredo para a nação. Foi quando Leo entrou em cena com seu escrito *Die Hegelingen*[3], com o qual prestou um enorme serviço aos seus adversários; essa ação só beneficiou essa corrente, aliás, como tudo que foi projetado para provocar seu desaparecimento, mostrando-lhe da maneira mais clara possível que é ela que anda de mãos dadas com o espírito do mundo. Leo proporcionou aos "hegelinhos" clareza a respeito de si mesmos, voltou a despertar neles a coragem altiva que acompanha a verdade até as últimas conclusões e as enuncia de modo franco e compreensível, não importando o que resultará disso. É puro divertimento ler agora as pregações escritas naquele tempo contra Leo, como os pobres "hegelinhos" se debatiam, ressalvando--se das conclusões de Leo por todo tipo de cláusulas. Agora nem sequer lhes ocorre negar as acusações de Leo; a tal ponto cresceu sua impertinência

---

[3] Heinrich Leo, *Die Hegelingen. Actenstücke und Belege zu der s. g. Denunciation der Ewigen Wahrheit* (Halle, Eduard Anton, 1838). O termo "Hegelingen" significa algo como crias de Hegel, ou "hegelinhos". (N. T.)

Schelling e a revelação

nos últimos três anos. *A essência do cristianismo* de Feuerbach[4], a *Dogmática* de Strauss[5] e os *Deutsche Jahrbücher* mostram os frutos trazidos pela denunciação de Leo; de fato, a *Posaune*[6] demonstra já em Hegel as consequências que importa tirar. Esse livro é muito importante para esclarecer a posição de Hegel por mostrar quantas vezes Hegel, o pensador independente e ousado, sobrepujou o professor sujeito a milhares de influências. Ele resgata a honra da personalidade do homem do qual se esperava que estivesse à frente de seu tempo não só nos pontos em que ele foi genial, mas também naqueles em que não o foi. Aqui está a prova de que até isso ele fez.

Assim, a "facção do hegelinhos" já não esconde que não pode nem quer ver mais o cristianismo como seu limite. Todos os princípios básicos do cristianismo – inclusive o que até o momento era chamado, de modo geral, de religião – caíram diante da crítica implacável da razão; a ideia absoluta reivindica-se a fundadora de uma nova era. A grande revolução, da qual os filósofos franceses do século passado foram simples precursores, realizou-se plenamente no reino da ideia, ela consumou sua autocriação. Depois de Descartes, a filosofia do protestantismo fechou suas portas; um novo tempo despontou e o dever mais sagrado de todos os que acompanharam o autodesenvolvimento do espírito é transpor o colossal resultado para a consciência da nação e alçá-lo à condição de princípio de vida da Alemanha.

Enquanto se processava essa evolução interna da filosofia hegeliana, sua posição externa não se manteve inalterada. Faleceu o ministro Altenstein, cuja mediação havia preparado um berço na Prússia para a nova teoria; as mudanças daí decorrentes não só fizeram cessar todo o favorecimento a essa teoria, mas também se procurou excluí-la gradativamente do Estado. Isso foi consequência do fato de tanto o Estado quanto a filosofia darem ênfase aos princípios; como esta não receava verbalizar o que fosse necessário, era totalmente natural que aquele fizesse valer com mais determinação as consequências disso. A Prússia é um Estado monárquico cristão e sua posição na história mundial lhe dá direito ao reconhecimento de seus princípios como válidos de fato. Podemos concordar com eles ou não, fato é que existem e a Prússia tem força suficiente para defendê-los, caso necessário. Ademais, a filosofia hegeliana não tem motivo para se queixar. Sua posição anterior

---

[4]   Ludwig Feuerbach, *A essência do cristianismo* (trad. José da Silva Brandão, Petrópolis, Vozes, 2013). (N. E.)

[5]   David Friedrich Strauss, *Die christliche Glaubenslehre in ihrer geschichtlichen Entwicklung und im Kampfe mit der modernen Wissenschaft*, V. 1 (Tübingen/Stuttgart, 1840) (o v. 2 foi publicado em 1841). A parte principal do v. 1 leva o título "Dogmática". (N. T.)

[6]   Referência ao escrito publicado anonimamente por Bruno Bauer, intitulado *Die Posaune des jüngsten Gerichts über Hegel den Atheisten und Antichristen. Ein Ultimatum* [A trombeta do Juízo Final sobre Hegel, o ateísta e anticristo. Ultimato] (Leipzig, Otto Wigand, 1841). (N. T.)

Friedrich Engels – Esboço para uma crítica da economia política

lhe conferia um aspecto equivocado e aparentemente atraiu para ela uma grande quantidade de adeptos com os quais não podia contar em tempos de luta. Agora seus falsos amigos, os egoístas, os superficiais, os medíocres, os comprometidos, retiraram-se felizes, e ela sabe a quantas anda e com quem pode contar. Além disso, só pode mesmo querer que os antagonismos sejam ressaltados com nitidez, já que sua vitória final é certa. Assim, é muito natural que, como contrapeso às tendências predominantes até agora, fossem convocados homens da corrente oposta; a luta contra eles se reacendeu e, quando a facção histórico-positiva voltou a tomar coragem, Schelling foi convocado a Berlim para provocar o desfecho da luta e tornar a teoria hegeliana proscrita em seu próprio território filosófico.

Sua atuação em Berlim provocaria forçosamente uma tensão geral. Ele desempenhou um papel muito significativo na história da filosofia mais recente; não obstante todos os estímulos vindos dele, nunca forneceu um sistema bem-acabado e sempre adiou seu acerto com a ciência, até que agora finalmente prometeu essa grande prestação de contas de toda a atividade que desenvolveu em sua vida. Ele realmente assumiu a tarefa de viabilizar a reconciliação de fé e saber, de filosofia e revelação e tudo o mais que anunciou em sua primeira preleção[7]. Outro aspecto importante que aumentou o interesse por ele foi sua posição em relação àquele que ele viera derrotar. Amigos e colegas de quarto na universidade, os dois homens tiveram depois, em Iena, uma convivência tão próxima que até hoje não há como discernir qual foi a influência que um exerceu sobre o outro. No entanto, uma coisa é certa: foi Hegel que fez Schelling tomar consciência de quanto já havia ultrapassado Fichte sem o saber*. Depois que se separaram, porém, as trajetórias do desenvolvimento de ambos, que até ali correram paralelas, logo começaram a divergir. Hegel, cuja dialética inquieta e profundamente interiorizada só começou a se expandir depois do recuo da influência de Schelling, deu um passo gigantesco para além do ponto de vista da filosofia da natureza e declarou sua independência desse ponto de vista em 1806, com a *Fenomenologia do espírito*; Schelling ia perdendo a esperança de chegar aos almejados grandes resultados pela via percorrida até aquele momento e tentou, já naquele tempo, apoderar-se do absoluto de modo imediato, pelo pressuposto de uma revela-

---

[7] Ver o texto da primeira preleção de Schelling em Berlim, no dia 15 de novembro de 1841, em *Schelling's Erste Vorlesung in Berlin, 15. November 1841* (Stuttgart/Tübingen, Cotta, 1841). (N. E. A.)

* Se Schelling realmente tem a "retidão de espírito e a franqueza" da qual se ufana, se suas afirmações sobre Hegel são ditas realmente com intenção sincera, e se ele tem razões para fazê-las, que prove isso pela publicação de sua troca de correspondência com Hegel, que ele possui, pelo que se diz, ou cuja publicação depende só dele. Mas aí está o ponto vulnerável. Portanto, se ele quiser que creiamos em sua veracidade, que apresente essa prova que resolveria todas as controvérsias suscitadas por esse motivo.

Schelling e a revelação

ção superior em conformidade com a experiência. Enquanto a força criadora de ideias de Hegel se manifestava de modo cada vez mais enérgico, vivo e ativo, Schelling afundou, como já prova a referida suposição, em um estado de exaustão inerme, que também logo se manifestaria no adormecimento de sua atividade literária. Ele até pode falar em tom complacente de seu longo e silencioso trabalho filosófico, dos tesouros escondidos da tribuna, da guerra de trinta anos que travou contra a ideia, ninguém acredita nele. Quem aplica toda a energia de seu espírito a um só ponto, quem ainda pode apelar para a força juvenil que superou um *Fichte*, quem quer ser um herói da ciência, um gênio de primeira grandeza – e todos têm de admitir que só alguém assim conseguiria derrubar Hegel –, necessita de mais de trinta anos para trazer à tona alguns resultados insignificantes? Se Schelling não tivesse buscado uma maneira tão cômoda de filosofar, o mundo não teria à disposição, em escritos individuais, todos os estágios da evolução de seu pensamento? De qualquer modo, a esse respeito, ele desde sempre mostrou pouco autocontrole e logo lançou ao mundo, sem muita crítica, tudo que tinha de novo. Se continuava a se achar o rei da ciência, como pôde viver sem o reconhecimento de seu povo? Como pôde contentar-se com a existência deplorável de um príncipe deposto, de um Carlos X? Como pôde satisfazer-se com a púrpura há muito desgastada e esmaecida da filosofia da identidade? Não deveria ter arriscado tudo para recuperar seus direitos perdidos, reconquistar o trono que lhe fora roubado por um "retardatário"? Em vez disso, ele abandonou a via da ideia pura, enfurnou-se em fantastiquices mitológicas e teosóficas e, ao que tudo indica, colocou seu sistema à disposição do rei [Frederico Guilherme IV] da Prússia, pois bastou que este o chamasse para que logo aprontasse o que nunca fora concluído. E foi assim que ele chegou aqui, trazendo na mala a reconciliação de fé e saber, tornou-se assunto e, por fim, subiu à cátedra. E qual foi a novidade que ele trouxe, o inaudito com que quis realizar maravilhas? A filosofia da revelação, que ele havia lido em Munique "desde 1831, exatamente da mesma maneira", e a filosofia da mitologia, que "data de um período ainda mais antigo". Coisas bem velhas, que vêm sendo anunciadas há dez anos em Munique sem resultado, capazes de capturar tão somente um Ringseis e um Stahl. Portanto, é isso que Schelling chama de seu "sistema"! Aí estão contidas as forças redentoras do mundo, os ditos exorcistas da impiedade, na semente que não quis brotar em Munique! Por que Schelling não mandou imprimir essas preleções prontas há dez anos? Em vista de toda a confiança que tem em si e no êxito, deve ter algo mais por trás disso, alguma dúvida não revelada o estava impedindo de dar esse passo.

Todavia, ao comparecer perante o público berlinense, ele se aproximou um pouco mais da opinião pública do que em Munique. O que lá facilmente poderia se manter como doutrina secreta esotérica, porque ninguém estava interessado nela, aqui será implacavelmente exposto à luz. Ninguém tem permissão de entrar no céu sem primeiro passar pelo purgatório da crítica. Tudo

Friedrich Engels – Esboço para uma crítica da economia política

o que hoje for dito de notório na universidade amanhã estará estampado em todos os jornais alemães. Assim sendo, todas as razões que fizeram Schelling evitar a impressão de suas preleções também deveriam tê-lo impedido de se transferir para Berlim. E não só isso, pois a palavra impressa não dá margem a mal-entendidos, ao passo que algo dito apenas uma vez de passagem, copiado às pressas e talvez ouvido apenas pela metade estará de fato e necessariamente sujeito a concepções equivocadas. Mas não havia outro jeito; ele teve de se mudar para Berlim ou admitiria pelo ato sua incapacidade de derrotar o hegelianismo. E também já era tarde demais para mandar imprimir alguma coisa, pois ele devia levar para Berlim algo novo, inédito, e sua atuação aqui mostrou que ele não tinha outras coisas para dizer "da tribuna".

E então ele subiu confiante à cátedra, prometendo aos seus ouvintes, logo de saída, a coisa mais estupenda; começou suas palestras diante de quase quatrocentas pessoas de todos os segmentos da sociedade alemã e de todas as nações. A partir delas, comunicarei a seguir somente aquilo que é necessário para justificar meu juízo, tomando por base minhas anotações e comparando-as com outros blocos de notas sumamente fidedignos.

Toda filosofia até agora assumiu a tarefa de compreender o mundo em termos racionais. Pois o que é racional de fato também é necessário, o que é necessário realmente tem de existir ou vir a existir. Esta é a ponte para os grandes resultados práticos da filosofia mais recente. Ora, caso Schelling não reconheça esses resultados, é coerente que negue também a racionalidade do mundo. Entretanto, ele não ousou dizer isso com todas as letras, mas preferiu negar a racionalidade da filosofia. Assim ele percorre um caminho extremamente tortuoso, que passa espremido por entre a racionalidade e a irracionalidade, chama o racional de compreensível *a priori*, o irracional de compreensível *a posteriori*, atribuindo o primeiro à "pura ciência racional ou filosofia negativa", o segundo à "filosofia positiva" a ser fundada como algo novo.

Nesse ponto abre-se o primeiro grande fosso entre Schelling e os demais filósofos; aqui ele faz a primeira tentativa de contrabandear a fé na autoridade, a mística do sentimento, a fantasiquice gnóstica para dentro da ciência livre do pensamento. A unidade da filosofia, a inteireza de toda cosmovisão é dilacerada no mais insatisfatório dos dualismos, a contradição que perfaz a importância do cristianismo para a história mundial é alçada também à condição de princípio da filosofia. Portanto, logo de saída temos de protestar contra essa cisão. Sua nulidade ficará evidente, ademais, quando acompanharmos o raciocínio com que Schelling procura justificar sua incapacidade de compreender o universo como racional e como total. Ele parte da sentença escolástica de que é preciso diferenciar nas coisas o *quid* e o *quod, o que* algo é e *que* algo é [o fato de algo existir]. O que as coisas são é ensinado pela razão, e que elas são [o fato de serem] é provado pela experiência. Tentar anular essa diferenciação pela afirmação da identidade de pensar e ser

Schelling e a revelação

equivaleria a um abuso dessa proposição. O resultado do processo lógico do pensamento seria apenas a ideia do mundo e não o mundo real. A razão seria pura e simplesmente impotente para provar a existência do que quer que seja e, quanto a isso, teria de aceitar como suficiente o testemunho da experiência. Ora, a filosofia também teria se ocupado de coisas que transcendem toda experiência, por exemplo, Deus; isso leva à pergunta, portanto, se a razão estaria em condições de fornecer provas da existência dessas coisas. Para poder dar uma resposta a essa pergunta, Schelling se envolve em uma longa discussão, que aqui é inteiramente supérflua, dado que as premissas acima só aceitam como resposta um rotundo não. Esse também acaba sendo o resultado da discussão schellinguiana. Assim, de acordo com Schelling, disso decorre necessariamente que, no pensamento puro, a razão não se ocupa das coisas realmente existentes, mas deve ocupar-se das coisas na qualidade de possíveis, com sua essência, e não com seu ser; seu objeto seria, decerto, a essência de Deus, mas não a sua existência. Portanto, para o Deus real deve ser buscada uma esfera diferente da puramente racional, pois precisam obter o pressuposto da existência coisas que só mais tarde, *a posteriori*, terão de comprovar-se como possíveis ou racionais e conformes com a experiência quanto a suas consequências, isto é, como reais.

Aqui já se enuncia com toda a nitidez o antagonismo em relação a Hegel. Hegel afirma com sua ingênua fé na ideia – em relação à qual Schelling se sente tão superior – que aquilo que é racional também é real; mas Schelling diz que aquilo que é racional é possível e, por essa via, coloca-se em um lugar seguro, pois essa sentença é irrefutável em razão da conhecida amplitude da possibilidade. Ao mesmo tempo, porém, ele mostra, já por essa via, o que mais tarde ficará evidente: a sua falta de clareza em relação a todas as categorias puramente lógicas. Eu poderia apontar logo de saída a brecha na ordem da batalha de inferências pela qual o perverso inimigo da dependência se infiltrou na fileira da ideias livres, mas, para não me repetir, guardarei isso para uma oportunidade futura e passarei de imediato para o teor da ciência pura da razão, como formulado por Schelling diante de seus ouvintes, para o deleite de todos os hegelianos. Foi assim:

A razão é a potência infinita do conhecimento. Potência é o mesmo que faculdade (a faculdade de conhecimento de Kant). Ela brilha como tal, sem nenhum conteúdo; mas possui um conteúdo, só que sem a sua colaboração, sem ato da sua parte, caso contrário deixaria de ser potência, pois potência e ato se contrapõem. Esse conteúdo, que, portanto, é necessariamente imediato, inato, só poderá ser a infinita potência do ser que corresponde à infinita potência do conhecer, dado que a todo conhecer corresponde um ser. Essa potência do ser, esse poder ser infinito é a substância da qual devemos derivar nossos conceitos. O ocupar-se dela é o pensamento puro, autoimanente. Ora, esse puro poder ser não é simplesmente uma prontidão para existir, mas é o conceito do próprio ser, aquilo que, por sua natureza, está

Friedrich Engels – Esboço para uma crítica da economia política

eternamente passando para o conceito ou o ente que está prestes a passar para o conceito, aquilo que não pode ser impedido de ser e, por isso, aquilo que passa do pensamento para o ser. Essa é a natureza dinâmica do pensar, em razão da qual ele não pode se deter no simples pensar, mas tem de passar eternamente para o ser. Todavia, essa não é uma passagem para o ser real, mas tão somente para um ser lógico. Assim, no lugar de uma potência pura, aparece um ente de cunho lógico. Porém, na medida em que a potência infinita se comporta como o *prius* daquilo que surge no próprio pensamento por meio da passagem para o ser e na medida em que à potência infinita corresponde somente todo ser real, a razão tem a potência como conteúdo concrescido com ela, possui uma postura apriorística contra acolher o ser e, assim, sem recorrer à ajuda da experiência, chegar ao conteúdo de todo ser real. O que existe na realidade já foi conhecido por ela como possibilidade logicamente necessária. Ela não sabe se o mundo existe; ela só sabe que, se ele existe, tem de ser constituído dessa ou daquela maneira.

Portanto, o fato de a razão ser potência nos força a declarar que seu conteúdo também é potencial. Deus, portanto, não pode ser conteúdo imediato da razão, pois é algo real e não apenas potencial, possível. Na potência do ser, descobrimos primeiro a possibilidade de passar ao ser. Esse ser priva a possibilidade do domínio sobre si mesma. Antes ela era poderosa, podia passar e não passar; agora ela incide no ser, cai em poder do ser. Esse ser foi privado do espírito, é ser sem conceito, pois espírito é poder sobre o ser. Na natureza, não há esse ser sem conceito, pois tudo já foi tomado pela forma, mas é fácil ver que esse ser foi precedido de um ser cego, ilimitado, que está em sua base como matéria. Agora, porém, a potência é essa coisa livre, infinita, que pode passar e também pode não passar para o ser, de modo que nela não se excluem dois opostos contraditórios, o ser e o não ser. Esse "também poder não passar" é igual ao poder passar, enquanto ele estiver em potência. Somente quando esse poder ser imediato realmente passa a ser é que o outro é excluído por ele. Cessa a não diferença de ambos na potência, pois agora a primeira possibilidade situa a segunda fora de si. A essa segunda só é dado o poder de ser mediante a exclusão da primeira. Do mesmo modo que, na potência infinita, o poder passar ao ser e o não poder passar ao ser não se excluem, eles não excluem aquilo que paira livre entre o ser e o não ser. Temos, assim, três potências. Na primeira, uma relação imediata com o ser; na segunda uma relação mediada, que só pode vir a ser mediante a exclusão da primeira. Temos, portanto, (1) aquilo que tende para o ser, (2) aquilo que tende para o não ser e (3) aquilo que paira livre entre o ser e o não ser. Antes da passagem, esse terceiro não se diferencia da potência imediata e só passará a ser quando for excluído pelos dois primeiros; ele só pode vir a existir quando os dois primeiros tiverem passado a ser. Desse modo, todas as possibilidades estão cobertas e o organismo interno da razão foi esgotado nessa totalidade das potências. A primeira possibilidade é a

Schelling e a revelação

única, antes da qual só pode existir a própria potência infinita. Há algo que, depois de deixar o lugar da possibilidade, é apenas um, mas até se decidir a isso, ele é *instar omnium* [equivalente a tudo], o próximo iminente, também o resistente, o que oferece resistência ao outro que está destinado a segui-lo. Ao se retirar do seu lugar, ele transfere seu poder para outro, elevando-o a potência. A esse outro elevado a potência ele subordinará a si mesmo como relativamente não existente. Primeiro apresenta-se o poder ser no sentido transitivo, que, por conseguinte, também é o mais contingente, o mais sem fundamento, que só pode encontrar seu fundamento no que o segue, não no que o precede. No ato de subordinar-se a esse seguinte, diante do qual se torna um relativamente não existente, ele é fundamentado, torna-se algo, dado que sozinho seria apenas o perdido. Esse primeiro poder ser é a *prima materia* [matéria primeira] de todo ser, ele próprio alcançando um ser determinado, colocando um superior acima de si. O segundo poder ser só é tirado de seu repouso por meio da exclusão do primeiro mencionada acima e elevado a sua potência; o que em si ainda não pode ser torna-se agora poder ser por meio da negação. Deixando seu não poder ser imediato original, ele é posto como o querer tranquilo e sereno e, assim, atuará necessariamente no sentido de ele próprio negar o que o negou e reconduzir-se ao seu ser em repouso. Isso só pode acontecer de uma maneira: o primeiro poder ser precisa ser retirado de sua exteriorização absoluta e trazido de volta ao seu poder ser. Desse modo, obtemos um poder ser mais elevado, um ser trazido de volta ao seu poder, que, sendo superior, constitui um ser em poder de si mesmo. Dado que, depois do poder ser imediato, a potência infinita não está esgotada, o segundo poder ser que reside nela tem de ser o não poder ser imediato. Mas o poder ser imediato já foi além do poder; por conseguinte, a segunda potência tem de ser o não poder ser imediato, o ser totalmente puro, pois só o existente não é o poder ser. No entanto, por mais contraditório que pareça, o puro ser pode ser potência, pois não é o ser real, não passou como este último *a potentia ad actum* [da potência ao ato], é *actus purus* [puro ato]. É certo que ele não é potência imediata, *mas disso não decorre que não possa de modo nenhum ser potência*. Ele tem de ser negado para ser realizado; assim, ele não é potência em toda parte e de modo absoluto, mas pode tornar-se potência por meio da negação. Enquanto o poder ser imediato permaneceu simples potência, ele próprio estava no puro ser; assim que se elevou acima da potência, expulsou o puro ser do seu ser para ele próprio tornar-se ser. O ente puro enquanto *actus purus* é negado e, assim, torna-se potência. Nesse estado, ele não possui mais uma vontade livre, mas tem de atuar no sentido de voltar a negar sua negação. Desse modo, ele de fato poderia passar *ab actu ad potentiam* [do ato à potência] e, assim, ser realizado fora de si. O primeiro ser, o ser ilimitado, foi aquele que não se queria, a *hylê*, com a qual o demiurgo tem de se debater. Ele é posto e negado de imediato pela segunda potência. O lugar do ser ilimitado tem de ser ocupado por um ser confinado, que tem de

Friedrich Engels – Esboço para uma crítica da economia política

ser reconduzido gradativamente ao poder ser e passa a ser, então, um poder que possui a si mesmo e chega ao grau máximo de autoconsciência. Portanto, entre a primeira e a segunda possibilidades situa-se grande quantidade de possibilidades derivadas e potências intermediárias. Estas já constituem o mundo concreto. Depois que a potência posta fora de si mesma tiver sido totalmente reconduzida ao poder, à condição de potência que possui a si mesma, a segunda potência também descerá do palco, porque só está presente para negar a primeira e, no ato de negação da primeira, dissolve a si mesma como potência. Quanto mais ela superar o que se opõe a ela, tanto mais aniquilará a si mesma. *Ora, ocorre que não se pode parar por aqui.* Caso se queira que o ser contenha o perfeito, é preciso que, no lugar do ser totalmente superado pela segunda potência, seja posto um terceiro ser, ao qual a segunda potência transfere inteiramente o seu poder. Esse não pode ser nem o puro poder ser nem o puro ser ser, mas somente aquilo que, no ser, é poder ser e, no poder ser, é ser, a contradição de potência e ser posta como identidade, aquilo que paira livremente entre os dois, *o espírito,* uma fonte inesgotável de ser que é totalmente livre e nunca deixa de ser potência no ser. Esta não pode agir de modo imediato, mas só pode ser realizada por meio da segunda. Ora, dado que a segunda constitui a mediadora entre a primeira e a terceira, a terceira é posta pela primeira superada pela segunda. Essa terceira potência, que permaneceu invicta no ser, posta como espírito, é o poder ser e é aquilo que torna perfeito, de modo que, com seu ingresso no ser, está presente o ser perfeito. No poder que possui a si mesmo, no espírito, está finalizada a natureza. Ora, o espírito também pode entregar-se a um movimento feito com consciência e assim formar para si, acima da natureza, um mundo novo, intelectual. Essa possibilidade também precisa ser esgotada pela ciência, que, com isso, se torna filosofia da natureza e filosofia do espírito.

Por meio desse processo, foi descartado tudo o que não é imanente ao pensamento e passou para o ser, restando a potência que não precisa mais passar para o ser, que não tem mais o ser fora de si mesma, cujo poder ser é seu ser; trata-se do ente que não está mais sujeito ao ser, mas é seu ser em sua verdade, é o assim chamado ente supremo. Assim se cumpriu a lei maior do pensamento, potência e ato estão juntos em um ente, o pensamento está consigo mesmo e, em consequência, é *pensamento livre,* não mais sujeito a um movimento incessante e necessário. Nesse ponto alcançou-se o que se queria no início: o conceito que possui a si mesmo (pois conceito e potência são idênticos), o qual, por ser o único de sua espécie, tem um nome específico e, por ser o que se queria desde o início, chama-se Ideia. Pois quem, ao pensar, não visa a um resultado, aquele cuja filosofia não está consciente de sua finalidade, *assemelha-se ao pintor que foi pintando a esmo sem se importar com o resultado.*

Até esse ponto Schelling compartilhou conosco o conteúdo de sua filosofia negativa e esse esboço é mais do que suficiente para identificar o caráter fan-

Schelling e a revelação

tasioso e ilógico de sua maneira de pensar. Ele não é mais capaz de mover-se no puro pensamento nem mesmo por um breve instante; a todo momento, fantasmas muito fabulosos e muito bizarros cruzam o seu caminho, tanto que os corcéis que puxam o carro de seu pensamento corcoveiam receosos e ele próprio deixa de seguir para o seu destino e vai no encalço desses vultos nebulosos. O que se vê ao primeiro relance de olhos é que as três potências, quando reduzidas ao seu puro teor ideal, nada mais são do que as três fases do curso hegeliano do desenvolvimento, que passa pela negação, só que separadas à força umas das outras, fixadas em sua separação e adaptadas à finalidade da "filosofia consciente de sua finalidade". É um espetáculo triste assistir como Schelling arranca a ideia de seu éter puro e sublime e a arrasta para o terreno da representação sensível, arrebata-lhe da cabeça a legítima coroa de ouro e a faz cambalear pelas ruas, embriagada pela névoa e pelo vapor da atmosfera romântica a que não está habituada, tendo sobre a cabeça uma coroa de papel dourado e sofrendo a zombaria da criançada. As assim chamadas potências deixaram de ser ideias para se tornar vultos nebulosos, fantasiosos, nos quais já transparecem claramente, através do véu nebuloso que misteriosamente as envolve, os perfis das três hipóstases divinas. Aliás, elas já têm certa autoconsciência, pois uma delas "tende" para o ser, a outra para o não ser e a terceira "paira livre" entre aquelas duas. Elas "dão lugar umas às outras", ocupam "posições" diferentes, "excluem-se" mutuamente, "resistem" umas às outras, combatem-se, "procuram negar-se", "atuam", "almejam" e assim por diante. Essa curiosa sensualização da ideia decorreu mais uma vez de uma compreensão equivocada da lógica hegeliana. Aquela poderosa dialética, aquela força interior que impulsiona cada uma das determinações do pensamento, como se fosse a consciência pesada de sua incompletude e parcialidade, a uma evolução e a um renascimento sempre renovados até que se levantem pela última vez do túmulo da negação como ideia absoluta em glória imperecível e imaculada, não pôde ser apreendida por Schelling senão como autoconsciência das categorias individuais, quando na verdade é a autoconsciência do universal, do pensamento, da ideia. Ele quer alçar a linguagem do *páthos* à condição de linguagem absolutamente científica, sem antes ter nos mostrado a ideia pura na linguagem apropriada exclusivamente a ela. Em contrapartida, ele é igualmente incapaz de apreender a ideia do ser em sua abstração completa, o que já transparece quando usa as determinações "ser [*Sein*]" e "[exist]ente [*Seiendes*]" o tempo todo como sinônimas. Ele só consegue pensar o ser como matéria, como *hylê*, como caos completo. Ademais, temos agora várias dessas matérias: um "ser ilimitado", um "ser confinado", um "ser puro", um "ser lógico", um "ser real", um "ser em repouso" e mais tarde ainda receberemos como complemento um "ser imemorial" e um "ser contrário". É divertido ver como essas diferentes ocorrências do ser se entrechocam e se excluem mutuamente, como a potência só pode optar por perder-se nessa massa caótica ou permanecer

Friedrich Engels – Esboço para uma crítica da economia política

um fantasma vazio. Não me venham dizer que isso se deve tão somente ao modo metafórico de se expressar; pelo contrário, esse pensamento onírico oriental de cunho gnóstico, que apreende toda determinação do pensamento ou como personalidade ou como matéria, constitui o fundamento de todo o processo. Quando se retira esse modo de ver as coisas, tudo desmorona. A começar pelas categorias fundamentais, potência e ato, que advêm de uma época conturbada; Hegel tem toda a razão de ter expulso da lógica essas determinações obscuras. Schelling acaba aumentando a confusão ao aplicar esse antagonismo alternadamente, a bel-prazer, às seguintes determinações hegelianas: ser em si e ser para si, idealidade e realidade, força e exteriorização, possibilidade e realidade, e, apesar de tudo isso, a potência ainda é um ente separado de cunho sensível-suprassensível. Entretanto, o significado principal que Schelling lhe atribui é o da possibilidade e, assim, temos aqui uma filosofia fundada na possibilidade. A esse respeito, Schelling chama acertadamente sua ciência da razão de "ciência não excludente", pois, ao final, tudo é possível. Mas o que importa é que a ideia se comprove por sua força interior de concretização. Os alemães serão gratos a uma filosofia que os arrasta por caminhos escabrosos que atravessam o Saara infinitamente monótono da possibilidade, sem lhes oferecer nada de real para comer e beber e sem conduzi-los a um destino diferente daquele em que, segundo seu enunciado, o mundo foi fechado para a razão com tábuas e pregos.

Mas vamos nos dar o trabalho de percorrer o caminho que atravessa o nada. Schelling diz: o ente é feito para o conceito, o ser é feito para o conhecer. A razão é a potência infinita do conhecer, seu conteúdo é potência infinita do ser, como foi detalhado acima. Contudo, de súbito, ele passa a realmente conhecer a potência infinita do ser com a potência do conhecer. Ele pode fazer isso? Não. Conhecer é ato, ao ato corresponde o ato, "ao conhecer corresponde um ser" e, portanto, ao conhecer atual acima referido corresponde o ser real e atual. Portanto, a razão teria de conhecer a contragosto o ser real e, apesar de todos os esforços por manter-nos no alto-mar da possibilidade, seríamos rapidamente arremessados para a odiosa praia da realidade.

Objeta-se, porém, que a potência do ser só é conhecida após sua passagem, que, todavia, é uma passagem lógica. Pois o próprio Schelling diz que ser lógico e potência do ser, conceito e potência, são idênticos. Portanto, se a potência *do conhecer* realmente passa para o ato, a potência *do ser* não pode se contentar com uma pseudopassagem simulada. Se a potência do ser não passar realmente ao ser, ela permanecerá potência, não pode ser conhecida pela razão e, portanto, não é "o conteúdo necessário da razão", mas é de fato o absolutamente irracional.

Ou Schelling quererá talvez chamar a atividade que a razão dedica ao seu conteúdo de compreender, em vez de conhecer? Nesse caso, a razão teria de ser a potência infinita do compreender, visto que, na ciência que lhe é própria, ela nada chegaria a conhecer.

Schelling e a revelação

De um lado, Schelling exclui a existência do âmbito da razão, de outro, devolve-a à razão com o ato de conhecer. Para ele, conhecer é unidade de conceito e existência, de lógica e empiria. Ou seja, contradições para onde quer que nos voltemos. Como se dá isso?

A razão é mesmo a *potência* infinita do conhecer? O olho é a potência do ver? O olho vê sempre, até quando está fechado; mesmo quando acredita que não há nada para ver, ele vê ainda a escuridão. Só o olho doente, o que padece de cegueira curável, é potência do ver sem ser ato; somente a razão não desenvolvida ou momentaneamente confusa é mera *potência* do conhecer. Mas parece tão plausível compreender a razão como potência! Ela também é isso, e não mera possibilidade, mas força absoluta, necessidade do conhecer. Esta precisa se exteriorizar, precisa conhecer. A separação de potência e ato, de força e exteriorização, faz parte apenas da finitude; no infinito a própria potência é seu ato, a força é sua exteriorização. Pois o infinito não tolera nenhuma contradição dentro de si mesmo. Ora, sendo a razão potência infinita, ela também é, por causa dessa infinitude, ato infinito. Caso contrário, a própria potência seria compreendida como finita. Isso também já reside na consciência desenvolta. A razão que se detém na potência do conhecer é chamada de não razão. Só vale como razão aquela que realmente se comprova pelo conhecer, só é verdadeiro olho aquele que também vê. Nesse ponto, o antagonismo de potência e ato evidencia-se logo como um antagonismo solucionável e, em última instância, nulo; essa solução é um triunfo da dialética hegeliana sobre a limitação de Schelling, que não conseguiu superar esse antagonismo; pois até mesmo onde potência e ato deveriam coincidir na ideia, isso é apenas afirmado, sem que seja mostrada a confluência das duas determinações uma na outra.

Mas Schelling diz: a razão é compreender [*Begreifen*] e, dado que conceito/ compreensão [*Begriff*] é potência, ela é potência do conhecer que só se torna conhecer real quando acha alguma coisa real para conhecer; em contraposição, na pura ciência da razão, na qual esta se ocupa da potência do ser, ela permanece dentro da potência do conhecer e apenas compreende – de modo que ninguém negará, mesmo abstraindo da discussão acima sobre potência e ato, que a finalidade da potência do conhecer é realmente passar para o conhecer, que ela é um nada enquanto não fizer isso. Assim fica evidente que o conteúdo da pura ciência da razão é oco, vazio, inútil, e que, se a razão cumprir sua finalidade e realmente conhecer, ela será não razão. Se Schelling admitir que a essência da razão é a não razão, eu nada mais terei a dizer.

Portanto, logo de início, Schelling atolou-se de tal maneira em suas potências, passagens e correspondências que a única saída possível da confusão de ser lógico e ser real, da qual ele quer se livrar, é o reconhecimento de outra via de pensamento diferente da sua. Mas prossigamos.

Desse modo, a razão deve compreender o conteúdo do ser real e assumir uma posição apriorística contra ele; se diz que ela não pode provar que algo existe, mas, se algo existir, tem de ser constituído dessa e daquela maneira, em contraposição à afirmação hegeliana de que com a ideia também está dada a existência real. Essas frases, uma vez mais, estão totalmente confusas. Nem Hegel nem ninguém mais teve a ideia de querer provar a existência de qualquer coisa sem premissas empíricas; ele prova tão somente a necessidade do existente. Aqui Schelling concebe a razão de modo tão abstrato quanto antes concebera potência e ato, e desse modo é impelido para a consequência de atribuir-lhe uma existência anterior à do mundo, separada do restante da existência. A consequência da filosofia mais recente, que estava presente pelo menos nas premissas da filosofia mais antiga de Schelling e que foi trazida à consciência pela primeira vez em toda a sua nitidez por Feuerbach, é que a razão pode existir somente como espírito, e este só pode existir na e com a natureza, mas não, por exemplo, levando uma vida separado dela, Deus sabe onde! Schelling também admite isso quando propõe que o objetivo da imortalidade individual não é libertar o espírito da natureza, mas estabelecer o equilíbrio justo entre eles, quando ele, além disso, diz que Cristo não *esvoaçou para dentro do universo*, mas foi elevado como ser humano à direita de Deus. (Portanto, as outras duas personalidades divinas teriam esvoaçado para dentro do universo?) Ora, se a razão existe, essa sua existência mesma é a prova da existência da natureza. Assim, apresenta-se a necessidade de que a potência do ser deve passar de imediato para o ato do ser. Ou, partindo de uma sentença bem cotidiana, compreensível também sem o auxílio de Feuerbach e Hegel: enquanto abstrairmos de toda a existência, nem sequer podemos falar dela. Porém, se partirmos de algo existente, poderemos progredir a partir daí para outras coisas, que, se todas as inferências estiveram corretas, igualmente têm de existir. Uma vez admitida a existência das premissas, subentende-se a existência da própria inferência. Ora, a base de toda filosofia é a existência da razão; essa existência é provada pela atividade (*cogito, ergo sum* [penso, logo existo]); portanto, partindo-se dela como existente, segue-se automaticamente a existência de todas as suas consequências. Nenhum filósofo até hoje negou que a existência da razão é um pressuposto; entretanto, se Schelling não quiser aceitar esse pressuposto, ele que fique fora da filosofia. Foi assim que Hegel de fato conseguiu provar a existência da natureza, isto é, provar sua consequência necessária a partir da existência da razão. Schelling, todavia, querendo ingressar em uma imanência abstrata e nula do pensar, esquece-se de que, na base de todas as suas operações, automaticamente está a existência da razão e faz a exigência ridícula de que a razão real só traga resultados irreais, meramente lógicos, que uma macieira real só produza maçãs potenciais, lógicas. Uma macieira como essa costuma ser chamada de estéril; Schelling diria: a potência infinita de uma macieira.

Portanto, quando as categorias de Hegel não são chamadas somente de modelos segundo os quais foram criadas as coisas deste mundo, mas também de forças geradoras mediante as quais elas foram criadas, isso significa tão

Schelling e a revelação

somente que elas verbalizam o conteúdo ideal do mundo e sua consequência necessária, a existência da razão. Em contraposição, Schelling realmente considera a razão algo que pode existir também fora do organismo do mundo e, desse modo, situa seu verdadeiro reino numa abstração oca e vazia, no "éon anterior à criação do mundo", que, no entanto, felizmente nunca existiu e no qual muito menos a razão se esbaldou ou se sentiu bem-aventurada. Mas aqui fica claro como os extremos se tocam; Schelling não consegue apreender a ideia concreta e a lança às alturas da mais vertiginosa das abstrações, que imediatamente volta a lhe aparecer como imagem sensível, de modo que exatamente essa mistura de abstração e representação constitui o traço característico do modo de pensar escolástico-místico de Schelling.

Teremos novas provas disso ao voltar-nos para o desdobramento do conteúdo da "filosofia negativa". A potência do ser serve de base. É onde a caricatura da dialética hegeliana aparece com mais nitidez. A potência pode passar [para o ser], mas também pode deixar de passar, como lhe agradar. Assim, da potência neutra posta na retorta da razão destilam-se estes dois componentes: ser e não ser. Se fosse mesmo possível deduzir a atividade da potência da sã razão, este seria o lugar em que se evidenciaria um aspecto dialético, e Schelling parece intuir que a essência da potência é a necessidade da passagem e que, para começar, a potência teria sido abstraída do ato da realidade. Mas não, ele se enreda cada vez mais na abstração unilateral. Para tirar a prova, ele deixa a potência passar [ao ser] e chega à grande ideia de que, depois dessa passagem, ela desperdiçou a chance de *não* passar. Ao mesmo tempo, ele descobre na potência um terceiro aspecto, a possibilidade de não fazer nenhuma das duas coisas e pairar livremente entre ambas. Segundo ele, essas três possibilidades ou potências englobam em si todo o conteúdo racional, todo o ser possível.

A possibilidade de poder ser converte-se em ser real. Por essa via, é negada a segunda possibilidade, a de também poder não ser. Esta procurará se restabelecer? Como ela poderia fazer isso? Ela não está sujeita meramente a uma negação no sentido hegeliano; ela foi totalmente aniquilada, reduzida a puro nada, a um não ser tão radical que só pode mesmo ocorrer em uma filosofia da possibilidade. De onde essa possibilidade aplastada, engolida e devorada tiraria força para se reconstituir? Pois o que se nega não é só a segunda possibilidade, mas até mesmo a potência originária, o sujeito, cujo mero predicado é aquela segunda possibilidade, e, nesse caso, não é esta que teria de procurar reconstituir-se, mas aquela, a potência originária. Mas ela nem pode ter essa intenção – para permanecer no modo de ver de Schelling –, pois ela teria de saber antes que, tornando-se ato, negaria a si mesma como potência. Uma restauração desse tipo só pode acontecer quando pessoas se negam, mas não quando categorias se negam. Só um mal-entendido sem tamanho, só uma colossal fúria deturpadora poderia desfigurar de modo tão irrefletido o princípio da dialética hegeliana que aqui evidentemente lhe serve

Friedrich Engels – Esboço para uma crítica da economia política

de base. Quanto o processo todo é não dialético também fica demonstrado assim: se os dois lados na potência têm a mesma força, ela certamente não se decidirá pela passagem sem um impulso de fora e permanecerá como está. Nesse caso, porém, todo o processo nem ocorreria e Schelling não saberia de onde tirar os protótipos do mundo, do espírito e da trindade cristã. Diante disso, não se entende a necessidade do todo, permanecendo obscuro porque a potência manda às favas a sua bela paz potencial, submete-se ao ser etc., e todo o processo repousa desde o início sobre uma arbitrariedade. Se isso já acontece no pensamento "necessário", o que será que nos espera no pensamento "livre"! Mas é isso, essa transição precisa permanecer arbitrária, pois, se não fosse assim, Schelling reconheceria a necessidade do mundo, e esta não se coaduna com o seu positivismo. Mas aqui temos mais uma prova de que a potência só é potência como ato, ao passo que, sem o ato, ela é uma não coisa oca e vazia, com a qual nem Schelling pode se dar por satisfeito. Pois a potência vazia não tem conteúdo; este só entra em cena quando ela se torna ato e assim, a contragosto, ele tem de reconhecer a inverdade do antagonismo de potência e ato.

Retornemos à segunda potência, que Schelling transforma no mais prodigioso dos seres. Vimos acima como ela é negada e reduzida a nada. Schelling prossegue e diz: dado que a primeira potência é o poder ser, esta segunda é o oposto; ela é tudo menos o poder ser e, portanto, o existente totalmente puro, *actus purus*! Este, no entanto, já deve ter residido na potência originária; mas como ele entrou nela? Como aquela potência "que se afasta do ser e tende para o não ser" etc. converte-se de repente no ser totalmente puro? Como o "puro ser" se diferencia do "ser ilimitado"? Por que a única possibilidade do não poder ser é ser o ente? Não obtemos resposta para isso. Em vez disso, é-nos asseverado que essa segunda potência se reduz à primeira, à que se tornou ilimitada, ao poder ser, reconstituindo-se e, ao mesmo tempo, aniquilando-se. Entenda-se uma coisa dessas! Ademais, os estágios desse processo de redução são fixados nos estágios da natureza. Ninguém entende por que a natureza deveria resultar disso. Por que razão, por exemplo, o ser ilimitado é a *hylê*? É porque Schelling pensou desde o começo nessa *hylê*, trabalhou para chegar a ela, senão esse ser também poderia ter todas as demais coisas como conteúdo sensível ou espiritual. Igualmente incompreensível é que os estágios da natureza devam ser apreendidos como potências. Desse modo, o mais morto, o inorgânico, teria de ser o mais existente, o orgânico teria de ser o mais dotado de poder ser; contudo, só se pode encarar isso como imagem mística, na qual todo conteúdo ideal naufragou.

Então, em vez de compreender a terceira potência, o espírito – pois vemos mais uma vez que Schelling há muito vinha trabalhando para chegar a ele –, como o estágio quantitativo máximo da primeira potência superada pela segunda, na qual, ao mesmo tempo, ocorre uma mudança qualitativa, Schelling novamente não sabe de onde tirá-la. "A ciência busca um terceiro."

Schelling e a revelação

"Não se pode parar por aqui." "É preciso colocar um terceiro ser no lugar do ser superado pela segunda potência." Essas são as fórmulas mágicas com que ele conjura o *espírito*. Em seguida, ensina como é constituído esse espírito por meio de *generatio primitiva* [geração espontânea]. Se pensarmos na natureza, porém, é plausível que, segundo as premissas dadas, o espírito deva ser compreendido como o poder ser (não um simples poder) que possui a si mesmo, o que, todavia, já é suficientemente ruim; mas, abstraindo dessa natureza futura que talvez nem venha a existir e atendo-nos às potências puras, nem com todo o esforço será possível entender que a segunda potência, que é a primeira reconduzida ao poder ser, possa ser algo diferente da potência originária. Schelling decerto intuiu em Hegel a profundidade da mediação que passou pela negação e pelo antagonismo, mas não consegue imitá-lo. Ele tem duas coisas de mesma valência uma em relação à outra, uma das quais expulsa a outra e em seguida a segunda reconquista seu lugar e faz a primeira recuar ao seu lugar original. É impossível que desse processo resulte algo diferente do estado inicial. Além disso, se a primeira tem força suficiente para expulsar a segunda, de onde a segunda tira a força para, após uma defesa malsucedida, partir para o ataque e pôr a primeira em fuga? Nem quero falar da definição infeliz de espírito; ela refuta a si mesma e todo o processo do qual ela resulta.

Assim, teríamos conseguido atravessar exitosamente esse assim chamado processo de desenvolvimento e poderíamos passar logo para outras coisas, se, depois do espírito como a coisa derradeira que conclui tudo, Schelling não nos desse a perspectiva de um mundo intelectual que, como ele diz, culmina na ideia. Todavia, é incompreensível de onde Schelling ainda consegue extrair, depois da natureza concreta e do espírito vivo, a ideia abstrata (nessa posição ela só pode mesmo ser abstrata), e Schelling deveria ter justificado isso, já que ele rejeita a contraposição da ideia hegeliana a essa. Ele, contudo, chega a isso pela mania de querer ter o absoluto a todo custo no final da filosofia e por não ter compreendido como Hegel logrou fazer isso. Pois o absoluto é o espírito que conhece a si mesmo – e essa decerto também é a ideia de Schelling; porém, Schelling quer que, no final da filosofia negativa, o espírito seja um postulado. Mas isso gera uma nova contradição. A história não se enquadra nela, porque ela não tem nada a ver com a realidade; em contrapartida, ela é filosofia do espírito e seu ponto alto é a filosofia da história mundial; a ciência negativa também deveria "esgotar aquela última possibilidade de um processo que procede com consciência" (que só pode ser a história). Como se dá isso? Uma coisa é certa: se Schelling tivesse uma filosofia da história, o espírito que conhece a si mesmo apareceria para ele com resultado e não como postulado. Contudo, o espírito que conhece a si mesmo nem de longe já é o conceito do Deus pessoal, como Schelling afirma a respeito da ideia.

Depois de concluir essa parte, Schelling afirmou que oferecer a recém--descrita ciência em seu conjunto teria sido objeto de seu esforço nos últimos quarenta anos. A filosofia da identidade teria pretendido ser apenas essa filosofia negativa. Sua lenta e gradativa superação de Fichte teria sido, pelo menos em parte, intencional; "ele quis evitar todas as passagens mais bruscas, preservar a constância do desenvolvimento filosófico e até se afagou com a esperança de talvez, mais tarde, atrair o próprio Fichte para o seu lado". Seria preciso não conhecer essa declaração de Hegel nem o pouco autoconhecimento de Schelling. O sujeito que, na filosofia da identidade, acolheu em si todo o conteúdo positivo agora é declarado como potência. Nesta os estágios da natureza já estariam contrapostos ao que, em cada caso, são os entes superiores que podem ser relativamente, os entes superiores que podem ser por si mesmos e os entes superiores que voltam a ser relativamente; o que lá foi chamado de sujeito e objeto, aqui se chama ente que pode ser e ente, até que, por fim, resulta disso tudo o ente que não é mais relativo, o "superente" absoluto, a identidade de pensamento e ser de potência e ato, de sujeito e objeto, e não mais a simples não diferença entre eles. Porém tudo nela teria sido dito "como pressuposto da pura ciência da razão" e o pior mal-entendido teria sido o de que tudo foi tomado como um processo não só lógico, mas também real, o de achar que ela infere de um princípio em si verdadeiro a verdade de tudo que se segue. Só em seu destino aquilo que não pode mais se exteriorizar, o ser em todo o seu resplendor, se deteria e olharia para a natureza e o espírito como o trono no qual está sentado, ao qual foi alçado; contudo, apesar de toda a sublimidade, isso seria apenas uma formação do pensamento e só poderia ser transformado em processo real mediante total inversão.

Deixemos estar, por enquanto, a pergunta se essa exposição da filosofia da identidade não está sendo acomodada às atuais opiniões de Schelling, se há quarenta anos ele também deu tão pouco valor à realidade de suas ideias quanto agora e se, em vez de silenciar altivamente, não teria sido melhor eliminar o "pior mal-entendido" com duas palavras, como facilmente poderia ter feito; queremos partir logo para a apreciação do homem que "tirou Schelling do seu lugar", sem que este até agora "tenha conseguido negar aquilo que o negou".

Schelling diz que, enquanto quase todos concebiam de modo errado e raso a filosofia da identidade, Hegel resgatou sua ideia básica e a reconheceu até o fim, o que seria atestado por suas *Preleções sobre a história da filosofia*. O erro de Hegel foi ter considerado a filosofia da identidade a filosofia absoluta e não ter reconhecido que há coisas que a transcendem. O limite dessa filosofia era o poder ser; ele foi além dele e atraiu o ser para a sua esfera. Seu erro fundamental foi querer transformá-la em sistema existencial. Ele acreditava que a filosofia da identidade tinha o absoluto por objeto não só quanto à coisa concreta, mas também quanto à existência. Ao atrair a existência para dentro dela, ele se excluiu do desenvolvimento da pura razão. Em vista disso, ele procede com coerência quando inicia sua ciência com o puro ser, negando,

Schelling e a revelação

assim, o *prius* da existência. Disso resultou que ele só foi imanente no não imanente, pois o ser é o não imanente no pensamento. Em seguida, ele afirma ter provado o absoluto pela lógica. Assim, ele teria duas vezes o absoluto: no final da lógica – onde ele é determinado exatamente como no final da filosofia da identidade – e no final de todo o processo. Aqui se evidencia, portanto, que a lógica não pode ser antecipada como primeira parte do desenvolvimento, mas justamente tem de impregnar todo o processo. Em Hegel, a lógica se define como ciência subjetiva, na qual o pensamento está sozinho em si e consigo, antes de toda a realidade fora dela. E, não obstante, ela teria a ideia *real* como seu ponto final. Enquanto a filosofia da identidade já se encontra na natureza ao dar seu primeiro passo, Hegel expulsa a natureza de dentro da lógica e, por essa via, declara-a não lógica. O lugar dos conceitos abstratos da lógica hegeliana é justamente no início da filosofia; eles só podem ingressar depois que a consciência tiver acolhido em si toda a natureza, pois são abstrações que primeiro precisam ser extraídas da natureza. Diante disso, não se pode falar de lógica objetiva em Hegel, pois onde começa a natureza, o objeto, cessa justamente a lógica. Assim, na lógica, a ideia está no vir a ser, mas só nos pensamentos do filósofo; sua vida objetiva só tem início quando ela assoma à consciência. Porém, como realmente existente, ela se situa no final da lógica – portanto, não há como ir mais adiante com ela. Pois a ideia, como sujeito-objeto absoluto, como ideal-real, é perfeita em si mesma e não é mais capaz de progredir; como ela ainda poderia, então, passar para um outro, para a natureza? Aqui já fica evidente que, na ciência pura da razão, não se pode falar de uma natureza realmente existente. Tudo que se refere à existência real precisa estar reservado à filosofia positiva.

O aspecto equivocado dessa exposição se apoia principalmente na crença ingênua de que Hegel não teria ultrapassado o ponto de vista schellinguiano e, além disso, que o teria entendido mal. Vimos que, apesar de todo o esforço, Schelling não consegue se livrar da existência e, sendo assim, não haveria propriamente necessidade de justificar por que Hegel não fez essa alegação da idealidade abstrata. Mesmo que Schelling pudesse se manter na pura potência, sua própria existência lhe provaria que a potência passou para o ser e, portanto, todas as consequências do ser meramente lógico agora incidem no real e, em consequência, o "absoluto" existe. O que mais ele quer com a filosofia positiva? Se do mundo lógico decorre o absoluto lógico, é claro que do mundo existente decorre o absoluto existente. O fato de Schelling não poder se contentar com isso, mas ainda ter de assumir uma filosofia positiva da fé, mostra quanto a existência empírica, extramundana do absoluto, contradiz toda a razão e quanto o próprio Schelling sente isso. Schelling não consegue captar a relação entre a ideia e a natureza e o espírito porque quer puxar para baixo, para o nível inferior do seu ponto de vista, a ideia hegeliana, que se situa infinitamente acima do absoluto da filosofia da identidade por ser aquilo que esta apenas afirma ser. Schelling volta a conceber a ideia

Friedrich Engels – Esboço para uma crítica da economia política

como ente extramundano, como Deus pessoal, o que nem sequer ocorreu a Hegel. Em Hegel, a realidade da ideia nada mais é que natureza e espírito. É por isso que Hegel não tem o absoluto duas vezes. No final da lógica está a ideia como ideal-real, mas por isso mesmo ela é, ao mesmo tempo, natureza. Quando é enunciada apenas como ideia, é apenas idealmente, apenas logicamente existente. O absoluto ideal-real, perfeito em si mesmo, é justamente a unidade de natureza e espírito na ideia. Schelling, porém, ainda concebe o absoluto como sujeito absoluto, pois, mesmo que esteja preenchido com o conteúdo da objetividade, ele ainda permanece sujeito sem se tornar objeto, isto é, para ele, o absoluto só é real na representação do Deus pessoal. Que ele o dispense e se atenha à pura determinação do pensamento, na qual não se trata de nenhuma personalidade. Assim, o absoluto não é real fora da natureza e do espírito. Se fosse, estes dois seriam supérfluos. Portanto, se na lógica se tratou das determinações ideais da ideia, como algo real na natureza e no espírito, agora se trata da própria realidade, da demonstração dessas determinações na existência, que é a prova última e simultaneamente o grau máximo da filosofia. Assim, a partir da lógica, de fato um progresso não só é possível, mas também necessário, e é justamente esse progresso que retorna à ideia no espírito infinito, autoconsciente. Isso evidencia a nulidade das afirmações schellinguianas: que Hegel teria declarado a natureza como não lógica (aliás, uma vez Schelling declarou o mundo inteiro como não lógico), que sua lógica, o desdobramento necessário e autoatuante do pensamento, seria "ciência subjetiva e a lógica objetiva nem poderia ocorrer, já que isso é a filosofia da natureza e esta foi expulsa da lógica". Como se a objetividade da ciência consistisse em analisar um objeto *exterior* como tal! Quando Schelling chama a lógica de subjetiva, não há nenhuma razão para declarar também a filosofia da natureza como subjetiva, pois o mesmo sujeito que pensa numa também pensa na outra, e isso não depende do conteúdo que está sendo examinado. Ocorre que a lógica objetiva de Hegel não desdobra nada; ela *deixa* as próprias ideias *se* desdobrarem e o sujeito pensante, na condição de espectador, é puramente contingente.

Em seguida, passando para a filosofia do espírito, Schelling toma como ponto de partida os enunciados em que a filosofia de Hegel se encontra em conflito com suas inclinações e seus preconceitos pessoais. A faceta filosófico-religiosa do sistema hegeliano lhe oferece o ensejo de apontar contradições entre premissas e conclusão que há muito foram reveladas e reconhecidas pela escola dos jovens hegelianos. Assim, ele diz muito corretamente: essa filosofia quer ser cristã, sem que nada a obrigue a isso; se ela se detivesse na primeira condição de ciência da razão, ela teria sua verdade em si mesma. – Ele conclui suas observações, reconhecendo o dito hegeliano de que as formas últimas de conquista do absoluto seriam a arte, a religião e a filosofia. Só que, como arte e religião ultrapassam a pura ciência da razão – e este é, para ele, o ponto dialético desse dito –, essa filosofia também teria de fazer isso e teria

Schelling e a revelação

de ser uma segunda filosofia, diferente das que existem até agora. Porém, onde Hegel diz isso? No final da *Fenomenologia*, onde ele visualiza toda a lógica como segunda filosofia[8]. Mas a *Fenomenologia* não era pura ciência da razão – nesse ponto, ocorre o exato oposto da concepção schellinguiana –, apenas o caminho até ela, a elevação do empírico, da consciência sensível ao ponto de vista da pura ciência da razão. Não é a consciência lógica, mas a fenomenológica que se depara com essas três como últimas "possibilidades de assegurar-se da existência do absolutamente superexistente". A consciência lógica livre vê coisas bem diferentes, com as quais, por enquanto, não precisamos nos preocupar; ela já tem o absoluto dentro de si.

Assim foi dado o passo grave, a dissidência em relação à razão pura foi articulada abertamente. Desde o tempo dos escolásticos, Schelling é o primeiro a ousar esse passo; Jacobi e afins não contam, porque representaram apenas alguns aspectos de sua época e nunca sua totalidade. Pela primeira vez, depois de quinhentos anos, levanta-se um herói da ciência e declara esta última serva da fé. Ele fez isso – as consequências recaem sobre ele. Para nós, só pode ser motivo de alegria que um homem que foi portador de sua época como nenhum outro, um homem no qual seu século chegou à consciência de si mesmo, que esse homem seja declarado também por Schelling o ápice da ciência da razão. Quem crê na onipotência da razão inspire-se nesse testemunho de um inimigo.

Schelling descreve a filosofia positiva da seguinte maneira: ela é totalmente independente da filosofia negativa e não pode tomar como ponto de partida o final desta no existente, mas tem de demonstrar primeiro a própria existência. Para a filosofia positiva, o final da filosofia negativa não é princípio, mas tarefa; o início da filosofia positiva é absoluto por si mesmo. Nunca houve a unidade das duas e não havia como alcançá-la nem pela repressão de uma delas nem pela mistura de ambas. É possível demonstrar que ambas desde sempre estiveram em conflito. (A partir desse ponto, segue-se a tentativa de demonstração de Sócrates até Kant, no qual empirismo e apriorismo estão de novo nitidamente separados. Temos de omitir essa tentativa, visto que ela não traz nenhum resultado.) Acontece que a filosofia positiva não é puro empirismo e muito menos um empirismo que se baseia na experiência interior, místico-teosófica; ela não tem seu princípio nem no que está no mero pensamento nem no que ocorre na experiência e, portanto, no absolutamente transcendente, naquilo que ultrapassa toda a experiência e todo o pensamento e que se antecipa a ambos. Por conseguinte, o início não pode ser um *prius* relativo, como no puro pensamento, no qual a potência ainda está por realizar a passagem, mas o *prius* absoluto, de modo que não se progride do

---

[8] G. W. F. Hegel, *Fenomenologia do espírito* (trad. Paulo Meneses, Petrópolis, Vozes/Universidade São Francisco, 2002), p. 537-45. (N. T.)

Friedrich Engels – Esboço para uma crítica da economia política

conceito para o ser, mas do ser para o conceito. Essa passagem não é necessária como a primeira, mas consequência de um ato livre que supera o ser, a ser demonstrada *a posteriori* pela empiria. Pois, enquanto a filosofia negativa, que se apoia na consequência lógica, pode encarar como indiferente se existe um mundo e se ele concorda com sua formulação, a filosofia positiva avança por meio do pensamento *livre* e, desse modo, precisa ser confirmada pela experiência, devendo acompanhá-la no mesmo ritmo. Enquanto a filosofia negativa é puro apriorismo, a positiva é empirismo apriorístico. Pelo fato de ela pressupor um pensamento livre, isto é, volitivo, suas provas também são só para os que querem e os "inteligentes"; é preciso não só entendê-la, mas também *querer* sentir sua força. Se entre os objetos da experiência encontra-se, por exemplo, também a revelação, esta pertence a essa filosofia tanto quanto a natureza e a humanidade, não tendo em relação a ela, por conseguinte, nenhuma autoridade diferente da que tem para o restante; do mesmo modo que para a astronomia, por exemplo, os movimentos dos planetas são de fato autoridades com as quais os cálculos precisam coincidir. Quando se diz que, sem a revelação precedente, a filosofia não teria chegado a esse resultado, isso até de certo modo está correto, mas agora a filosofia também pode fazer tudo sozinha; a exemplo das pessoas que, depois de terem identificado pequenas estrelas fixas pelo telescópio, conseguem descobri-las a olho nu e, por conseguinte, não dependem mais do telescópio. A filosofia deve acolher dentro de si o cristianismo, que é realidade tanto quanto a natureza e o espírito, e não só uma revelação, pois a necessidade interior da filosofia meramente lógica obriga esta a ir além de si mesma. A filosofia negativa traz tudo à simples cognoscibilidade e então encaminha para as demais ciências; só aquela coisa última ela não consegue encaminhar, e é esta a que mais vale a pena conhecer; portanto, ela tem de retomá-la em uma nova filosofia, que tem a tarefa de demonstrar justamente esse último como existente. É assim que a filosofia negativa só se torna filosofia na relação com a positiva. Se estivesse sozinha, a filosofia negativa não teria resultado real e a razão seria nula; na filosofia positiva, ela triunfa; nela, a razão negativa encurvada volta a se aprumar.

Decerto não precisarei dizer nada para aclarar essas frases de Schelling, pois elas são autoexplicativas. Porém se as medirmos pelas promessas que Schelling faz no início, que distância se abre entre as duas! A intenção era revolucionar a filosofia, desenvolver uma teoria para acabar com a negação dos últimos anos, a reconciliação entre fé e saber estava prestes a chegar e qual foi o resulto disso? Uma teoria que não tem fundamento nem em si mesma nem em qualquer outra coisa já comprovada. Ora ela se apoia em um pensamento liberto de toda necessidade lógica, isto é, em um pensamento arbitrário, nulo; ora ela se apoia na revelação, ou seja, em algo cuja realidade está sendo questionada, cujas afirmações estão sendo contestadas. Uma exigência ingênua de querer lançar fora a dúvida para se curar da dúvida! "De fato, se vocês não crerem, não há quem possa ajudá-los!" O que foi mesmo que Schelling veio fazer em Berlim? Em vez do seu tesouro positivo, ele deveria ter trazido uma refutação da *Vida de Jesus*, de Strauss[9], da *Essência do cristianismo*, de Feuerbach etc. e teria logrado algo; mas, diante disso, os hegelianos preferirão ficar presos no famoso "beco sem saída" a "render-se incondicionalmente" a ele; e os teólogos positivos também preferirão continuar operando a partir da revelação a operar para dentro dela. Com isso se coaduna também sua confissão, repetida diariamente desde o Ano-Novo, de que não quer fornecer uma prova do cristianismo nem uma dogmática especulativa, mas tão somente dar uma contribuição para explicar o cristianismo. Como vimos, não faz muito que ele começou a falar da necessidade da filosofia negativa de ir além de si mesma. Se o pressuposto da passagem *a potentia ad actum* [da potência ao ato] leva necessariamente ao Deus lógico que só depende desse pressuposto, então a passagem real comprovada pela experiência também leva ao Deus real, e a ciência positiva é supérflua.

Schelling toma a transição para a filosofia positiva da prova ontológica da existência de Deus. Deus não pode existir de modo contingente; logo, "*se ele existe*", ele existe necessariamente. Essa oração intercalada na lacuna da conclusão está correta. Assim, Deus só pode ser o existente em si e *diante* de si mesmo (e não *para* si; – Schelling está tão furioso com Hegel que acha que deve censurar e corrigir até suas expressões como contrárias ao uso linguístico), isto é, ele existe diante de si mesmo, diante de sua divindade. Ele é, pois, a bem dizer, o existente cego anterior a todo pensamento. Porém, como é duvidoso que ele exista, temos de partir do existente cego e ver se, partindo dele, conseguimos talvez chegar ao conceito de Deus. Portanto, enquanto na filosofia negativa o princípio é o pensamento que antecede todo ser, na filosofia positiva o princípio é o ser que antecede todo pensamento. Esse ser cego é o ser necessário; Deus, porém, não é esse ser, mas o "existente necessário" que existe necessariamente; o ser necessário é exclusivamente o poder ser do ente supremo. Esse existente cego passa a ser o que não necessita de nenhuma fundamentação, porque antecede todo pensamento. Vemos que a filosofia positiva inicia com o totalmente desprovido de conceito para torná-lo compreensível *a posteriori* como Deus e convertê-lo em conteúdo imanente da razão. Esta só a partir daqui é livre e escapa ao pensamento necessário.

Esse "existente cego" é a *hylê*, a matéria eterna da filosofia mais antiga. Mas pelo menos há uma novidade: essa matéria evolui à condição de Deus. Até agora ela sempre tinha sido o que se contrapõe a Deus, o princípio dualista. Mas continuemos verificando o conteúdo da filosofia positiva.

Esse existente cego, que também pode ser chamado de "ser imemorial", é *purus actus* [ato puro] da existência e a identidade de essência e ser (o que em

---

[9] David Friedrich Strauss, *Das Leben Jesu kritisch bearbeitet* (Tübingen, C. F. Osiander, 1835). (N. T.)

Friedrich Engels – Esboço para uma crítica da economia política

relação a Deus se denomina asseidade). Mas isso parece não se prestar bem como base de um processo, já que lhe falta toda a força motora e esta reside somente na potência. Mas por que se priva o *actus purus* da possibilidade de mais adiante também se tornar potência? Não há a consequência de que o existente que é não possa também *post actum* [após o ato] ser o existente que pode ser. Nada impede que ao ser imemorial possa posteriormente apresentar-se a possibilidade de ele dar origem a um segundo ser. Por essa via, o ser cego torna-se potência, pois recebe algo que ele pode querer e, desse modo, torna-se senhor do seu ser cego. Se dele emanar esse segundo ser, o primeiro ser cego só *potentia* [potencialmente] será *actus purus* e, em consequência, será ser que possui a si mesmo (no entanto, isso por ora é hipótese a ser comprovada pelo êxito); ele só vem a se tornar consciente de si mesmo pela diferenciação em relação ao primeiro que é o ser necessário por sua natureza; o ser cego aparece como contingente por não ter sido previsto e tem de se comprovar como necessário mediante a superação do seu oposto. Esse é o fundamento último do ser que se defronta com ele e, em consequência, o fundamento último do mundo. A lei dizendo que tudo ficará claro e nada permanecerá oculto é a lei suprema de todo ser, mais precisamente uma lei que não está acima de Deus, mas uma lei que põe Deus em liberdade e, portanto, ela própria uma lei divina. Essa grande lei cósmica, essa dialética cósmica não quer que algo fique empatado. Só ela é capaz de resolver os grandes enigmas. Deus de fato é tão justo que reconhece aquele princípio oposto até o fim e até que toda contradição esteja esgotada. Todo ser imemorial, involuntário, não é livre; o verdadeiro Deus é o Deus vivo, aquele que pode tornar-se algo diferente do imemorial. Caso contrário, deve-se supor, acompanhando Spinoza, que tudo necessariamente emana da natureza divina sem sua colaboração (mau panteísmo) ou que o conceito da criação é inapreensível para a razão (um teísmo insípido que não é capaz de superar o panteísmo). Desse modo, o ser imemorial se torna potência do ser oposto e, como a potencialidade é algo insuportável para ele, ele necessariamente quererá agir no sentido de se restaurar no *actus purus*. Assim, o segundo ser deve voltar a ser negado pelo primeiro e reconduzido à condição de potência. Isso o leva a ser senhor não só da primeira potência, mas também da segunda, para transformar seu imemorial em um existente e, por essa via, afastá-lo de si e renunciar a toda a sua existência. Nesta reside também a sua essência até aquele momento oculta pelo ser; o puro ser que, mediante a resistência, recebeu uma potência dentro de si passou a ser autônomo como essência. Desse modo foi dada ao senhor da primeira possibilidade a de mostrar-se como ele é, a de pôr-se como um ser livre do ser necessário, como *espírito*; pois espírito é aquilo que é livre para atuar e não atuar, o que no ser é dono de si mesmo e que também permanece sendo quando não se exterioriza. Porém este não é *o existente que pode ser* imediatamente, tampouco o *existente que deve ser*, mas *o existente que deve ser podendo ser*. Esses três aspectos aparecem diante do ser

Schelling e a revelação

imemorial como existentes propriamente *com intenção de ser*, de modo que não existe nada além desses três momentos e tudo que é futuro está excluído.

Como vemos, na filosofia positiva, o raciocínio é bastante "livre". Schelling não esconde que está formulando meras hipóteses que têm de se provar corretas mediante o êxito, isto é, mediante a concordância com a revelação. Uma consequência desse pensamento livre e volitivo é que ele faz com que o "ser imemorial" se comporte exatamente como se já fosse aquilo que se pretende desenvolver a partir dele, a saber, Deus. O ser imemorial não consegue nem ver, nem querer, nem emanar, nem reconduzir. Ele não passa de uma abstração lisa da matéria, o mais distante possível de tudo que é pessoal e autoconsciente. Não há evolução que possa levar autoconsciência para dentro dessa categoria rígida, a não ser que ela seja concebida como matéria e evolua até a condição de espírito, passando pela natureza, como ocorre com o "ser ilimitado" na filosofia negativa, que se diferencia desta somente pela determinação nula da imemorialidade. Essa imemorialidade só pode levar ao materialismo e, quando muito, ao panteísmo, mas jamais ao monoteísmo. As palavras de Cuvier também se comprovam aqui: "Schelling substitui argumentos por metáforas e, em vez de desenvolver conceitos, modifica imagens e alegorias conforme a necessidade"[10]. Ademais, nunca houve na filosofia, pelo menos até agora, explicitações em que todo avanço tenha sido refutado por expressões como "não há razão para que isso não aconteça", "falta a consequência lógica dizendo por que isso não seria possível" etc. Desse modo, também se pode desenvolver a religião chinesa e a taitiana a partir do "ser imemorial", e elas se comprovam tão bem quanto o cristianismo por serem um fato. Porém, quanto à lei cósmica recém-descoberta de que tudo se tornará claro, não há como negar que, pelo menos aqui, pouca coisa fica clara e muita coisa permanece oculta. O que se vê aqui é a clareza do pensamento afundando no abismo escuro da fantastiquice. Mas se aquela lei quiser dizer que tudo deve se justificar perante a razão por causa de sua existência, trata-se, uma vez mais, de uma das ideias fundamentais de Hegel que, ainda por cima, não foi aplicada pelo próprio Schelling. Para fazer com que a parte final da exposição acima –com seu poder, dever, ter intenção de ser – fique clara em todos os seus aspectos ainda será preciso esforçar-se em vão por um bom tempo. O que se pergunta antes de tudo é: que relação há entre essas três potências positivas e as três negativas? Uma coisa, em todo caso, está clara: elas são possibilidades com a intenção de ser, mas não possibilidades que devem ser podendo ser.

---

[10] A provável fonte da citação é o livro de Georges Cuvier, *Discours sur les révolutions de la surface du globe* (8. ed., Paris/Amsterdã, H. Cousin/ Veuve Le Gras, Imbert et Comp., 1840), p. 53, em que consta: "une philosophie, qui substitue des métaphores aux raisonnemens [uma filosofia, que substitui os raciocínios por metáforas]". (N. E. A.)

Friedrich Engels – Esboço para uma crítica da economia política

Schelling afirma que só a essa dialética "sumamente incisiva" seria possível chegar do *actu* [ato] necessariamente existente de Spinoza ao necessariamente existente *natura sua* [por sua natureza]. Pois só isso ele queria poder fazer, dado que não quis provar a existência do divino, mas tão somente a divindade do existente (é precisamente isso que a filosofia dos jovens hegelianos faz), a saber, a divindade do *actu* eternamente existente, do que existe por si mesmo. Mas quem nos prova que algo existe desde a eternidade? O *actu* existente por si só somente pode levar à eternidade da matéria mediante inferência lógica. Porém, inferências não lógicas não têm validade, mesmo que a revelação diga sim a elas.

> Se fôssemos dizer, seguindo uma dialética *fraca*: Deus só assume a potência do ser oposto para transformar a afirmação cega de sua existência em uma afirmação mediada pela negação, seria de se perguntar: *por que* ele faz isso? Não é por causa dele mesmo, pois ele sabe do seu poder; ele só pode tornar o ser diferente dele em objeto do querer por causa de outros. É nesse ser que se afasta dele que reside a essência de Deus, sua bem-aventurança, todos os seus pensamentos só estão fora dele, na criação segundo a sua natureza. Desse modo, de fato trata-se de um processo de suspensão e restauração, mas entre as duas situa-se o mundo inteiro.

Como é ridícula aqui a presunção com que essa caricatura de dialética sumamente incisiva olha de cima para seu original "fraco"! Ela nem chegou a entender a questão a ponto de ser capaz de expô-la corretamente. Segundo Schelling, até Hegel pensa em conformidade com essas representações; Schelling faz com que ele raciocine mais ou menos assim: aqui está Deus. Ele cria o mundo. O mundo nega Deus. Em razão de ser mau? Deus o livre! – pelo simples fato de estar aí. Ele toma todo o espaço para si e Deus, que não sabe para onde ir, vê-se compelido a negar-se de novo. Nesse caso, todavia, ele teria de aniquilar o mundo. Porém, da profundidade, segundo a qual a negação necessariamente procede do primeiro existente em si, como desdobramento da essência mais íntima, como despertadora da consciência, até que essa negação, em sua atividade suprema, tem de voltar a se negar a partir de si mesma e assim faz surgir como produto o desdobrado, o que permanece junto a si, o livre: dessa profundidade Schelling não pode ter nenhuma noção, pois seu Deus é livre, isto é, ele atua arbitrariamente.

Ora, Deus ou o ser imemorial estabeleceu o mundo ou o ser contrário. Este precisamente só subsiste na vontade divina e depende dela. Aniquilá-lo de um só golpe em função de sua restauração é algo que sua justiça não permite, pois o contrário tem, de certo modo, direito de ser, tem uma vontade independente de Deus. Por essa razão, ela é reconduzida gradativamente e de acordo com um princípio que determina as etapas do andamento através das duas últimas potências. Portanto, enquanto a primeira potência foi a causa que ensejou todo o movimento e o ser contrário, a segunda potência é aquela que foi posta *ex actu* [a partir do ato], a que se realizou na superação

Schelling e a revelação

da primeira, a que, atuando sobre o ser contrário, submeteu este à terceira potência, de modo que o ser contrário se interpôs como coisa concreta entre as três potências. Estas se evidenciam como: *causa materialis, ex qua* [causa material da qual], *causa efficiens, per quam* [causa eficiente por meio da qual], *causa finalis, in quam (secundum quam) omnia fiunt* [causa final na qual (secundo a qual) tudo acontece]. Ora, se o ser imemorial é condição da divindade, na criação Deus está presente como tal, como senhor do ser, em cujo poder está realizar ou não aquelas possibilidades. Ele se mantém fora de todo o processo e transcende aquela tríade de causas como *causa causarum* [causa das causas]. Ora, para não fazer parecer que o mundo é emanação de sua essência, Deus tinha como visualizar todos os posicionamentos das potências uma contra a outra, isto é, *deixar passar diante de si a visão do mundo futuro*. Pois a mera onipotência e a mera onisciência não comunicam isso tudo, mas as obras existem como visões do criador. Por conseguinte, aquela potência originária, a primeira causa do ser contrário, sempre foi especialmente glorificada; ela é a Maia (similar a *"Macht"*, potência) indiana que estende as redes da mera manifestação para levar o criador à criação real, a exemplo da *Fortuna primigenia* de Preneste[11].

Não vou acrescentar nenhuma palavra a isso para não estragar o efeito místico dessa visão.

Ora, não há como provar *a priori* que Deus realmente cria; esse ato se explica a partir de uma necessidade bem própria das naturezas mais nobres e da única admissível em Deus, a de ser conhecido. O Deus da criação não é o absolutamente simples, mas o simples dentro de uma pluralidade e, dado que essa pluralidade (aquelas potências) é coesa, o criador é o *Uno-Universal* [*All-Einer*][12], e isso é monoteísmo. Por anteceder tudo, ele não pode ter nada que se iguale a ele, pois o ser sem potência nada *pode* (!). O Deus, do qual se diz só de passagem que ele seria único, é apenas o Deus dos teístas; o monoteísmo exige a unicidade, sem a qual Deus não é Deus, enquanto o teísmo se detém na substância infinita. O progresso a partir daqui até aquele que é Deus em relação às coisas é o panteísmo; neste, as coisas são determinações de Deus. Só o monoteísmo contém Deus como Deus real, como Deus vivo, no qual a unidade da substância desapareceu na potência e foi substituída por uma unidade suprassubstancial, de modo que Deus é o insuperável Uno em três. Embora haja mais de um, não se trata de *deuses*, mas de um só Deus, não de mais de um *na divindade*. O monoteísmo e o panteísmo são, portanto, evoluções em relação ao teísmo, que constitui a última expressão do absoluto

---

[11] A *Fortuna primigenia* era uma divindade romana, símbolo da maternidade, corporificação do poder criador. O templo consagrado a ela encontrava-se em Preneste (antigo nome da cidade de Palestrina), a leste de Roma. (N. E. A.)

[12] O termo *"All-Einer"* joga com o significado de *"alleiner"* (sozinho), *"All(es)"* (tudo, universo) e *"einer"* (um, uno). (N. T.)

Friedrich Engels – Esboço para uma crítica da economia política

na filosofia negativa. No monoteísmo ocorre a passagem para o cristianismo, pois a unicidade adquire expressão determinada na trindade.

Como quer que nos esforcemos para compreender essa trindade, sempre permanecem três em um, um em três. Se Deus for a unidade de três, ele só poderá ser isso como um quarto, ou restam três deuses. Se apenas a divindade for sua unidade, da mesma forma a humanidade é a unidade de todos os seres humanos e, assim como se tem um só Deus, também se tem um só ser humano. Porém nem os muitos nem os três podem ser afastados e jamais de três pessoas resultará uma só. A velha contradição da trindade está escancarada e é admirável a ousadia de Schelling em afirmar que ela foi resolvida. A ideia de que a trindade é a verdadeira expressão da unidade foi, mais uma vez, tomada de Hegel, mas, como de costume, esvaziada de seu conteúdo e nivelada por baixo. Em Hegel, a trindade continua sendo uma sequência de fases na evolução de Deus, caso se queira mesmo estabelecer um Deus em Hegel. Aqui, porém, essas três fases estariam lado a lado como *personalidades*, e de modo original afirma-se que a verdadeira personalidade de *uma* pessoa seria a de ela ser *três* pessoas.

Entretanto, até agora só temos uma pessoa, o Pai. Pois quando um que existe antes afasta de si outro que faz parte dele, de modo que este necessariamente realiza a si mesmo, isso com razão se chama gerar. Ora, se nesse processo de realização, o ser contrário (B) realmente foi superado, então também a segunda potência, a exemplo da primeira, é senhora dele, de modo que a divindade do Filho é igual à do Pai. Da mesma forma a terceira potência que, como essência libertada do ser, só pode retornar ao ser após derrotar B; e então tem a mesma glória e personalidade das outras duas e aparece como espírito. Assim, no final, há três personalidades, mas não três deuses, porque o ser é uno e, portanto, também a glória desse ser é apenas uma (como se os dois reis espartanos tivessem sido um só rei apenas porque sua regência era uma só!). Enquanto as potências estão em tensão, vemos apenas o aspecto natural do processo ("tensão" parece ser o processo da filosofia negativa) como surgimento do mundo; com as pessoas franqueia-se pela primeira vez o mundo do *divino* e o significado divino daquele processo em que o ser, que estava originalmente junto ao Pai, foi dado ao Filho e por este devolvido ao Pai como algo superado. Além de ser dado para o Filho, ele também foi dado ao Espírito pelo Pai e pelo Filho, de modo que ele tem só o ser comum a ambos. A tensão entre as potências atravessa toda a natureza e cada coisa possui certa proporção dela. Cada uma que surge é uma quarta coisa entre as potências; contudo, o ser humano, no qual a tensão se desfaz por completo, já tem uma relação com as *personalidades* como tais, pois nele se manifesta aquela última fase da realização na qual as potências se tornam personalidades reais. Portanto, para as coisas, esse processo é processo de criação, para as personalidades é processo teogônico.

Schelling e a revelação

Assim, num passe de mágica, Schelling fez aparecer, de dentro do abismo do ser imemorial, não só o Deus pessoal, mas também o Deus triúno, Pai, Filho e Espírito – tendo ele só com muito esforço encontrado um lugar para este último –, bem como o mundo arbitrariamente criado, dependente da arbitrariedade e, portanto, oco e nulo, obtendo assim a base do cristianismo. Não posso pretender expor aqui cada uma das incoerências, arbitrariedades, afirmações impertinentes, lacunas, omissões, suposições e confusões que Schelling comete aqui; se já no pensamento necessário a coisa foi difícil, era de se esperar que, no pensamento livre, houvesse uma confusão ainda maior de escolástica e mística – que é a essência do neoschellinguianismo. O leitor não pode exigir de mim essa paciência sobre-humana nem eu do leitor tal interesse pela questão. Ademais, o óbvio já não precisa ser posto a descoberto. Meu propósito é acompanhar o raciocínio só em seus termos gerais e mostrar como entre Hegel e Schelling se dá o exato inverso do que Schelling afirma. Agora, em solo cristão, podemos fazer com que os fatos falem mais alto. Num primeiro momento, Schelling se declara incapaz de compreender o mundo, na medida em que não consegue compreender o mal. O ser humano poderia ter permanecido em Deus ou não; o fato de não ter permanecido deve-se a uma livre escolha de sua parte. Desse modo, ele tomou o lugar de Deus e, onde tudo já estava consolidado, pôs tudo em jogo de novo. Separado de Deus, o mundo teria sido entregue à exterioridade, o momento teria perdido sua posição como tal. O Pai "igualmente" teria sido removido de sua posição (mais tarde o "igualmente" é omitido).

Porém, a trindade cristã ainda não estaria presente, a vontade própria do Filho, independente do Pai, ainda não teria sido enunciada. Mas então, no final da criação, acontece algo novo, o B que possui a si mesmo dentro do ser humano. É escolha sua ser uno com Deus ou não. Ele *não* quer e, desse modo, força a recuar para dentro da potencialidade a potência superior, que só agora, separada do Pai pela vontade do ser humano, é *Filho do ser humano* tanto quanto de Deus (esse é o significado da expressão neotestamentária) e possui um ser divino-extradivino. Agora ela pode seguir o ser na extra-divindade e reconduzi-lo a Deus. Ora, o Pai voltou as costas para o mundo e não atua mais nele com a sua vontade [*Willen*], mas com a sua falta de vontade [*Unwillen*] (este o verdadeiro significado da ira de Deus). Foi por isso que o Pai não aniquilou o mundo perverso; ele o preservou em vista do Filho, como está escrito. Nele, isto é, em vista dele, foram feitas todas as coisas. Temos, assim, duas eras, o éon do Pai, no qual o ser (o mundo) ainda estava no Pai como potência e o Filho ainda não era autônomo, e o éon do Filho, a era do mundo, cuja história é a do Filho. Essa era, por sua vez, tem dois períodos; no primeiro, o ser humano se encontra totalmente em poder do ser contrário, do B, das potências cósmicas. Nele, o Filho se encontra no estado da negação, do sofrimento mais profundo, da passividade, excluído do ser (isto é, do mundo) num primeiro momento, privado de liberdade, fora

Friedrich Engels – Esboço para uma crítica da economia política

da consciência humana. Para conquistar o ser, essa potência só pode agir de modo natural. Essa é a era da antiga aliança, na qual o Filho aspira ao domínio sobre o ser não segundo a sua vontade, mas segundo a sua natureza. Esse significado daquela era esteve ausente da ciência até agora; ninguém tinha dito isso. Mas ele é indicado da maneira mais nítida possível no Antigo Testamento, principalmente no capítulo 53 do livro de Isaías, no qual se fala de um sofrimento *presente* do Messias. A segunda era só começa com o fortalecimento da segunda potência e a conquista do domínio sobre o ser, quando ela age com liberdade e vontade. Essa é a era de sua manifestação em Cristo, a era da revelação. Essa é a chave para o cristianismo, com esse fio de Ariadne é possível "achar-se no labirinto dos caminhos percorridos pelos meus pensamentos". – Mediante a rebelião do ser humano, as personalidades surgidas na criação pela superação de B retornam à condição de meras possibilidades, são forçadas a voltar para a potencialidade e são excluídas da consciência, sendo postas como extradivinas. Ora, nisso reside a causa de um novo processo que se dá na consciência humana e do qual a divindade está excluída, pois em sua tensão as potências são extradivinas. Esse processo de sujeição da consciência ao domínio das potências ocorreu no paganismo como desenvolvimento mitológico. O pressuposto histórico mais profundo da revelação é a mitologia. O que temos de fazer agora, na filosofia da mitologia, é demonstrar cada uma das potências na consciência mitológica e a consciência a respeito delas nos mistérios gregos.

A pergunta é se a influência aqui afirmada por Schelling do ser humano sobre o autodesenvolvimento de Deus – pois isso só pode ser chamado assim – é cristã. Pois o Deus cristão é um Deus pronto desde a eternidade, cujo repouso não sofre alteração nem mesmo em razão da vida terrena temporária do Filho. Segundo Schelling, de modo geral, a criação chega a um final vergonhoso. O castelo de cartas das "potências intermediárias, dos relativamente existentes e dos existentes que podem ser" acabou de ser construído, as três potências estão a ponto de se tornar personalidades – então o abobado ser humano desfere um golpe leviano e toda a arquitetura artificial desaba. E as potências continuam sendo potências como antes. É exatamente como naquele conto em que um tesouro rodeado de figuras fantasmagóricas reluzentes é conjurado das profundezas; o tão ansiado objeto aparece sobre a beira do abismo – então alguém fala uma palavra impensada, as figuras se desfazem no ar, o tesouro afunda de novo e o abismo o engole para sempre. Se o Deus schellinguiano tivesse feito as coisas com um pouco mais de inteligência, teria se poupado de muito trabalho e teria nos poupado da filosofia da revelação. Porém o auge da mística schellinguiana se explicita aqui na condição de sofrimento do Filho. Essa porção obscura e misteriosa de extradivindade divina, inconsciência consciente, inatividade ativa, vontade sem vontade, esse atropelo de contradições empurrando-se constitui de fato, para Schelling, uma mina de consequências de valor inestimável, pois dela

116

Schelling e a revelação

se pode derivar de tudo. Ainda mais obscura é a relação entre essa potência e a consciência do ser humano. Nesse ponto, todas as potências atuam como potências cósmicas, naturais; mas como elas fazem isso? O que são potências cósmicas? Nenhum aluno de Schelling nem ele próprio são capazes de dar uma resposta racional a isso. Pois se trata justamente de mais uma daquelas determinações místicas confusas do pensamento, nas quais ele busca refúgio para chegar à revelação, não obstante "o pensamento livre e volitivo". "Não há outro modo de explicar as representações mitológicas, senão como produto necessário da consciência que caiu em poder das potências cósmicas." Mas as potências cósmicas são as potências divinas que se encontram em seu estado de tensão, o divino como não divino. Por essa via, também se dá por explicada a natureza como ponto de referência da mitologia, por essa via teriam sido obtidos fatos totalmente novos e um preenchimento do período pré-histórico da humanidade, a saber, mediante a "enorme estimulação da mente por ocasião da geração das representações dos deuses".

Podemos nos poupar da exposição da "filosofia da mitologia", dado que ela não faz parte diretamente da filosofia da revelação e, ademais, porque Schelling a apresentará mais extensamente no próximo semestre. Aliás, essa parte das preleções foi de longe a melhor e contém algumas coisas que, quando despidas do modo deturpador místico de ver as coisas, não seriam rejeitadas nem por quem analisa essas fases da consciência do ponto de vista livre, puramente humano. A pergunta que se coloca é em que medida isso é mesmo propriedade intelectual de Schelling e se tudo não provém de Stuhr. O aspecto equivocado da exposição de Schelling reside principalmente em que ele não concebe o processo mitológico como autodesenvolvimento livre da consciência no âmbito da necessidade histórico-mundial, mas sempre faz com que entrem em ação princípios e forças sobre-humanas, e faz isso da forma mais embaralhada possível, de modo que essas potências sejam concomitantemente a "substância da consciência" e, na verdade, algo mais do que isso. De fato, é preciso tomar a decisão de recorrer a tais meios, uma vez que tenham sido estabelecidas influências absolutamente sobre-humanas. Assim, de bom grado concedo a Schelling os resultados principais a que ele chegou na questão da mitologia relativamente ao cristianismo, só que de maneira diferente da dele, na medida em que não concebo os dois fenômenos como sobrenaturais, informados à consciência a partir de fora, mas compreendo-os como produtos íntimos da consciência, como fenômenos puramente humanos e naturais.

Portanto, chegamos finalmente à revelação preparada pela mitologia. Esta consiste no cristianismo como um tudo. Por isso, sua filosofia não tem de se preocupar com a dogmática etc.; ela própria não quer propor nenhuma doutrina, mas tão somente explicar o fato histórico do cristianismo. Veremos, entretanto, como toda a dogmática gradativamente vêm à tona. Veremos como Schelling analisa "o cristianismo somente como fato, como também faz

Friedrich Engels – Esboço para uma crítica da economia política

com o paganismo". Ele não tomou os fatos do paganismo como verdadeiros da maneira com que se apresentaram; por exemplo, ele não tomou Dionísio como Deus real; em contraposição, os fatos do cristianismo são absolutos para ele: quando Cristo se declara o Messias, quando Paulo afirma isso ou aquilo, Schelling crê incondicionalmente neles. Os fatos mitológicos são explicados por Schelling, ao menos a seu modo, os do cristianismo são afirmados por ele. E, ao fazer isso, ele se afaga por "ter conquistado o amor da juventude por meio de sua retidão e franqueza, e não só o amor, mas também o entusiasmo".

Para explicar a revelação, ele toma como ponto de partida a passagem de Paulo na *Carta aos Filipenses*, capítulo 2, versículos 6-8, que transcrevo aqui.

> Pois Cristo, subsistindo em forma de Deus [ἐν μορφῇ θεοῦ – pronuncia-se *en morfé theú*], não julgou como usurpação [ἄρπαγμα – pronuncia-se *hárpagma*] o ser igual a Deus; antes, a si mesmo se esvaziou [ἐκένωσε – pronuncia-se *ekénose*], assumindo a forma de servo, tornou-se como qualquer ser humano, foi reconhecido por seus gestos como ser humano. Ele se humilhou e foi obediente até a morte, e morte na cruz.[13]

Sem entrar nas dilatadas investigações exegéticas que acompanham a explicação filosófica de Schelling, proponho-me contar aqui, ao estilo de Schelling, apenas o fato relatado por Paulo. Em sua condição de sofrimento, Cristo tornou-se gradativamente senhor da consciência mediante o processo mitológico. Independentemente do Pai, ele possuía um mundo próprio e podia governá-lo como quisesse. Ele era o Deus do mundo, mas não o Deus absoluto. Podia manter-se nesse estado extradivino-divino. Paulo chama isso de subsistir em forma de Deus, ἐν μορφῇ θεοῦ. Mas ele não quis isso. Ele se tornou humano, esvaziou-se de sua glória para entregá-la ao Pai e assim unificar o mundo com Deus. Se não tivesse feito isso, não restaria para o mundo nenhuma possibilidade de se unir com Deus. Esse é o verdadeiro significado da obediência de Cristo. É nessa linha que se deve explicar também a narrativa da tentação de Cristo. O adversário, o princípio cósmico cego, chegou a oferecer seu reino a Cristo, caso este o adorasse, isto é, caso optasse por permanecer como potência cósmica, ἐν μορφῇ θεοῦ. Cristo, porém, descarta essa possibilidade e submete seu ser ao Pai, dando-lhe a forma de criatura e tornando-se humano.

"Deus me guarde de deduzir doutrinas filosóficas como se fossem cristãs e das quais o cristianismo nada sabe": com essas palavras Schelling finalizou essa dedução. Seria luxo debater o caráter cristão dessas doutrinas, pois mesmo que este ficasse demonstrado, Schelling não teria ganho nada com isso. A meu ver, porém, elas conflitam fundamentalmente com o modo como o cristianismo vê as coisas. Não requer muita habilidade provar as coisas mais esdrúxulas a partir de passagens bíblicas isoladas, mas não é disso que se

---

[13] Os colchetes foram incluídos por Engels. (N. E.)

trata aqui. Logo mais o cristianismo completará 2 mil anos de idade e teve tempo suficiente para ter consciência de si mesmo. O conteúdo do cristianismo foi enunciado na igreja, sendo impossível que, além do que já foi dito, ainda haja oculto nele algum conteúdo positivo de importância ou que apenas agora seu verdadeiro sentido tenha sido entendido. De qualquer modo, agora já seria tarde demais para isso. No entanto, abstraindo desse aspecto, ainda há material suficientemente edificante na explicação acima. Submeter-se ao seu Pai foi um ato livre de Cristo? Impossível, já que foi necessidade natural. Não há como estabelecer a possibilidade do mal em Cristo sem aniquilar sua divindade. Quem for capaz de fazer o mal, jamais poderá se tornar Deus. Mas como é mesmo que alguém se *torna* Deus? Suponhamos, entretanto, que Cristo tivesse ficado com o mundo só para si. Nem é possível imaginar um estado cósmico tão absurdo como o que teria resultado disso. De um lado, Cristo com seu belo mundo, levando uma vida esplêndida e feliz, o auge do helenismo no céu e na terra, e, do outro lado, um velho Deus solitário e sem filhos, cheio de rancor por causa do golpe malogrado contra o mundo. Esse é o principal defeito do Deus schellinguiano: ter mais sorte que juízo. Tudo acabou bem, mas poderia ter sido bem diferente. De modo geral, a doutrina schellinguiana de Deus é antropopática do começo ao fim. Se o diabo tivesse oferecido o reino do mundo a Cristo antes de este se tornar humano, ele pelo menos teria tido alguma perspectiva de ganhá-lo, e quem sabe o que teria acontecido; mas depois de se tornar humano, Cristo já havia dado início a sua submissão a Deus e, com isso, foi-se toda a esperança do pobre diabo. A propósito, no processo mitológico, Cristo já não havia conquistado o domínio sobre o mundo? O que o diabo ainda tinha para lhe oferecer?

Com isso oferecemos o teor principal do que Schelling disse para explicar o cristianismo. O restante consiste em parte de passagens comprobatórias e sua exegese, em parte de exposições detalhadas das consequências. Destas compartilharei as mais importantes.

Segundo a doutrina anteriormente citada da sucessão das potências no domínio sobre o mundo, explica-se como toda vez a potência dominante é anunciadora da seguinte. Nessa linha, no Antigo Testamento, o Pai anuncia profeticamente o Filho e, no Novo Testamento, o Filho anuncia o Espírito. Nos livros proféticos, isso se inverte e a terceira potência prenuncia a segunda. Aqui se evidencia que com o tempo as potências se retiram – o que se vê principalmente no "*malach Jehovah*", no "anjo do Senhor", que não chega a ser diretamente a segunda pessoa, mas é a segunda potência, a causa da manifestação da segunda potência em B. Em diferentes épocas, ele é diferente, de tal forma que, no modo de sua manifestação, pode-se identificar a idade de cada um dos livros e, assim, com base nessa retirada das potências, podem-se atingir resultados "admiráveis" que superam tudo o que a crítica fez até agora. Essa determinação é "a chave do Antigo Testamento, com a qual se deve comprovar a realidade das concepções veterotestamentárias em sua verdade relativa".

Friedrich Engels – Esboço para uma crítica da economia política

O Antigo Testamento tem seu fundamento e seu pressuposto em comum com o paganismo. Daí o caráter pagão de tantos usos e costumes mosaicos. Por exemplo, a circuncisão evidentemente é apenas a forma mais branda da castração, que, no paganismo mais antigo, desempenhou um papel tão importante e representa de modo simbólico-mímico a derrota do mais antigo dos deuses, de Urano, para o estágio sucessório. É o caso também da proibição de consumir certos alimentos, da instituição do tabernáculo que lembra santuários egípcios, do mesmo modo que a arca da aliança lembra a caixa sagrada dos fenícios e dos egípcios.

O aparecimento do próprio Cristo não foi casual, mas previamente determinado. O romanismo representou a dissolução da mitologia, na medida em que, sem oferecer um elemento novo, absorveu todas as concepções religiosas do mundo, inclusive as religiões orientais mais antigas, dando a entender, desse modo, que era incapaz de produzir algo novo. Simultaneamente, a partir da vacuidade dessas formas já vividas, surgiu o sentimento de que teria de vir algo novo. O mundo fez silêncio na expectativa das coisas que estavam por vir. Esse império mundial romano exterior, essa aniquilação das nacionalidades produziu o reino de Deus interior. Assim sendo, quando se cumpriu o prazo, Deus enviou seu Filho.

Cristo, na condição de divino, esvaziando-se da μορφή θεοῦ [forma de Deus], do ser extradivino, tornou-se humano, confirmando da forma mais cristalina e brilhante a divindade que perdurou nele. O empobrecimento de Cristo por nossa causa não se aplica ao esvaziamento de sua divindade, ao *non usus* [não uso] dessa divindade, mas ao ato de despir a μορφή θεοῦ, a forma divina. A essência divina permanece nele. Só ele era capaz de mediar, dado que provinha de Deus e estava na consciência humana. Em sua atuação no paganismo e no judaísmo, não foi revogado o princípio inibidor da humanidade e que possivelmente a anularia; eliminados pelos sacrifícios reiterados foram apenas os sintomas, não a causa da doença. O desagrado do Pai só poderia ser revogado por outra vontade que fosse mais forte do que a dele, do que a morte, do que toda e qualquer outra vontade. Não se admitia nenhuma superação física dessa vontade, mas tão somente uma superação moral, mais precisamente por meio da maior submissão voluntária do mediador em lugar do ser humano. A maior submissão voluntária do ser humano jamais foi totalmente voluntária; em contraposição, a do mediador foi livre, sem sua vontade e sua culpa, livre diante de Deus. Daí a passagem pelo paganismo, para que o mediador pudesse entrar em cena como representante da consciência. A decisão de fazer isso foi o maior milagre da mentalidade divina.

Todavia, não há como aclarar até a última minúcia a faceta física da encarnação. Ela tem dentro de si a possibilidade material para isso. Ser material significa servir de substância a uma potência superior, ser submisso a ela. Ao submeter-se a Deus dessa maneira, Cristo se torna material para

Schelling e a revelação

ele. Ele "criaturizou" o direito de existir fora de Deus. Por isso tem de se tornar humano. O que no princípio estava com Deus, o que no paganismo dominava a consciência em forma divina, nasceu de uma mulher em Belém como ser humano. A reconciliação sempre havia sido subjetiva e, por conseguinte, fatos subjetivos já bastavam. Porém, o que está em questão aqui é vencer o desagrado do Pai e isso só se conseguiria por meio de um fato objetivo, da encarnação.

A terceira potência intervém nesta como personalidade mediadora. Cristo foi concebido a partir da, ou melhor, na força do Espírito Santo, mas não é seu Filho. A função demiúrgica é transferida para a terceira potência; sua primeira exteriorização é o ser humano material Jesus. A segunda potência é a substância, a terceira é a modeladora dessa substância. O procedimento em questão é extraordinário, materialmente incompreensível, podendo certamente ser entendido por uma concepção mais elevada. Cristo tomou de si mesmo a substância da encarnação. A primeira formação, cuja constituição não nos diz respeito aqui, foi acolhida no processo orgânico da mãe. Querer saber mais sobre isso seria mais do que micrologia.

Quando Deus age em algum lugar com a sua vontade, acontece um milagre. Na natureza tudo é desprovido de vontade. Assim também Cristo. Ele tem a função demiúrgica _natura sua_ [por sua natureza], sem sua vontade e, portanto, ele não pode se desfazer dela como ser humano; ela se torna aqui condutora de sua vontade. O fato de o Filho estar na natureza com a sua vontade depende da vontade do Pai e, por isso, o Filho faz milagres pela força do Pai. Quem ler o Novo Testamento depois de ouvir essas palestras encontrará nele algumas coisas que até aquele momento não tinha visto ali.

A morte de Cristo já havia sido decidida antes da encarnação, aprovada por Cristo e pelo Pai. Portanto, não foi casual, mas um sacrifício demandado pela mentalidade divina. Era preciso privar o princípio mau de todo poder, superá-lo em sua potência. Só a potência mediadora era capaz disso, mas não contrapondo-se àquela como potência meramente natural. Como o próprio Deus queria a superação daquele princípio, a segunda potência teve de se submeter a ele. Pois aos olhos de Deus, a segunda potência enquanto potência natural não vale mais do que aquilo que nega a Deus, mesmo que ela não tenha se tornado natural por sua culpa, mas por culpa do ser humano. Essa última circunstância também lhe confere um certo direito de existir desse modo fora de Deus. Deus é tão justo que não anula unilateralmente o princípio contrário, ele chega a ser tão humano que ama a este, que, no fundo, é meramente contingente, mas deu-lhe a possibilidade de existir como Deus, mais do que ama ao fator necessário, a potência procedente dele próprio. Ele é tanto o Deus do princípio contrário quanto o Deus da segunda potência. Essa é sua natureza, que até se coloca acima de sua vontade. Essa unicidade de todos os princípios perfaz sua majestade divina, e esta não permite que aquele princípio seja violado unilateralmente. Caso se queira revogá-lo, depende da

Friedrich Engels – Esboço para uma crítica da economia política

segunda potência tomar a iniciativa e submeter-se completamente a Deus em seu ser extradivino. Mas para isso a encarnação ainda não era suficiente. Logo após a Queda [do ser humano], Cristo acompanhou o ser humano no estranhamento em relação a Deus e colocou-se entre o mundo e Deus. Colocando-se ao lado do princípio contrário, ele se posicionou diante do Pai, entrou em tensão com este, tornou-se cúmplice daquele ser e teve de sofrer a punição como o inocente-culpado, como garante do ser que se estranhou de Deus. Ele pagou essa sua equiparação com o contrário, tomando sobre si os pecados do mundo ao morrer. Essa é a razão de sua morte. É verdade que os outros seres humanos também morrem, mas ele sofreu uma morte bem diferente da deles. Essa morte é um milagre no qual nem sequer ousaríamos crer, se não fosse algo tão líquido e certo. No momento de sua morte estava presente em seu representante toda a humanidade; judeus e pagãos estavam nele. O princípio dos pagãos teve de sofrer a morte dos pagãos, a morte na cruz; aliás, nessa morte não se deve procurar nada de especial. A *distensão* na cruz foi a solução da longa *tensão*, na qual Cristo se encontrava enquanto esteve no paganismo, como está escrito: pela morte ele teria sido eximido do juízo e da angústia (isto é, da tensão). Esse é o grande mistério que ainda hoje é escândalo para os judeus (para os moralistas) e loucura para os pagãos (os meramente racionais).

A ressurreição de Cristo desde sempre foi encarada como uma garantia da imortalidade pessoal. Sobre essa doutrina, abstraindo da ressurreição de Cristo, deve-se comentar o seguinte. Nesta vida, a natureza tem domínio sobre o espírito e, sendo assim, pressupõe uma segunda vida, em que isso é compensado pelo domínio do espírito sobre a natureza, e uma terceira, última, em que as duas fases encontram o equilíbrio e se mantêm em harmonia. Até agora, a filosofia não tinha uma finalidade tranquilizadora para a imortalidade; aqui, no cristianismo, ela está dada.

A própria ressurreição de Cristo é a prova da irrevogabilidade de sua encarnação. Nela, o ser em forma humana volta a ser aceito por Deus. O que desagradou Deus não foi o ato individual do ser humano, mas o estado global em que ele se encontrava e, portanto, também o indivíduo antes mesmo de pecar. Era por isso que nenhuma vontade humana e nenhum ato podiam ser realmente bons antes de o Pai ser reconciliado. Pela ressurreição de Cristo, essa condição foi reconhecida por Deus, a alegria foi devolvida ao mundo. Assim, a justificação foi consumada pela ressurreição, na medida em que Cristo *não esvoaçou para dentro do universo*, mas está sentado como ser humano à direita de Deus. A ressurreição é um raio da história interior que ilumina a história exterior. Quem a elimina tem a mera exterioridade sem conteúdo divino, é desprovida daquele transcendente que faz da história o que ela é; tem a simples memória e fica parado como a multidão em face dos eventos do dia, cujas engrenagens interiores ela desconhece. Além disso, ele ainda vai para o inferno, isto é, "para ele, o momento da morte estende-se pela eternidade".

Schelling e a revelação

Por fim, ainda vem o Espírito Santo e encerra tudo. Ele só pôde ser derramado depois que o Pai foi completamente reconciliado, e sua vinda é o sinal de que isso aconteceu.

Nesse ponto, Schelling intercalou sua avaliação da crítica mais recente desde Strauss. Ela nunca teria conseguido arrancar dele algum tipo de polêmica no sentido de querer provar que teria proferido essas preleções desde 1831, sempre da mesma maneira, sem acréscimos. A filosofia da mitologia foi datada por ele em um período ainda mais antigo. Então ele passou a falar do "entendimento reles, eminentemente filisteu" dessas pessoas, do "uso de frases malfeitas próprio de escolares", da "impotência de sua filosofia" etc. Em contraposição, ele não teria nada a dizer contra o pietismo nem contra o cristianismo puramente subjetivo, exceto que este não seria o único nem o maior.

Ainda devo oferecer alguns excertos da satanologia? O diabo não é pessoal nem impessoal; é uma potência; os anjos maus são potências, só que do tipo que não deve existir, mas que foi posto em existência pela queda do ser humano; os anjos bons também são potências, só que do tipo que deve existir, mas não existe em virtude da queda do ser humano. Isso basta por enquanto.

A Igreja e sua história desenvolvem-se a partir dos três apóstolos: Pedro, Tiago (e seu sucessor Paulo) e João. Neander vê as coisas do mesmo modo. A Igreja católica é a de Pedro; a conservadora, de forma judaica, protestante, é a de Paulo; a terceira, a ser esperada e que decerto está sendo preparada por Schelling, é a de João, que unifica em si a singeleza de Pedro e a agudeza dialética de Paulo. Pedro representa o Pai, Paulo, o Filho, João, o Espírito. "Aos que o Senhor ama ele atribui a atividade de completar coisas. Se eu tivesse de construir uma Igreja, faria uma para são João. Um dia, porém, será construída uma Igreja comum para todos os três apóstolos e esta será o verdadeiro panteão cristão."

Esse é o conteúdo principal das preleções schellinguianas, na medida em que foi possível identificá-lo com base na comparação de três blocos de anotações. Tenho consciência de ter feito tudo com a maior integridade e retidão. Pois o que temos aí é toda a dogmática, a trindade, a criação a partir de nada, a queda no pecado, o pecado original e a impotência para fazer o bem, a reconciliação pela morte de Cristo, a ressurreição, o derramamento do Espírito, a comunhão dos santos, a ressurreição dos mortos e uma vida eterna. Desse modo, o próprio Schelling volta a revogar a separação de fato e dogma estabelecida por ele. Porém, se examinarmos a questão mais de perto, o cristianismo ainda é o que sempre foi? Quem aborda a questão sem ideias preconcebidas terá de dizer: sim e não. A incompatibilidade de filosofia e cristianismo chegou a tal ponto que até Schelling incorre em uma contradição ainda pior do que Hegel. Este ainda tinha uma filosofia, mesmo que dela tenha resultado um cristianismo apenas aparente; mas o que Schelling oferece não é nem cristianismo nem filosofia e, no fato de afirmar

123

Friedrich Engels – Esboço para uma crítica da economia política

que é as duas coisas, consiste sua "sinceridade e franqueza", consiste o mérito de "ter dado pão real aos que lhe pediram pão, e não ter lhes dado uma pedra, dizendo *que seria pão*". A fala da qual foram tiradas essas palavras volta a comprovar que Schelling não conhece nem a si mesmo. Diante de uma doutrina como essa, voltamos a ter clara consciência de quão fracas são as bases do cristianismo atual.

Se lançarmos novamente um olhar sobre o conjunto da obra, obteremos, além dos resultados já citados, ainda os seguintes para determinar o modo neoschellinguiano de pensar. A confusão de liberdade e arbitrariedade está em pleno florescimento. Deus sempre é concebido como aquele que age de modo humanamente arbitrário. Isso de fato é necessário enquanto Deus for concebido como indivíduo, mas filosoficamente ele não o é. Só é verdadeira *a* liberdade que contém em si a necessidade, de fato só aquela que é a verdade e a racionalidade da necessidade. É por isso que o Deus de Hegel jamais poderá ser uma pessoa individual, já que tudo o que é arbitrário foi eliminado dele. É por isso que Schelling precisa aplicar o pensamento "livre" quando fala de Deus, pois o pensamento necessário da coerência lógica exclui toda e qualquer pessoa divina. A dialética hegeliana, essa poderosa força motriz incansável do pensamento, nada mais é que a consciência da humanidade no pensamento puro, a consciência do universal, a consciência de Deus em Hegel. Onde tudo se faz por si mesmo, como em Hegel, uma personalidade divina se torna supérflua.

Além disso, aparece agora uma nova contradição na cisão da filosofia. Se a filosofia negativa não tem nenhuma relação com a existência, então "não se dá a consequência" pela qual ela não deveria conter também coisas que não ocorrem no mundo real. Schelling admite isso ao dizer a respeito dela que ela não se preocupa com o mundo e, caso este esteja de acordo com suas formulações, seria por casualidade. Desse modo, porém, a filosofia negativa é uma filosofia totalmente vazia, oca, que vagueia pela possibilidade mais arbitrária possível e escancara seus portais para a fantasia. Mas, em contrapartida, se ela contiver apenas o que é real na natureza e no espírito, ela inclui a realidade e torna supérflua a filosofia positiva. Isso também fica evidente a partir de outro ângulo. Em Schelling, natureza e espírito são a única coisa racional. Deus não é racional. Fica evidente também nesse caso que o infinito só pode existir realmente de modo racional quando se manifesta como finitude, como natureza e espírito, e que uma existência extramundana transcendente do infinito deve ser remetida ao reino das abstrações. Como vimos, aquela filosofia positiva separada depende somente da fé e existe somente em função da fé. Ora, se um judeu ou um islamita concordar com as premissas de Schelling na ciência negativa, ele necessariamente formulará uma filosofia positiva judaica ou islâmica. De fato, ela já será distinta para o catolicismo e para a Igreja anglicana. Todos têm o mesmo direito, pois "não se trata do dogma, mas do fato". E com o apreciado pensamento "livre" é

Schelling e a revelação

possível formular tudo em termos absolutos. Principalmente no islamismo, os fatos são mais bem formulados do que no cristianismo.

Assim chegamos ao fim da filosofia de Schelling, e só podemos deplorar que um homem como ele tenha caído dessa maneira nas armadilhas da fé e da ausência de liberdade. Na juventude, ele era diferente. De sua cabeça em fermentação erguiam-se fulgurantes figuras de Palas, algumas das quais ainda lideraram lutas posteriores; ele saía a velejar livre e intrépido pelo mar alto do pensamento, em busca da Atlântida, do absoluto, cuja imagem ele tantas vezes viu altear-se de distantes costas marítimas em forma de miragens cintilantes em estado de sonho; todo o fogo da juventude irrompia de dentro dele com entusiasmo flamejante e, qual profeta embriagado de Deus, ele prenunciava um novo tempo; arrebatado pelo espírito que baixava nele, muitas vezes ele próprio não sabia o significado das palavras que falava. Ele escancarou as portas do filosofar para que o frescor da natureza arejasse os cômodos do pensamento abstrato, para que o cálido raio de sol da primavera caísse sobre a semente das categorias e despertasse todas as energias dormentes. Porém o fogo se exauriu, a coragem se esvaiu, o mosto em fermentação se converteu em vinagre antes de chegar a vinho puro. O barco audaz que cruzava as ondas dançando alegremente fez meia-volta e adentrou o porto raso da fé, onde enterrou sua quilha tão fundo na areia que até hoje se encontra encalhado nela. Ali está ele e ninguém reconhece no velho casco carcomido o antigo navio que saía ao mar com velas enfunadas e bandeiras desfraldadas. Há tempos as velas se deterioraram, os mastros vergaram, pelas frestas das pranchas fluem as ondas e diuturnamente a maré junta mais areia em volta da quilha.

Deixemos de lado esse roubo de tempo. Há coisas mais belas que podemos contemplar. Ninguém vai querer nos mostrar esse casco naufragado e dizer que é o único navio capaz de singrar os mares, enquanto em outro porto está ancorada toda uma frota de altivas fragatas pronta para ser lançada ao alto-mar. Nossa salvação, nosso futuro, está em outro lugar. Hegel é o homem que inaugurou uma nova era da consciência ao consumar a era antiga. É curioso que justamente agora ele esteja sendo hostilizado de dois lados: por seu predecessor Schelling e por seu mais jovem seguidor Feuerbach. Quando este acusa Hegel de ainda estar atolado bem fundo no antigo, ele deveria ponderar que a consciência do antigo justamente já é o novo, que algo antigo é apropriado pela história precisamente pelo fato de ser plenamente trazido à consciência. É por isso que Hegel de fato é o novo na qualidade de antigo, o antigo na qualidade de novo. É por isso que a crítica que Feuerbach faz do cristianismo é um complemento necessário da teoria especulativa da religião fundada por Hegel. Essa teoria atingiu seu ponto culminante em Strauss; através de sua história, o dogma se dissolve *objetivamente* nas ideias filosóficas. Concomitantemente, Feuerbach reduz as determinações religiosas a relações humanas *subjetivas* e, por essa via, não anula os resultados a que

Friedrich Engels – Esboço para uma crítica da economia política

chegou Strauss, mas acaba provando cabalmente que estão corretos; tanto é que ambos chegam ao mesmo resultado, a saber, que o segredo da teologia é a antropologia.

Uma nova aurora raiou, uma aurora da história mundial, como aquela em que a consciência helênica livre e brilhante se desprendeu da penumbra do Oriente. Saudado pelo riso dos fogos sacrificiais em todos os cumes montanhosos, nasceu o sol, cujo advento foi anunciado pelo límpido som das trompas por todos os atalaias, cuja luz era esperada pela humanidade temerosa. Despertamos de uma longa sonolência, o pesadelo que pesava sobre nosso peito se esvaiu, esfregamos os olhos e olhamos estupefatos à nossa volta. Tudo mudou. O mundo que nos era tão estranho, a natureza cujas forças ocultas nos assustavam como fantasmas, quanta afinidade têm conosco agora, como passaram a ser familiares! O mundo, que parecia ser uma prisão, mostra-se a nós com sua verdadeira forma, como um magnífico palácio real frequentado por todos nós, pobres e ricos, altezas e humildes. A natureza se descerra diante de nós e clama: "Não fujam de mim, pois não fui condenada, não reneguei a verdade; venham e vejam, é essência mais íntima e mais própria de vocês que propicia também a mim plenitude de vida e beleza juvenil!". O céu desceu à terra, seus tesouros estão espalhados por aí como pedras à beira do caminho; quem os desejar só terá de juntá-los. Toda dissensão, toda angústia, toda cisão desapareceram. O mundo voltou a ser uma totalidade, voltou a ser autônomo e livre; ele derrubou os portões do mosteiro sombrio, despiu a veste penitencial e escolheu morar sob o éter puro e livre. Ele não precisa mais se justificar diante da falta de entendimento que não foi capaz de compreendê-lo; sua opulência e seu resplendor, sua abundância, sua força, sua vida são sua justificação. Certamente tinha razão aquele que há 1.800 anos intuiu que um dia o mundo, o cosmo o marginalizaria e ordenou a seus discípulos que renunciassem ao mundo.

E a cria predileta da natureza, o ser humano, retornando para sua mãe como homem livre após as demoradas lutas da juventude, após um longo período de estranhamento, protegendo-a de todos os fantasmas dos inimigos mortos em batalha, superou também a separação de si mesmo, a cisão no próprio peito. Após uma luta e uma busca impensavelmente longas nasceu para ele o fulgente dia da autoconsciência. Lá está ele em pé, livre e forte, autoconfiante e altivo, pois lutou a maior das batalhas; ele derrotou a si próprio e colocou sobre sua cabeça a coroa da liberdade. Tudo se lhe revelou e nada foi suficientemente forte para se lhe fechar. Só agora lhe desponta a verdadeira vida. Ao destino para o qual antes rumava, seguindo uma vaga noção, ele chega agora pela vontade plena e livre. O que antes parecia situado fora ele, na distância nebulosa, ele encontra agora dentro de si, como sua carne e seu sangue. Ele não se importa de ter pago caro por isso, de ter dado o sangue para obter a coroa, pois ela valia a pena; o longo

Schelling e a revelação

período de namoro não foi em vão, pois a noiva altiva e magnífica que ele agora conduz à câmara nupcial tornou-se-lhe tanto mais preciosa; a joia, o santuário que ele encontrou depois de tanto procurar fez valer a pena as rotas equivocadas. E essa coroa, essa noiva, esse santuário é *a autoconsciência da humanidade*, o novo graal, ao redor de cujo trono os povos se reúnem em júbilo e que nomeia como reis todos os que se entregam a ele, de modo que toda a glória e todo poder, todo reino e toda potestade, toda beleza e plenitude deste mundo têm de se jogar a seus pés e se sacrificar para a sua glorificação. Esta é a nossa vocação: que nos tornemos utensílios do templo desse graal, por ele acinturemos nossa espada e empenhemos alegremente nossa vida na derradeira guerra santa, à qual se seguirá o reino milenar da liberdade. E esse é o poder da ideia: que quem a conheceu não consegue parar de falar de sua glória nem de proclamar sua onipotência, que, quando ela demanda, ele alegre e animado joga fora tudo o mais, sacrifica o corpo e a vida, bens e sangue, bastando que ela e só ela se imponha. Quem a contemplou uma vez que seja, quem a viu aparecendo em todo o seu esplendor uma vez que seja à noite em seu quarto silencioso, não poderá mais deixar dela, terá de segui-la para onde ela o conduzir, mesmo que seja para a morte. Pois conhece sua força, que ela é mais forte do que tudo que há no céu e na terra, que ela se impõe a todos os inimigos que se opõem a ela. E essa fé na onipotência da ideia, na vitória da verdade eterna, essa convicção firme de que ela jamais poderá vacilar nem arredar pé, mesmo que o mundo inteiro se rebele contra ela, essa é a verdadeira religião de todo filósofo autêntico, essa é a base da verdadeira filosofia positiva, da filosofia da história mundial. Essa é a suprema revelação, a do ser humano ao ser humano, na qual toda negação da crítica é positiva. Esse ato de urgir e lançar-se com ímpeto[14] dos povos e heróis, sobre o qual paira a ideia em paz perpétua, mas acaba descendo para o meio da atividade e tornando-se sua alma mais íntima, mais viva e mais autoconsciente; ela é a fonte de toda a salvação e de toda redenção, ela é o reino, no qual cada um de nós em seu lugar deve atuar e agir. A ideia, a autoconsciência da humanidade, é aquela maravilhosa fênix que constrói sua pira com o que há de mais precioso no mundo e ressurge rejuvenescida das chamas que aniquilam uma era antiga.

Vamos agora carregar o que nos era mais valioso e caro, tudo que nos era sagrado e grandioso antes de sermos livres, e depositá-lo sobre a pira dessa fênix! Não consideremos nenhum amor, nenhum lucro, nenhuma riqueza grande demais para ser alegremente sacrificado à ideia – ela nos compensará mil vezes tudo isso! Vamos lutar e dar o sangue, vamos suportar com

---

[14] *"Drängen und Stürmen"* no original, alude ao movimento literário *Sturm und Drang*, comumente traduzido por *tempestade e ímpeto*, mas que, no contexto político, deve sua denominação ao movimento de tropas durante a batalha, no sentido de atacar com rapidez e ímpeto [*stürmen*] e acossar, pressionar [*drängen*] o inimigo. (N. T.)

Friedrich Engels – Esboço para uma crítica da economia política

destemor o olhar rancoroso do inimigo e perseverar até o fim! Vocês estão vendo nossas bandeiras tremular do cume das montanhas? Estão vendo as espadas dos nossos camaradas refulgirem, os penachos dos elmos esvoaçarem? Eles estão vindo, estão vindo; de todos os vales, de todos os montes estão afluindo ao nosso encontro, entoando canções e tocando a trompa; aproxima-se o dia da grande decisão, da batalha dos povos, e a vitória tem de ser nossa!

Cartas de Londres[1]

I[2]

O partido democrático está fazendo céleres progressos na Inglaterra. Enquanto os *whigs* e os *tories*, a aristocracia financeira e a aristocracia nobilitária, travam uma tediosa contenda verbal em torno da barba do imperador na "Sala de Bate-Papo da Nação", como diz o *tory* Thomas Carlyle, ou na "casa que se arroga o direito de representar as comunidades da Inglaterra", como diz o cartista Feargus O'Connor; enquanto a Igreja do Estado exerce toda a sua influência sobre as tendências fanatizadas da nação para manter mais algum tempo em pé seu edifício carcomido; enquanto a Liga contra as Leis dos Cereais[3] esbanja centenas de milhares na louca esperança de ver escorrer milhões para dentro dos bolsos dos lordes fiadores de algodão – enquanto isso, o socialismo desprezado e vilipendiado avança com segurança e tranquilidade e aos poucos vai se impondo à opinião pública; enquanto isso, um partido novo e inumerável se formou no intervalo de poucos anos sob a bandeira da Carta do Povo[4] e assumiu um tipo tão enérgico de agitação que, em comparação com ele, O'Connell e a Liga não passam de falastrões incompetentes.

---

[1] Em *Marx-Engels Werke* (Berlim, Dietz, 1981), v. 1, p. 468-79. Publicado originalmente no semanário *Schweizerischer Republikaner* [Republicano Suíço], n. 39, 16 maio 1843; n. 41, 23 maio 1843; n. 46, 9 jun. 1843; n. 51, 27 jun. 1843. (N. E. A.)

[2] Esta parte foi publicada originalmente no semanário *Schweizerischer Republikaner*, n. 39, 16 maio 1843. (N. E. A.)

[3] A Anti-Corn-Law League era uma associação de *freetraders* [defensores do livre-comércio]. Foi fundada em 1838 por dois industriais, Richard Cobden e John Bright, com o objetivo de revogar as Leis dos Cereais. Essas leis foram introduzidas na Inglaterra em 1815, no interesse dos *landlords* [grandes proprietários de terras], e limitavam ou proibiam a importação de cereais. Essas leis foram revogadas em 26 de junho de 1846 pelo Parlamento inglês. (N. E. A.)

[4] A *People's Charter*, contendo as reivindicações dos cartistas, foi publicada em 8 de maio de 1838 como projeto de lei a ser apresentado ao Parlamento. Consistia em seis pontos: sufrágio universal (para homens com mais de 21 anos), eleições anuais para o Parlamento, voto secreto, distritos eleitorais constantes, revogação do censo

Friedrich Engels – Esboço para uma crítica da economia política

É de conhecimento geral que, na Inglaterra, os partidos se identificam com as camadas e as classes sociais, ou seja, que os *tories* são idênticos à nobreza e à fração fanatizada, rigorosamente ortodoxa, da Igreja Alta[5], que os *whigs* são formados por industriais, comerciantes e *dissenters*[6], em seu conjunto pela classe média alta, que a classe média baixa constitui os assim chamados "radicais" e, por fim, que o cartismo é forte entre os *working men*, os proletários. O socialismo não constitui um partido político coeso, mas, em seu conjunto, recruta na classe média baixa e entre os proletários. Assim, a Inglaterra evidencia o fato curioso de que, quanto mais baixa for a posição de uma classe na sociedade, quanto mais "inculta" no sentido habitual do termo ela for, tanto mais próxima ela se encontrará do progresso, tanto mais futuro ela terá. No todo, esse é o caráter de qualquer época revolucionária, como ficou evidente principalmente no caso da revolução religiosa da qual resultou o cristianismo: "bem-aventurados os pobres"[7], "a sabedoria deste mundo se tornou loucura"[8] etc. Contudo, tão bem demarcado, tão nitidamente escalonado como agora na Inglaterra, nunca se teve esse prenúncio de uma grande revolução. Na Alemanha, esse movimento parte da classe que possui não só formação, mas também erudição; na Inglaterra, os que possuem formação e, sobretudo, os eruditos estão surdos e cegos para os sinais dos tempos há trezentos anos. É notório o deplorável desleixo das universidades inglesas, em comparação com as quais nossas escolas superiores ainda são padrão ouro; porém, no continente ninguém nem sequer imagina o tipo de obra escrita pelos primeiros teólogos ingleses ou mesmo por parte dos primeiros cientistas ingleses da natureza, os escritos miseravelmente reacionários que compõem a massa da "lista semanal de livros novos". A Inglaterra é a pátria da economia política; mas qual é a situação da ciência entre os professores e os políticos práticos? A liberdade de comércio de Adam Smith foi tangida para dentro da louca consequência da teoria populacional de Malthus e não produziu nada além de uma forma mais civilizada do antigo sistema monopolista, que hoje é representada pelos *tories* e que combateu com êxito o absurdo de Malthus – mas acabou sendo

---

patrimonial para os candidatos às eleições parlamentares, diárias para os deputados. As petições de 1839 e 1842, nas quais os cartistas exigiam a adoção da Carta do Povo, foram rejeitadas pelo Parlamento. A luta pela adoção da Carta do Povo deu impulso ao movimento cartista e levou à fundação da National Charter Association [Associação Cartista Nacional]. (N. E. A.)

[5] A *High Church* era uma corrente da Igreja anglicana cujos adeptos eram majoritariamente da aristocracia e cuja intenção era aproximar-se do catolicismo. Uma segunda corrente da igreja anglicana, a *Low Church* [Igreja Baixa], estava disseminada na burguesia e entre os sacerdotes de condição social mais baixa. (N. E. A.)

[6] De "dissidentes" eram chamados os adeptos de correntes religiosas e seitas que divergiam dos dogmas da Igreja anglicana oficial. (N. E. A.)

[7] Citação de parte de um dito de Jesus em Lucas 6,20. (N. T.)

[8] Citação livre de uma frase de Paulo em 1 Coríntios 1,20. (N. T.)

novamente tangida para as consequências malthusianas. Incoerência e hipocrisia de todos os lados, ao passo que os contundentes tratados econômicos dos socialistas e em parte também dos cartistas são desprezados e só encontram leitores nos segmentos mais baixos. *Das Leben Jesu* [A vida de Jesus], de Strauss, foi traduzida para o inglês. Nenhum livreiro "respeitável" quis imprimi-la; acabou sendo publicada em fascículos e vendida a três *pence* o fascículo, e isso na editora de um antiquário pouco representativo, mas enérgico. O mesmo se deu com as traduções de Rousseau, Voltaire, Holbach e outros. Byron e Shelley são lidos quase exclusivamente pelos segmentos baixos; a obra deste último não pode ser vista sobre a mesa de nenhum homem "respeitável" sem que este incorra no mais terrível descrédito. Ficamos assim: bem-aventurados são os pobres, porque deles é o reino dos céus e – quanto tempo vai demorar? – também o reino deste mundo.

No Parlamento está em discussão agora uma *bill* [proposta de lei] de sir J. Graham sobre a educação das crianças que trabalham nas fábricas pela qual a jornada de trabalho infantil deverá ser reduzida, a obrigatoriedade escolar introduzida e a Igreja Alta obsequiada com a supervisão das escolas. Essa *bill* provocou naturalmente uma agitação geral e voltou a proporcionar aos partidos a ocasião de medir forças. Os *whigs* querem que essa *bill* seja integralmente rejeitada, porque ela exclui os *dissenters* da educação juvenil e causa embaraços aos industriais em virtude da redução da jornada de trabalho das crianças. Em contraposição, entre cartistas e socialistas há considerável aprovação da tendência humanitária geral da *bill*, excetuando-se as cláusulas referentes à Igreja Alta. Lancashire, a sede principal das fábricas, naturalmente é também a sede principal das agitações referentes a essa *bill*. Nas cidades, os *tories* não têm nenhum poder; suas *meetings* [reuniões] sobre esse assunto nem foram públicas. Os *dissenters* primeiro se reuniram em corporações para peticionar contra a *bill* e, em seguida, convocaram *meetings* [assembleias] municipais em associação com os industriais liberais. Essas assembleias municipais são convocadas pelas autoridades máximas do município e são totalmente públicas, ou seja, todo morador tem direito de falar. Nesse local, portanto, quando o salão de reuniões é suficientemente grande, vence o partido mais forte e mais enérgico. Em todas as assembleias municipais convocadas até agora, os cartistas e socialistas venceram. A primeira foi em Stockport, onde as resoluções dos *whigs* conseguiram apenas um voto, mas as dos cartistas tiveram a assembleia inteira a seu favor, e o prefeito *whig* de Stockport, na qualidade de presidente da assembleia, foi obrigado a assinar uma petição cartista e enviá-la a um membro cartista do Parlamento (Duncombe) para ser apresentada. A segunda foi em Salford, uma espécie de subúrbio de Manchester com cerca de 100 mil habitantes; estive lá. Os *whigs* tomaram todas as providências para saírem vitoriosos; o *boroughreeve* [prefeito] ocupou o assento de presidente e falou longamente sobre imparcialidade; mas quando um cartista perguntou se o debate seria permitido, veio a seguinte resposta: sim, depois que a *meeting*

Friedrich Engels – Esboço para uma crítica da economia política

for encerrada! A primeira resolução era para ser aprovada na surdina, mas os cartistas estavam atentos e frustraram a tentativa. Quando um cartista subiu no palanque, um sacerdote dissidente correu e tentou derrubá-lo de lá! No entanto, tudo ia bem até que foi proposta uma petição no interesse dos *whigs*. Um cartista se levantou e propôs uma emenda; imediatamente o presidente e todo o seu séquito *whig* se levantaram e deixaram o salão. Não obstante, a *meeting* prosseguiu e a petição cartista foi posta em votação; mas nesse momento exato os oficiais da polícia, que várias vezes já haviam interferido a favor dos *whigs*, apagaram as luzes e obrigaram a *meeting* a se dissolver. Não obstante, os *whigs* mandaram imprimir na edição seguinte do jornal local todas as suas resoluções, como se tivessem sido aprovadas, e o *boroughreeve* foi desonesto a ponto de assinar "em representação e por ordem da *meeting*"! Isso é legalidade *whig*! A terceira *meeting* ocorreu dois dias depois em Manchester e, nesta, os partidos radicais igualmente obtiveram esplêndida vitória. Embora tenha sido escolhido um horário em que a maioria dos trabalhadores de fábrica não poderia comparecer, havia uma considerável maioria de cartistas e socialistas no salão. Os *whigs* se limitaram estritamente aos pontos que tinham em comum com os cartistas; um socialista e um cartista discursaram do palanque, atestando aos *whigs* que, naquele dia, estes teriam se comportado como bons cartistas. O socialista chegou a dizer-lhes que fora até lá com o intuito de fazer oposição sempre que se apresentasse ensejo, mas que tudo correra a seu contento. Foi assim, portanto, que Lancashire e principalmente Manchester, a sede dos *whigs*, o centro da Liga contra as Leis dos Cereais, ostentaram uma claríssima maioria favorável à democracia radical que põe completamente em xeque o poder dos "liberais".

II[9]

A *Allgemeine Zeitung* [Gazeta Geral] de Augsburgo tem um correspondente em Londres que, em artigos terrivelmente longos e tediosos, atua como porta-voz das atividades dos *whigs*. "A Liga contra as Leis dos Cereais é agora o poder do país", diz o oráculo e, desse modo, conta a maior mentira jamais dita por um correspondente de partido[10]. A Liga é o poder do país! Onde se esconde esse poder? No ministério? Lá estão Peel, Graham e Gladstone, os piores inimigos da Liga. No Parlamento? Ali cada um de seus requerimentos é rejeitado por uma maioria que raramente teve precedentes nos anais do Parlamento inglês. Onde se esconde esse poder? Na opinião pública, na nação? Essa pergunta só poderia ser respondida afirmativamente por um correspondente tão des-

---

[9] Esta parte foi publicada originalmente no semanário *Schweizerischer Republikaner*, n. 41, 23 maio 1843. (N. E. A.)

[10] Referência ao artigo publicado na *Allgemeine Zeitung* de 20 de abril de 1843 sob o título "London, 13. April" [Londres, 13 de abril]. (N. E. A.)

Cartas de Londres

cerebrado e volúvel a ponto de considerar a rua Drury Lane o público e uma assembleia reunida a toques de trombeta a opinião pública. Como esse sábio correspondente é tão cego que não consegue enxergar à plena luz do dia a quantas andam os *whigs*, quero contar-lhe em que situação se encontra o poder da Liga. Os *tories* a escorraçaram do ministério e do Parlamento, os cartistas, da opinião pública. Feargus O'Connor a tangeu em marcha triunfal em todas as cidades da Inglaterra, em toda parte a conclamou a uma discussão pública e a Liga jamais aceitou o desafio. A Liga não consegue convocar uma única assembleia pública sem ser vergonhosamente derrotada pelos cartistas. Ou o correspondente de Augsburgo não sabe que as pomposas *meetings* de janeiro em Manchester e as reuniões realizadas no teatro londrino da rua Drury Lane, onde os *gentlemen* [senhores] liberais mentem para si mesmos e tentam se iludir a respeito de sua insustentabilidade interna – ele não sabe que todas são "sepulcros caiados"[11]? Quem é admitido nessas reuniões? *Só os membros da Liga ou aqueles a quem a Liga concede um ingresso.* Assim, portanto, nenhum partido contrário tem oportunidade de fazer uma oposição bem-sucedida e ninguém se candidata aos ingressos; por mais ardilosos que fossem, não conseguiriam infiltrar ali centenas de adeptos. Faz anos que a Liga promove essas *meetings*, que depois chama de "públicas" e parabeniza a si mesma pelos "progressos" alcançados. Combina muito bem com o perfil da Liga usar essas reuniões "públicas" controladas com ingressos para xingar o "fantasma do cartismo", especialmente porque sabe que O'Connor, Duncombe, Cooper etc. responderão a esses ataques em *meetings realmente* públicas. Até agora os cartistas imploderam por claríssima maioria toda *meeting* pública da Liga, mas a Liga ainda não conseguiu desestabilizar nenhuma *meeting* cartista. Daí o ódio da Liga contra os cartistas, daí a gritaria sobre a "perturbação" das *meetings* pelos cartistas – isto é, rebelião da maioria contra a minoria que, de cima do palanque, procura usá-la para os seus propósitos. Onde está afinal o poder da Liga? – Em sua presunção e na sua bolsa de dinheiro. A Liga é rica, espera conseguir num passe de mágica um bom período de comércio com a revogação das leis dos cereais e, por isso, oferece a esmola para conseguir a fortuna. Suas subscrições geram enormes somas de dinheiro, com as quais ela custeia todas as suas pomposas reuniões e demais ostentações e roupas adornadas com lentejoulas. Contudo, por trás dessa aparência cintilante não há nada de real. A *National Charter Association*[12], a associação dos cartistas,

---

[11] Alusão a uma expressão usada por Jesus Cristo em Mateus 23,27-28, sobre a hipocrisia dos fariseus. O significado da expressão é explicado ali mesmo: "Vocês são como sepulcros caiados: bonitos por fora, mas por dentro estão cheios de ossos e de todo tipo de imundície; assim são vocês: por fora parecem justos ao povo, mas por dentro estão cheios de hipocrisia e iniquidade". (N. T.)

[12] A Associação Nacional dos Cartistas, fundada no mês de julho de 1840 em Manchester, pela fusão das associações locais, foi o primeiro partido de massas dos trabalhadores

Friedrich Engels – Esboço para uma crítica da economia política

possui muito mais membros e logo ficará claro que é capaz de arrecadar mais recursos financeiros, embora seja constituída apenas por trabalhadores pobres, enquanto a Liga tem em suas fileiras todos os industriais e comerciantes ricos. O motivo é que a associação cartista recebe dinheiro em forma de centavos, mas de quase todos os seus membros, ao passo que a Liga recebe quantias consideráveis como contribuição, mas só de alguns indivíduos. Os cartistas conseguem arrecadar com facilidade *1 milhão de pence* por semana – é duvidoso que a Liga consiga manter esse ritmo. A Liga fez uma campanha para arrecadar 50 mil libras esterlinas e angariou cerca de 70 mil; logo mais Feargus O'Connor fará uma campanha para um projeto de *125 mil libras esterlinas* e em seguida lançará outro, talvez no mesmo valor, e é certo que conseguirá essa quantia – mas o que a Liga fará com esse "grande fundo"?

Escreverei em outra ocasião sobre a razão pela qual os cartistas fazem oposição à Liga. Por ora, só mais esta observação: os esforços e labores da Liga têm *um* lado bom. É o movimento que a agitação contra as leis dos cereais provocou em uma classe social até agora totalmente estável – a da população agrícola. Até agora esta não tinha nenhum interesse público; dependentes do grande proprietário de terra, que pode rescindir o contrato de arrendamento ao fim de cada ano, fleumáticos e inscientes, ano após ano os *farmers* [agricultores] mandavam apenas *tories* para o Parlamento, 251 dos 658 membros da Câmara dos Comuns – e essa foi até agora a base sólida do partido reacionário. Se um *farmer* isolado quisesse se rebelar contra essa votação hereditária, não teria o apoio de seus pares e facilmente seria dispensado pelo dono das terras. Entretanto, agora se percebe uma considerável movimentação nessa classe da população; já existem *farmers* liberais e há entre eles pessoas que compreendem que, em muitos casos, o interesse do proprietário de terras e o interesse do arrendatário são diametralmente opostos. Há três anos, ninguém, especialmente nessa mesma Inglaterra, poderia dizer isso a um arrendatário sem que este caísse na risada ou o espancasse. Entre os membros dessa classe, o trabalho da Liga trará resultados, mas certamente diferentes do que ela espera; pois se é provável que a massa dos arrendatários se incline aos poucos para os *whigs*, é ainda mais provável que a massa dos diaristas agrícolas seja jogada para o lado dos cartistas. Uma coisa sem a outra é impossível, e assim, também nesse ponto, a Liga obterá uma compensação bem pequena para a deserção total e resoluta da classe trabalhadora que ela vem sofrendo nos últimos cinco anos nas cidades e nos distritos por obra do cartismo. O reinado do *juste-milieu* acabou e "o poder do país" se distribuiu entre os ex-

---

na história do movimento trabalhista; contava cerca de 40 mil membros em 1841-1842. Faltaram à associação ideologia e tática únicas e, além disso, havia sinais de que a maioria dos líderes cartistas tinha uma ideologia pequeno-burguesa. A associação se desagregou com a derrota do cartismo em 1848 e fechou as portas na década de 1850. (N. E. A.)

Cartas de Londres

tremos. Depois desses fatos inegáveis, pergunto ao senhor correspondente da *Allgemeine Zeitung* de Augsburgo: onde se esconde "o poder da Liga"?

III[13]

Os socialistas ingleses são muito mais fundamentais e práticos do que os franceses, o que advém em especial do fato de estarem em luta franca contra as diversas Igrejas e não quererem nada com a religião. Ocorre que, nas cidades maiores, eles mantêm um *hall* [local de reuniões] onde todos os domingos escutam discursos que com frequência polemizam com o cristianismo e são ateístas, mas também ventilam muitas vezes um aspecto atinente à vida dos trabalhadores; entre os seus *lecturers* (pregadores), Watts, em Manchester, parece-me, em todo caso, um homem importante, que escreveu com muito talento algumas brochuras sobre a existência de Deus e a economia política. Os *lecturers* têm uma maneira boa de argumentar; o ponto de partida de tudo é sempre a experiência e os fatos comprováveis ou palpáveis, mas a execução do argumento é tão completa que é difícil debater com eles no terreno que escolheram. Quando alguém tenta ir para outro terreno, eles dão risada na cara da pessoa; se eu disser, por exemplo, que a existência de Deus para o ser humano não depende de prova a partir de fatos, eles retrucam: "A sua frase é ridícula: se ele não se manifesta por meio de fatos, por que nós nos preocuparíamos com ele; da sua frase resulta justamente que a existência ou a não existência de Deus é indiferente para o ser humano. Como temos de cuidar de milhares de outras coisas, vamos deixar que o senhor se ocupe do bom Deus acima das nuvens, onde ele talvez exista, ou talvez não. O que não sabemos com base em fatos, não nos interessa; nós pisamos o chão 'dos bons e belos fatos', onde não se pode falar de fantasias como Deus e coisas religiosas". Dessa forma, eles calçam suas demais frases comunistas pela prova de fatos que eles, no entanto, aceitam com cautela. A obstinação dessas pessoas é indescritível e só Deus sabe como os sacerdotes pretendem persuadi-los. Em Manchester, por exemplo, a comunidade comunista conta com 8 mil membros declarados, inscritos para o *hall* e pagantes, e não há nenhum exagero quando se afirma que a metade das classes trabalhadoras de Manchester compartilha seu modo de ver a propriedade; pois quando Watts diz do palanque (que para os comunistas é o mesmo que o púlpito para os cristãos): hoje comparecerei a esta ou aquela *meeting*, pode-se ter como certo que a moção que o *lecturer* apresentará terá a maioria.

Porém, também há teóricos entre os socialistas ou, como os comunistas os chamam, ateístas *completos*, enquanto os outros são chamados de ateístas

---

[13] Esta parte foi publicada originalmente no semanário *Schweizerischer Republikaner*, n. 46, 9 jun. 1843. (N. E. A.)

Friedrich Engels – Esboço para uma crítica da economia política

práticos; o mais famoso desses teóricos é Charles Southwell, de Bristol, que publicou uma revista aguerrida intitulada *The Oracle of Reason* [O oráculo da razão][14], o que lhe custou um ano de cadeia e uma multa de cerca de cem libras: é claro, foi rapidamente inundada de subscrições; pois todo inglês mantém *seu* jornal, ajuda a pagar as multas de *seus* líderes, paga por *sua* capela ou *seu hall*, comparece à *sua meeting*. Mas Charles Southwell já está preso de novo; tiveram de vender o *hall* em Bristol, porque não há tantos socialistas assim nessa cidade e poucos são ricos, e um *hall* desse tipo implica uma despesa bastante alta. O *hall* foi comprado por uma seita cristã e transformado em capela. No dia em que o *hall* convertido em capela foi inaugurado, socialistas e cartistas deram um jeito de entrar para assistir e ouvir tudo. Mas quando o sacerdote começou a louvar a Deus, porque toda a atividade abominável havia terminado e agora o Todo-Poderoso estava sendo exaltado onde antes era blasfemado, eles tomaram isso como um ataque e, como pelas concepções inglesas todo ataque pede uma defesa, eles começaram a gritar: "Southwell, Southwell!". Southwell tinha de se pronunciar contra aquilo! Portanto, Southwell se apresenta e começa a discursar: mas os sacerdotes da seita cristã se põem à frente dos paroquianos enfileirados e arremetem contra Southwell, outros chamam a polícia, posto que Southwell perturbou o culto dos cristãos; os sacerdotes agarram-no com os próprios punhos, socam-no (o que nesses casos acontece com frequência) e entregam-no a um policial. O próprio Southwell ordenou a seus adeptos que não oferecessem resistência física; quando foi levado, 6 mil pessoas o acompanharam gritando hurras e vivas.

Owen, o fundador dos socialistas, escreve seus numerosos livrinhos como um filósofo alemão, isto é, muito mal, mas às vezes tem momentos lúcidos em que torna palatáveis suas frases obscuras; aliás, suas opiniões são abrangentes. Segundo Owen, "casamento, religião e propriedade são as únicas causas de toda a desgraça que existiu desde o princípio do mundo" (!!); em todos os seus escritos, pululam rompantes de fúria contra os teólogos, os juristas e os médicos, que ele joga numa panela só. "Os tribunais de júri são ocupados por uma classe de gente que ainda é toda teológica e, *portanto, é parcial*; as leis também são teológicas e por isso têm de ser revogadas com o júri."

Enquanto a Igreja Alta inglesa vivia na opulência, os socialistas deram uma contribuição tremenda para a formação das classes trabalhadoras na Inglaterra; de início, não há como não nos admirarmos quando ouvimos o mais comum dos trabalhadores falar no Hall of Science [Salão da Ciência] com clara consciência das condições políticas, religiosas e sociais; porém, quando descobrimos os notáveis escritos populares, quando ouvimos os *lecturers* dos socialistas, como Watts em Manchester, por exemplo, já não nos admiramos

---

[14] *The Oracle of Reason* foi a primeira revista declaradamente ateísta da Inglaterra. Circulou de 1841 a 1843. (N. T.)

Cartas de Londres

tanto. Os trabalhadores têm ao seu alcance atualmente, em edições baratas e benfeitas, as traduções da filosofia francesa do século passado, principalmente o *Contrato social*, de Rousseau[15], o *Sistema da natureza*[16] e diversas obras de Voltaire, bem como brochuras e jornais a um ou dois centavos nos quais se expõem os princípios comunistas; da mesma forma, as edições dos escritos de Thomas Paine e Shelley estão nas mãos dos trabalhadores a preço baixo. Somam-se a isso as preleções dominicais, que são frequentadas com assiduidade; quando estive em Manchester, vi o *hall* dos comunistas, que comporta em torno de 3 mil pessoas, apinhado de gente todos os domingos e escutei discursos de efeito imediato que falam ao povo de coisas que lhe dizem respeito e fazem muita piada sobre os sacerdotes. Ocorre com frequência que o cristianismo seja diretamente atacado e os cristãos sejam designados como "os nossos inimigos".

O formato dessas reuniões se parece em parte com as reuniões cristãs; um coro acompanhado de orquestra canta da galeria hinos sociais; trata-se de melodias com letras comunistas, ora meio espirituais, ora inteiramente espirituais, e, enquanto são cantadas, os ouvintes ficam em pé. Em seguida, um leitor sobe ao palanque, onde já se encontram uma estante de leitura e cadeiras; bem à vontade, com o chapéu na cabeça, ele saúda os presentes fazendo uma mesura com o chapéu e tira o casaco; então ele se senta e faz a sua palestra, durante a qual habitualmente se ri muito, dado que o humor característico da piada inglesa é transbordante nesses discursos; num dos cantos do *hall*, há uma loja de livros e brochuras, no outro um quiosque com laranjas e refrescos onde cada qual pode satisfazer suas necessidades momentâneas ou, caso o discurso seja entediante, escapar dele. Às vezes há chás nos sábados à tarde nos quais todas as idades, classes e sexos se misturam e desfrutam juntos da refeição da tarde habitual, chá com pão e manteiga; nos dias de trabalho, frequentemente há bailes e concertos no *hall*, nos quais o pessoal se diverte bastante; além disso, ainda há um café no *hall*.

Mas como tudo isso é tolerado? Certa vez, sob o ministério *whig*, os comunistas conseguiram passar uma lei parlamentar a seu favor e, naquela época, estabeleceram-se de tal maneira como corporação que já não é mais possível fazer nada contra eles nesse nível. Em segundo lugar, bem que se gostaria de dar cabo dos indivíduos que se destacam, mas já se sabe que isso só é vantajoso para os socialistas, pois atrai a atenção do público para eles, que é o que eles querem. Se houvesse mártires defendendo sua causa (e a todo momento há muitos dispostos a isso), haveria agitação; mas a agitação é o meio de difundir ainda mais a sua causa, enquanto hoje boa parte do

---

[15] Jean-Jacques Rousseau, *Do contrato social: ou princípios do direito político* (trad. Eduardo Brandão, São Paulo, Companhia das Letras, 2019). (N. T.)

[16] Paul-Henri-Dietrich d'Holbach, *Sistema da natureza: ou das leis do mundo físico e do mundo moral* (trad. Regina Schöpke e Mauro Baladi, São Paulo, Martins Fontes, 2010). (N. E. A.)

Friedrich Engels – Esboço para uma crítica da economia política

povo os ignora, por achar que se trata de uma seita como qualquer outra; os *whigs* sabem muito bem que represálias favorecem uma causa mais do que a agitação feita por ela e, por conseguinte, concederam-lhe existência e formato; todo formato, porém, gera comprometimento. Os *tories*, em contraposição, partem para as vias de fato, por exemplo, quando os escritos ateístas são muito apelativos, mas todas as vezes favorecem os comunistas; em dezembro de 1840, Southwell e outros foram punidos por blasfêmia; logo em seguida surgiram três revistas novas: uma delas foi *The Atheist* [O ateísta], a segunda, *The Atheist and Republican* [O ateísta e republicano] e a terceira, *The Blasphemer* [O blasfemador], editada pelo *lecturer* Watts. Alguns números desta última causaram grande sensação e, em razão disso, estudou-se em vão uma maneira de reprimir essa corrente. Optou-se por deixá-la em paz e, vejam só, todas as três revistas pararam de circular!

Em terceiro lugar, os socialistas se salvam, como todos os outros partidos, contornando a lei e apelando para as sutilezas retóricas, o que está na ordem do dia.

Assim, aqui tudo é vida e conexão, chão firme e ato, e tudo adquire forma concreta: enquanto acreditamos saber de alguma coisa após engolir a maçante miserabilidade do livro de Stein[17], ou pensamos ser alguém quando articulamos aqui e ali uma opinião perfumada de essência de rosas.

Percebe-se com nitidez nos socialistas a energia inglesa; mas o que mais causa admiração é a natureza magnânima desses – eu quase diria – caras, mas que está bem longe de indicar fraqueza, pois chegam a cair na risada diante dos simples republicanos, visto que, segundo eles, a república seria tão hipócrita, tão teológica e tão legalmente injusta quanto a monarquia; a favor da reforma social, porém, querem dar seus bens e seu sangue, inclusive mulheres e filhos.

IV[18]

Hoje em dia só se ouve falar de O'Connell e do *Repeal* irlandês (revogação da união da Irlanda com a Inglaterra)[19]. O'Connell, o velho advogado espertalhão que, durante o governo *whig*, ocupou tranquilamente um assento na

---

[17] Lorenz von Stein, *Der Socialismus und Communismus des heutigen Frankreichs. Ein Beitrag zur Zeitgeschichte* (Leipzig, Otto, Wigand, 1842). (N. E. A.)

[18] Esta parte foi publicada originalmente no semanário *Schweizerischer Republikaner*, n. 51, 27 jun. 1843. (N. E. A.)

[19] A União Anglo-Irlandesa foi imposta à Irlanda pelo governo inglês após a derrota da Rebelião Irlandesa de 1798. A União, que entrou em vigor no dia 1º de janeiro de 1801, apagou os últimos vestígios de autonomia da Irlanda e dissolveu o Parlamento irlandês. A reivindicação de revogação da União (*Repeal of Union*) tornou-se um lema muito popular a partir da década de 1820 na Irlanda. No entanto, o liberal burguês O'Connell, que encabeçava o movimento nacional, e outros encaravam a agitação pela

Cartas de Londres

Câmara dos Comuns e ajudou a aprovar medidas "liberais" só para serem rejeitadas depois pela Câmara dos Lordes. De repente, O'Connell se afastou de Londres e do debate parlamentar e requentou a velha questão do *repeal*. Ninguém mais pensava nisso; então o velho Dan desembarca em Dublin e revolve os velhos trastes já prescritos. Não é de admirar que toda aquela velharia em fermentação tenha gerado estranhas bolhas de gás. O velho espertalhão anda de cidade em cidade, sempre acompanhado de uma guarda pessoal como nenhum rei é capaz de ostentar, "duas vezes cem mil"[20] pessoas o tempo todo ao seu redor! Imagine-se o que seria possível a um homem sensato se tivesse a popularidade de O'Connell, ou se O'Connell tivesse um pouco mais de noção e um pouco menos de egoísmo e vaidade! Duas vezes cem mil pessoas; e que pessoas! – Pessoas que não têm um centavo a perder, dois terços das quais sem uma peça de roupa inteira sobre o corpo, autênticos proletários e *sans-culottes*[21], e, além do mais, irlandeses, gaélicos selvagens, indômitos, fanáticos. Quem não viu os irlandeses não os conhece. Deem--me "duas vezes cem mil" irlandeses e ponho toda a monarquia britânica abaixo. O irlandês é uma cria da natureza, despreocupado, bem-humorado e comedor de batatas. Da charneca, onde cresceu sob um telhado precário, ingerindo chá aguado e comida escassa, é arrastado para a nossa civilização. A fome o tange para a Inglaterra. Na atividade mecânica, egoísta e gélida das cidades fabris inglesas, suas paixões despertam. O que sabe de economizar o jovem rude que passou a juventude brincando na charneca e esmolando à beira da estrada? O que ele ganha é torrado na mesma hora; e então ele passa fome até o próximo dia de pagamento ou até que volte a encontrar trabalho. Assim ele se acostumou a passar fome. Depois retorna, procura e junta de novo a família à beira da estrada onde ela se dispersava para esmolar e às vezes se reunia em torno da chaleira que a mãe carregava com ela. Mas na Inglaterra ele viu muita coisa, frequentou *meetings* públicas e associações de trabalhadores, sabe o que é *repeal* e o que representa sir Robert Peel, com toda certeza enfrentou muitas vezes a polícia e tem muitas histórias para contar a respeito da dureza de coração e da infâmia dos "*peelers*" (policiais). Também

---

revogação da União apenas como um meio de se obter concessões irrisórias para a burguesia irlandesa. Em 1835, O'Connell firmou um acordo com os *whigs* ingleses e desarticulou completamente a agitação. Porém, em virtude da repercussão dos movimentos de massa, os liberais irlandeses foram obrigados a fundar, em 1840, a *Repeal Association* [Associação da Revogação], que eles tentaram conduzir pela via do acordo com as classes dominantes da Inglaterra. (N. E. A.)

[20] O original diz "*zweimalhunderttausend Leute*" ("duas vezes cem mil pessoas"), o que decerto não pode ser tomado no sentido literal, mas como quantidade expressiva, isto é, um "mundaréu de gente". Mantém-se a expressão original, porque em seguida o autor opera com o sentido numérico da expressão. (N. T.)

[21] Referência aos artesãos, pequenos comerciantes e operários que, durante a Revolução Francesa, constituíam a base dos grupos políticos mais radicais. (N. T.)

sobre Daniel O'Connell ele ouviu muita coisa. Agora ele volta em busca de sua antiga casa e da pequena plantação de batatas. As batatas amadureceram, ele as colhe e tem do que viver no inverno. Então vem o arrendatário principal[22] e cobra o arrendamento. Pelo amor de Deus, de onde tirar dinheiro? O arrendatário principal é responsável pela renda diante do dono das terras e, portanto, manda penhorar. O irlandês resiste e é preso. Mas acaba sendo solto e pouco depois o arrendatário principal ou alguém que participou da penhora é encontrado morto em alguma vala.

Essa é uma história que acontece todos os dias na vida dos proletários irlandeses. A educação semisselvagem e, mais tarde, o entorno civilizado fazem com que o irlandês entre em contradição consigo mesmo, uma irritação constante e uma raiva interior que arde sem parar tomam conta dele e o tornam capaz de tudo. Somam-se a isso uma carga de quinhentos anos de opressão e todas as suas consequências. A quem surpreende que ele, como qualquer semisselvagem, a todo momento parta cego e furioso para a briga, que arda em seus olhos um perene impulso vingativo, uma fúria destruidora, sendo totalmente indiferente contra o que ela se manifesta, desde que possa bater com força, desde que consiga destruir alguma coisa? Mas isso não é tudo. O ódio nacional furibundo do gaélico contra o saxão, o fanatismo veterocatólico nutrido pelos padres contra a soberba episcopal protestante – com esses elementos pode-se conseguir tudo. O'Connell tem todos esses elementos na mão. E que massas estão a sua disposição! Anteontem em Cork – 150 mil pessoas; ontem em Nenagh – 200 mil pessoas; hoje em Kilkenny – 400 mil pessoas e por aí vai. Catorze dias de marcha triunfal, uma marcha triunfal que nenhum imperador romano conseguiu ostentar. E se O'Connell quisesse realmente o melhor para o povo, se estivesse realmente interessado em acabar com a miséria – se por trás de todo o barulho, de toda a agitação do *repeal*, não houve somente propósitos mesquinhos e deploráveis voltados para o *juste-milieu*, eu realmente gostaria de saber o que sir Robert Peel lhe poderia negar se ele fizesse exigências à frente de um poder como o que tem agora. Mas o que ele consegue com todo o seu poder e com os seus milhões de irlandeses desesperados e aptos para lutar? Nem mesmo a miserável *repeal* da união ele consegue impor; é claro que é apenas porque ele não a quer a sério, porque manipula o povo irlandês exaurido e esmagado para pôr no Ministério ministros *tories* em dificuldades e amigos do *juste-milieu*. Sir Robert Peel sabe muito bem disso e, portanto, 25 mil soldados são mais do que suficientes para controlar toda a Irlanda. Se O'Connell fosse realmente o homem do povo, se tivesse coragem suficiente *e não tivesse ele próprio medo do povo*, isto é, se não fosse um *whig* de duas caras,

---

[22] O arrendatário principal arrendava a terra diretamente do proprietário e a subarrendava em parcelas menores a outros que, por sua vez, frequentemente a subarrendavam a outros. (N. E. A.)

Cartas de Londres

mas um democrata coerente e retilíneo, há muito não haveria mais nenhum soldado inglês na Irlanda, nenhum padreco protestante vadiando em distritos puramente católicos, nenhum antigo barão normando em seu castelo. Eis a questão. Se o povo fosse liberado por um momento que seja, sucederia com Daniel O'Connell e seus plutocratas o mesmo que eles querem fazer com os *tories*, ou seja, seriam jogados no olho da rua. É por isso que Daniel mantém relações tão estreitas com o clero católico, é por isso que alerta os irlandeses contra o perigoso socialismo, é por isso que recusa o apoio que os cartistas lhe ofereceram, embora fale aqui e ali de democracia para manter as aparências, como em tempos idos Luís Filipe falou das instituições republicanas, e por isso jamais conseguirá nada além de uma formação política do povo irlandês que não representará para ninguém um perigo maior do que para ele próprio.

Progresso da reforma social no continente[1]

Em certa medida, sempre foi surpreendente para mim, desde que me encontrei com socialistas ingleses, descobrir que a maioria deles está muito pouco familiarizada com o movimento social que ocorre em diferentes partes do continente. E, no entanto, há mais de meio milhão de comunistas na França, sem levar em conta os fourieristas e outros reformadores sociais menos radicais; há associações comunistas em todas as partes da Suíça, enviando missionários para a Itália, a Alemanha e até a Hungria; e a filosofia alemã, após um longo e problemático circuito, finalmente se estabeleceu no comunismo.

Assim, os três grandes e civilizados países da Europa – Inglaterra, França e Alemanha – chegaram à conclusão de que uma completa revolução dos mecanismos sociais, baseada na comunidade de propriedade, tornou-se agora uma necessidade urgente e inevitável. Esse resultado é ainda mais impressionante uma vez que foi alcançado por cada uma das nações referidas de maneira independente umas das outras; um fato, do qual não pode haver prova mais forte, de que o comunismo não é consequência da posição particular dos ingleses, ou de qualquer outra nação, mas a conclusão necessária,

---

[1]   Esta versão foi publicada pela primeira vez em *Revista Libertas*, Juiz de Fora, v. 20, n. 2, jul./dez. 2020, p. 643-660. Traduzida por Ronaldo Vielmi Fortes e revisada por Elcemir Paço Cunha do original inglês contido em *Marx & Engels Collected Works* (Nova York, International Publishers, 2005), v. 3. O artigo marca o início da colaboração de Engels com o jornal *The New Moral World* [O Novo Mundo Moral]. O periódico foi um dos primeiros jornais socialistas do Reino Unido. Foi lançado por Robert Owen em novembro de 1834 como sucessor do jornal *Crisis*. O artigo foi publicado em dois números da revista: no n. 19 de 4 de novembro de 1843, e no n. 21 de 18 de novembro de 1843. No texto, Engels esboça uma descrição dos principais movimentos socialistas de sua época, aborda as principais correntes do movimento na França, na Alemanha e na Suíça. A intervenção de Engels aponta para a necessidade da integração do movimento socialista no continente; para tanto, conhecer suas variantes nos países industrializados torna-se essencial para somar forças em vista da transformação social. O artigo testemunha os passos iniciais do jovem pensador no interior do pensamento propriamente comunista, em clara ruptura com o ideário democrático burguês e com o pensamento político dos neo-hegelianos. (N. E.)

Friedrich Engels – Esboço para uma crítica da economia política

que não se pode evitar de esboçar das premissas dadas nos fatos gerais da civilização moderna.

Portanto, parece desejável que as três nações devam se entender, saber em que pontos concordam e em que pontos discordam, pois deve também haver desacordo, em razão da origem diferente da doutrina da comunidade em cada um dos três países. Os ingleses chegaram à conclusão *praticamente*, pelo rápido aumento da miséria, pela desmoralização e pelo pauperismo em seu país: os franceses chegaram a ela *politicamente*, reivindicando primeiro a liberdade política e a igualdade, e, achando isso insuficiente, adicionaram a liberdade social e a igualdade social às suas reivindicações políticas; os alemães tornaram-se comunistas *filosoficamente*, ao raciocinar sobre os primeiros princípios. Sendo essa a origem do socialismo nos três países, deve haver diferenças em pontos menores; mas acho que poderei mostrar que essas diferenças são muito insignificantes e bastante consistentes com o melhor sentimento por parte dos reformadores sociais de cada país para com os do outro. O que se quer é que eles se conheçam; obtido isso, estou certo de que todos terão os melhores votos de sucesso para seus irmãos comunistas estrangeiros.

França

A França é, desde a revolução, o país exclusivamente político da Europa. Nenhuma reforma, nenhuma doutrina pode alcançar importância nacional na França, a menos que sejam corporificadas em alguma forma política. Parece ser a parte que a nação francesa deve desempenhar no presente estágio da história da humanidade: passar por todas as formas de desenvolvimento político e chegar, a partir de um começo meramente político, ao ponto em que todas as nações, todos caminhos diferentes, vão se encontrar no comunismo. O desenvolvimento da opinião pública na França mostra isso claramente e, ao mesmo tempo, qual deve ser a história futura dos cartistas ingleses.

A Revolução Francesa foi a ascensão da democracia na Europa. A democracia é, no fundo, como considero todas as formas de governo, uma contradição em si mesma, uma inverdade, nada além de hipocrisia (teologia, como nós, alemães, a chamamos). Liberdade política é liberdade simulada, a pior escravidão possível, a aparência da liberdade e, portanto, a realidade da servidão. A igualdade política é o mesmo; portanto, a democracia, assim como todas as outras formas de governo, deve fundamentalmente despedaçar-se: a hipocrisia não pode subsistir, a contradição nela oculta deve aparecer; ao invés de uma escravidão regular – isto é, um despotismo indisfarçado –, devemos ter a liberdade real e a igualdade real, isto é, o comunismo. Ambas as consequências surgiram na Revolução Francesa; Napoleão estabeleceu a primeira e Babeuf a segunda. Acho que posso ser sucinto no assunto do babouvismo, já que a história de sua conspiração, [escrita] por

Progresso da reforma social no continente

Buonarroti[2], foi traduzida para a língua inglesa[3]. O complô comunista não teve sucesso, porque o próprio comunismo de então era muito primitivo e superficial; e por que, por outro lado, a opinião pública ainda não estava suficientemente avançada.

Outro reformador social francês foi o conde de Saint-Simon. Ele conseguiu formar uma seita e até mesmo algumas instituições, nenhuma bem-sucedida. O espírito geral das doutrinas de Saint-Simon é muito parecido com o dos socialistas de Ham-Common[4], na Inglaterra, embora haja uma grande diferença nos *detalhes* das disposições e ideias. As singularidades e excentricidades dos saint-simonianos tornaram-se muito cedo vítimas do humor e da sátira dos franceses; e tudo que se torna ridículo está inevitavelmente perdido na França. Mas, além disso, houve outras causas para o fracasso das instituições saint-simonianas; todas as doutrinas desse partido estavam envolvidas nas nuvens de um misticismo ininteligível que talvez, de início, tenha atraído a atenção do povo, mas que, finalmente, frustrou suas expectativas. Seus princípios econômicos também não eram irrepreensíveis; a participação de cada um dos membros das comunidades na distribuição da produção deveria ser regulada, em primeiro lugar, pela quantidade de trabalho que realizasse e, em segundo lugar, pela quantidade de talento que demonstrava. Um republicano alemão, Boerne, respondeu com justiça a esse princípio que o talento, em vez de recompensado, deve ser considerado uma inclinação natural e que, portanto, deve-se fazer uma dedução da parte dos talentosos a fim de restaurar a igualdade.

O saint-simonismo, depois de ter aguçado, como um meteoro resplandecente, a atenção do pensamento, desapareceu do horizonte social. Ninguém hoje pensa ou fala nele; seu tempo já passou.

Quase ao mesmo tempo que Saint-Simon, outro homem dirigiu a atividade de seu poderoso intelecto para a organização social da humanidade: *Fourier*. Embora os escritos de Fourier não exibam aquelas brilhantes centelhas de gênio que encontramos em Saint-Simon e alguns de seus discípulos; embora

---

[2]   Philippe Buonarroti, *Conspiration pour l'égalité dite de Babeuf, suivie du procès auquel elle donna lieu, et des pièces justificatives etc.* (Bruxelas, Librairie Romantique, 1828). (N. E. I.)

[3]   A tradução para o inglês do livro de Buonarroti foi publicada em Londres em 1836 sob o título *Buonarroti's History of Babeufs Conspiracy for Equality, with the Author's Reflections on the Causes and Character of the French Revolution, and His Estimate of the Leading Men and Events of that Epoch* [História de Buonarroti da conspiração de Babeuf para a igualdade, com as reflexões do autor sobre as causas e o caráter da Revolução Francesa e sua avaliação dos principais personagens e eventos daquela época]. A tradução foi feita por James Bronterre O'Brien, um dos líderes e teóricos do cartismo. (N. E. I.)

[4]   Grupo de socialistas utópicos ingleses que fundaram em 1842 a colônia comunal "Concordium" [Concórdio], em Ham Common, nos arredores de Londres. Seguidores do místico inglês James Pierrepont Greaves pregavam o autoaperfeiçoamento moral e um modo de vida ascético. A colônia existiu por um curto período. (N. E. A.)

seu estilo seja duro e mostre, em grande medida, o labor com que o autor está sempre trabalhando para trazer suas ideias e falar coisas para as quais nenhuma palavra é fornecida pela língua francesa, lemos seu trabalho com maior prazer e encontramos nele mais valor real do que no da escola anterior. Há misticismo também, e tão extravagante quanto qualquer outro, mas, isso cortado e posto de lado, permanecerá algo que não pode ser encontrado nos saint-simonianos: a pesquisa científica, o pensamento frio, imparcial e sistemático – em suma, a *filosofia social* –, ao passo que o saint-simonismo só pode ser chamado de *poesia social*. Foi Fourier quem, pela primeira vez, estabeleceu o grande axioma da filosofia social de que, tendo todo indivíduo uma inclinação ou predileção por algum tipo particular de trabalho, a soma de todas essas inclinações de todos os indivíduos deve ser, no todo, um poder adequado para atender às necessidades de todos. Segue-se desse princípio que, se cada indivíduo for deixado à sua própria inclinação, para fazer e deixar o que lhe agrada, as necessidades de todos serão supridas, sem a força dos meios usados pelo atual sistema de sociedade. Essa afirmação parece ousada e, no entanto, dado o modo de Fourier de estabelecê-la, é bastante sólida, quase autoevidente – o ovo de Colombo. Fourier prova que todo mundo nasce com inclinação para algum tipo de trabalho; que a *ociosidade absoluta* é um absurdo, uma coisa que nunca existiu e não pode existir; que a essência da consciência humana é ser ela mesma ativa e pôr o corpo em atividade; e que, portanto, não há necessidade de tornar as pessoas ativas pela força, como no estado atual da sociedade, mas apenas de dar a direção certa à sua atividade natural. Prossegue comprovando a identidade do trabalho e da fruição e mostra a irracionalidade do atual sistema social, que os separa, tornando o trabalho uma labuta e pondo a fruição acima do alcance da maioria dos trabalhadores; ele mostra ainda como, sob ordenamentos racionais, o trabalho pode ser – o que é mesmo pretendido que seja – um prazer, deixando cada um seguir suas próprias inclinações. Não posso, é claro, acompanhar Fourier em toda a sua teoria do *trabalho livre*, e acho que isso será suficiente para mostrar aos socialistas ingleses que o fourierismo é um assunto merecedor de sua atenção[5].

Outro mérito de Fourier é ter mostrado as vantagens, ou melhor, a necessidade da associação. Bastará mencionar esse assunto, pois sei que os ingleses têm plena consciência de sua importância.

Há, porém, uma inconsistência no fourierismo, e também muito importante, que é sua não abolição da propriedade privada. Em seus *falanstérios* ou estabelecimentos associativos, há ricos e pobres, capitalistas e trabalhadores.

---

[5]   Os editores do *New Moral World* forneceram a seguinte nota a essa passagem: "Há alguns anos demos uma exposição completa do sistema em uma série de artigos neste jornal". O autor da nota se referia a duas grandes séries de artigos: "Socialism in France. Charles Fourier" e "Fourierism". O primeiro foi publicado no *New Moral World* em 1839 (n. 45-46, 48 e 49) e o segundo em 1839-1840 (n. 53, 55, 57, 61-63, 71 e 73-75). (N. E. I.)

Progresso da reforma social no continente

A propriedade de todos os membros é colocada em um capital social, o estabelecimento desenvolve o comércio, a agricultura e a indústria manufatureira, e os rendimentos são divididos entre os membros: uma parte como salário do trabalho, outra como recompensa pela habilidade e pelo talento, e uma terceira como lucro do capital. Assim, depois de todas as belas teorias de associação e trabalho livre, depois de uma boa dose de indignada declamação contra o comércio, o egoísmo e a competição, temos na prática o velho sistema competitivo com base em um plano melhorado, uma fortaleza da lei dos pobres fundada em princípios mais liberais! Certamente não podemos nos deter aí; e os franceses também não se detiveram.

O progresso do fourierismo na França foi lento, mas regular. Não há muitos fourieristas, mas contam com uma porção considerável do intelecto atualmente ativo na França. Victor Considérant é um de seus escritores mais inteligentes. Eles também têm um jornal, o *Phalange* [Falange], antes publicado três vezes por semana, agora diariamente[6].

Como os fourieristas são agora representados na Inglaterra também pelo sr. Doherty, acho que devo ter dito o suficiente a respeito deles; passo agora ao partido mais importante e radical da França: os *comunistas*.

Disse antes que tudo o que reivindica importância nacional na França deve ser de natureza política, ou não terá sucesso. Saint-Simon e Fourier não tocaram em absoluto em política, e seus esquemas, portanto, tornaram-se apenas assuntos de discussão privada, e não propriedade comum da nação. Vimos como o comunismo de Babeuf surgiu da democracia da primeira revolução. A segunda revolução, de 1830, deu origem a outro comunismo mais poderoso. A "grande semana" de 1830[7] ocorreu pela união das classes média e operária, dos liberais e dos republicanos. Feito o trabalho, as classes trabalhadoras foram dispensadas e os frutos da revolução foram tomados apenas pelas classes médias. Os trabalhadores fizeram várias insurreições a favor da abolição do monopólio político e pelo estabelecimento de uma república[8], mas sempre foram derrotados – a classe média não apenas tendo o exército ao seu lado, mas formando ela mesma a guarda nacional. Nessa época (1834 ou 1835),

---

[6] Os editores do *New Moral World* deram a seguinte nota a essa passagem: "Agora intitulado *Démocratie Pacifique*". Além do jornal *La Démocratie Pacifique* [A Democracia Pacífica], publicado a partir de agosto de 1843, os fourieristas continuaram a publicar *La Phalange* como jornal teórico. (N. E. I.)

[7] Ou seja, de 27 de julho a 20 de agosto, o auge da Revolução de Julho. (N. E. I.)

[8] Engels refere-se aqui a uma série de ações armadas do proletariado francês dirigidas contra o regime de julho da monarquia burguesa e também à participação ativa dos trabalhadores nas revoltas lideradas pelas sociedades secretas republicanas. Os principais eventos na década de 1830 foram: os levantes dos trabalhadores no fim de novembro de 1831 e abril de 1834 em Lyon e as revoltas republicanas em Paris, em 5 de junho de 1832, 13 e 14 de abril de 1834 e 12 de maio de 1839, nas quais os principais participantes eram trabalhadores. (N. E. I.)

Friedrich Engels – Esboço para uma crítica da economia política

uma nova doutrina surgiu entre os trabalhadores republicanos. Eles viram que, mesmo após terem sucesso em seus planos democráticos, eles continuariam a ser ludibriados por seus líderes mais talentosos e mais bem educados, e que sua condição social, a causa de seu descontentamento político, não seria melhorada por nenhuma mudança política. Eles se referiam à história da grande revolução e se apegaram avidamente ao comunismo de Babeuf.

Isso é tudo que pode ser afirmado com segurança a respeito da origem do comunismo moderno na França; o assunto foi discutido pela primeira vez nos becos escuros e nas vielas lotadas do subúrbio parisiense de *Saint--Antoine* e, logo depois, nas assembleias secretas dos conspiradores. Quem sabe mais sobre sua origem tem o cuidado de guardar o conhecimento para si, a fim de evitar o "braço forte da lei". No entanto, o comunismo se espalhou rapidamente por Paris, Lyon, Toulouse e outras grandes cidades industriais do país; várias associações secretas se seguiram, entre as quais os "Travailleurs Égalitaires"[9], ou Trabalhadores Igualitários, e os *Humanitarians*[10], ou Humanitaristas, eram as mais consideráveis. Os igualitários eram um "grupo rude", como os babouvistas da grande revolução; pretendiam transformar o mundo numa comunidade de trabalhadores, desprezando todo o refinamento da civilização, a ciência, as belas-artes etc., como luxos inúteis, perigosos e aristocráticos, um preconceito necessariamente decorrente de sua total ignorância da história e da economia política. Os humanitaristas eram conhecidos principalmente por seus ataques ao casamento, à família e outras instituições semelhantes. Ambos, bem como outros dois ou três partidos, tiveram vida muito curta, e a grande maioria das classes trabalhadoras francesas adotou, muito cedo, os princípios propostos pelo sr. Cabet, "Père Cabet"[11], como é chamado, e que são conhecidos no continente com o nome de comunismo icariano.

Esse esboço da história do comunismo na França mostra, em certa medida, qual é a diferença entre o comunismo francês e o inglês. A origem da reforma social na França é política; constata-se que a democracia não pode

---

[9] A Trabalhadores Igualitários, uma sociedade secreta dos comunistas franceses, foi fundada em 1840 e servia de base de apoio a Babeuf. Seus membros eram sobretudo trabalhadores. (N. E. A.)

[10] Os humanitaristas formavam uma sociedade secreta de apoio a Babeuf, constituída em 1841 em torno do jornal *L'Humanitaire* [O Humanitário]. Ambas as sociedades estavam sob a influência ideológica de Théodore Dézamy e aderiram à linha materialista e revolucionária no interior do comunismo utópico francês. (N. E. A.)

[11] Pseudônimo atribuído a Etienne Cabet (1788-1856), teórico comunista e fundador do movimento dos icarianos. Em seu livro *Voyage et aventure en Icarie* – escrito em 1838 e publicado em 1840 – defendeu a criação de uma sociedade fundada nos princípios comunistas e de solidariedade entre seus membros. Foi o iniciador de uma experiência de colonização em grande escala nos EUA. O nome "icarianos" conferido ao movimento fundado por ele advém da cidade fictícia criada em seu livro. (N. T.)

Progresso da reforma social no continente

proporcionar uma igualdade real e, portanto, o esquema comunitário é chamado em seu auxílio. A maior parte dos comunistas franceses é, portanto, republicana; eles querem um estado comunitário de sociedade, sob uma forma republicana de governo. Bem, não acho que os socialistas ingleses tenham sérias objeções a isso, porque, embora sejam mais favoráveis a uma monarquia eletiva, sei que são muito esclarecidos para impor seu tipo de governo a um povo totalmente contrário a ele. É evidente que, para tanto, essas pessoas se envolveriam em desordens e dificuldades muito maiores do que surgiriam de seu próprio modo democrático de governo, mesmo supondo que isso fosse ruim.

Mas há outras objeções que se poderiam fazer aos comunistas franceses. Eles pretendem derrubar pela força o atual governo de seu país e demonstram-no por meio de sua política contínua de associações secretas. Isso é verdade. Mesmo os icarianos, embora declarem em suas publicações que abominam as revoluções físicas e as sociedades secretas, até mesmo eles são associados dessa maneira e aproveitariam com prazer qualquer oportunidade para estabelecer uma república pela força[12]. Isso será objetado, ouso dizer, e com razão, porque, de qualquer forma, as associações secretas são sempre contrárias à prudência comum, na medida em que as partes se tornam sujeitas a desnecessárias perseguições legais. Não estou inclinado a defender tal linha de política, mas ela deve ser explicada, levada em conta; e isso pode ser cumprido inteiramente pela diferença entre o caráter nacional e o governo da França e da Inglaterra. A constituição inglesa é há cerca de 150 anos, ininterruptamente, a lei do país; todas as mudanças ocorreram por meios legais, por formas constitucionais; portanto, os ingleses devem ter um forte respeito por suas leis. Mas na França, nos últimos cinquenta anos, as alterações forçadas sucederam-se umas às outras; todas as constituições, da democracia radical ao franco despotismo, todos os tipos de leis foram jogados fora e substituídos por outros, após uma curta existência; como podem as pessoas respeitar suas leis? E o resultado de todas essas convulsões, como agora estabelecidas na constituição e nas leis francesas, é a opressão dos pobres pelos ricos, uma opressão mantida pela força – como se pode esperar que os oprimidos amem suas instituições públicas, que não recorram aos velhos truques de 1792? Eles sabem que, se são alguma coisa, o são apenas confrontando força com força e, não tendo atualmente nenhum outro meio, por que deveriam hesitar em aplicá-la? Será dito mais adiante: por que os comunistas franceses não estabeleceram comunidades, como fizeram os ingleses? Minha

---

[12] Os editores do *New Moral World* acrescentaram a seguinte nota a essa passagem: "É preciso reiterar que os comunistas icarianos, em seu órgão, o *Populaire* [Popular], renegaram, da maneira mais veemente, toda participação em sociedades secretas e expuseram o nome de seus líderes em documentos públicos, exposições de princípios e objetivos". (N. E. I.)

Friedrich Engels – Esboço para uma crítica da economia política

resposta é: porque eles não *ousam*. Se o fizessem, a primeira experiência seria reprimida pelos soldados. E se sofressem ao fazê-lo, não teria utilidade para eles. Sempre entendi que o *Harmony Establishment* [Estabelecimento Harmonia][13] é apenas um experimento para mostrar a possibilidade dos planos do sr. Owen, se colocados em prática, de forçar a opinião pública a uma ideia mais favorável aos esquemas socialistas para aliviar a agonia pública. Bem, se esse é o caso, tal experimento seria inútil na França. Não mostre aos franceses que seus planos são práticos, porque eles permaneceriam frios e indiferentes. Mostre-lhes que suas comunidades não colocarão a humanidade sob um "despotismo férreo", como disse o sr. Bairstow, o cartista, em sua última discussão com o sr. Watts[14]. Mostre-lhes que a liberdade real e a igualdade real só serão possíveis com acordos comunitários, mostre-lhes que a *justiça* exige tais acordos, e terá todos do seu lado.

Mas voltemos às doutrinas sociais dos comunistas icarianos. Seu "livro sagrado" é *Voyage en Icarie* [Viagem a Icária], do Père Cabet, que, a propósito, foi procurador-geral da República e membro da Câmara dos Deputados. Os planejamentos gerais para suas comunidades diferem muito pouco daqueles do sr. Owen. Eles incorporaram em seus planos tudo de racional que encontraram em Saint-Simon e Fourier; e, portanto, são muito superiores aos antigos comunistas franceses. Quanto ao casamento, concordam perfeitamente com os ingleses. Todo o possível é feito para assegurar a liberdade do indivíduo. As punições devem ser abolidas e substituídas pela educação dos jovens e pelo tratamento mental racional dos adultos.

É curioso, no entanto, que, enquanto os socialistas ingleses se opõem em geral ao cristianismo e têm de sofrer todos os preconceitos religiosos de um povo realmente cristão, os comunistas franceses, embora façam parte de uma nação celebrada por sua incredulidade, são eles próprios cristãos. Um de seus axiomas favoritos é que o cristianismo é comunismo, *"le christianisme c'est le communisme"*. Eles tentam prová-lo pela Bíblia, pelo estado de comunidade em que teriam vivido os primeiros cristãos etc. Mas tudo isso mostra apenas que essas pessoas boas não são os melhores cristãos, embora se autointitulem dessa forma; porque, se fossem, conheceriam melhor a Bíblia e saberiam que, se algumas passagens da Bíblia podem ser favoráveis ao comunismo, o espírito geral de suas doutrinas é totalmente oposto a ele, bem como a qualquer outra medida racional.

A ascensão do comunismo foi saudada pela maioria das mentes eminentes da França: Pierre Leroux, o metafísico; George Sand, a corajosa defensora dos

---

[13] *Harmony*: o nome de uma colônia comunista fundada em 1841 pelos seguidores de Robert Owen em Hampshire; a colônia sobreviveu até o início de 1846. (N. E. I.)

[14] A discussão pública entre John Watts, que na época era um propagandista ativo do owenismo, e o porta-voz cartista Jonathan Bairstow ocorreu em Manchester em 11, 12 e 18 de outubro de 1843. (N. E. A.)

direitos de seu sexo; o abade de Lamennais, autor das *Paroles d'un croyant*[15] [Palavras de um crente]; e muitos outros estão, mais ou menos, inclinados para as doutrinas comunistas. O escritor mais importante nessa linha, porém, é Proudhon, um jovem que publicou há dois ou três anos sua obra: *O que é a propriedade? (Qu'est-ce que la propriété*?)[16], na qual deu a resposta: *"La propriété c'est le vol"*, a propriedade é o roubo. Esse é o trabalho mais filosófico, em língua francesa, dos comunistas; e, se desejo ver algum livro francês traduzido para a língua inglesa, é esse. O direito à propriedade privada, as consequências dessa instituição, a competição, a imoralidade, a miséria, são aqui desenvolvidos com uma força intelectual e uma investigação científica real, que nunca encontrei reunidas num único volume. Além disso, ele faz observações muito importantes sobre o governo e, tendo provado que todo tipo de governo é igualmente questionável, não importa se democracia, aristocracia ou monarquia, que todos governam pela força e que, no melhor dos casos, a força da maioria oprime a fraqueza da minoria, ele chega finalmente à conclusão: *"Nous voulons l'anarchie!"*. O que queremos é a anarquia, o domínio de ninguém, a responsabilidade de cada um para com ninguém além de si mesmo.

Sobre esse assunto, terei de falar mais, quando tratar dos comunistas alemães. Devo apenas acrescentar que o número de comunistas icarianos franceses é estimado em cerca de meio milhão, não consideradas mulheres e crianças. Uma falange bastante respeitável, não? Eles possuem um jornal mensal, o *Populaire*, editado por Père Cabet; e, além disso, P. Leroux publica um periódico, *La Revue Indépendante* [Revista Independente], no qual os princípios do comunismo são filosoficamente defendidos.

Alemanha e Suíça[17]

A Alemanha teve seus reformadores sociais já na Reforma. Logo depois que Lutero começou a proclamar a reforma da Igreja e agitar o povo contra a autoridade espiritual, o campesinato do Sul e do Centro da Alemanha levantou-se em uma insurreição geral contra seus senhores temporais. Lutero sempre afirmou que seu objetivo era retornar ao cristianismo original na doutrina e na prática; o campesinato assumiu exatamente a mesma postura e exigiu, portanto, não só a prática eclesiástica, mas também a prática social do cristianismo primitivo. Eles descobriram que o estado de vilania e servidão no qual viviam era inconsistente com as doutrinas da Bíblia; eles foram oprimidos por um grupo de barões e condes arrogantes, roubados, tratados como

---

[15] Félicité Robert de Lamennais, *Paroles d'un croyant* (Paris, Renduel, 1833). (N. E. I.)

[16] Pierre-Joseph Proudhon, *O que é a propriedade?* (trad. Marília Caeiro, 2. ed., Lisboa, Estampa, 1975). (N. E.)

[17] Daqui em diante, *The New Moral World*, n. 21, 18 nov. 1843. (N. E.)

Friedrich Engels – Esboço para uma crítica da economia política

gado todos os dias; não tinham nenhuma lei para protegê-los e, se tivessem, não encontrariam ninguém para aplicá-la. Tal estado contrastava muito com as comunidades dos primeiros cristãos e as doutrinas de Cristo, conforme estabelecidas na Bíblia. Portanto, eles se levantaram e começaram uma guerra contra seus senhores que só poderia ser uma guerra de extermínio. Thomas Müntzer, pregador a quem colocaram à frente deles, emitiu uma proclamação[18] cheia, é claro, das tolices religiosas e supersticiosas da época, mas que também continha, entre outras coisas, princípios como estes: de acordo com a Bíblia, nenhum cristão tem o direito de deter qualquer propriedade exclusivamente para si; a comunidade de propriedade é o único estado adequado para uma sociedade de cristãos; não é permitido a nenhum bom cristão ter qualquer autoridade ou comando sobre outros cristãos nem exercer qualquer cargo de governo ou poder hereditário, mas, ao contrário, como todos os homens são iguais perante Deus, eles devem ser iguais também na terra. Essas doutrinas nada mais eram do que conclusões tiradas da Bíblia e dos próprios escritos de Lutero, mas o reformador não estava preparado para ir tão longe quanto o povo; não obstante a coragem que demonstrou contra as autoridades espirituais, não se livrou dos preconceitos políticos e sociais de sua época; ele acreditava firmemente no direito divino dos príncipes e proprietários de terras de esmagar as pessoas, como se fazia na Bíblia. Além disso, queria a proteção da aristocracia e dos príncipes protestantes e, assim, escreveu um tratado[19] contra os desordeiros no qual não apenas negava qualquer ligação com eles, mas também exortava a aristocracia a colocá-los, com a maior severidade, como rebeldes contra as leis de Deus. "Mate-os como cães!", exclamou. Todo o tratado foi escrito com tamanha animosidade, ou melhor, com tanta fúria e fanatismo contra o povo que sempre constituirá uma mancha no caráter de Lutero; isso mostra que, se ele começou sua carreira como um homem do povo, estava agora inteiramente a serviço de seus

---

[18] As ideias revolucionárias comunistas de Müntzer, mencionadas a seguir, foram expostas em uma série de panfletos publicados às vésperas e durante a Guerra dos Camponeses (1524-1525), em particular em: "Ausgedrückte Entblössung des falschen Glaubens der ungetreuen Welt durchs Zeugnis des Evangelions Lucae, vorgetragen der elenden erbärmlichen Christenheit zur Erinnerung ihres Irrsais" [Exposição expressa da falsa fé do mundo infiel pelo testemunho do *Evangelion Lucae*, apresentado ao miserável, miserável cristianismo como uma lembrança de sua loucura], publicado no outono de 1524 em Mulhouse. Posteriormente, Engels se referiu a esse panfleto como "um artigo altamente instigante"; ver Friedrich Engels, *The Peasant War in Germany*, cap. II, esta edição, v. 10 [ed. bras.: *As guerras camponesas na Alemanha*, trad. B. A. Montenegro, Rio de Janeiro, Vitória, 1946]. (N. E. I.)

[19] Martinho Lutero, "Ermahnung zum Frieden auf die zwölf Artikel der Bauernschaft in Schwaben. Auch Wider die Mordischen und Reubischen Rotten der Bawren" (Wittemberg, 1525). (N. E. A.)

Progresso da reforma social no continente

opressores. A insurreição, após a mais sangrenta guerra civil, foi reprimida e os camponeses foram reduzidos à sua antiga servidão.

Se desconsiderarmos alguns casos isolados, dos quais o público não teve nenhuma notícia, não houve nenhum partido de reformadores sociais na Alemanha, desde a guerra dos camponeses até uma data muito recente. A opinião pública nos últimos cinquenta anos esteve muito ocupada com questões de natureza meramente política ou meramente metafísica – questões que precisavam ser respondidas antes que a questão social pudesse ser discutida com a calma e o conhecimento necessários. Homens que se teriam oposto resolutamente a um sistema de comunidade, se tal lhes fosse proposto, preparavam o caminho, no entanto, para a sua introdução.

Foi na classe trabalhadora da Alemanha que a reforma social foi recentemente tomada como um tópico de discussão. Tendo a Alemanha uma indústria manufatureira comparativamente pequena, a massa das classes trabalhadoras é composta por artesãos que, antes de se estabelecerem como pequenos mestres, viajam alguns anos pela Alemanha, pela Suíça e, muitas vezes, também pela França. Um grande número de operários alemães, portanto, está continuamente indo e voltando de Paris e, é claro, devem lá familiarizar-se com os movimentos políticos e sociais das classes trabalhadoras francesas. Um desses homens, Wilhelm Weitling, um simples alfaiate assalariado natural de Magdeburgo, na Prússia, resolveu estabelecer comunidades em seu próprio país.

Esse homem, que deve ser considerado o fundador do comunismo alemão, depois de alguns anos de permanência em Paris, foi para a Suíça e, enquanto trabalhava em uma alfaiataria em Genebra, pregou seu novo evangelho aos seus colegas trabalhadores. Formou associações comunistas em todas as vilas e cidades do lado suíço do lago de Genebra e a maioria dos alemães que trabalhavam lá tornou-se favorável às suas visões. Tendo assim preparado a opinião pública, publicou um periódico, *Die Junge Generation* [A Geração Jovem], para uma agitação mais ampla do país. Essa publicação, embora escrita apenas para trabalhadores e por um trabalhador, tem sido, desde o seu início, superior à maioria das publicações comunistas francesas, até mesmo ao *Populaire* de Père Cabet. Mostra que o editor deve ter trabalhado muito para obter todo o conhecimento de história e política do qual um escritor público não pode prescindir e do qual uma educação negligenciada o deixou privado. Mostra, ao mesmo tempo, que Weitling estava sempre lutando para unir suas várias ideias e pensamentos sobre a sociedade em um sistema completo de comunismo. O *Junge Generation* foi publicado pela primeira vez em 1841; no ano seguinte, Weitling publicou uma obra: *Garantien der Harmonie und Freiheit*[20]

---

[20] Wilhelm Weitling, *Garantien der Harmonie und Freiheit* (Vivis, ed. do autor, 1842). (N. E. A.)

Friedrich Engels – Esboço para uma crítica da economia política

[Garantias de harmonia e liberdade], na qual apresentava uma revisão do antigo sistema social e os contornos de um novo. Devo, talvez, apresentar alguns trechos desse livro algum dia.

Tendo assim estabelecido o núcleo de um partido comunista em Genebra e seus arredores, Weitling foi para Zurique, onde, como em outras cidades do Norte da Suíça, alguns de seus amigos já haviam começado a operar nas mentes dos trabalhadores. Ele começou a organizar seu partido nessas cidades. Sob o nome de Clubes de Cantores, associações foram formadas para a discussão da reorganização social. Ao mesmo tempo, Weitling anunciou sua intenção de publicar um livro: *Das Evangelium eines armen Sünder*[21] [O evangelho dos pobres pecadores]. Mas aqui a polícia interferiu em seus planos.

Em junho passado, Weitling foi levado sob custódia e seus papéis e seu livro foram apreendidos antes de sair do prelo. O governo da República nomeou um comitê para investigar o assunto e reportar ao Grande Conselho, aos representantes do povo. Esse relatório foi impresso há alguns meses[22]. Pode-se ver a partir dele que existiam muitas associações comunistas em todas as partes da Suíça, compostas sobretudo de trabalhadores alemães; que Weitling era considerado o líder do partido e que, de tempos em tempos, recebia relatórios dos avanços; que ele se correspondia com alemães de associações semelhantes em Paris e Londres, e que todas essas sociedades, sendo compostas por homens que mudavam com frequência de residência, eram propagadoras dessas "doutrinas perigosas e utópicas", enviavam seus membros mais velhos à Alemanha, Hungria e Itália, e impregnavam com seu espírito cada trabalhador que estivesse ao seu alcance. O relatório foi elaborado pelo dr. Bluntschli, um homem de opiniões aristocráticas e fanaticamente cristãs, e, portanto, todo ele é escrito mais como uma denúncia partidária do que como um calmo relatório oficial. O comunismo é denunciado como uma doutrina perigosa ao extremo, subversiva de toda ordem existente e destruidora de todos os laços sagrados da sociedade. Além disso, o piedoso médico não tem palavras suficientemente fortes para expressar seus sentimentos quanto à frívola blasfêmia com que essas pessoas infames e ignorantes tentam justificar suas doutrinas perversas e revolucionárias com passagens das Sagradas Escrituras. Weitling e seu partido são, a esse respeito, exatamente como os icarianos na França e afirmam que o cristianismo é comunismo.

---

[21] Idem, *Das Evangelium des armen Sünders: Die Menschheit, wie sie ist und wie sie sein solte* (Berna, Druck und Verlag von Jenni Sohn, 1845). O livro foi escrito em 1843, mas sua publicação só ocorreu em 1845. (N. E.)

[22] Johann Kaspar Bluntschli, *Die Kommunisten in der Schweiz nach den bei Weitling vorgefundenen Papieren. Wörtlicher Abdruck des Kommissionalberichtes an die H. Regierung des Standes Zürich* [Os comunistas na Suíça de acordo com os documentos encontrados em Weitling. Impressão literal do relatório da comissão ao governo do estado de Zurique] (Zurique, Druck von Orell, Füssli und Comp., 1843). (N. E. A.)

Progresso da reforma social no continente

O resultado do julgamento de Weitling fez muito pouco para satisfazer as expectativas do governo de Zurique. Embora ele e seus amigos às vezes fossem muito incautos em suas expressões, a acusação de alta traição e conspiração contra ele não pôde ser mantida; o tribunal criminal condenou-o a seis meses de prisão e banimento eterno da Suíça; os membros das associações de Zurique foram expulsos do cantão; o relatório foi comunicado aos governos dos outros cantões e às embaixadas estrangeiras, mas os comunistas em outras partes da Suíça sofreram muito pouca interferência. A acusação chegou tarde demais e foi muito pouco assistida pelos outros cantões; nada fez pela destruição do comunismo e até lhe foi favorável pelo grande interesse que despertou em todos os países de língua alemã. O comunismo era quase desconhecido na Alemanha, mas tornou-se com isso um objeto de atenção geral.

Além desse partido, existe outro na Alemanha que defende o comunismo. O anterior, sendo um partido inteiramente popular, sem dúvida muito em breve unirá todas as classes trabalhadoras da Alemanha; o partido a que me refiro agora é filosófico, desconectado em sua origem dos comunistas franceses ou ingleses, e surgiu daquela filosofia da qual, nos últimos cinquenta anos, a Alemanha tanto se orgulha.

A revolução política da França foi acompanhada de uma revolução filosófica na Alemanha. Kant começou derrubando o antigo sistema da metafísica leibniziana, que no fim do século passado foi introduzido em todas as universidades do continente. Fichte e Schelling começaram a reconstrução e Hegel concluiu o novo sistema. Nunca houve, desde que o homem começou a pensar, um sistema de filosofia tão abrangente quanto o de Hegel. Lógica, metafísica, filosofia natural, filosofia do espírito, filosofia do direito, da religião, da história, todas estão unidas em um sistema, reduzidas a um princípio fundamental. O sistema parecia totalmente sólido de fora, e assim era; foi derrubado apenas por dentro, por aqueles que eram hegelianos. Não posso, é claro, apresentar aqui um desenvolvimento completo do sistema ou de sua história e, portanto, devo limitar-me às seguintes observações. O progresso da filosofia alemã de Kant a Hegel foi tão consistente, tão lógico, tão necessário, se assim posso dizer, que nenhum outro sistema, além daqueles que mencionei, poderia subsistir. Existem dois ou três, mas não encontraram nenhuma atenção; foram tão negligenciados que ninguém lhes daria a honra de derrubá-los. Hegel, não obstante seu enorme conhecimento e seu pensamento profundo, estava tão ocupado com questões abstratas que negligenciou a libertação dos preconceitos de sua época – uma era de restauração de antigos sistemas de governo e religião. Mas seus discípulos tinham opiniões muito diferentes sobre esses assuntos. Hegel morreu em 1831, e já em 1835 apareceu *Das Leben Jesu*[23]

---

[23] David Friedrich Strauss, *Das Leben Jesu, kritisch bearbeitet*, v. 1 (Tübingen, Verlag von C. F. Osiander, 1835). (N. E.)

Friedrich Engels – Esboço para uma crítica da economia política

[A vida de Jesus], de Strauss, a primeira obra a mostrar algum progresso além dos limites do hegelianismo ortodoxo. Outros o seguiram; em 1837 os cristãos se levantaram contra o que chamavam de novos hegelianos, denunciando-os como ateus e pedindo a interferência do Estado. O Estado, porém, não interferiu e a polêmica continuou. Naquela época, os novos, ou jovens hegelianos, estavam tão pouco conscientes das consequências de seu próprio raciocínio que todos negaram a acusação de ateísmo e se autodenominaram cristãos e protestantes, embora negassem a existência de um Deus que não era homem e declarassem a história dos evangelhos pura mitologia. Foi somente no ano passado, em um panfleto do autor destas linhas, que a acusação de ateísmo foi autorizada a ser justa[24]. Mas o desenvolvimento continuou. Os jovens hegelianos de 1842 foram declarados ateus e republicanos; o periódico do partido, os *Deutsche Jahrbücher für Wissenschaft und Kunst* [Anais alemães de ciência e arte], era mais radical e mais aberto do que nunca; um jornal político[25] foi estabelecido e logo toda a imprensa liberal alemã estava inteiramente em nossas mãos. Tínhamos amigos em quase todas as cidades importantes da Alemanha; abastecemos todos os jornais liberais com a matéria necessária para, por esse meio, torná-los nossos órgãos; inundamos o país com panfletos e em pouco logo dominamos a opinião pública em todas as questões. Um relaxamento temporário da censura da imprensa acrescentou muito à energia desse movimento, bastante novo para uma parte considerável do público alemão. Artigos, publicados com a autorização de um censor do governo, continham coisas que, mesmo na França, teriam sido punidas como alta traição e outras que não poderiam ter sido pronunciadas na Inglaterra sem um julgamento por blasfêmia. O movimento foi tão repentino, tão rápido, tão vigorosamente perseguido, que tanto o governo quanto o público foram dragados com ele por algum tempo. Mas esse caráter violento da agitação provou que ela não se baseava em um partido forte junto ao público, e que seu poder era produzido pela surpresa e pela consternação apenas de seus oponentes. Os governos, recobrando os sentidos, puseram fim a isso com uma opressão despótica da liberdade de expressão. Panfletos, jornais, periódicos, trabalhos científicos foram suprimidos às dezenas, e o estado de agitação do país logo esfriou. É certo que tal interferência tirânica não deterá o progresso da opinião pública nem apagará os princípios defendidos pelos agitadores; toda a perseguição foi inútil para os poderes governantes; porque, se não houvessem reprimido o movimento, ele seria contido pela apatia do público em geral, um público tão pouco preparado para mudanças radicais como o de qualquer outro país; e, se nem mesmo assim o fosse, a agitação republicana seria abandonada pelos próprios agitadores, que, desenvolvendo cada vez mais as consequências de

---

[24]   O autor refere-se a "Schelling e a revelação", neste volume. (N. E.)

[25]   *Rheinische Zeitung für Politik, Handel und Gewerbe* [Gazeta Renana de política, comércio e negócios]. (N. E. I.)

Progresso da reforma social no continente

sua filosofia, tornaram-se comunistas. Os príncipes e governantes da Alemanha, no exato momento em que acreditavam ter derrubado para sempre o republicanismo, viram o comunismo surgir das cinzas da agitação política; e essa nova doutrina lhes parece ainda mais perigosa e formidável do que aquela de cuja aparente destruição eles se regozijaram.

Já no outono de 1842, alguns membros do partido defendiam a insuficiência da mudança política e declararam a opinião de que uma revolução social baseada na propriedade comum era o único estado da humanidade que concordava com seus princípios abstratos. Contudo, mesmo os líderes do partido, como o dr. Bruno Bauer, o dr. Feuerbach e o dr. Ruge, não estavam preparados para esse passo resoluto. O jornal político do partido, a *Rheinische Zeitung* [Gazeta Renana], publicou alguns artigos que defendiam o comunismo, mas sem o efeito desejado. O comunismo, entretanto, foi uma consequência tão necessária da filosofia neo-hegeliana que nenhuma oposição conseguiu contê-lo e, no decorrer deste ano, seus criadores tiveram a satisfação de ver um republicano após o outro juntar-se às suas fileiras. Além do dr. Hess, que foi um dos editores da agora suprimida *Rheinische Zeitung* e, de fato, o primeiro comunista do partido, há agora muitos outros; como dr. Ruge, editor dos *Deutsch Jahrbücher* [Anais Alemães], o periódico científico dos jovens hegelianos, que foi suprimido por resolução da Dieta Alemã[26]; o dr. Marx[27], outro dos editores da *Rheinische Zeitung*; George Herwegh, o poeta cuja carta ao rei da Prússia foi traduzida no inverno passado pela maioria dos jornais ingleses[28], e outros; e esperamos que o restante do partido republicano venha em breve.

---

[26] A Dieta Federal era o órgão supremo da Confederação Alemã (1815-1866) e consistia de representantes dos estados alemães; defendeu o regime monárquico conservador na Alemanha. (N. E. I.)

[27] Na época da redação deste artigo, Marx e Engels ainda não haviam desenvolvido a relação de amizade e a contribuição teórica e política que marcou a trajetória de vida de ambos. Houvera apenas um rápido encontro entre eles (em novembro de 1842), no escritório da *Rheinische Zeitung*, o qual foi marcado por certa hostilidade da parte de Marx, que viu em Engels os traços de um radicalismo extremista típico dos neo-hegelianos. Marx reprovava artigos de conteúdo extremista, porque punham em risco o periódico, que se encontrava sob forte vigilância dos órgãos de censura da Prússia. Havia perigo de fechamento do jornal, o que de fato veio a acontecer em 31 de março de 1843 (Marx já o abandonara em 17 de março por pressão do governo prussiano). (N. T.)

[28] A referência é a uma carta escrita pelo poeta democrata Georg Herwegh a Frederico Guilherme IV na qual ele acusava o rei de quebrar sua promessa de introduzir a liberdade de imprensa no país e, sobretudo, de banir o periódico radical *Der deutsche Bote aus der Schweiz* [O Mensageiro Alemão da Suíça], que estava sendo preparado para impressão na época. A carta de Herwegh apareceu no *Leipziger Allgemeine Zeitung* [Gazeta Geral de Leipzig] em 24 de dezembro de 1842; isso causou o banimento do jornal e o banimento de Herwegh de Paris. Na Inglaterra, a carta foi publicada no *Times* em 16 de janeiro de 1843, no *Morning Herald* em 17 de janeiro de 1843 e em outros jornais. (N. E. I.)

Friedrich Engels – Esboço para uma crítica da economia política

Assim, o comunismo filosófico pode ser considerado para sempre estabelecido na Alemanha, não obstante os esforços dos governos para contê-lo. Eles aniquilaram a imprensa em seus domínios, mas sem nenhum efeito; os partidos do progresso lucram com a imprensa livre da Suíça e da França, e suas publicações circulam tão amplamente na Alemanha como se fossem impressas no próprio país. Todas as perseguições e proibições mostraram-se ineficazes e sempre o serão; os alemães são uma nação filosófica e não poderão abandonar o comunismo tão logo este esteja fundado em princípios filosóficos sólidos – sobretudo se deriva de uma conclusão inevitável de sua própria filosofia. E essa é a parte que temos de cumprir agora. Nosso partido tem de provar que ou todos os esforços filosóficos da nação alemã, de Kant a Hegel, foram inúteis – e mais do que inúteis – ou devem terminar no comunismo; ou que os alemães devem rejeitar seus grandes filósofos, cujos nomes eles consideram a glória de sua nação, ou devem adotar o comunismo. E isso *será* provado; a esse dilema os alemães serão forçados, e dificilmente haverá qualquer dúvida sobre qual lado da questão o povo vai adotar.

Há uma maior chance na Alemanha do que em qualquer outro lugar de que um partido comunista se estabeleça entre as classes educadas da sociedade. Os alemães são uma nação muito desprendida; se na Alemanha o princípio entra em conflito com o interesse, aquele quase sempre silencia as reivindicações deste. O mesmo amor aos princípios abstratos, o mesmo desprezo pela realidade e pelo interesse próprio que levou os alemães a um estado de nulidade política, essas mesmas qualidades garantem o sucesso do comunismo filosófico no país.

Parecerá muito singular aos ingleses que um partido que visa a destruição da propriedade privada seja composto principalmente por proprietários; e, ainda assim, esse é o caso na Alemanha. Podemos recrutar nossas fileiras apenas nas classes que tiveram uma educação muito boa, isto é, nas universidades e na classe comercial; e até agora em nenhuma delas encontramos qualquer dificuldade considerável.

Quanto às doutrinas particulares de nosso partido, concordamos muito mais com os socialistas ingleses do que com qualquer outro partido. Seu sistema, como o nosso, é baseado em princípios filosóficos; eles lutam, como nós, contra os preconceitos religiosos, enquanto os franceses rejeitam a filosofia e perpetuam a religião, arrastando-a com eles para o novo estado projetado da sociedade. Os comunistas franceses só poderiam nos ajudar nos primeiros estágios de nosso desenvolvimento, e logo descobriríamos que sabíamos mais do que os nossos professores; mas ainda temos muito que aprender com os socialistas ingleses. Embora nossos princípios fundamentais nos deem uma base mais ampla, na medida em que os recebemos de um sistema filosófico que abrange todas as partes do conhecimento humano, descobrimos em tudo o que diz respeito à prática, aos *fatos* do estado atual da sociedade, que os socialistas ingleses estão muito mais adiantados e deixaram muito pouco a

Progresso da reforma social no continente

fazer. Posso dizer, além disso, que me encontrei com socialistas ingleses com quem concordo em quase todas as questões.

Não posso agora fazer uma exposição desse sistema comunista sem acrescentar muito ao comprimento deste artigo; mas pretendo fazê-lo em breve, se o editor[29] do *New Moral World* me permitir o espaço para isso. Concluo afirmando, portanto, que, não obstante as perseguições dos governos alemães (entendo que, em Berlim, o sr. Edgar Bauer está sendo processado por uma publicação comunista[30], e em Stuttgart outro cavalheiro foi detido pelo novo crime de "correspondência comunista"!), não obstante isso, digo, todos os passos necessários estão sendo dados para provocar uma agitação bem-sucedida pela reforma social, para estabelecer um novo periódico e garantir a circulação de todas as publicações que defendem o comunismo.

---

[29] George Alexander Fleming. (N. E. A.)

[30] Edgar Bauer foi condenado a quatro anos de prisão por seu livro *Der Streit der Kritik mit Kirche und Staat* [A controvérsia da crítica com a Igreja e o Estado] (Charlottenburg, [ed. do autor], 1843), que foi confiscado pelo governo prussiano. (N. E. A.)

Esboço para uma crítica da economia política[1]

A economia política[2] emergiu como consequência natural da expansão do comércio e, com ela, a trapaça simples e não científica foi substituída por um sistema especializado de fraudes permitidas, uma ciência acabada do enriquecimento.

Essa economia política ou ciência do enriquecimento, que resultou da inveja recíproca e da ganância dos comerciantes, traz na testa a marca do mais repugnante egoísmo. Ainda havia uma concepção ingênua de que ouro e prata eram riquezas e, portanto, não havia nada mais urgente a fazer do que proibir a exportação desses metais "nobres". Os países viam-se como avarentos, cada qual com sua cara bolsa de dinheiro cercando-as com duas armas e olhando para os vizinhos com inveja e suspeita. Todos os meios foram usados para atrair o máximo possível de dinheiro vivo dos povos com quem se negociava, e manter aquilo que foi felizmente obtido dentro dos limites aduaneiros.

A implementação mais consequente desse princípio teria matado o comércio. Então a primeira etapa começou a ser ultrapassada; os países perceberam que o capital permanece morto, se fica preso no caixa, enquanto aumenta constantemente quando está em circulação. Então eles se tornaram mais

---

[1] Artigo escrito entre o fim de 1843 e janeiro de 1844 e publicado nos *Deutsch-Französische Jahrbücher*, Paris, 1844. Esta versão foi publicada primeiro em *Verinotio - Revista on-line de Filosofia e Ciências Humanas*, Rio das Ostras, v. 26, n. 2, jul./dez. 2020, p. 263-87. Traduzida diretamente do alemão: "Umrisse zu einer Kritik der Nationalökonomie", em *Marx--Engels Werke* (Berlim, Dietz, 1981), v. 1. Foram utilizadas, para cotejamento, as seguintes edições: "Esbozos para una crítica de la economia política", em Karl Marx, *Manuscritos económico-filosóficos* (trad. Fernanda Aren, Silvina Rotemberg e Michel Vedda, Buenos Aires, Colihue Clásica, 2010); e Friedrich Engels, *Lineamenti di una critica dell'economia politica* (trad. Nicola De Domenico, Roma, Editori Riuniti, 1977). Tradução de Ronaldo Vielmi Fortes, revisão da tradução de Vitor Bartoletti Sartori. Nesta tradução foram introduzidas notas das três edições utilizadas. (N. E.)

[2] Em alemão *Nationalökonomie*, termo utilizado para designar a economia política. Posteriormente, porém, o termo *politischen Oekonomie* será utilizado pelos autores para tratar do tema. (N. R. T.)

Friedrich Engels – Esboço para uma crítica da economia política

filantrópicos, enviaram seus ducados como chamarizes para trazer outros de volta e perceberam que não faria mal se pagassem a mais a "A" por sua mercadoria, desde que pudessem vender a "B" por um preço mais alto.

Ergueu-se sobre essa base o *sistema mercantil*. O caráter ganancioso do comércio foi um pouco escondido; as nações começaram a se aproximar, assinaram tratados de comércio e amizade, fizeram negócios reciprocamente e, por amor a um ganho maior, fizeram todo o bem possível uns aos outros. Basicamente, porém, era a antiga cobiça por dinheiro e o egoísmo que, de tempos em tempos, explodiam nas guerras, todas provocadas na época pelos zelos comerciais. Essas guerras também mostraram que o comércio, como o roubo, era baseado na lei do mais forte[3]; não se tinha nenhum escrúpulo em distorcer, com astúcia ou com o uso da força, tratados considerados mais favoráveis.

O ponto principal em todo o sistema mercantil é a teoria da balança comercial. Como ainda era mantido o princípio de que o ouro e a prata eram riquezas, o único considerado benéfico era o negócio que acabaria por trazer dinheiro em espécie para o país. Para deduzir isso, comparava-se exportação e importação. Se um país houvesse exportado mais do que importara, acreditava-se que a diferença ingressara no país em dinheiro em espécie e este se acreditava mais rico. Portanto, a arte dos economistas era garantir que, no fim de cada ano, as exportações houvessem tido um saldo favorável em relação às importações; e, por causa dessa ilusão ridícula, milhares de pessoas foram massacradas! O comércio também tem suas cruzadas e sua inquisição.

O século XVIII, o século da revolução, também revolucionou a economia; mas, como todas as revoluções desse século foram unilaterais e ficaram presas à oposição, assim como permaneceu oposto ao espiritualismo abstrato o materialismo abstrato, à monarquia a república, ao direito divino o contrato social, do mesmo modo a revolução econômica não suplantou a oposição. Os pressupostos permaneceram em toda a parte; o materialismo não atacou a humilhação e o desprezo cristãos do homem, apenas se limitou a opor ao homem, no lugar do deus cristão, a natureza como absoluto; a política não pensou em examinar os pressupostos do Estado em si e para si; a economia nem sequer chegou a pensar em questionar a *legitimidade da propriedade privada*. É por isso que a nova economia foi apenas progresso pela metade; ela era obrigada a trair e negar seus próprios pressupostos, usar de sofisma e hipocrisia para encobrir as contradições em que se envolvia e chegar às conclusões a que foi impulsionada não por seus pressupostos, mas pelo espírito humano do século. Assim, a economia assumiu um caráter filantrópico; negou seu favor aos produtores e entregou-o aos consumidores; agiu como se sentisse uma repulsa sagrada pelos horrores sangrentos do sistema mercantil e declarou

---

[3] Em alemão: *Faustrecht*; corresponde ao direito dos cavaleiros, que perdurou até o fim da Idade Média. (N. E. E.)

Esboço para uma crítica da economia política

o comércio um vínculo de amizade e unidade entre as nações, assim como entre os indivíduos. Era toda magnificência e esplendor – mas os pressupostos tornaram a vigorar e, em contraste com essa filantropia cintilante, geraram a teoria populacional malthusiana, o sistema bárbaro mais rude que já existiu, um sistema de desespero que derrubou todas aquelas frases bonitas sobre o amor humano e o cosmopolitismo; eles criaram e elevaram o sistema fabril e a escravidão moderna, que não tem nada a invejar à antiga escravidão em termos de desumanidade e crueldade. A nova economia, o sistema de livre comércio baseado em *A riqueza das nações*, de Adam Smith, está provando ser a mesma hipocrisia, a mesma inconsistência e antieticidade [*Unsittlichkeit*][4] que agora se opõem à humanidade livre em todas as áreas.

Mas o sistema de Smith não foi um progresso? – É claro que foi, e foi um progresso necessário. Era necessário que o sistema mercantil, com seus monopólios e restrições de tráfego, fosse derrubado para que as verdadeiras consequências da propriedade privada pudessem vir à tona; era necessário que todas essas mesquinhas considerações locais e nacionais retrocedessem para que a luta de nosso tempo se tornasse mais universal, mais humana; era necessário que a teoria da propriedade privada deixasse o caminho puramente empírico, meramente objetivo, e assumisse um caráter mais científico, que também a responsabilizasse pelas consequências e, assim, levasse a questão a um domínio universalmente humano; que a antieticidade contida na velha economia fosse elevada ao pico mais alto, tentando negá-la e incorporando a hipocrisia – uma consequência necessária dessa tentativa. Tudo isso era da natureza da questão. Reconhecemos de bom grado que só pelo estabelecimento e execução do livre comércio encontramo-nos em condições de ir além da economia da propriedade privada, mas, ao mesmo tempo, devemos ter o direito de apresentar esse livre comércio em toda a sua nulidade teórica e prática.

Nosso juízo se torna mais difícil quanto mais próximos de nossos tempos estão os economistas que devemos julgar. Enquanto Smith e Malthus apenas encontraram fragmentos isolados à sua frente, os mais recentes tinham todo o sistema à sua disposição; as consequências foram todas extraídas, as contradições saíram com clareza suficiente e, no entanto, eles não chegaram a uma prova das premissas e, mesmo assim, assumiram a responsabilidade por todo o sistema. Quanto mais os economistas se aproximam do presente, mais se afastam da honestidade. A cada progresso do tempo, o sofisma necessariamente aumenta a fim de manter a economia à altura do tempo. Por

---

[4] A expressão é de difícil tradução, já que remete à oposição entre *Sittlichkeit*, geralmente traduzido por eticidade, e *Moralität*, moralidade. Desse modo, embora fosse possível traduzir *Unsittlichkeit* por imoralidade, perder-se-ia algo central à teoria da época – que dialogava com as expressões hegelianas –, a saber, a própria oposição mencionada. (N. R. T.)

Friedrich Engels – Esboço para uma crítica da economia política

isso, por exemplo, Ricardo é mais culpado que Adam Smith, e MacCulloch e Mill são mais culpados que Ricardo.

A economia mais recente não pode sequer julgar o sistema mercantil corretamente, porque é ela mesma parcial e está vinculada aos pressupostos daquele. Somente um ponto de vista [*Standpunkt*] que se eleve acima da oposição entre os dois sistemas, que critique os pressupostos comuns de ambos e parta de uma base universal puramente humana será capaz de mostrar a ambos o posicionamento [*Stellung*] correto. Mostrará que os defensores do livre comércio são monopolistas piores do que os próprios mercantilistas. Mostrará que, por trás da resplandecente humanidade dos mais recentes desses defensores do livre comércio, existe uma barbárie que os antigos não conheciam; que a confusão conceitual do velho é ainda simples e consequente, se comparada à lógica ambígua de seus críticos, e que nenhuma das partes pode culpar a outra por algo que não recaia também sobre si mesma. – É por isso que a economia liberal mais recente tampouco consegue conceituar a restauração do sistema mercantil por meio de ardis, enquanto para nós a questão é muito simples. A inconsistência e a ambiguidade da economia liberal devem necessariamente dissolver-se em seus componentes basilares. Assim como a teologia deve voltar à fé cega ou avançar para a filosofia livre, a liberdade de comércio deve, por um lado, produzir a restauração dos monopólios e, por outro, a superação [*Aufhebung*] da propriedade privada.

O único *progresso positivo* que a economia liberal fez foi o desenvolvimento de leis relativas à propriedade privada. Estas, todavia, estão contidas nela, embora ainda não estejam totalmente desenvolvidas e claramente elucidadas. Daí resulta que em todos os pontos em que a decisão sobre o caminho mais curto para enriquecer, portanto em todas as rígidas controvérsias econômicas, é importante que os defensores do livre comércio tenham o direito do seu lado. Bem entendido: em controvérsia com os monopolistas, não com os adversários da propriedade privada, porque o fato de serem capazes de tomar decisões economicamente mais corretas sobre questões econômicas, há muito os socialistas ingleses já o demonstraram na prática e na teoria.

Ao criticarmos a economia política, portanto, examinaremos as categorias fundamentais, revelaremos a contradição trazida pelo sistema do livre comércio e traçaremos as consequências de ambos os lados da contradição.

———

A expressão "riqueza nacional" só surgiu pelo vício universalizante dos economistas liberais. Enquanto existir propriedade privada, essa expressão não terá significado. A "riqueza nacional" dos ingleses é muito grande e, no entanto, são o povo mais pobre sob o Sol. Ou se abandona completamente a expressão ou se assumem pressupostos que lhe confiram sentido. O mesmo vale para expressões como economia nacional, economia política ou pública.

Esboço para uma crítica da economia política

Nas condições atuais, a ciência deveria se chamar economia privada, porque suas relações públicas existem apenas em favor da propriedade privada[5].

————

A consequência mais imediata da propriedade privada é o comércio, a troca de necessidades mútuas, a compra e a venda. Sob o domínio da propriedade privada, esse comércio, como qualquer atividade, deve se tornar uma fonte direta de renda para o comerciante; ou seja, todos devem procurar vender o mais caro possível e comprar o mais barato possível. A cada compra e venda defrontam-se duas pessoas com interesses absolutamente opostos; o conflito é decididamente hostil, porque cada um conhece as intenções do outro, sabe que são opostas às suas próprias. A primeira consequência é, por um lado, a desconfiança mútua e, por outro, a justificativa dessa desconfiança, o uso de meios antiéticos [*Unsittlicher*] para alcançar uma finalidade antiética [*Unsittlichen*]. Por exemplo, o primeiro princípio do comércio é o sigilo, ocultação de qualquer coisa que possa degradar o valor do artigo em questão. A consequência disso é: no comércio é permitido se beneficiar tanto quanto possível da ignorância, da confiança da contraparte e elogiar propriedades de suas mercadorias que elas não possuem. Em *uma* palavra, negociar é fraude legalizada. Que a prática corresponde a essa teoria testemunhará todo comerciante que queira honrar a verdade.

————

O sistema mercantil ainda possuía certa franqueza católica imparcial e não escondia em absoluto a essência antiética do comércio. Vimos como este ostentava abertamente sua ganância vulgar. A posição mutuamente hostil das nações no século XVIII, a inveja repugnante e o ciúme do comércio foram as consequências lógicas do comércio em geral. A opinião pública ainda não era humanizada, então não havia razão para esconder a natureza desumana e hostil do próprio comércio. Mas quando o Lutero da economia, Adam Smith, criticou a economia anterior, as coisas mudaram muito. O século foi humanizado, a razão se afirmou, a eticidade começou a reivindicar seu eterno direito. Os tratados comerciais extorquidos, as guerras comerciais, o isolamento brusco das nações eram demais para a consciência avançada. No lugar da retidão católica impôs-se a hipocrisia protestante. Smith provou que a humanidade também estava enraizada na essência do comércio; que o comércio, em vez de "fonte mais frutífera de discórdia e hostilidade", é um "vínculo de união e amizade entre nações e entre indivíduos"*, pois

————

[5]   Engels utiliza os seguintes termos *Nationalökonomie, Politische Ökonomie, Öffentliche Ökonomie* e, por fim, *Privat Ökonomie*. (N. R. T.)

*   Ver Adam Smith, *A riqueza das nações*, B4, c3, §2 [ed. bras.: trad. Luiz João Baraúna, São Paulo, Abril Cultural, 1996, p. 47, modif.]

Friedrich Engels – Esboço para uma crítica da economia política

é da natureza da questão que o comércio como um todo seja vantajoso para todos os envolvidos.

Smith estava certo quando saudou o comércio como humano. Não há nada absolutamente antiético no mundo; o comércio também tem um lado em que presta homenagem à eticidade e à humanidade. Mas que homenagem! O direito do mais forte, o assalto no meio da rua da Idade Média foi humanizado quando passou para o comércio – o comércio, em sua primeira etapa, caracterizado pela proibição da exportação de dinheiro – e para o sistema mercantil. Desse modo, ele foi humanizado. Obviamente, é do interesse do comerciante manter boas relações com aqueles de quem ele compra barato, assim como com aqueles a quem ele vende a um preço mais elevado. Portanto, é muito imprudente uma nação alimentar um clima hostil com seus fornecedores e clientes. Quanto mais amigável, mais benéfico. Essa é a humanidade do comércio, e essa maneira hipócrita de usar a eticidade para fins antiéticos é o orgulho do sistema da liberdade de comércio. Não derrubamos a barbárie do monopólio, exclamam os hipócritas, não levamos a civilização para partes distantes do mundo, não confraternizamos com os povos e reduzimos as guerras? – Sim, fizeram tudo isso, mas *como* fizeram isso? Aniquilaram os pequenos monopólios para tornar o único grande monopólio, a propriedade, o mais livre e irrestrito possível; civilizaram os confins da terra para ganhar novo terreno para o desenvolvimento de sua vulgar ganância; confraternizaram com os povos, mas formaram uma irmandade de ladrões, e reduziram as guerras para ganhar mais na paz, para levar a inimizade do indivíduo, a guerra desonrosa da concorrência ao mais alto nível! – Quando fizeram algo por pura humanidade, por consciência da nulidade da oposição entre o interesse geral e o individual? Quando foram éticos sem interesses, sem motivos antiéticos e egoístas como pano de fundo?

Depois que a economia liberal fez o possível para generalizar a hostilidade, dissolvendo nacionalidades, a humanidade se transformou em uma horda de animais furiosos – não é isso que são os concorrentes? – que se devoram exatamente porque cada um tem o mesmo interesse que os outros; depois desse trabalho preliminar, só lhe restava mais um passo para alcançar a finalidade, a dissolução da família. Para conseguir isso, sua bela invenção, o sistema da fábrica, veio em seu auxílio. O último traço de interesses comuns, a comunidade de bens da família, foi soterrada pelo sistema fabril e – pelo menos aqui na Inglaterra – já está em processo de dissolução. É muito comum no cotidiano que crianças, tão logo sejam capazes de trabalhar, isto é, completem nove anos, usem seu salário para si, passem a ver a casa dos pais como simples tavernas e paguem a eles certa quantia pela comida e pela acomodação. Como poderia ser diferente? O que mais poderia resultar do isolamento de interesses subjacentes ao sistema da liberdade de comércio? Uma vez que um princípio é posto em movimento, ele trabalha por si mesmo por meio de todas as suas consequências, gostem ou não os economistas.

Esboço para uma crítica da economia política

O próprio economista não sabe, porém, a que causa serve. Não sabe que, com todo o seu raciocínio egoísta, é apenas um elo na cadeia do progresso geral da humanidade. Não sabe que, com a dissolução de tudo em interesses particulares, está apenas abrindo a estrada para a grande mudança para a qual o século está caminhando, a reconciliação da humanidade com a natureza e consigo mesma.

––––––––

Outra categoria determinada pelo comércio é o valor. Sobre esta, assim como sobre todas as outras categorias, não há disputa entre os economistas mais antigos e os mais novos, porque os monopolistas, em sua fúria imediata de enriquecimento, não tiveram tempo de lidar com categorias. Todas as disputas sobre essas questões vieram dos mais recentes.

Para o economista que vive de oposições, naturalmente existe também um valor *duplo*: o valor abstrato ou real e o valor de troca. Houve uma longa disputa sobre a essência do valor real entre os ingleses, que determinaram o custo de produção como expressão do valor real, e o francês Say, que pretendeu medir esse valor de acordo com a utilidade de uma coisa. A disputa esteve em suspenso desde o início deste século e adormeceu, não foi decidida. Os economistas não podem decidir.

Os ingleses – MacCulloch e Ricardo em particular – afirmam que o valor abstrato de uma coisa é determinado pelo custo de produção. Bem entendido, o valor abstrato, não o valor de troca, o *exchangeable value*, o valor no comércio – que é algo completamente diferente. Por que os custos de produção são a medida do valor? Por que – ouçam, ouçam! – por que ninguém venderia nada, em circunstâncias normais e desconsiderando as relações de concorrência, por menos do que lhe custou a produção? O que temos que ver com "vender" aqui, quando não se trata da aposta comercial? Aqui temos de novo o comércio, que devemos deixar de fora – e que comércio! Um comércio em que o principal, a relação de concorrência, não deve ser considerado! Primeiro, um valor abstrato, agora também um comércio abstrato, um comércio sem concorrência, ou seja, um homem sem corpo, um pensamento sem cérebro para produzir pensamentos. E o economista não percebe que, quando a concorrência é deixada de fora do jogo, não há nenhuma garantia de que o produtor venda suas mercadorias exatamente ao custo de produção? Que confusão!

Mais ainda! Vamos admitir, por um momento, que tudo é como diz o economista. Supondo que alguém tenha feito algo muito inútil com enorme esforço e custos enormes, algo que ninguém deseja, ele vale também os custos de produção? De maneira alguma, diz o economista, quem vai querer comprá-lo? Então, temos assim não apenas a utilidade desacreditada de Say, mas– com a "compra" – também a relação de concorrência. Não é possível ao economista manter sua abstração nem por um momento sequer. Não apenas o que ele está tentando remover com dificuldade, a concorrência,

Friedrich Engels – Esboço para uma crítica da economia política

mas também o que ele ataca, a utilidade, escorrem entre seus dedos a todo momento. O valor abstrato e sua determinação pelos custos de produção são apenas abstrações, absurdos.

Mas vamos dar razão novamente ao economista por um momento: como ele determinará os custos de produção sem ter em conta a concorrência? Quando examinamos o custo de produção, vemos que essa categoria também se baseia na concorrência e, também aqui, mostra quão pouco o economista está em condições de sustentar suas asserções.

Se passamos para Say, encontramos a mesma abstração. A utilidade de uma coisa é algo puramente subjetivo, algo que não se pode estabelecer de modo absoluto – pelo menos enquanto ainda estiver vagando entre oposições, certamente ela não será estabelecida. Segundo essa teoria, as carências [*Bedürfnisse*] necessárias devem ter mais valor que os artigos de luxo. A única via possível para se chegar a uma decisão razoavelmente objetiva e aparentemente universal sobre a maior ou menor utilidade de uma coisa é, sob o domínio da propriedade privada, a relação de concorrência, e é isso o que se deveria deixar de lado. Mas se a relação de concorrência for permitida, então também entram os custos de produção, porque ninguém venderá por menos do que investiu na produção. Aqui também um lado da oposição, sem que se queira, passa para o outro.

Tentemos lançar luz sobre essa confusão. O valor de uma coisa inclui os dois fatores, que são separados à força pelas partes em disputa e, como vimos, sem sucesso. O valor é a razão entre custos de produção e utilidade. A aplicação mais precisa do valor é a decisão sobre se alguma coisa deve ser produzida, ou seja, se a utilidade compensa os custos de produção. Somente então se pode discutir a aplicação do valor para a troca. Uma vez equiparados os custos de produção de duas coisas, a utilidade será o fator decisivo para determinar seu valor comparativo.

Essa base é a única base justa da troca. Mas se partimos dela, quem estabelecerá a utilidade da coisa? A mera opinião das partes? É assim, pelo menos, que *uma* delas é enganada. Ou uma determinação baseada na utilidade inerente à coisa, independente das partes envolvidas e não evidente para elas? A troca só pode ocorrer por *coação*, e cada um pensa que foi enganado. Não se pode superar essa oposição entre a utilidade real inerente à coisa e a determinação dessa utilidade, entre a determinação da utilidade e a liberdade dos participantes da troca, sem superar a propriedade privada; e, uma vez que esta venha a ser superada, não se pode mais falar em troca tal como ela existe agora. A aplicação prática do conceito de valor será, então, cada vez mais limitada a estabelecer a produção, e esta é sua esfera própria.

Mas, então, como estão as coisas agora? Vimos como o conceito de valor é violentamente dividido e os aspectos individuais são tomados como o todo. Os custos de produção, distorcidos desde o início pela concorrência, devem valer como o próprio valor; da mesma forma a utilidade meramente subjetiva – já que agora não pode haver outra. Para obter essas definições debilitadas, a concorrência deve ser usada nos dois casos; e o melhor é que, no caso dos ingleses, a concorrência, em relação ao custo de produção, representa a utilidade, enquanto, inversamente, em Say, a concorrência, em relação à utilidade, introduz o custo de produção. Mas que utilidade, que custos de produção ela traz! Sua utilidade depende do acaso, da moda, do humor dos ricos, seus custos de produção aumentam e diminuem com a relação casual entre demanda e oferta.

A diferença entre o valor real e o valor de troca é baseada em um fato – a saber, que o valor de uma coisa é diferente do chamado equivalente dado a ela no comércio, ou seja, que esse equivalente não é equivalente. Esse chamado equivalente é o preço da coisa e, se o economista fosse honesto, ele usaria a palavra "valor comercial". No entanto, ele ainda precisa manter certa aparência de que o preço está de alguma forma relacionado ao valor, para que a antieticidade do comércio não venha à tona. Mas o fato de o preço ser determinado pela interação dos custos de produção e da concorrência é bastante correto e é uma das principais leis da propriedade privada. Foi a primeira coisa que o economista encontrou, essa lei puramente empírica; e, a partir disso, ele abstraiu seu valor real, ou seja, o preço, no momento em que a relação de concorrência é equilibrada, quando a demanda e a oferta coincidem – então, é claro que os custos de produção permanecem, e é isso que o economista chama de valor real, embora seja apenas uma determinação do preço. Então, tudo na economia está de cabeça para baixo; faz-se com que o valor, que é o original, é a fonte do preço, seja dependente deste, seu próprio produto. Como é sabido, essa inversão é a essência da abstração, e sobre tal questão Feuerbach pode ser consultado.

––––––––––

Segundo o economista, os custos de produção de uma mercadoria consistem em três elementos: a renda fundiária [*Grundrente*] pelo terreno necessário para produzir a matéria-prima, o capital com lucro e o salário pelo trabalho necessário para a produção e elaboração. Contudo, mostra-se de imediato que capital e trabalho são idênticos, uma vez que os próprios economistas admitem que o capital é "trabalho acumulado". Portanto, temos apenas dois lados: o natural, objetivo, o terreno, e o humano, subjetivo, o trabalho, que inclui capital – e uma terceira coisa além do capital em que o economista não pensa, quero dizer, o elemento espiritual da invenção, do pensamento, além do elemento físico do mero trabalho. O que o economista tem que ver com o espírito da invenção? As invenções não lhe chegaram todas sem a sua intervenção? Custou-lhe algo *uma* delas? Então por que ele precisa preocupar-se com o cálculo de seus custos de produção? Para ele, terra, capital, trabalho são condições de riqueza e ele não precisa de mais nada. A ciência não lhe interessa. Se ela lhe presenteou por intermédio de Berthollet, Davy, Liebig,

Friedrich Engels – Esboço para uma crítica da economia política

Watt, Cartwright etc. – o que beneficiou imensamente a ele e à sua produção –, o que isso lhe importa? Ele não sabe como calcular semelhante coisa; os avanços na ciência vão além de seus números. Mas, para uma situação racional, que está além da divisão de interesses, como ocorre com o economista, o elemento espiritual é um dos elementos da produção e encontrará seu lugar na economia sob custos de produção. E é satisfatório saber que o cultivo da ciência também é materialmente gratificante, que um único fruto da ciência, como o motor a vapor de James Watt, contribuiu mais para o mundo nos primeiros cinquenta anos de sua existência do que o mundo gastou desde o início do cultivo da ciência. Temos, portanto, dois elementos de produção, natureza e homem, e este último, por sua vez, em atividade física e espiritual; e agora podemos retornar ao economista e a seus custos de produção.

––––––––––

Tudo o que não pode ser monopolizado não tem valor, diz o economista – uma tese que examinaremos em mais detalhes posteriormente. Se dizemos que não tem *preço*, a tese está correta para a condição relativa à propriedade privada. Se o solo fosse tão fácil de se obter quanto o ar, ninguém pagaria juros fundiários [*Grundzins*]. Como não é esse o caso, e a extensão das terras que são apropriadas em um caso especial é limitada, então são pagos juros fundiários pelo solo tomado em propriedade, ou seja, monopolizado, ou se paga um preço de compra por ele. Mas é muito estranho ter de ouvir do economista, após essas informações sobre a origem do valor da terra, que os juros fundiários são a diferença entre o rendimento, que paga os juros, e a parcela paga pela pior terra que vale a pena cultivar. Como é sabido, essa é a definição dos juros fundiários desenvolvida por Ricardo. Essa definição é correta na prática, se levarmos em conta que uma queda na demanda reage *instantaneamente* aos juros fundiários e desativa imediatamente o cultivo de uma quantidade correspondente da pior terra cultivada. Mas não é esse o caso, portanto a definição é insuficiente; além disso, não inclui a causa dos juros fundiários e, portanto, deve ser abandonada. O coronel T. P. Thompson, *leaguer* [membro] da Liga contra a Lei dos Cereais, renovou a definição de Adam Smith, em contraposição a essa, e fundamentou-a. Segundo ele, os juros fundiários são a relação entre a concorrência dos candidatos pelo uso do solo e a quantidade limitada de solo disponível. Aqui está, pelo menos, um retorno à origem dos juros fundiários; mas essa explicação exclui a diferença de fertilidade do solo, assim como a precedente explicação omite a concorrência.

––––––––––

Então, mais uma vez, temos duas definições unilaterais e, portanto, meias definições para o mesmo objeto. Como no conceito de valor, teremos novamente de combinar essas duas determinações para encontrar a determinação correta que se segue ao desenvolvimento da questão e, portanto, engloba toda

Esboço para uma crítica da economia política

a prática. Os juros fundiários são a relação entre a capacidade produtiva do solo, o lado natural (que, por sua vez, compõe-se da predisposição natural e da exploração humana, o trabalho, para melhorar), e o lado humano, a concorrência. Os economistas podem abanar a cabeça diante dessa "definição"; eles ficarão chocados ao ver que ela inclui tudo o que está relacionado à questão.

O proprietário fundiário não tem de reprovar nada ao comerciante.

Ele rouba monopolizando o solo. Rouba para si mesmo, explorando o aumento da população, que aumenta a concorrência e, portanto, o valor de seu terreno, tornando-o fonte de sua vantagem pessoal, o que não aconteceu por meio de sua ação pessoal, o que lhe é puramente contingente. Rouba quando *arrenda*, apoderando-se das melhorias feitas pelo último arrendatário. Esse é o segredo da riqueza cada vez maior dos grandes proprietários fundiários.

Os axiomas que qualificam o modo de aquisição do proprietário como roubo, ou seja, que todos têm direito ao produto de seu próprio trabalho ou que ninguém deve colher onde não semeou, não são nossa afirmação. O primeiro exclui a obrigação de alimentar as crianças, o segundo exclui todas as gerações do direito de existir, na medida em que cada geração assume o legado da geração anterior. Portanto, esses axiomas são consequência da propriedade privada. Ou se realizam suas consequências ou se renuncia à premissa.

Sim, a própria apropriação originária [*ursprüngliche Appropriation*] é justificada pela afirmação do direito *comum* de propriedade, ainda mais antigo. Por onde quer que se vá, a propriedade privada conduz a contradições.

Foi o passo final em direção à usura de si mesmo, da terra, que é a única e primeira condição de nossa existência; foi e ainda é uma antieticidade, que só é superada pela antieticidade da venda de si mesma [*Selbstveräußerung*]. E a apropriação originária, a monopolização da terra por um pequeno número, a exclusão do resto da condição de sua vida, não ultrapassa em nada, em antieticidade, a tardia comercialização do solo.

Se excluirmos a propriedade privada, novamente, os juros fundiários serão reduzidos à sua verdade, à visão razoável, que é a sua base essencial. O valor do solo, separado dele como juros fundiários, retorna ao próprio solo. Esse valor, que deve ser medido pela capacidade de produzir de uma mesma área com a mesma quantidade de trabalho, é considerado parte dos custos de produção ao se determinar o valor dos produtos e, como os juros fundiários, é a relação entre a capacidade de produzir e a concorrência, mas a concorrência *verdadeira*, tal como será desenvolvida a seu tempo.

Vimos como capital e trabalho são, em sua origem, idênticos; vimos, a partir dos desenvolvimentos do próprio economista, como o capital, resultado do trabalho, é imediatamente transformado em substrato material do trabalho no processo de produção e, assim, a separação do capital em relação ao trabalho é superada momentaneamente pela unidade de ambos; e, ainda assim,

Friedrich Engels – Esboço para uma crítica da economia política

o economista separa capital e trabalho, mantém a divisão sem reconhecer a unidade de outro modo, exceto pela definição de capital: "trabalho acumulado". A cisão entre capital e trabalho resultante da propriedade privada nada mais é do que a divisão do trabalho em si mesmo, que corresponde a esse estado de divisão e dele surge. E, depois que essa separação ocorre, o capital divide-se novamente no capital originário e no lucro, o aumento de capital que recebe no processo de produção, embora a própria prática transforme imediatamente esse lucro de novo em capital e faça-o fluir com ele. Sim, mesmo o lucro é novamente dividido em juros e propriamente em lucro. Nos juros, a irracionalidade [*Unvernünftigkeit*] dessas cisões é levada ao extremo. A antieticidade de emprestar a juros, receber sem trabalho, pelo mero empréstimo, embora seja inerente à propriedade privada, é óbvia demais e há muito é reconhecida pela consciência popular imparcial, que em geral é correta nessas questões. Todas essas cisões e divisões sutis surgem da separação originária do capital em relação ao trabalho e da conclusão dessa separação na cisão da humanidade em capitalistas e trabalhadores, uma cisão que se está tornando cada vez mais nítida e que, como veremos, *deve* sempre ir aumentando. Entretanto, essa separação, como a separação do solo entre capital e trabalho, que já foi considerada, é, em última instância, impossível. De maneira alguma é possível determinar quanto da terra, do capital e do trabalho está contido em um determinado produto. As três grandezas são incomensuráveis. O solo cria a matéria-prima, mas não sem capital e trabalho, o capital pressupõe solo e trabalho e o trabalho pressupõe *pelo menos* o solo, geralmente também capital. As funções dos três são muito diferentes e não podem ser medidas em uma quarta medida comum. Portanto, quando a situação atual leva a uma distribuição do produto entre os três elementos, não há medida inerente a eles, mas uma medida completamente estranha e aleatória decide: concorrência ou o refinado direito do mais forte. Os juros fundiários implicam concorrência, o lucro sobre o capital é determinado apenas pela concorrência, e veremos em seguida que é o que ocorre com o salário do trabalho.

Se abandonarmos a propriedade privada, todas essas cisões não naturais desaparecem. A diferença entre juros e lucro desaparece; capital não é nada sem trabalho, sem movimento. O lucro reduz sua importância ao peso que equilibra o capital na determinação dos custos de produção e, portanto, permanece inerente ao capital, à medida que volta à sua unidade original com o trabalho.

———————

O trabalho, o elemento principal na produção, a "fonte de riqueza", a atividade humana livre, é desdenhado pelo economista. Como o capital já foi separado do trabalho, o trabalho agora se cinde pela segunda vez; o produto do trabalho está em face deste como salário, é separado dele e novamente

Esboço para uma crítica da economia política

determinado, como de costume, pela concorrência, pois, como vimos, não há uma medida fixa da parcela de trabalho na produção. Se abolimos a propriedade privada, essa separação antinatural também desaparece, o trabalho é seu próprio salário e o verdadeiro significado dos salários, anteriormente alienado, é revelado: a importância do trabalho para a determinação dos custos de produção de uma coisa.

––––––––––

Vimos que, no final, tudo se resume à concorrência, enquanto existir propriedade privada. Ela é a principal categoria do economista, sua filha mais querida, a quem ele mima e acaricia sem cessar – e preste atenção ao tipo de rosto de Medusa que sairá daí.

A consequência seguinte da propriedade privada foi a divisão da produção em dois lados opostos, o natural e o humano; o solo, morto e estéril se não há fertilização, e a atividade humana, cuja primeira condição é o solo. Também vimos como a atividade humana se dissolveu em trabalho e capital e como esses lados se opõem de maneira hostil. Já tínhamos, portanto, a luta dos três elementos um contra o outro, em vez do apoio mútuo dos três; agora se agrega o fato de que a propriedade privada traz consigo a fragmentação de cada um desses elementos. Uma parcela de terra se opõe à outra, um capital contra o outro, um trabalhador contra o outro. Em outras palavras: uma vez que a propriedade privada isola todos de sua individualidade rude, e já que todos têm o mesmo interesse que seus vizinhos, um proprietário é hostil ao outro, um capitalista ao outro, um trabalhador ao outro. Nessa inimizade dos mesmos interesses em prol de sua igualdade, a antieticidade da presente condição da humanidade está consumada; e essa consumação é a concorrência.

––––––––––

O oposto da *concorrência* é o *monopólio*. O monopólio era o grito de guerra dos mercantilistas, e a concorrência, o canto de batalha dos economistas liberais. É fácil ver que essa oposição é, de novo, totalmente vazia. Cada concorrente deve desejar o monopólio, seja ele trabalhador, capitalista ou proprietário de terras. Cada coletividade menor de concorrentes deve desejar ter um monopólio para si contra todos os outros. A concorrência é baseada em juros, e os juros criam, por sua vez, o monopólio; em suma, a concorrência se integra ao monopólio. Por outro lado, o monopólio não pode interromper o fluxo da concorrência; aliás, ele cria a própria concorrência: por exemplo, a proibição de importação ou tarifas elevadas criam virtualmente a concorrência do contrabando. – A contradição da concorrência é exatamente a mesma da propriedade privada. É do interesse de cada um ser dono de tudo, mas o interesse da coletividade é que cada um tenha a mesma quantidade. Assim, os interesses gerais e os individuais são diametralmente opostos. A contradição da concorrência é que cada um deve desejar o monopólio, enquanto a coletividade como tal

Friedrich Engels – Esboço para uma crítica da economia política

perde com o monopólio e deve, portanto, removê-lo. Sim, a concorrência já pressupõe o monopólio, nomeadamente o monopólio da propriedade – e aqui, mais uma vez, a hipocrisia dos liberais vem à tona – e enquanto existir o monopólio da propriedade, a propriedade do monopólio está legitimada; pois um monopólio, uma vez concedido, também é propriedade. Que deficiência miserável é atacar o pequeno monopólio e deixar o monopólio fundamental existir. E se adicionarmos a isso a proposição do economista, já mencionada, de que nada tem valor se não pode ser monopolizado, ou seja, nada que não permita que esse monopólio entre nessa batalha da concorrência, então nossa afirmação de que a concorrência pressupõe o monopólio está perfeitamente justificada.

A lei da concorrência é que a demanda e a oferta se completam sempre e, por isso, nunca se complementam. Os dois lados, ademais, estão separados e transformaram-se em uma acentuada oposição. A oferta está sempre logo atrás da demanda, mas nunca chega a atendê-la com exatidão; ou é muito grande ou é muito pequena, nunca segundo a demanda, porque, nesse estado inconsciente da humanidade, ninguém sabe quão grande é esta ou aquela. Se a demanda for maior do que a oferta, o preço sobe, e isso perturba [*irritiert*] a oferta, por assim dizer; tão logo esta se manifeste no mercado, os preços caem e, quando se tornam superiores à demanda, a queda dos preços é tão grande que a demanda volta a ser estimulada. E assim continua, nunca em estado saudável, mas em alternância constante de perturbação [*Irritation*] e relaxamento que exclui todo o progresso, uma oscilação eterna sem nunca alcançar a meta. Essa lei, com seu ajuste constante, em que o que se perde aqui se recupera ali, o economista a considera maravilhosa. É o seu principal orgulho, ele não se cansa de contemplá-la em todas as circunstâncias possíveis e impossíveis. E, no entanto, é óbvio que essa lei é uma lei pura da natureza, não uma lei do espírito. Uma lei que cria a revolução. O economista apresenta sua bela teoria de demanda e oferta, prova que "nunca se pode produzir em demasia", e a prática responde com crises comerciais que se repetem tão regularmente quanto os cometas e as quais temos agora a cada cinco a sete anos, em média. Durante oitenta anos, essas crises comerciais ocorreram com a mesma regularidade que as grandes epidemias do passado – e trouxeram mais miséria e mais antieticidade [*Unsittlichkeit*] do que elas*. É claro que essas revoluções comerciais confirmam a lei, elas a confirmam em toda a extensão, mas de uma maneira diferente daquela que o economista quer que acreditemos. O que se deve pensar de uma

---

* Ver [John] *Wade, Hist[ory] of the Middle and Working Classes*, [2. ed.], Londres, [Effingham Wilson], 1835, p. 211.

Esboço para uma crítica da economia política

lei que só pode ser aplicada por meio de revoluções periódicas? É uma lei natural baseada na inconsciência dos envolvidos. Se os produtores enquanto tais soubessem quanto precisam os consumidores, se organizassem a produção, se a distribuíssem entre si, a flutuação da concorrência e sua tendência à crise seriam impossíveis. Produzindo com consciência, como homens, não como átomos isolados sem consciência genérica, colocar-se-iam acima de todos esses opostos artificiais e insustentáveis. Enquanto continuarem a produzir da maneira atual, de forma inconsciente e impensada, deixada ao acaso, as crises comerciais permanecerão; e cada crise sucessiva deve tornar-se mais universal, isto é, pior do que a anterior, deve empobrecer um número maior de pequenos capitalistas e aumentar o número da classe que só vive do trabalho em proporções crescentes – ou seja, a massa de trabalho a ser empregada, o principal problema de nossos economistas, deve aumentar visivelmente e, finalmente, provocar uma revolução social com a qual a sabedoria escolar [*Schulweisheit*] dos economistas não pode sonhar.

A eterna oscilação dos preços, criada pela relação concorrencial, remove completamente o último traço de eticidade do comércio. Não se trata mais de valor; o mesmo sistema que parece atribuir tanto peso ao valor, que dá à abstração do valor em dinheiro a honra de uma existência particular – o mesmo sistema destrói todo valor inerente por meio da concorrência e muda a relação de valor de todas as coisas entre si diariamente e de hora em hora. Onde nesse redemoinho está a possibilidade de uma troca fundada eticamente? Nesses altos e baixos contínuos, cada um deve procurar encontrar o momento mais favorável para comprar e vender; cada um deve se tornar um especulador, ou seja, colhendo onde não semeou, enriquecendo com a perda dos outros, calculando sobre o infortúnio dos outros ou deixando que o acaso o beneficie. O especulador sempre conta com as desgraças, principalmente safras ruins, ele usa de tudo, como, em sua época, o incêndio de Nova York[6], e o ponto culminante da antieticidade é a especulação em fundos na bolsa, por meio da qual a história, e nela a humanidade, é reduzida a meios de satisfazer a ganância do especulador que calcula ou arrisca. E oxalá o homem de negócios honesto e "sólido" não se indigne farisaicamente com o jogo do mercado de ações – graças a Deus etc. Ele é tão ruim quanto os especuladores de fundos, especula tanto quanto eles, tem de fazê-lo, a concorrência o força a isso, e seu comércio implica, portanto, a mesma antieticidade que a deles. A verdade da relação concorrencial é a relação entre a força de consumo e a força de produção. Em uma condição digna de humanidade, não haverá outra concorrência senão essa. A comunidade terá de calcular o que pode produzir com os meios de que dispõe e, de acordo com a relação entre sua potência produtiva e a massa

---

6   Em 1835 ocorreu em Nova York um incêndio de grandes proporções, praticamente toda a Nova York holandesa foi destruída pelo fogo. Estima-se que cerca de seiscentas casas foram arrasadas nesse incidente. (N. E. E.)

Friedrich Engels – Esboço para uma crítica da economia política

de consumidores, determinar em que medida deve aumentar ou diminuir a produção, até que ponto deve ceder ao luxo ou limitá-lo. Mas, para julgar corretamente essa relação e o aumento da capacidade produtiva que se espera de uma condição razoável da comunidade, meus leitores podem consultar os escritos dos socialistas ingleses e, em parte, também de Fourier.

A concorrência subjetiva, a rivalidade do capital contra o capital, do trabalho contra o trabalho etc. será, sob essas circunstâncias, reduzida à rivalidade baseada na natureza humana e, até agora, apenas por Fourier foi desenvolvida de uma maneira aceitável; após a superação dos interesses opostos, estará limitada à sua própria esfera peculiar e razoável.

A luta do capital contra o capital, do trabalho contra o trabalho, da terra contra a terra leva a produção a um calor febril que vira de cabeça para baixo todas as relações naturais e razoáveis. Nenhum capital pode resistir à concorrência do outro se não for levado ao mais alto nível de atividade. Nenhuma parcela de terra pode ser usada para construir se não aumentar continuamente sua capacidade de produção. Nenhum trabalhador pode enfrentar seus concorrentes se não dedicar todas as suas energias ao trabalho. Quem quer que se envolva na luta da concorrência não pode suportá-la sem o maior esforço de sua força, sem o abandono de todos os fins verdadeiramente humanos. A consequência dessa hiperatividade, por um lado, é necessariamente um relaxamento, por outro. Quando a oscilação da concorrência é escassa, quando a demanda e a oferta, o consumo e a produção são quase iguais, o desenvolvimento da produção deve chegar a um estágio em que haja tanto excedente de força produtiva que a grande massa da nação não tenha nada para viver; que as pessoas morram de fome por pura sobreabundância. A Inglaterra está nessa posição insana, nesse absurdo vivo, há algum tempo. Se a produção oscila mais fortemente, como é necessário em decorrência de tal condição, ocorre uma alternância de prosperidade e crise, superprodução e estagnação. O economista nunca foi capaz de explicar esse posicionamento insano; para explicá-lo, inventou a teoria da população, que é tão absurda, e ainda mais do que essa contradição entre riqueza e miséria ao mesmo tempo. O economista não *pode* ver a verdade; ele não pode ver que essa contradição é simples consequência da concorrência, porque, do contrário, todo o seu sistema desmoronaria.

Para nós, é fácil explicar a questão. A força produtiva à disposição da humanidade é incomensurável. A produtividade do solo pode ser aumentada indefinidamente por meio do uso de capital, trabalho e ciência. De acordo com os cálculos dos economistas e estatísticos mais capazes*, a Grã-Bretanha

---

* Ver [Achibald] Alison, [*The*] *Principle*[s] *of Population* [*and their connection with human happiness,*] v. 1, [Londres/Edimburgo, W. Blackwood/T. Cadell, 1840] cap. I e II.

Esboço para uma crítica da economia política

"superpovoada" pode chegar a produzir em dez anos grãos suficientes para seis vezes sua população atual. O capital aumenta diariamente; a força de trabalho cresce com a população, e a ciência sujeita cada vez mais a força da natureza ao homem. Essa capacidade produtiva incomensurável, se manejada de forma consciente e no interesse de todos, logo reduziria ao mínimo o trabalho que cabe à humanidade; abandonada à concorrência, ela faz o mesmo, mas dentro da contradição. Uma parte da terra é mais bem cultivada, enquanto outra – na Grã-Bretanha e na Irlanda, 30 milhões de acres de boa terra – permanece selvagem. Parte do capital circula com tremenda rapidez, outra parte jaz morta no caixão. Alguns trabalhadores trabalham catorze ou dezesseis horas por dia, enquanto outros permanecem ociosos, inativos, e morrem de fome. Ou a distribuição surge dessa simultaneidade: hoje, o comércio está indo bem, a demanda é importante, tudo está funcionando, o capital está girando com uma velocidade maravilhosa, a agricultura está prosperando, os trabalhadores trabalham até adoecer – amanhã há uma estagnação, a agricultura não vale o esforço, extensões inteiras de terra permanecem não cultivadas, o capital congela no meio do rio, os trabalhadores não têm ocupação e o país inteiro labora em uma riqueza supérflua e uma população supérflua.

O economista não pode reconhecer esse desenvolvimento da questão como o correto; caso contrário, como eu disse, ele teria de desistir de todo o seu sistema da concorrência; teria de ver o vazio de sua oposição entre produção e consumo, entre população supérflua e riqueza supérflua. Mas, uma vez que não poderia ser negado, para alinhar esse fato à teoria inventou-se a teoria da população.

Malthus, o autor dessa doutrina, sustentou que a população sempre pressiona os meios de subsistência, que, à medida que a produção aumenta, a população aumenta na mesma proporção e a tendência inerente à população de aumentar além dos meios de subsistência disponíveis é a causa de toda miséria e vício. Porque, se há muitas pessoas, elas têm de sair do caminho de uma forma ou de outra, ou mortas pela violência ou mortas pela fome. Mas, quando isso acontece, há novamente uma lacuna que é imediatamente preenchida por outros aumentos da população, e assim a velha miséria começa de novo. Sim, é o caso em todas as condições, não apenas no estado civilizado, mas também no estado natural; os selvagens da Nova Holanda[7], que dispõem cada um de uma milha quadrada[8], sofrem com a superpopulação tanto quanto a Inglaterra. Em suma, se quisermos ser coerentes, temos de admitir que *a terra já estava superpovoada quando havia apenas um homem*. As consequências desse desenvolvimento são que, uma vez que os pobres são

---

[7]   Antiga denominação da Austrália. (N. E. It.)

[8]   A milha inglesa equivale a 1.609 m. (N. E. E.)

Friedrich Engels – Esboço para uma crítica da economia política

precisamente os supérfluos, nada deve ser feito por eles, a não ser tornar-lhes a morte por inanição o mais fácil possível, convencê-los de que não se pode mudar nada e não há salvação para a sua classe, a não ser reproduzir-se o mínimo possível, ou, se isso não funcionar, é ainda melhor que se estabeleça uma instituição estatal para a matança indolor dos filhos dos pobres, como sugere "Marcus"[9] – segundo o qual pode haver dois filhos e meio por família da classe trabalhadora; mas tudo o que vier a mais será morto sem dor. Dar esmolas seria um crime, pois ajuda a aumentar o excedente populacional; mas será muito vantajoso se a pobreza se transformar em crime e as casas dos pobres se tornarem instituições penais, como já foi feito na Inglaterra por meio da nova lei "liberal" dos pobres[10]. É verdade que essa teoria está muito mal alinhada com o ensino da Bíblia sobre a perfeição de Deus e sua criação, mas "é uma refutação ruim usar a Bíblia contra os fatos"!

Devo elaborar ainda mais essa doutrina infame e vil, essa hedionda blasfêmia contra a natureza e a humanidade, e levar suas consequências ainda mais longe? Aqui, finalmente, a antieticidade do economista chega ao auge. O que são todas as guerras e horrores do sistema de monopólio contra essa teoria? E é ela precisamente a pedra angular do sistema liberal de liberdade de comércio, cuja derrubada resulta na ruína de todo o edifício. Pois se a concorrência foi provada aqui como a causa da miséria, da pobreza e do crime, quem se atreverá a falar a seu favor?

Na obra acima citada, Alison abalou a teoria de Malthus apelando para a força produtiva da terra e contrariando o princípio de Malthus com o fato de que cada homem adulto pode produzir mais do que precisa, um fato sem o qual a humanidade não poderia multiplicar-se, nem mesmo existir; do que mais os ainda não adultos poderiam viver? Mas Alison não vai ao fundo da questão e, portanto, volta ao mesmo resultado de Malthus. Embora prove que o princípio de Malthus está incorreto, não pode negar os fatos que o levaram a enunciar esse princípio.

Se Malthus não tivesse considerado a questão de forma tão unilateral, teria visto que o excedente de população ou a força de trabalho está sempre ligada à riqueza excedente, ao capital excedente e à propriedade fundiária excedente. A população só é grande onde a força produtiva é muito grande.

---

[9] Assinados sob o pseudônimo de "Marcus", apareceram na Inglaterra do fim da década de 1830 alguns panfletos nos quais se pregava a teoria misantrópica malthusiana. Em particular: *On the Possibility of Limiting Populousness*, editado por John Hill, Block Horse Court, Fleet Street, 1838; e *The Theory of Painless Extinction*, cuja publicação foi anunciada no *New Moral Word* em 29 de agosto de 1840. (N. E. It.)

[10] Trata-se da lei sobre o pauperismo (An Act for the Amendment and Better Administration of the Laws, Relating to the Poor in England and Wales) que entrou em vigor em 14 de agosto de 1834 e concedia uma única assistência aos pobres: sua colocação em trabalho coercitivo. As pessoas chamavam essas casas de trabalho de "bastilhas dos pobres". (N. E. It.)

Esboço para uma crítica da economia política

A condição de todos os países superpovoados, especialmente a Inglaterra, desde a época em que Malthus escreveu, mostra isso claramente. Esses eram os fatos que Malthus deveria ter considerado em sua totalidade e cuja consideração deveria levar ao resultado correto; em vez disso, ele escolheu um, desconsiderando o outro, e assim chegou ao seu resultado insano. O segundo erro que ele cometeu foi confundir meios de subsistência e meios de ocupação. Que a população sempre pressione pelos meios de ocupação, que tantas pessoas possam ser geradas quanto vir a ser ocupadas, enfim, que a produção de força de trabalho tenha sido regulada até agora pela lei da concorrência e, portanto, também estivesse exposta a crises e flutuações periódicas, é um fato que Malthus é responsável por estabelecer. Mas os meios de ocupação não são os meios de subsistência. Os meios de ocupação só aumentam em seus resultados finais pelo aumento da força da máquina e do capital; os meios de subsistência aumentam tão logo a força produtiva aumente em qualquer quantidade. Aqui, uma nova contradição na economia vem à tona. A demanda do economista não é a demanda real, seu consumo é artificial. Para o economista, só há uma demanda real, um consumidor real, quando se pode oferecer um equivalente pelo que se recebe. Mas e se for um fato que todo adulto produz mais do que ele mesmo pode consumir, que as crianças são como árvores que retribuem abundantemente o gasto realizado nelas – e certamente esses são fatos –, então teríamos de pensar que todo trabalhador deveria ser capaz de produzir muito mais do que precisa, e a comunidade, portanto, gostaria de lhe fornecer tudo o que ele precisa; então, poderíamos pensar que uma grande família deveria ser um dom muito desejável para a comunidade. Mas o economista, na aspereza de sua visão, não conhece outro equivalente além do que lhe é pago em dinheiro tangível. Ele está tão firmemente preso aos seus antagonismos que os fatos mais contundentes o incomodam tanto quanto os princípios científicos.

Eliminamos a contradição simplesmente mediante a sua superação. Com a fusão dos interesses agora opostos, o antagonismo entre a superpopulação aqui e a abundância ali desaparece; desaparece o fato maravilhoso, mais maravilhoso do que todos os milagres de todas as religiões combinados, de que uma nação deve morrer de fome por causa da riqueza e da abundância; desaparece a absurda afirmação segundo a qual a terra não tem o poder de alimentar os homens. Essa afirmação é o ponto mais alto da economia cristã – e que nossa economia é essencialmente cristã, poder-se-ia provar com cada proposição, com cada categoria, e isso farei a seu tempo[11]; a teoria de

---

[11] É difícil estabelecer a qual projeto Engels se referia. Provavelmente à história social da Inglaterra, que pretendia escrever e menciona no fim deste ensaio. Em sua série de artigos, "Die Lage England" [A situação da Inglaterra], em *Marx-Engels Werke*, v. 1 (Berlim, Dietz, 1981), que é um breve esboço preliminar deste trabalho, Engels considera o ensinamento econômico de Adam Smith e as teorias utilitaristas de Jeremy

Friedrich Engels – Esboço para uma crítica da economia política

Malthus é apenas a expressão econômica do dogma religioso da contradição entre espírito e natureza e a consequente corrupção de ambos. Espero ter mostrado essa contradição em sua nulidade também no campo econômico, há muito resolvida para e com a religião; a propósito, não aceitarei nenhuma defesa da teoria de Malthus como competente se não me explicar de antemão, com base em seu próprio princípio, como um povo pode morrer de fome por causa da pura abundância, e se não harmonizar isso com a razão e os fatos.

A teoria de Malthus foi um ponto de transição absolutamente necessário, que nos fez avançar infinitamente. Por meio dela, como sobretudo por meio da economia, tomamos consciência da força produtiva da terra e da humanidade e, depois da suplatanção [*Überwindung*] desse desespero econômico, ficamos para sempre protegidos do medo da superpopulação. Extraímos dela os argumentos econômicos mais fortes para a transformação social; pois, mesmo que Malthus estivesse absolutamente certo, essa transformação teria de ser levada a cabo em seguida, porque somente ela, somente a formação das massas que ela proporciona, torna possível a restrição moral do instinto de reprodução, que o próprio Malthus apresenta como o antídoto mais eficaz e mais fácil para a superpopulação. Por meio dessa teoria pudemos conhecer a mais profunda humilhação da humanidade, sua dependência das relações de concorrência; mostrou-nos como, em última instância, a propriedade privada fez do homem uma mercadoria cuja produção e destruição dependem apenas da demanda; mostrou-nos como o sistema da concorrência exterminou e extermina milhões de homens todos os dias; vimos tudo isso e tudo nos leva à superação dessa humilhação da humanidade por meio da superação da propriedade privada, da concorrência e dos interesses opostos.

A fim de privar o medo geral da superpopulação de todas as bases, no entanto, voltemos mais uma vez à relação da força produtiva com a população. Malthus faz um cálculo no qual baseia todo o seu sistema. A população aumenta em progressão geométrica: $1 + 2 + 4 + 8 + 16 + 32$ etc., a força produtiva do solo, em aritmética: $1 + 2 + 3 + 4 + 5 + 6$. A diferença, por óbvio, é apavorante; mas está correta? Onde está comprovado que a capacidade produtiva do solo aumenta em progressão aritmética? A extensão do solo é limitada, é certo. A força de trabalho a ser utilizada nessa superfície aumenta com a população; vamos supor que o aumento dos rendimentos pelo aumento do trabalho nem sempre aumenta na proporção do trabalho; ainda assim, resta um terceiro elemento, que obviamente nunca conta para o economista,

---

Bentham e James Mill uma teoria da dominação da propriedade privada, do egoísmo, da alienação do homem, a realização dos princípios derivados da visão e da ordem do mundo cristãs (ibidem, p. 567). É provável, porém, que Engels planejasse uma obra específica, de cunho econômico. Em novembro de 1844, por exemplo, ele menciona em carta a Marx a intenção de preparar um panfleto sobre o economista alemão Friedrich List. (N. E. It.)

Esboço para uma crítica da economia política

a ciência, cujo progresso é tão infinito e pelo menos tão rápido quanto o da população. Que progresso a agricultura deve, neste século, apenas à química e, sobretudo, a apenas a dois homens – sir Humphry Davy[12] e Justus Liebig[13]? A ciência, entretanto, aumenta pelo menos como a população; ela aumenta proporcionalmente ao número da última geração; a ciência avança proporcionalmente à massa de conhecimento que lhe foi deixada pela geração anterior, isto é, nas condições mais ordinárias, também em progressão geométrica, e o que é impossível para a ciência? Mas é ridículo falar de superpopulação enquanto "o vale do Mississippi tiver solo inculto suficiente para transplantar toda a população da Europa"[14], enquanto apenas um terço da terra puder ser considerado cultivado e a própria produção desse terço puder ser aumentada por um fator de seis ou mais, aplicando-se melhorias que já são conhecidas.

Assim, a concorrência coloca capital contra capital, trabalho contra trabalho, propriedade fundiária contra propriedade fundiária e, da mesma forma, cada um desses elementos contra os outros dois. Em uma luta, o mais forte vence e, para prever o resultado dessa luta, teremos de examinar a força daqueles que lutam. Em primeiro lugar, a propriedade fundiária e o capital são mais fortes do que o trabalho, pois o trabalhador deve trabalhar para viver, enquanto o senhorio pode viver dos seus aluguéis, e o capitalista, dos seus juros e, em caso de necessidade, do seu capital ou das propriedades fundiárias capitalizadas. A consequência disso é que apenas as necessidades mais básicas, os meios básicos de subsistência vão para o trabalho, enquanto a maior parte dos produtos é distribuída entre o capital e a propriedade fundiária. Ademais, o trabalhador mais forte desloca o mais fraco do mercado, o capital maior, o menor, a propriedade fundiária maior, a menor. A prática confirma essa conclusão. São bem conhecidas as vantagens que o grande fabricante e o

---

[12] Humphry Davy (1778-1829) foi um químico britânico, considerado o fundador da eletroquímica, ao lado de Alessandro Volta e Michael Faraday. Davy contribuiu para a identificação experimental de vários elementos químicos por meio da eletrólise e estudou a energia envolvida no processo, desenvolveu a eletroquímica explorando o uso da célula ou bateria de Volta. Realizou importantes estudos na química e foi o responsável por identificar e isolar os elementos potássio, sódio, bário, estrôncio, cálcio e magnésio. (N. T.)

[13] Justus Freiherr von Liebig (1803-1873) realizou contribuições importantes nas áreas da agricultura e da biologia química. Foi considerado o principal fundador da química orgânica. Costuma ser descrito como o "pai dos fertilizantes industriais" por seus estudos sobre a importância do nitrogênio e outros minerais como nutrientes essenciais para as plantas. (N. T.)

[14] Ver Archibald Alison, *The Principles of Population, and Their Connection with Human Happiness* (Londres/ Edimburgo, W. Blackwood & Sons/ T. Cadell, 1840), v. 1, p. 548. (N. E. A.)

Friedrich Engels – Esboço para uma crítica da economia política

grande comerciante têm sobre o pequeno, e os grandes proprietários fundiários sobre o proprietário de um único *morgen*[15]. A consequência disso é que, mesmo em circunstâncias normais, o grande capital e a grande propriedade fundiária devoram o pequeno capital e a pequena propriedade fundiária de acordo com a lei do mais forte – a centralização da propriedade. Nas crises comercial e agrícola, essa centralização acontece muito mais rapidamente. A grande propriedade multiplica-se em geral muito mais rapidamente do que as pequenas, pois uma parte muito menor da receita é deduzida como despesa da propriedade. Essa centralização da propriedade é uma lei tão imanente à propriedade privada quanto todas as outras; as classes médias devem desaparecer cada vez mais até que o mundo seja dividido em milionários e pobres, grandes proprietários de terras e pobres diaristas. Todas as leis, toda divisão da propriedade fundiária, toda fragmentação possível do capital são inúteis – esse resultado deve vir, e virá, se não for precedido de uma transformação total das relações sociais, uma fusão de interesses opostos e uma superação da propriedade privada.

A livre concorrência, principal palavra-chave de nossos economistas atuais, é uma impossibilidade. O monopólio, pelo menos, tinha a intenção, se não pudesse realizá-lo, de proteger o consumidor de fraudes. A abolição do monopólio abre as portas para a fraude. Dizem que a concorrência tem em si o antídoto para a fraude, ninguém vai comprar coisas ruins – ou seja, cada um deve ser conhecedor de cada artigo, e isso é impossível –, daí a necessidade do monopólio, que também é encontrada em muitos artigos. As farmácias etc. *devem* ter um monopólio. E o artigo mais importante, o dinheiro, precisa do monopólio acima de tudo. Cada vez que o meio circulante deixou de ser um monopólio estatal, produziu-se uma crise comercial e os economistas ingleses, inclusive o dr. Wade, admitem aqui a necessidade de monopólio. Mas o monopólio não protege contra o dinheiro falsificado. De qualquer lado que se tome a questão, um é tão difícil quanto o outro, o monopólio cria livre concorrência e esta, por sua vez, cria o monopólio; portanto, ambos devem desaparecer, e essas dificuldades devem ser eliminadas pela superação do princípio que os produz.

A concorrência permeou todas as nossas condições de vida e completou a escravidão mútua na qual os homens agora se mantêm. A concorrência é a grande força motriz que incita nossa antiga e adormecida ordem social – ou melhor, nossa desordem social – repetidamente à atividade, mas a cada novo esforço ela consome também uma parte da força declinante. A concorrência rege o progresso numérico da humanidade; também rege sua eticidade. Qualquer pessoa que se familiarizou com as estatísticas do crime deve ter

---

[15] *Morgen* ou morgo é uma parcela de terra de 0,25 hectare ou 2500 m². (N. E.)

Esboço para uma crítica da economia política

notado a peculiar regularidade com que este progride a cada ano, com que certas causas produzem certos crimes. A expansão do sistema fabril resulta em aumento do crime em todos os lugares. O número de prisões, casos criminais e até mesmo o número de assassinatos, roubos, pequenos furtos etc. em uma grande cidade ou distrito pode ser determinado com antecedência todos os anos, como tem sido feito com bastante frequência na Inglaterra. Essa regularidade demonstra que o crime também é regido pela concorrência, que a sociedade cria uma _demanda_ para o crime que é atendida por uma _oferta_ adequada, que a lacuna provocada pela prisão, pela deportação ou pela execução de certo número de pessoas é imediatamente suprida por outras, assim como toda lacuna na população é imediatamente preenchida pelos recém-chegados, ou seja, o crime pressiona tanto os meios de punição quanto os povos os meios de ocupação. Quanto é justo, nessas circunstâncias, à parte todas as outras, punir os criminosos, deixo a critério dos meus leitores. O que importa para mim, aqui, é apenas provar a expansão da concorrência para o campo da moral [_moralische Gebiet_] e mostrar a profunda degradação que a propriedade privada trouxe às pessoas.

Na luta do capital e da terra contra o trabalho, os dois primeiros elementos têm uma vantagem especial sobre o trabalho – o auxílio da ciência, pois também esta é dirigida contra o trabalho nas condições atuais. Quase todas as invenções mecânicas, por exemplo, foram motivadas pela escassez de mão de obra, especialmente as máquinas de fiar algodão Hargreaves, Crompton e Arkwright. Toda grande demanda por trabalho gerou uma invenção que aumentou a força de trabalho de forma significativa; por conseguinte, desviou a demanda por trabalho humano. A história da Inglaterra de 1770 até o presente é uma evidência contínua disso. A última grande invenção na fiação de algodão, a _self-acting mule_[16], foi inteiramente originada pela demanda de trabalho e aumento dos salários – ela dobrou o trabalho da máquina e, dessa forma, reduziu o trabalho manual à metade, deixou metade dos trabalhadores sem ocupação e reduziu, assim, os salários dos outros pela metade; destruiu uma conspiração dos trabalhadores contra os fabricantes e destruiu o último resquício de força com que o trabalho havia suportado a luta desigual contra o capital*. O economista diz que o resultado final é que o maquinário é favorável aos trabalhadores, tornando a produção mais barata e, assim, criando

---

16 Máquina de fiar: entre 1738 e 1835 produziram-se na Inglaterra muitas invenções importantes para a mecanização da fiação, e muito significativas para o desenvolvimento do capitalismo. Em 1764, James Hargreaves inventou a máquina "Jenny"; em 1779, Samuel Crompton inventou uma máquina manual de fiar; em 1875, Richard Roberts inventou a _self-acting mule_ ou _selfactor_ (a "automática"). (N. E. E.)

* Ver dr. [Andrew] Ure, _Philosophy of Manufactures_, [Londres, Charles Knight, 1835], v. 2.

Friedrich Engels – Esboço para uma crítica da economia política

um mercado novo e maior para seus produtos e, desse modo, ocupando os trabalhadores que haviam ficado sem trabalho. Certo, mas o economista esquece que a produção de força de trabalho é regulada pela concorrência, que a força de trabalho sempre pressiona os meios de ocupação? Esquece que, se a vantagem que traz consigo a maquinaria se materializar, haverá de novo um excedente de concorrentes esperando por trabalho e, então, tornar-se-á ilusória essa vantagem, enquanto a desvantagem – isto é, a retirada repentina dos meios de subsistência para metade dos trabalhadores e a queda dos salários para a outra metade – não é ilusória? O economista esquece que o progresso da invenção nunca para, que essa desvantagem se perpetua? Ele esquece que, com a divisão do trabalho tão infinitamente aumentada por nossa civilização, um trabalhador só pode viver se for usado nessa máquina específica para esse trabalho insignificante em particular? Esquece que a passagem de uma ocupação para outra, mais nova, é quase sempre uma impossibilidade decisiva para o trabalhador adulto?

Ao considerar os efeitos da máquina, chego a outro tema mais distante, o sistema fabril, e não tenho inclinação nem tempo para lidar com isso. A propósito, espero ter em breve a oportunidade de desenvolver plenamente a hedionda antieticidade desse sistema e expor implacavelmente a hipocrisia do economista, em todo o seu esplendor[17].

---

[17] Engels pretendia escrever uma tese sobre a história social da Inglaterra, para a qual havia coletado material durante sua estadia em Manchester (novembro de 1842 a agosto de 1844). Em um capítulo, ele queria tratar da situação da classe trabalhadora inglesa. Mais tarde, decidiu dedicar um trabalho especial ao proletariado inglês. Após seu retorno à Alemanha, escreveu *A situação da classe trabalhadora na Inglaterra* [trad. B. A. Schumann, São Paulo, Boitempo, 2008]. (N. E. A.)

Rápido progresso do comunismo na Alemanha[1]

[I][2]

Na esperança de que seus conterrâneos queiram saber algo a respeito do progresso de nossa causa comum deste lado do canal, envio-lhe algumas linhas para publicação em sua revista. Ao mesmo tempo alegro-me por poder mostrar que, embora, como de costume, o povo alemão tenha levantado um tanto tardiamente a questão da reforma social, agora está se esforçando ao máximo para recuperar o tempo perdido, e, de fato, a velocidade com que o socialismo faz progressos nesse país é fantástica. Há dois anos havia só duas pessoas que se interessavam por questões sociais; há um ano foi impresso o primeiro escrito socialista[3]. Havia, é certo, algumas centenas de comunistas alemães no exterior, mas, por se tratar de trabalhadores, tinham pouca influência e não conseguiram que seus escritos se difundissem entre as "classes mais altas". Além disso, os obstáculos no caminho do socialismo são gigantescos: a imprensa é censurada, não há direito de reunião pública, não há direito de associação, leis despóticas e tribunais secretos com juízes comprados que punem quem quer que de algum modo ouse fazer o povo pensar. E, apesar de tudo isso, como está a situação na Alemanha agora?

Em vez dos dois pobres diabos que escreviam sobre socialismo para um público que não estava nem um pouco familiarizado com o assunto, ou

---

[1] Em *Marx-Engels Werke* (Berlim, Dietz, 1962), v. 2, p. 509-20. (N. E. A.)

[2] Escrito em 9 de novembro de 1844. Publicado na revista socialista inglesa *The New Moral World*, n. 25, 13 dez. 1844. (N. E. A.)

[3] Trata-se dos *Deutsch-Französische Jahrbücher* [Anais Franco-Alemães], editados por Karl Marx e Arnold Ruge em Paris, em língua alemã. Saiu apenas a primeira edição dupla em fevereiro de 1844, com os textos de Karl Marx *Sobre a questão judaica* e a *Crítica da filosofia do direito de Hegel. Introdução*, bem como os trabalhos de Friedrich Engels *Esboço para uma crítica da economia política, A situação da Inglaterra* e *'Past and Present'* por Thomas Carlyle. Esses trabalhos evidenciam a passagem definitiva de Marx e Engels para o materialismo e o comunismo. A interrupção da publicação deveu-se principalmente a divergências entre Marx e o radical burguês Ruge. (N. E. A.)

Friedrich Engels – Esboço para uma crítica da economia política

nem sequer estava interessado nele, temos agora dúzias de autores versados que pregam o novo evangelho para milhares de pessoas ávidas por ouvir tudo que tenha relação com o tema; temos diversas publicações que são tão radicalmente socialistas quanto a censura permite, em particular a *Trier'sche Zeitung* [Gazeta de Trier][4] e o *Sprecher* [Arauto][5] de Wesel; publicamos um jornal[6] sob a liberdade de imprensa de Paris e, excetuando as que se encontram sob a influência direta do governo, não há revista que não comente diariamente em tom de reconhecimento o socialismo e os socialistas. Nossos adversários não têm a coragem moral de nos enfrentar abertamente. Até os governos são obrigados a tratar com boa vontade todos os movimentos *legais* que se empenham pelo socialismo. Em toda a parte estão sendo fundadas sociedades tanto para a melhoria da situação dos trabalhadores quanto para lhes proporcionar formação intelectual, e alguns dos mais altos funcionários do governo prussiano participaram ativamente dessas associações. Em suma, o socialismo entrou na ordem do dia na Alemanha e, no curso de um ano, tomou corpo um forte partido socialista, que já inspira respeito a todos os partidos políticos e é alvo de esforços especialmente dos liberais deste país. Até agora nosso baluarte é a burguesia, um fato que talvez cause estranheza ao leitor inglês, caso não saiba que, na Alemanha, essa classe é bem menos egoísta, bem menos preconceituosa e bem mais inteligente do que a da Inglaterra, e isso pela simples razão de ela ser mais pobre. Esperamos, contudo, que em breve consigamos o apoio das classes trabalhadoras, que sempre e em toda parte devem constituir o segmento forte e o componente principal dos partidos socialistas, e que foram arrancadas de sua letargia pela miséria, pela opressão e pela falta de trabalho, bem como pelas revoltas ocorridas nas zonas industriais da Silésia e da Boêmia[7]. Aproveito o ensejo para mencionar um quadro de Hübner, um dos melhores

---

[4] A *Trier'sche Zeitung* foi fundada em 1757 em Trier e começou a aparecer com esse título a partir de 1815; no início da década de 1840, seguia a linha burguesa radical; em meados dessa década, começou a trazer artigos sobre o socialismo, contribuições de seu colaborador permanente Karl Grün, que logo se tornou o principal representante do "verdadeiro" socialismo. (N. E. A.)

[5] O jornal *Der Sprecher oder: Rheinisch-Westphälischer Anzeiger* [O Arauto ou Apontador Renano-Vestfálico] foi fundado em 1798 em Dortmund e, a partir de 1841, foi publicado em Wesel; de 1842 a novembro de 1844, Karl Grün foi um dos seus redatores. (N. E. A.)

[6] Trata-se do *Vorwärts!* [Avante!], um jornal bissemanal em língua alemã publicado em Paris de janeiro a dezembro de 1844. Sob influência de Marx, que fez parte da redação a partir de julho de 1844, começou a adotar uma posição comunista, desenvolvendo uma crítica incisiva às condições reacionárias vigentes na Prússia. O jornal publicou contribuições de Karl Marx e Friedrich Engels (por exemplo, "Glosas críticas ao artigo, 'O rei da Prússia e a reforma social. De um prussiano'" e "A situação na Inglaterra"). A pedido do governo da Prússia, o ministro francês Guizot ordenou, em janeiro de 1845, a expulsão da França de Marx e outros colaboradores do jornal. (N. E. A.)

[7] Referência às revoltas dos tecelões que ocorreram em 1844, especialmente nos grandes povoados silesianos de Langenbielau e Peterswaldau, e foram reprimidas com força

pintores alemães, que causou uma agitação mais efetiva em favor do socialismo do que centenas de panfletos. A pintura mostra tecelões silesianos apresentando a um industrial o linho tecido por eles e o contraste impactante da riqueza sem coração de um lado com a pobreza desesperada do outro. O industrial bem nutrido, representado de rosto corado e insensível como bronze, rejeita uma peça de linho oferecida por uma mulher; esta, que não vislumbra outra possibilidade de vender o tecido, desaba e desfalece, amparada com dificuldade por duas crianças pequenas e um homem idoso; um empregado examina uma peça, cujo proprietário aguarda com dolorosa ansiedade o resultado; um jovem mostra à desalentada mãe o escasso pagamento que recebeu por seu trabalho; um homem idoso, uma menina e um rapaz sentados em um banco de pedra esperam sua vez; e dois homens, cada um com um fardo de tecido rejeitado nas costas, deixam o recinto, um deles cerrando o punho de raiva, ao passo que o outro põe a mão sobre o seu braço e aponta para o céu, como se dissesse: calma, há um juiz que o punirá. Toda essa cena se desenrola em uma antessala cujo piso de pedra tem um aspecto frio e desconfortável; apenas o industrial está em pé sobre um tapete, e, no outro extremo da pintura, por trás de uma cancela, vê-se um escritório, luxuosamente decorado com cortinas e espelhos suntuosos, onde alguns empregados escrevem sem se importar com o que acontece às suas costas e onde o filho do industrial, ainda rapazote, escora-se na cancela com um chicote de equitação na mão, fuma um charuto e observa friamente os infelizes tecelões.

Esse quadro foi exposto em várias cidades da Alemanha e é compreensível que tenha tornado muitas boas almas receptivas às ideias sociais. Ao mesmo tempo, tivemos a satisfação de ver que um dos mais excelentes pintores de motivos históricos de nosso país, Karl Lessing, converteu-se ao socialismo. De fato, o socialismo já tem agora uma posição dez vezes mais forte na Alemanha do que na Inglaterra. Hoje de manhã, li na liberal *Kölnische Zeitung* [Gazeta de Colônia][8] o artigo de um autor que foi atacado pelos socialistas por diversos motivos e usa esse artigo para se defender; e no que resulta sua defesa? Ele próprio se declara socialista; a única diferença é que gostaria de começar com reformas políticas, enquanto nós, de nossa parte, queremos tudo de uma vez. Essa *Kölnische Zeitung* é o segundo maior jornal da Alemanha em termos de influência e difusão.

É estranho, mas pelo menos no Norte da Alemanha não se embarca num vapor, não se viaja no vagão de um trem ou numa carruagem do correio sem encontrar alguém que tenha absorvido pelo menos algumas ideias sociais e concorde conosco que algo precisa ser feito para reorganizar a sociedade.

---

militar. No mesmo ano, trabalhadores da Boêmia, dos distritos de Leitmeritz e Praga, atacaram fábricas têxteis e destruíram suas máquinas. (N. E. A.)

[8] Trata-se do artigo "Ein 'socialistischer' Spuk" [Uma fantasia "socialista"], publicado sem assinatura no suplemento da *Kölnische Zeitung*, n. 314, 9 nov. 1844. (N. E. A.)

Friedrich Engels – Esboço para uma crítica da economia política

Estou retornando de uma viagem a cidades da vizinhança e não houve lugar em que eu não tenha encontrado pelo menos meia dúzia ou uma dúzia de excelentes socialistas. Na minha família – que é muito piedosa e leal ao governo – conto seis ou mais membros e nenhum deles foi persuadido pelos demais. Temos adeptos de todo tipo: comerciantes, industriais, juristas, funcionários do governo e oficiais, médicos, redatores de jornal, agricultores etc.; há uma grande quantidade de escritos nossos no prelo, embora até agora tenham sido lançados apenas uns três ou quatro; se nos próximos quatro ou cinco anos continuarmos a fazer progressos como nos últimos doze meses, logo estaremos em condições de fundar uma comunidade comunista. Como o senhor pode ver, nós, teóricos alemães, estamos tomando prática no negócio. Um de nossos correligionários foi desafiado a elaborar um plano de organização e estatutos para uma comunidade capaz de operar segundo os planos de Owen, Fourier etc., aproveitando as experiências das colônias norte-americanas, bem como o próprio experimento de vocês, em Harmony[9], que espero esteja avançando bem. Esse plano será discutido em diversas localidades e publicado com modificações.

As personalidades literárias mais ativas entre os socialistas alemães são: dr. Karl Marx, em Paris; dr. Moses Hess, no momento em Colônia; dr. Karl Grün, em Paris; Friedrich Engels, em Barmen (Prússia Renana); dr. Otto Lüning, em Rheda (Vestfália); dr. Hermann Püttmann, em Colônia; e vários outros. Além destes, associou-se a nós Heinrich Heine, o mais proeminente de todos os poetas alemães vivos; ele publicou um volume de lirismo político, contendo também alguns poemas que proclamam o socialismo. É autor do famoso poema "Os tecelões silesianos", do qual lhe envio uma tradução, receando que, na Inglaterra, ela seja vista como blasfêmia contra Deus. De qualquer modo, gostaria de compartilhá-lo com os senhores e observo apenas que ele faz referência ao mote dos prussianos em 1813: "Com Deus pelo Rei e pela Pátria!", que desde então constitui um lema apreciado pelo partido leal ao governo. Eis o poema[10]:

> Nos olhos sombrios nenhuma lágrima,
> Sentados ao tear, eles rangem os dentes:
> Alemanha, tecemos tua mortalha,
> Tecemos nela a tripla maldição –
> Tecemos, tecemos!

---

[9] Colônia comunista fundada em 1841 por socialistas utópicos ingleses – Robert Owen e seus adeptos – em Hampshire (Inglaterra). A colônia se manteve até o início de 1846. (N. E. A.)

[10] Trata-se da famosa versão revisada pelo poeta tal como foi publicada pela primeira vez no *Album* editado por H. Püttmann (Borna, 1847). Engels traduziu a versão mais antiga de quatro estrofes do poema publicada no *Vorwärts!* em 10 de julho de 1844. (N. E. A.)

Rápido progresso do comunismo na Alemanha

Maldição sobre o Deus, ao qual rezamos
No frio do inverno e passando fome.
Esperamos e persistimos em vão –
Ele nos iludiu, nos tapeou, zombou de nós –
Tecemos, tecemos!

Maldição sobre o rei, o rei dos ricos,
Que da nossa miséria não se condoeu,
Que de nós extorque até o último vintém,
E como a cães nos manda fuzilar –
Tecemos, tecemos!

Maldição sobre o falso solo pátrio,
Onde só viçam humilhação e vergonha,
Onde cada flor bem cedo é vergada,
Onde podridão e mofo deleitam os vermes –
Tecemos, tecemos!

Voa a lançadeira, range o tear,
Tecemos sem parar, dia e noite –
Velha Alemanha, tecemos tua mortalha,
Tecemos nela a tripla maldição –
Tecemos, tecemos!

Com essa canção, que no original alemão é uma das mais fortes que conheço, despeço-me do senhor e espero poder escrever-lhe em breve sobre o nosso progresso e a literatura social.

Seu velho amigo na Alemanha

[II][11]

Barmen, 2 de fevereiro de 1845

Desde a última vez que lhe escrevi, a causa do comunismo continuou a progredir com a mesma rapidez com que vinha progredindo no fim de 1844. Há pouco estive em diversas cidades ao longo do Reno e, em toda parte, constatei que nossas ideias ganharam terreno desde a última vez que estive lá e continuam avançando. Em toda a parte encontrei novos adeptos que empenham tanta energia na discussão e na disseminação da ideia do comunismo quanto se poderia desejar. Em todas as cidades da Prússia foram realizados muitos eventos públicos cujo objetivo era fundar associações de combate à miséria crescente, à insciência e à criminalidade entre as massas da população. Num primeiro momento, o governo apoiou essas reuniões, mas, depois que se tornaram mais autônomas, ele começou a proibi-las; não obstante, elas

---

[11] Publicado na revista socialista inglesa *The New Moral World*, n. 37, 8 mar. 1845. (N. E. A.)

Friedrich Engels – Esboço para uma crítica da economia política

chamaram a atenção pública para a questão social e contribuíram muito para a difusão de nossos princípios. Os discursos das lideranças comunistas na reunião de Colônia causaram tamanha impressão que um comitê, composto em sua maioria por comunistas resolutos, foi escolhido para elaborar o estatuto da associação. É claro que o conteúdo principal dos estatutos se baseia em princípios comunistas. Os estatutos sobre a organização do trabalho, sobre a proteção do trabalhador contra o poder do capital etc. foram acolhidos quase unanimemente. A autorização que, em nosso país, se exige para todas as associações naturalmente não foi concedida; porém, como essas assembleias aconteceram mesmo assim, discutiu-se em toda a cidade de Colônia a questão das sociedades. Em Elberfeld, foi proclamado como princípio básico da associação *que todas as pessoas têm direito igual à educação e todas devem poder participar dos resultados da ciência*; contudo, os estatutos ainda não foram ratificados pelo governo e é bem provável que tenham o mesmo destino dos estatutos de Colônia, pois os padrecos fundaram uma associação própria assim que a assembleia rejeitou seu plano de transformar a sociedade num subdepartamento da missão urbana. A associação liberal será proibida pelo governo e a associação dos padrecos será apoiada por ele. Isso, porém, já não quer dizer muita coisa, pois, uma vez levantada, a questão é discutida de modo geral por toda a cidade. Outras agremiações foram formadas em Münster, Kleve, Düsseldorf etc., e é preciso esperar o resultado. No que se refere à literatura comunista, H. Püttmann, de Colônia, publicou uma coletânea de artigos sobre esse tema[12], contendo, entre outras coisas, um relato sobre as colônias norte-americanas e também sobre a colônia de vocês, em Hampshire, que muito contribuiu para desfazer o preconceito relativo à inexequibilidade de nossas ideias. O senhor Püttmann anunciou na mesma ocasião uma revista trimestral[13], cujo primeiro número pretende publicar em maio próximo, e

---

[12] Hermann Püttmann publicou em Darmstadt uma coletânea com o título *Deutsches Bürgerbuch für 1845* [Livro do cidadão alemão para 1845]. O anuário contém, além de algumas contribuições dos "verdadeiros" socialistas, trabalhos de democratas revolucionários como F. W. Wolff e Georg Weerth. Além disso, também foi impressa nesse volume uma descrição das colônias comunistas na América do Norte e da colônia owenista de Harmony. Essa descrição redigida por Engels se baseia em publicações de revistas como *The New Moral World, The Northern Star* e *The Morning Chronicle*. O *Deutsches Bürgerbuch für 1846* [Livro do cidadão alemão para 1846], que veio a público no verão de 1846 em Mannheim, contém um "Fragmento de Fourier sobre o comércio", traduzido por Engels e acrescido de uma introdução e um posfácio. (N. E. A.)

[13] Dos *Rheinische Jahrbücher zur gesellschaftlichen Reform* [Anais Renanos pela Reforma Social], editados por Hermann Püttmann, foram publicados somente dois volumes, o primeiro em agosto de 1845 em Darmstadt, e o segundo no final de 1846 no pequeno povoado de Belle-Vue perto de Constança, na divisa entre a Alemanha e a Suíça. Na busca por conseguir pontos de apoio para fazer a propaganda de suas visões comunistas na Alemanha, Marx e Engels acharam necessário usar a publicação para esse fim. O primeiro volume contém os discursos de Engels nas reuniões em Elberfeld nos dias 8 e

Rápido progresso do comunismo na Alemanha

que será inteiramente dedicada à difusão de nossas ideias. Os senhores Hess de Köln e Engels de Barmen iniciarão a edição de mais uma revista mensal[14], cujo primeiro número deve sair no próximo dia 1º de abril; essa revista só conterá *fatos* que mostram o estado em que se encontra a sociedade civilizada e comprovará pela força de persuasão dos fatos a necessidade de reforma radical dessa sociedade. Em breve será publicado um novo trabalho do dr. Marx com um panorama sobre os princípios da economia política e a política em geral[15]. O dr. Marx foi forçado pelo governo conservador da França a deixar sua residência em Paris. Ele pretende mudar-se para a Bélgica e, se por vingança o governo prussiano (que levou o ministro francês a expulsá-lo) o

---

15 de fevereiro de 1845 (*Dois discursos em Elberfeld* [cf. adiante neste volume p. 199]) e o segundo volume traz seu artigo "Das Fest der Nationen in London" [A festa das nações em Londres]. Contudo, a linha geral dos *Anais* foi determinada pelos representantes do socialismo "verdadeiro"; quanto a isso, Marx e Engels criticaram incisivamente os *Anais* em *A ideologia alemã* (1845-1846) [ver Karl Marx e Friedrich Engels, *A ideologia alemã* (trad. de Rubens Enderle, Nélio Schneider e Luciano C. Martorano, São Paulo, Boitempo, 2007), p. 441-466]. (N. E. A.)

[14] Essa revista mensal foi intitulada *Gesellschaftsspiegel. Organ zur Vertretung der besitzlosen Volksklassen und zur Beleuchtung der gesellschaftlichen Zustände der Gegenwart* [Espelho da sociedade. Órgão visando à representação das classes sociais despossuídas e à aclaração das condições sociais do presente]. Engels, que participou dos preparativos para a edição dessa revista, não figura como redator. Ela foi publicada em Elberfeld sob a direção de Moses Hess e trouxe principalmente artigos de socialistas "verdadeiros" num total de 12 cadernos (1845-1846). (N. E. A.)

[15] Engels alude aqui à obra planejada por Marx com o título *Kritik der Politik und Nationalökonomie* [Crítica da política e da economia política]. Marx assinou em 1º de fevereiro de 1845 o contrato com o editor Leske para edição de uma obra em dois volumes com o referido título. Marx havia se ocupado com o estudo da economia política desde o final de 1843 e, no início de 1844, se propôs a publicar uma crítica da economia política burguesa do ponto de vista do materialismo e do comunismo. Só uma parte dos manuscritos redigidos naquela ocasião se conservou e é conhecida pelo título *Ökonomisch-philosophische Manuskripte aus dem Jahre 1844* [Manuscritos econômico-filosóficos do ano de 1844]. Seu trabalho no escrito *A sagrada família* [ver Karl. Marx e Friedrich Engels, *A sagrada família* (trad. de Marcelo Backes, São Paulo, Boitempo, 2003)] interrompeu temporariamente o estudo da economia política, que ele só retomou em dezembro de 1844. Conservaram-se numerosos resumos, excertos e anotações feitas por Marx nos anos de 1845 e 1846, surgidos durante o estudo de economistas ingleses e franceses. Contudo, mais uma vez Marx não conseguiu realizar seu plano. No dia 1º de agosto de 1846, ele escreveu a Leske sobre as razões dessa nova postergação: "Pois achei muito importante publicar antes um escrito polêmico contra a filosofia alemã e contra o socialismo alemão do desenvolvimento positivo. Ele é necessário para preparar o público para o ponto de vista da minha economia, que se contrapõe frontalmente à ciência alemã feita até agora". Por "escrito polêmico" Marx refere-se aqui a *A ideologia alemã* (1845-1846) [trad. Rubens Enderle, Nélio Schneider e Luciano C. Martorano, São Paulo, Boitempo, 2007], escrita em companhia de Engels. Em fevereiro de 1847, o editor rescindiu o contrato para publicação da *Crítica da política e da economia política*. (N. E. A.)

Friedrich Engels – Esboço para uma crítica da economia política

perseguir ali também, ele terá de mudar-se para a Inglaterra. Contudo, o fato mais importante que chegou ao meu conhecimento desde a última carta é que o dr. Feuerbach, atualmente o mais proeminente gênio filosófico da Alemanha, declarou-se comunista. Um amigo nosso o visitou recentemente em sua casa num recanto distante da Baviera; a este amigo ele se declarou plenamente convencido de que o comunismo é a consequência necessária dos princípios que ele proclamara e que o comunismo de fato seria a *práxis* do que muito tempo atrás ele enunciara teoricamente. Feuerbach disse que nunca sentira tanta alegria ao ler um livro quanto a que sentiu ao ler a primeira parte das *Garantien der Harmonie und Freiheit* [Garantias da harmonia e da liberdade], de Weitling[16]. Disse: "Nunca dediquei um livro a alguém, mas agora tenho muita vontade de dedicar meu próximo trabalho a Weitling". Assim a conexão entre os filósofos alemães, cujo representante mais proeminente é Feuerbach, e os trabalhadores alemães, representados por Weitling, está praticamente estabelecida, uma conexão que foi predita há um ano pelo dr. Marx[17]. Se os filósofos pensarem conosco e os trabalhadores lutarem conosco – haverá na Terra um poder forte o suficiente para deter nosso progresso?

Seu velho amigo na Alemanha

[III][18]

Prezado senhor,

por razões bem determinadas, não tive condições de escrever-lhe sobre o estado de coisas na Alemanha, mas dou agora continuidade aos meus relatos, na esperança de que despertem o interesse de seus leitores e possam vir em intervalos menores do que até agora. Tenho a satisfação de relatar-lhe que estamos fazendo o mesmo progresso rápido e constante do meu último relato. Desde a última vez que lhe escrevi, o governo prussiano chegou à conclusão de que é perigoso continuar apoiando as "Associações para o Bem-Estar das Classes Trabalhadoras". Constatou que, em toda a parte, essas associações foram infectadas pelo comunismo e, por essa razão, fez tudo o que estava ao seu alcance para deter ou pelo menos inibir o desenvolvimento dessas associações. Em contrapartida, a maioria dos membros dessas sociedades, composta de integrantes da burguesia, ficou totalmente desnorteada quanto aos passos que

---

[16] Wilhelm Weitling, *Garantien der Harmonie und Freiheit* (Vivis, ed. do autor, 1842). (N. E. A.)

[17] Cf. o artigo de Karl Marx "Crítica da filosofia do direito de Hegel – Introdução" nos *Anais Franco-Alemães* de 1844. [Karl Marx, "Crítica da filosofia do direito de Hegel – Introdução", em *Crítica da filosofia do direito de Hegel* (trad. Rubens Enderle e Leonardo de Deus, São Paulo, Boitempo, 2005), p. 145-156]. (N. E. A)

[18] Publicado na revista socialista inglesa *The New Moral World*, Londres, n. 46 de 10 de maio de 1845. Escrito em torno de 5 de abril de 1845. (N. E. A.)

Rápido progresso do comunismo na Alemanha

poderia dar para propiciar o bem-estar do povo trabalhador. Os comunistas demonstraram de imediato que todas as suas medidas – poupanças, gratificações e prêmios para os melhores trabalhadores e coisas desse tipo – não levam a nada, expondo-as ao escárnio público. Desse modo, foi inteiramente frustrada a intenção da burguesia de desencaminhar a classe trabalhadora por meio de hipocrisia e filantropia, enquanto nós, de nossa parte, tivemos uma oportunidade bastante rara em um país sob um governo policial patriarcal: o governo e os endinheirados tiveram todos os incômodos e nós tiramos todo o proveito.

No entanto, não foram só essas reuniões que aproveitamos para a agitação comunista. Em Elberfeld, no centro do distrito industrial da Prússia renana, houve reuniões comunistas regulares. Os comunistas dessa cidade foram convidados por alguns dos cidadãos mais respeitados para discutir seus princípios com eles. A primeira reunião desse tipo ocorreu em fevereiro e teve um caráter mais privado. Participaram dela de quarenta a cinquenta pessoas, entre as quais o promotor público do distrito e outros magistrados, bem como representantes de quase todas as principais firmas do comércio e da indústria. O dr. Hess, cujo nome tive oportunidade de mencionar mais de uma vez nestes relatos, abriu a reunião convidando o senhor Koettgen, um comunista, a conduzir a reunião, não havendo objeção a isso. Em seguida, o dr. Hess fez uma palestra sobre o estado atual da sociedade e a necessidade de abandonarmos o velho sistema da concorrência, que ele caracterizou como um sistema de pura rapina. A palestra foi acolhida com forte aplauso (a maioria dos ouvintes era comunista); depois, o senhor Friedrich Engels (que há algum tempo publicou em sua revista[19] alguns tratados sobre o comunismo no continente) falou longamente sobre a exequibilidade e as vantagens do sistema comunista. Também deu detalhes sobre as colônias comunistas na América do Norte e sobre a colônia de vocês, em Harmony, como prova de suas afirmações. Seguiu-se uma discussão muito animada, na qual o ponto de vista dos comunistas foi defendido pelos oradores mencionados e alguns outros, ao passo que o promotor público, o dr. Benedix, uma personalidade literária e alguns outros representaram a oposição. A reunião, que teve início por volta das 21 horas, estendeu-se até a 1 hora da madrugada.

A segunda reunião foi realizada uma semana depois, no grande salão do hotel principal da cidade. O recinto estava superlotado de "pessoas de respeito". O senhor Koettgen, que presidiu a reunião anterior, fez algumas observações sobre a condição futura e as perspectivas da sociedade sob o ponto de vista dos comunistas; depois, o senhor Engels proferiu um discurso[20] no qual provou (o que se pode inferir do fato de que não se disse uma palavra contrária) que a

---

[19] Referência aos artigos "Progresso da reforma social no continente" (cf. este volume p. 143) e "Bewegungen auf dem Kontinent" ["Movimentações no continente"], *The New Moral World,* n. 32 de 3 de fevereiro de 1844. (N. E. A.)

[20] Ver, neste volume, "Dois discursos em Elberfeld", p. 199. (N. E.)

Friedrich Engels – Esboço para uma crítica da economia política

Alemanha estaria em um estado que, em pouco tempo, só poderia gerar uma revolução social, que essa revolução iminente não poderia ser evitada com medidas de incentivo ao comércio e à indústria e que o único meio de impedir essa revolução – que seria mais terrível do que todas do passado – seria a introdução e a implementação do sistema comunista. A discussão, da qual participaram da parte dos comunistas alguns senhores juristas vindos expressamente de Colônia e Düsseldorf, foi de novo muito animada e estendeu-se até depois da meia-noite. Também foram recitados poemas comunistas de autoria do senhor dr. Müller, de Düsseldorf, que estava presente.

Uma semana depois teve lugar a terceira reunião, na qual o dr. Hess voltou a falar; além disso, foram lidas em voz alta partes de um tratado impresso com detalhes sobre as colônias comunistas na América do Norte. A discussão foi retomada antes do encerramento da reunião. Alguns dias depois espalhou-se pela cidade o boato de que a próxima reunião seria dissolvida pela polícia e os oradores seriam presos. O prefeito de Elberfeld realmente procurou o dono do hotel e ameaçou cancelar sua licença se, no futuro, ele voltasse a permitir tais reuniões em seu estabelecimento. Por isso, os comunistas entraram em contato com o prefeito e, na véspera da reunião, receberam uma circular dirigida aos senhores Hess, Engels e Koettgen na qual o governo provincial, com base num grande aparato de citações de leis consuetudinárias e escritas, declarava tais reuniões ilegais e ameaçava impedi-las mediante o uso da força, caso não desistissem delas. A reunião ocorreu no sábado seguinte. O prefeito e o promotor (que se manteve afastado depois da primeira reunião) estavam presentes, apoiados por uma tropa de policiais armados que foram enviados de Düsseldorf de trem. É claro que, sob tais circunstâncias, não houve pronunciamentos públicos. A reunião tratou apenas de bifes e vinhos e não deu à polícia pretexto para intervir.

Contudo, essas medidas só favoreceram a nossa causa. Quem ainda não ouvira falar dela, sentiu-se motivado a buscar informações sobre o assunto, já que o governo lhe atribuía tanta importância, e grande parte dos que compareceram à discussão sem conhecer nossas propostas, ou com a intenção de ridicularizá-las, voltou para casa respeitando mais o comunismo. Esse respeito foi provocado, em parte, também pela maneira imponente com que o nosso partido foi representado. Quase toda família de patrícios e de posses da cidade foi representada na grande reunião comensal dos comunistas por um de seus membros ou parentes. Em suma, o efeito dessas reuniões sobre a opinião pública de todo o distrito industrial foi realmente maravilhoso, e alguns dias depois aqueles que haviam defendido publicamente nossa causa foram abordados por uma boa quantidade de pessoas pedindo indicações de livros e jornais que lhes pudessem proporcionar um panorama de todo o sistema. Pelo que sabemos, as atas completas das reuniões serão publicadas em breve.

Quanto ao campo de agitação da literatura comunista, desenvolveu-se nele uma intensa atividade. O público tem literalmente sede de esclarecimento:

Rápido progresso do comunismo na Alemanha

devora todo livro que é publicado nesse campo. O dr. Püttmann publicou uma coletânea de ensaios[21] que contém um excelente artigo do dr. Hess sobre a penúria da sociedade atual e os meios de minorá-la, uma minuciosa descrição da situação miserável do povo trabalhador da Silésia, acompanhada da história das revoltas do ano passado; a coletânea traz também alguns artigos sobre a condição atual da sociedade na Alemanha e, por fim, um relato sobre as comunidades norte-americanas e a comunidade de Harmony (a partir das cartas do sr. Finch[22] e de "Alguém que assobiava ao arado"[23]), de autoria de F. Engels. Apesar da perseguição do governo prussiano, o livro foi rapidamente vendido em toda a parte. Surgiu uma boa quantidade de revistas mensais: *Das Westphälische Dampfboot* [O Barco a Vapor da Vestfália][24], publicado em Bielefeld por Lüning, traz ensaios populares sobre o socialismo e relatos sobre a situação do povo trabalhador; *Volksblatt* [Folha Popular], de Colônia[25], é de tendência mais decididamente socialista; e *Gesellschaftspiegel* [Espelho da Sociedade], publicado em Elberfeld pelo dr. Hess, foi expressamente fundado para publicar fatos característicos da situação atual da sociedade e defender os direitos das classes trabalhadoras. Foi criada igualmente uma revista trimestral, os *Rheinische Jahrbücher* [Anais Renanos], do dr. Püttmann; o primeiro número está no prelo e em breve virá a público.

Em contrapartida, declarou-se guerra aos filósofos alemães que se recusam a tirar conclusões práticas de suas teorias puras, afirmando que o ser humano só tem uma coisa a fazer na vida: ruminar questões metafísicas. Os senhores Marx e Engels publicaram uma refutação detalhada dos princípios defendidos por Bruno Bauer[26]; e os senhores Hess e Bürgers estão redigindo uma refutação das teorias de Max Stirner. Bauer e Stirner são os representantes das últimas inferências da filosofia alemã abstrata e, por isso, os únicos adversários

---

[21] Ver, neste artigo, nota 12. (N. E.)

[22] A cartas de John Finch foram publicadas entre janeiro e setembro de 1844 no *The New Moral World* sob o título "Notes of Travel in the United States" [Anotações de uma viagem pelos Estados Unidos]. Dos 29 artigos publicados, 14 tratam das colônias comunistas na América do Norte. (N. E. A.)

[23] *One who has whistled at the plough* – com esse pseudônimo apareceu no *The Morning Chronicle* de 13 de dezembro de 1842 um artigo de Alexander Somerville em que ele fazia uma minuciosa descrição da colônia comunista de Harmony, em Hampshire (Inglaterra), fundada por Robert Owen. (N. E. A.)

[24] Essa revista mensal foi publicada pelo socialista "verdadeiro" Otto Lüning de janeiro de 1845 a dezembro de 1846 em Bielefeld e de janeiro de 1847 a março de 1848 em Paderborn. (N. E. A.)

[25] *Allgemeines Volksblatt: Populärer Monatsbericht über die wichtigsten Zeitfragen* [Folha Popular Geral: Relato Popular Mensal sobre as Questões Atuais mais Importantes] foi publicada de janeiro de 1845 até início de 1846 em Colônia; o coeditor era o democrata Karl Ludwig Johann D'Ester, amigo de Marx e Engels. (N. E. A.)

[26] Karl Marx e Friedrich Engels, *A sagrada família* (trad. Marcelo Backes, São Paulo, Boitempo, 2003). (N. E.)

Friedrich Engels – Esboço para uma crítica da economia política

filosóficos significativos do socialismo – ou melhor, do comunismo, pois neste país a palavra "socialismo" é sinônimo das representações difusas, indefinidas e indefiníveis daqueles que veem que algo precisa ser feito e, ainda assim, não conseguem se decidir sem ressalvas pelo sistema comunitário.

No prelo estão também a *Crítica da política e da economia política*[27], do dr. Marx; *A situação da classe trabalhadora na Inglaterra*[28], do senhor F. Engels; *Anekdota oder eine Sammlung von Aufsätzen über Kommunismus* [Anedotas ou coletânea de artigos sobre o comunismo][29]; e, dentro de poucos dias, terá início a tradução das melhores obras francesas e inglesas sobre a reforma social.

Em consequência da situação política deplorável na Alemanha e do procedimento arbitrário de seus governos patriarcais, não há praticamente outra possibilidade de conexão entre os comunistas das diversas regiões, além da literária. As revistas, especialmente os *Anais Renanos*, representam um centro para aqueles que defendem o comunismo através da imprensa. Certa ligação é mantida por viajantes, mas isso é tudo. As associações são ilegais e até mesmo a correspondência não deixa de ser arriscada, dado que, nos últimos tempos, os "escritórios secretos" mostraram uma atividade incomum. Assim, foi pelos jornais que recebemos a notícia da existência de duas associações comunistas em Posen e nas montanhas da Silésia. Relata-se que em Posen, na capital da Polônia prussiana, um grupo de jovens formou uma sociedade secreta baseada em princípios comunistas com a intenção de tomar a cidade; o complô foi descoberto e a realização do plano foi impedida. Isso é tudo que sabemos sobre o assunto. O que se sabe ao certo é que foram presos muitos jovens de famílias polonesas aristocráticas e abastadas; que desde então (há mais de dois meses) as sentinelas foram dobradas e receberam munição letal, e dois jovens (com idade de doze e dezenove anos), os irmãos Rymarkiewicz, fugiram e ainda não foram capturados pelas autoridades. Uma grande quantidade dos presos é composta de jovens de doze a vinte anos. A outra "conjuração" nas montanhas silesianas teria sido de grande amplitude e buscaria alcançar objetivos comunistas. O que se diz é que ela tinha a intenção de tomar a fortaleza de Schweidnitz, ocupar toda a cordilheira e, a partir dali, voltar-se a todo o povo trabalhador sofredor da Alemanha. Ninguém consegue avaliar quanto disso corresponde à verdade; mas, nessa

---

[27] Ver, neste artigo, nota 15. (N. E.)

[28] Friedrich Engels, *A situação da classe trabalhadora na Inglaterra* (trad. B. A. Schumann, São Paulo, Boitempo, 2008). (N. E. A.)

[29] Referência à coletânea *Neue Anekdota* [Novas anedotas], publicada no fim de maio de 1845 em Darmstadt. Essa coletânea trazia artigos de jornal de autoria de Moses Hess, Karl Grün, Otto Lüning e outros que haviam sido proibidos pela censura, em sua maioria do primeiro semestre de 1844. Como se depreende de uma carta de Grün a Hess, Marx e Engels fizeram uma série de observações críticas ao seu conteúdo logo que saiu a publicação. (N. E. A.)

Rápido progresso do comunismo na Alemanha

região infeliz, também houve prisões baseadas nas afirmações de um policial infiltrado; e um industrial abastado, o senhor Schlöffel, foi transferido para a Berlim, onde foi acusado em juízo de ser o líder da conjuração.

As associações dos comunistas alemães continuam bastante ativas entre as classes trabalhadoras da Suíça, França e Inglaterra, embora na França e em alguns recantos da Suíça sofram com a repressão da polícia. Os jornais noticiam que cerca de sessenta membros da união comunista de Genebra foram expulsos da cidade e do cantão. August Becker, um dos mais talentosos comunistas suíços, publicou uma palestra em Lausanne com o título "O que pretendem os comunistas?"; essa palestra é uma das melhores e mais espirituosas que conhecemos. Afirmo até mesmo que valeria a pena traduzi-la para o inglês e eu me alegraria se alguém dentre os seus leitores que tenha familiaridade suficiente com a língua alemã assumisse essa tradução. Naturalmente, trata-se apenas de uma pequena brochura.

Espero poder dar continuidade aos meus relatos de tempos em tempos e sigo sendo

Seu velho amigo na Alemanha

Carl Wilhelm Hübner, *Os tecelões da Silésia* (fonte: Google Arts & Culture)

[Dois discursos em Elberfeld][1]

[I]

Meus senhores!

Como acabam de ouvir e como de qualquer modo posso pressupor que seja de conhecimento geral, vivemos no mundo da livre concorrência. Pois então olhemos mais de perto essa livre concorrência e a ordem mundial que ela gerou. Em nossa sociedade, cada qual trabalha por conta própria, cada qual procura enriquecer como acha melhor e não se preocupa com o que os demais estão fazendo; não se fala de uma organização racional, de uma distribuição dos trabalhos, mas, pelo contrário, cada qual procura deixar o outro para trás, procura explorar a oportunidade favorável para tirar vantagem pessoal e não tem tempo nem vontade de pensar que, no fundo, seu interesse coincide com o dos demais. O capitalista individual está em guerra com os demais capitalistas, o trabalhador individual com os demais trabalhadores; todos os capitalistas lutam contra todos os trabalhadores, do mesmo modo que a massa dos trabalhadores necessariamente tem de lutar contra a massa dos capitalistas. Nessa guerra de todos contra todos, nessa desordem geral e espoliação mútua consiste a essência da sociedade burguesa atual. Porém, uma economia assim desregulada, meus senhores, a longo prazo trará necessariamente os resultados mais desastrosos possíveis para a sociedade; cedo ou tarde, a desordem que está em sua base, a negligência do verdadeiro bem-estar geral virá flagrantemente à tona. A ruína da classe

---

[1] Em *Marx-Engels Werke* (Berlim, Dietz, 1962), v. 2, p. 536-57. Palestras proferidas em reuniões de discussão sobre o comunismo em Elberfeld nos dias 8 e 15 de fevereiro de 1845 e reelaboradas para publicação na revista *Rheinische Jahrbücher zur gesellschaft-lichen Reform*, v. 1, 1845, p. 45-62 e 71-81. Para mais detalhes sobre as três reuniões em Elberfeld, ver o artigo para a revista *The New Moral World*, 10 maio 1845 [p. 192 deste volume]. Sobre essas reuniões, Engels escreveu a Marx no dia 22 de fevereiro de 1845: "Aqui em Elberfeld estão acontecendo coisas maravilhosas. Ontem realizamos no maior salão do principal hotel da cidade nossa terceira reunião comunista. A primeira contou com 40 pessoas, a segunda com 130, a terceira com pelo menos 200". (N. E. A.)

Friedrich Engels – Esboço para uma crítica da economia política

média baixa, do segmento que compunha a base principal dos Estados no século passado, é a primeira consequência dessa guerra. Vemos diariamente como essa classe da sociedade é esmagada pelo poder do capital, como, por exemplo, os mestres alfaiates perdem seus melhores clientes para as lojas de roupas prontas, os marceneiros, para as lojas de móveis, e como eles, de pequenos capitalistas, de membros da classe *possuidora*, são transformados em proletários dependentes que trabalham por conta de outros, tornando--se membros da classe *despossuída*. A ruína da classe média é a consequência muito lamentada da nossa tão louvada liberdade de exercer uma atividade rentável, é um resultado necessário das vantagens que o grande capitalista tem em relação a seus concorrentes que possuem menos, é um sinal de vida enérgico da tendência do capital de concentrar-se em poucas mãos. Essa tendência do capital também é reconhecida por muitas outras pessoas; há uma queixa generalizada de que diariamente a posse se acumula cada vez mais nas mãos de poucos e, em contraposição, a grande maioria da nação empobrece cada vez mais. É assim que surge o drástico contraste de poucos ricos de um lado e muitos pobres de outro; um contraste que, na Inglaterra e na França, já atingiu um cume ameaçador e, também entre nós, a cada dia que passa se torna mais agudo. Enquanto a base atual da sociedade for mantida, será impossível deter esse progresso do enriquecimento de poucos indivíduos e do empobrecimento da grande massa; o contraste assumirá contornos cada vez mais nítidos até que, por fim, a necessidade obrigará a sociedade a uma reorganização segundo princípios mais racionais.

Mas isso, meus senhores, nem de longe são todas as consequências da livre concorrência. Dado que cada qual produz e consome por conta própria, sem se preocupar muito com a produção e o consumo dos demais, necessariamente haverá no curto prazo uma desproporção gritante entre a produção e o consumo. Como a sociedade atual confia a distribuição dos bens produzidos a comerciantes, especuladores e mascates, que só têm em vista tirar vantagem para si, haverá na distribuição – abstraindo da impossibilidade de que os despossuídos consigam adquirir parcela suficiente –, haverá na distribuição dos produtos a mesma desproporção. Onde o fabricante tem meios de descobrir que quantidade de sua fabricação será usada neste e naquele mercado e, se pudesse descobrir isso, que quantidade será enviada a cada um desses mercados por seu concorrente? Como ele – que na maioria dos casos nem sabe para onde vai a mercadoria que está fabricando –, como ele poderia chegar a saber quanto os seus concorrentes estrangeiros fornecerão a cada um dos mercados em questão? Ele não sabe nada a respeito disso; a exemplo dos seus concorrentes, ele fabrica a esmo e se consola, dizendo que os demais também têm de fazer isso. Ele não tem outro critério, além do nível perpetuamente oscilante dos preços, que, em mercados distantes, já é outro quando ele acabou de enviar sua mercadoria, já é bem diferente no momento em que a carta que lhe informava isso foi escrita e que, no momento em que

[Dois discursos em Elberfeld]

a mercadoria chega ao seu destino, de novo já é diferente do momento em que ela foi enviada. Então, diante dessa falta de regulação da produção é muito natural que, a cada momento, haja congestionamentos do comércio, que naturalmente são tanto mais significativos quanto mais desenvolvidos forem a indústria e o comércio de um país. Por conseguinte, o país que tem a indústria mais desenvolvida, a Inglaterra, fornece-nos os exemplos mais contundentes a esse respeito. Devido ao aprimoramento do intercâmbio, devido aos muitos especuladores e comissionados que se imiscuíram entre os fabricantes de produtos e os consumidores reais, para o fabricante inglês é muito mais difícil do que para o alemão descobrir nem que seja o mínimo sobre a relação entre os estoques, a produção e o consumo; ele tem de suprir quase todos os mercados do mundo – e, em nenhum dos casos, ele fica sabendo para onde vai a sua mercadoria e, assim, em virtude da enorme capacidade produtiva da indústria inglesa, com frequência acontece que repentinamente todos os mercados são superabastecidos. O comércio empaca, as fábricas trabalham meio turno ou nem trabalham, uma série de falências acontece, os estoques precisam ser vendidos a preços vis e boa parte do capital que foi acumulado com muito esforço volta a se perder numa crise comercial como essa. Tivemos toda uma série dessas crises comerciais na Inglaterra desde o início deste século e, nos últimos vinte anos, uma a cada cinco ou seis anos[2]. As últimas, a de 1837 e a de 1842, devem estar ainda bem vivas na memória da maioria dos senhores. E, mesmo que a nossa indústria fosse tão grandiosa, que o nosso mercado de vendas fosse tão ramificado quanto a indústria e o comércio da Inglaterra, obteríamos os mesmos resultados, ao passo que agora podemos sentir entre nós o efeito da concorrência na indústria e no comércio sob a forma de uma depressão geral e permanente de todos os ramos de negócio, de um desastroso estado intermediário entre o florescimento resoluto e a decadência completa, de um estado de paralisação suave, isto é, de estabilidade.

Meus senhores, qual é a razão propriamente dita dessas mazelas? Do que se origina a ruína da classe média, o contraste abrupto entre pobre e rico, os congestionamentos do comércio e o desperdício de capital daí resultante? Não há outra razão além da fragmentação dos interesses. Cada um de nós trabalha para tirar vantagem para si, sem se preocupar com o bem-estar dos demais;

---

[2] Em 1892, Engels volta a tratar da periodicidade das crises no início do século XIX, que era estipulada em geral em cinco anos. No prefácio à 2ª edição de *Situação da classe trabalhadora na Inglaterra* (trad. B. A. Schumann, São Paulo, Boitempo, 2008, p. 350-1), ele escreve: "Afirma-se, neste livro, que o período cíclico das grandes crises industriais é de cinco anos. Esse lapso temporal parecia resultar do curso dos acontecimentos de 1825 a 1842. Mas a história da indústria, entre 1842 e 1868, veio a demonstrar que o período, de fato, é decenal; crises intermediárias são secundárias e, a partir de 1842, tornam-se menos frequentes". (N. E. A.)

no entanto, trata-se de uma verdade manifesta e óbvia que o interesse, o bem-estar, a felicidade da vida de cada indivíduo estão inseparavelmente ligados aos de seus semelhantes. Devemos admitir a nós mesmos que nenhum de nós pode dispensar seus semelhantes, que o interesse já nos amarra uns aos outros, e, no entanto, afrontamos diretamente essa verdade com nossas ações, e, no entanto, organizamos nossa sociedade como se nossos interesses não fossem os mesmos, mas totalmente opostos. Vimos quais foram as consequências desse erro básico; se quisermos evitar as consequências mais graves, temos de reformar o erro básico e essa é justamente a intenção do comunismo.

Na sociedade comunista, na qual os interesses dos indivíduos não se contrapõem, mas estão reunidos, a concorrência é suprimida. Nesse caso, obviamente não se poderá mais falar da ruína das classes individuais, das classes em geral, como hoje em dia se fala de ricos e pobres. Do mesmo modo que são eliminados da produção e da distribuição dos bens necessários à vida o ganho privado, o propósito do indivíduo de enriquecer por conta própria, são eliminadas automaticamente as crises comerciais. Na sociedade comunista, será fácil conhecer tanto a produção quanto o consumo. Dado que se sabe de quanto um indivíduo necessita em média, é fácil calcular de quanto um certo número de indivíduos necessitará e, dado que a produção já não estará nas mãos de negociantes privados, mas nas mãos da comunidade e de sua administração, torna-se simples *regular a produção de acordo com as necessidades.*

Vemos, portanto, como na organização comunista, os principais males da atual condição social são eliminados. Entretanto, se esmiuçarmos um pouco mais os detalhes, descobriremos que as vantagens dessa organização não se resumem a isso, mas estendem-se à eliminação de uma quantidade de outras mazelas, das quais quero mencionar hoje apenas algumas de caráter econômico. Em termos econômicos, a atual organização da sociedade certamente é a mais irracional e canhestra que podemos cogitar. A contraposição de interesses acarreta que uma grande quantidade de força de trabalho seja empregada de maneira tal que a sociedade não tira dela nenhum proveito, que uma quantia significativa de capital seja perdida desnecessariamente sem se reproduzir. Já vemos isso nas crises comerciais; vemos massas de produtos, todos eles produzidos penosamente por pessoas, serem torradas a preços que causam prejuízo ao vendedor; nas falências, vemos massas de capitais que foram penosamente acumuladas sumirem das mãos de seus possuidores. Entretanto, detalhemos um pouco mais o atual comércio. Ponderem por quantas mãos tem de passar cada produto até chegar às mãos do consumidor real – ponderem, meus senhores, quantos intermediários especuladores e supérfluos se imiscuíram entre o produtor e o consumidor! Tomemos como exemplo um fardo de algodão fabricado na América do Norte. O fardo passa das mãos do produtor para as do feitor em uma estação qualquer do Mississippi e viaja rio abaixo até New Orleans. Ali ele é vendido – pela segunda vez, visto que o feitor já o comprara do plantador –,

[Dois discursos em Elberfeld]

digamos, ao especulador que, por sua vez, o vende ao exportador. O fardo vai, por exemplo, para Liverpool, onde outro especulador ávido estende as mãos para ele e o agarra. Este o negocia de novo com um comissionado que o compra por conta de outro – digamos, de uma casa comercial alemã. Assim, o fardo viaja até Roterdã, sobe o rio Reno, passa pelas mãos de uma dúzia de transportadores e, depois de ter sido descarregado e carregado uma dúzia de vezes, só então chega às mãos não do consumidor, mas do industrial, que primeiro tem de torná-lo consumível, talvez vender seu fio para o tecelão, este tem de vender o tecido para o estampador, este o vende para o atacadista e este, por sua vez, o vende para o varejista que então, enfim, fornece a mercadoria para o consumidor. E todos esses milhões de intermediários, especuladores, feitores, exportadores, comissionados, transportadores, atacadistas e varejistas, que não fazem nada na mercadoria mesma, todos eles querem viver disso e lucrar com isso – e lucram mesmo na média, pois do contrário não conseguiriam sobreviver. Meus senhores, não existe uma maneira mais simples, mais barata de trazer um fardo de algodão da América do Norte para a Alemanha e fornecer o artigo fabricado com ele às mãos do consumidor real do que essa maneira tão delongada de vendê-lo dez vezes, carregá-lo e transportá-lo centenas de vezes de um depósito para outro? Isso não é uma prova contundente do grande desperdício de força de trabalho acarretado pela fragmentação dos interesses? Na sociedade racionalmente organizada, nem se fala de um transporte tão complicado. Com a mesma facilidade com que se consegue saber quanto cada colônia usa de algodão ou artigos fabricados de algodão – para permanecer nesse exemplo –, a administração central saberá de quanto necessita o conjunto das localidades e comunidades do país. Uma vez que essa estatística esteja organizada, o que facilmente pode acontecer em um ou dois anos, a média do consumo anual só se modificará na proporção do crescimento da população; portanto, é bem fácil determinar com boa antecedência a quantidade de cada artigo exigida pela necessidade do povo –, então será possível encomendar toda esse grande quantidade diretamente na fonte, será possível comprá-la diretamente sem intermediários, sem mais demora e translados do que os que estão fundados na natureza da comunicação e, portanto, com grande economia de força de trabalho; não será mais necessário pagar o lucro do especulador, do atacadista e do varejista. Mas isso não é tudo – desse modo, os ditos intermediários não só deixarão de ser prejudiciais à sociedade, mas até se tornarão úteis a ela. Enquanto fazem agora, em prejuízo dos demais, um trabalho que, na melhor das hipóteses, é supérfluo e que, ainda assim, rende o sustento da vida e, em muitos casos, grandes riquezas, ou seja, enquanto agora eles são diretamente desvantajosos para o bem comum, na nova maneira eles estarão livres para exercer uma atividade proveitosa e poderão abraçar uma ocupação em que provam ser membros reais e não aparentes, fictícios, da sociedade humana e participantes de sua atividade global.

Friedrich Engels – Esboço para uma crítica da economia política

A sociedade atual, que cria inimizade entre um indivíduo humano e todos os demais, gera desse modo a guerra social de todos contra todos, o que necessariamente assume em alguns, principalmente nos incultos, uma forma brutal, bárbara e violenta – a forma do crime. Para se proteger contra o crime, contra o ato de franca violência, a sociedade necessita de um organismo amplo e intrincado de autoridades administrativas e judiciais que demanda uma quantidade infinita de forças de trabalho. Na sociedade comunista, também isso se simplificaria infinitamente, e isso precisamente porque – por mais bizarro que soe – precisamente porque, nessa sociedade, a administração se ocuparia de gerenciar não só alguns aspectos da vida social, mas toda a vida social, com todas as suas atividades individuais, em todos os seus aspectos. Nós suprimimos o antagonismo do indivíduo humano contra todos os demais – à guerra social contrapomos a paz social, sentamos o machado na *raiz* do crime – e, por essa via, tornamos supérflua a maior parte, de longe, a maior parte da atual atividade das autoridades administrativas e judiciais. Agora diminui cada vez mais a quantidade de crimes motivados por paixões, em comparação com os crimes por cálculo, por interesse – o número de crimes contra *pessoas* diminui, o de crimes contra a *propriedade* aumenta. Se a civilização em progresso atenua as irrupções violentas da paixão já na atual sociedade que se encontra em pé de guerra, que dirá na sociedade comunista pacífica! Os crimes contra a propriedade são automaticamente eliminados onde cada qual recebe o que precisa para a satisfação de seus impulsos naturais e intelectuais, onde são eliminadas as hierarquias e as diferenças sociais. A justiça criminal cessa automaticamente, é igualmente eliminada a justiça civil, que trata quase só de relações de propriedade ou, pelo menos, de relações que pressupõem o estado de guerra social; na nova situação, os conflitos só ocorrerão em raras exceções, enquanto agora são a consequência natural da inimizade geral, e facilmente poderão ser resolvidos por juízes arbitrais. As autoridades administrativas têm agora, no estado de guerra permanente, a fonte de sua atividade – a polícia e toda a administração não fazem nada além de tomar providências para que a guerra permaneça dissimulada, indireta, que não degenere em violência franca, em criminalidade. Porém, do mesmo modo que é infinitamente mais fácil administrar a paz do que manter a guerra em certos limites, também é infinitamente mais fácil administrar uma comunidade comunista do que uma comunidade baseada na concorrência. E se agora a civilização já ensinou às pessoas buscar seu interesse na manutenção da ordem pública, da segurança pública, do interesse público e, portanto, tornar supérfluas a polícia, a administração e a justiça, quanto mais isso será o caso em uma sociedade na qual a comunhão dos interesses é elevada a princípio básico, na qual o interesse público não se diferencia mais do interesse de cada indivíduo! O que agora já existe, *apesar* da organização social, se dará tanto mais quando não for mais impedido pelas instituições sociais, mas apoiado por elas! Portanto, também

[Dois discursos em Elberfeld]

a partir daí poderemos contar com um acréscimo considerável de forças de trabalho subtraídas pela atual condição social da sociedade.

Uma das instituições mais dispendiosas das quais a atual sociedade não pode prescindir são os exércitos permanentes que retiram da nação a parcela mais forte e aproveitável da população e obrigam a nação a alimentar essa parcela que, desse modo, se torna improdutiva. Sabemos pelo orçamento do nosso Estado o que nos custa o exército permanente – 24 milhões por ano e a subtração de "duas vezes cem mil"[3] braços fortes da produção. Na sociedade comunista, a ninguém ocorreria ter um exército permanente. Para quê? – Para preservar a paz interna do país? Como dissemos, a ninguém ocorrerá a ideia de perturbar essa paz interna. O temor diante de revoluções não passa de consequência da oposição dos interesses; onde os interesses de todos coincidirem, esse temor nem é tema. – Para atacar outro país? Como uma sociedade comunista viria a empreender uma guerra de ataque, sabendo muito bem que, numa guerra, só perderia pessoas e capital, ao passo que ganharia, quando muito, algumas províncias renitentes e, portanto, uma perturbação da ordem social! – Para defender-se de um ataque? Para isso não é necessário um exército permanente, dado que será muito fácil treinar todo membro apto da sociedade, ao lado de suas ocupações usuais, no manejo real das armas, não para fins de paradas militares, mas para o que for necessário para defender o país. E ponderem quanto a isso, meus senhores, que o membro de uma sociedade como essa, em caso de guerra, que de qualquer forma *só poderia ocorrer contra nações anticomunistas*, tem a defender uma pátria *real*, um lar *real*, de modo que ele lutará com um entusiasmo, com uma perseverança e com uma bravura diante da qual o treinamento maquinal de um exército moderno se desfará como palha ao vento; ponderem os senhores nos prodígios realizados pelo entusiasmo dos exércitos revolucionários de 1792 a 1799, que estavam lutando apenas por uma *ilusão*, por uma *pátria aparente*, e os senhores admitirão a energia que deverá ter um exército que combate não por uma ilusão, mas por uma realidade palpável. Portanto, em uma organização comunista, essas massas incontáveis de força de trabalho, que agora são subtraídas dos povos civilizados pelos exércitos, seriam devolvidas ao trabalho; elas não só produziriam a quantidade de produtos que consomem, mas poderiam fornecer aos armazéns públicos muito mais do que o necessário para o seu sustento.

Um desperdício ainda pior de forças de trabalho na sociedade existente consiste no modo como os ricos exploram sua posição social. Nem quero falar do luxo abundante, inútil e até ridículo, cuja única origem é a mania de aparecer e que requisita uma boa quantidade de força de trabalho. Pois, meus senhores, entrem uma vez que seja na casa de um rico, em seu santuário mais

---

[3] Ver, neste volume, "Cartas de Londres", p. 139, nota 20. (N. E.)

recôndito, e me digam que não acontece ali o mais insano desperdício de força de trabalho, quando uma grande quantidade de pessoas é requisitada para servir a uma única, pessoas que se ocupam de vadiar ou, quando muito, só de trabalhos que têm origem no isolamento do ser humano entre suas quatro paredes? Essa grande quantidade de criadas, cozinheiras, lacaios, cocheiros, serviçais, jardineiros e como quer que se chamem todos eles, o que eles fazem exatamente? São *poucos os instantes* do dia em que se ocupam de tornar a vida de seu senhorio *realmente* agradável, para facilitar ao senhorio a livre formação e o livre exercício de sua natureza humana e de suas capacidades inatas, e *muitas são as horas* do dia em que se ocupam de trabalhos que têm sua causa tão somente na organização perversa de nossas relações sociais: ficar parado na traseira da carruagem, atender aos caprichos do senhorio, carregar cães de estimação e outras coisas ridículas. Na sociedade organizada racionalmente, na qual cada pessoa terá condições de viver sem se sujeitar aos caprichos dos ricos e sem incorrer em tais caprichos – nessa sociedade, naturalmente a força de trabalho que agora é desperdiçada a serviço do luxo poderá ser usada para o benefício de todos e dela própria.

Outro desperdício de força de trabalho na atual sociedade ocorre muito diretamente por efeito da concorrência, na medida em que esta cria uma grande quantidade de trabalhadores sem pão, que *gostariam* de trabalhar, mas *não conseguem* trabalho. Pois, visto que a sociedade nem está organizada de modo a ter noção do uso real das forças de trabalho, visto que a busca de uma fonte de renda é responsabilidade de cada indivíduo, é muito natural que, na distribuição dos trabalhos reais ou aparentemente proveitosos, certo número de trabalhadores saia de mãos vazias. Até porque a guerra da concorrência compele todo indivíduo a se esforçar ao máximo para aproveitar todas as vantagens que se oferecem, substituir forças de trabalho caras por mais baratas, e para isso a crescente civilização oferece diariamente mais recursos – ou, com outras palavras, cada qual tem de trabalhar para deixar outros sem pão, para suprimir o trabalho de outros de uma maneira ou de outra. Assim, em toda sociedade civilizada encontra-se uma quantidade de pessoas desempregadas que gostariam de trabalhar, mas não encontram trabalho, e essa quantidade é maior do que se costuma acreditar. Topamos com essas pessoas quando elas, de uma maneira ou de outra, se *prostituem*, esmolam, varrem ruas, ficam paradas pelas esquinas, prestam pequenos serviços ocasionais para mal e mal se manterem vivas, negociam e oferecem de casa em casa todo tipo imaginável de pequenas mercadorias – ou, como vimos esta noite, o caso daquelas meninas pobres que vão de um lugar para outro com um violão na mão, tocando e cantando por dinheiro, sendo obrigadas a tolerar todo tipo de comentário insolente, todo tipo de impertinência ofensiva, só para ganhar alguns trocados. Enfim, quantas há que se tornam vítimas da prostituição *propriamente dita*! Meus senhores, a quantidade de pessoas sem pão, que não têm outra saída senão se prostituir de uma forma ou de outra, é

[Dois discursos em Elberfeld]

muito grande – nossos departamentos encarregados da pobreza sabem disso e os senhores não se esqueçam de que a sociedade alimenta de uma forma ou de outra essas pessoas, apesar de sua inutilidade. Portanto, se a sociedade arca com os custos de seu sustento, também deveria tomar providências para que esses desempregados possam ganhar seu sustento *honradamente*. Porém a atual sociedade da concorrência é *incapaz* disso.

Meus senhores, se ponderarem bem tudo isso – e eu poderia citar muitos outros exemplos de como a sociedade atual desperdiça suas forças de trabalho –, se ponderarem bem isso, descobrirão que a sociedade humana tem à sua disposição forças produtivas em abundância que só estão esperando por uma organização racional, por uma distribuição ordenada, para entrar em atividade de modo vantajoso para todos. De acordo com o que foi dito, os senhores poderão avaliar por si mesmos que não tem fundamento o temor de que, no caso de uma distribuição justa da atividade social, o indivíduo assumiria uma carga de trabalho tal que lhe impossibilitaria qualquer ocupação com outras coisas. Pelo contrário, podemos supor que, nessa organização, a jornada de trabalho praticada hoje seria reduzida pela metade só com o aproveitamento das forças de trabalho que agora não estão empregadas ou são empregadas de modo desvantajoso.

No entanto, as vantagens que a organização comunista oferece mediante *o aproveitamento de forças de trabalho desperdiçadas nem são as mais significativas*. A maior economia de força de trabalho reside *na união das forças individuais* em uma força social coletiva e na organização que se baseia nessa concentração de forças até agora contrapostas umas às outras. Associo-me aqui às propostas do socialista inglês *Robert Owen*, dado que são as mais práticas e mais elaboradas até agora. Owen propõe que, em vez das atuais cidades e povoados, com seus domicílios particulares estorvando-se mutuamente, sejam construídos palácios em forma de quadrilátero de cerca de 1.650 pés de comprimento e de largura, em torno de um grande jardim e com capacidade para abrigar confortavelmente de 2 a 3 mil pessoas. É evidente que tal edifício oferece aos moradores as comodidades das melhores residências atuais e, não obstante, pode ser construído a um custo menor e com mais facilidade do que as residências individuais, em grande parte de qualidade inferior, necessárias para o mesmo número de pessoas pelo sistema atual. A grande quantidade de cômodos que em toda casa decente encontram-se vazios ou são usados uma ou duas vezes ao ano é eliminada sem qualquer incômodo; a economia de espaço para despensas, porões etc. é igualmente bastante grande. – Mas, ao entrar nos detalhes da economia doméstica, perceberemos tanto melhor as vantagens da organização comunitária. Vejam a quantidade de trabalho e material desperdiçados na atual economia fragmentada, por exemplo, na calefação! Os senhores precisam ter uma estufa específica para cada cômodo; cada estufa tem de ser aquecida em separado, a chama mantida acesa e controlada; o material combustível tem de ser levado a cada um

Friedrich Engels – Esboço para uma crítica da economia política

desses diferentes pontos, as cinzas têm de ser removidas; é muito mais simples e barato substituir todos esses aquecedores individuais por uma grande calefação central, por exemplo, dotada de tubulações de vapor ligadas a um único centro de calefação, como já é feito em sedes de grandes sociedades, em fábricas, igrejas etc.! Além disso, a iluminação a gás, que agora se torna tanto mais dispendiosa porque até os dutos mais finos precisam ser subterrâneos e os dutos de modo geral têm de ser desproporcionalmente longos por causa do amplo espaço a ser iluminado em nossas cidades, na organização proposta tudo se concentra em um espaço de 1.650 pés quadrados, com a mesma quantidade de pontos de gás inflamado, sendo o resultado pelo menos tão compensador quanto em uma cidade de médio porte. Outro exemplo é a preparação das refeições – quanto desperdício de espaço, material e força de trabalho na atual economia fragmentada, na qual cada família cozinha para si um pouco de comida, tem seus utensílios particulares, contrata sua cozinheira particular, tem de trazer seus alimentos separadamente do mercado, da horta, do açougueiro e do padeiro!

Pode-se supor tranquilamente que, no caso da preparação e do consumo comunitários do alimento, dois terços das forças de trabalho agora ocupadas com esse trabalho seriam poupados e o terço restante, ainda assim, conseguiria fazer seu trabalho melhor e com mais cuidado do que acontece agora. E, por fim, as próprias tarefas domésticas! Um edifício desse tipo não seria infinitamente mais fácil de limpar e manter em bom estado quando – o que nesse caso seria possível – esse tipo de trabalho é igualmente organizado e regularmente distribuído do que as duzentas a trezentas casas separadas que, no caso da organização atual, seriam as moradias do mesmo número de pessoas?

Essas, meus senhores, são algumas das infinitas vantagens que necessariamente decorrem, em termos econômicos, da organização comunista da sociedade humana. Não é possível, em algumas horas e com poucas palavras, explicar-lhes inteiramente nosso princípio e fundamentá-lo em todos os aspectos. Essa nem é nossa intenção. Não podemos nem queremos fazer mais do que oferecer esclarecimento sobre alguns pontos e motivar aqueles que ainda não têm familiaridade com o tema a estudá-lo. E esperamos ter conseguido pelo menos ter deixado claro que o comunismo não é avesso à natureza humana, ao entendimento e ao coração, nem é uma teoria que tem suas raízes na fantasia que não leva em conta a realidade.

O que se pergunta é como se poderia introduzir essa teoria na realidade, que medidas teríamos a propor para preparar sua implementação. Há diversas maneiras de alcançar esse objetivo; os ingleses provavelmente começariam com a edificação de colônias individuais e deixariam cada pessoa optar por associar-se ou não; os franceses, em contrapartida, certamente preparariam e implementariam o comunismo pela via nacional. Sobre como os alemães começarão a fazê-lo pouco se pode dizer, dada a novidade do movimento social na Alemanha. Por enquanto, quero fazer menção a apenas um dentre os

[*Dois discursos em Elberfeld*]

muitos modos possíveis de preparação, do qual se falou bastante em tempos recentes, a saber, a execução de três medidas que necessariamente terão o comunismo prático como decorrência.

A primeira seria a *educação geral* custeada pelo Estado de todas as crianças, sem exceção – seria uma educação igual para todas e duraria até o momento em que o indivíduo fosse capaz de atuar como membro autônomo da sociedade. Essa medida seria apenas um ato de justiça para com nossos irmãos desprovidos de recursos, dado que, evidentemente, toda pessoa tem direito ao desenvolvimento pleno de suas capacidades e a sociedade delinque duplamente contra o indivíduo quando faz com que a ignorância seja consequência necessária da pobreza. É evidente que a sociedade tira mais vantagem de membros cultos do que de membros inscientes e rudes, e, se um proletariado culto, como é de se esperar, não estiver disposto a permanecer na posição oprimida em que nosso proletariado se encontra hoje, é só de uma classe trabalhadora *culta* que se pode esperar a tranquilidade e a sensatez necessárias a uma reestruturação pacífica da sociedade. Fato é que nem o próprio proletariado *inculto* tem vontade de permanecer em sua condição, e disso nos dão prova suficiente as agitações na Silésia e na Boêmia[4] também no que se refere à Alemanha – para não falar de outros povos.

A segunda medida seria a *reorganização total do sistema de assistência aos pobres*, de tal modo que todos os cidadãos sem pão sejam alojados em colônias, nas quais se ocuparão do trabalho agrícola e industrial e seu trabalho será organizado para o proveito de toda a colônia. Até agora se emprestou a juros os capitais destinados à assistência aos pobres, proporcionando aos ricos novos recursos para espoliar os despossuídos. Que finalmente se faça com que esses capitais operem em proveito dos pobres, que se utilize em favor dos pobres todo o montante desses capitais, e não só os 3% de juros, e se dê um exemplo grandioso da associação de capital e trabalho! Desse modo, a força de trabalho de todos os que não têm pão seria usada para o proveito da sociedade, eles próprios seriam transformados de pobres desmoralizados e oprimidos em pessoas com moral, independentes e ativas, colocados em uma condição que logo pareceria invejável aos trabalhadores isolados e prepararia a mais incisiva reorganização da sociedade.

Para implementar essas duas medidas é preciso investir dinheiro. Para obter esse dinheiro e, ao mesmo tempo, substituir todos os impostos instituídos até agora e injustamente repartidos, é proposto, no presente plano de reforma, um imposto geral, progressivo sobre o capital, cuja porcentagem aumenta na proporção do capital. Desse modo, cada qual arcaria com o ônus da administração pública segundo a sua capacidade e ele não recairia mais, como é o

---

4   Ver, neste volume, "Rápido progresso do comunismo na Alemanha", p. 186-7, nota 7. (N. E.)

Friedrich Engels – Esboço para uma crítica da economia política

caso até agora em todos os países, principalmente sobre os ombros daqueles que têm menos condições de arcar com ele. Pois, no fundo, o princípio dos impostos é puramente comunista, dado que o direito de recolher impostos em todos os países é derivado da assim chamada propriedade nacional. Pois ou a propriedade privada é sagrada e não existe propriedade nacional e o Estado não tem o direito de recolher impostos, ou o Estado tem esse direito, logo a propriedade privada não é sagrada, logo a propriedade nacional está acima da propriedade privada e o Estado é o verdadeiro proprietário. Esse último princípio é reconhecido de modo geral – mas, vejam bem, meus senhores, de momento só estamos pedindo que se leve a sério esse princípio e o Estado se declare proprietário geral e, como tal, administre a propriedade pública visando ao melhor proveito para a esfera pública – e, como primeiro passo para isso, introduza um modo de cobrança de impostos que se oriente apenas pela capacidade de cada qual de pagar impostos e pelo melhor proveito real para a esfera pública.

Os senhores estão vendo, portanto, que não se tem a intenção de introduzir a comunhão de bens da noite para o dia e contra a vontade da nação, mas que se trata, antes de tudo, de constatar os *fins*, os *meios* e as *maneiras* de ir ao encontro desse objetivo. Porém, o princípio comunista é o princípio do futuro: o que fala a favor disso é o curso do desenvolvimento de todas as nações civilizadas, é o rápido avanço da dissolução de todas as instituições sociais existentes até agora, é o bom senso humano e, sobretudo, o coração humano.

[II]

Meus senhores!

Na nossa última reunião fui criticado por ter tomado meus exemplos e minhas provas quase só de países estrangeiros, principalmente da Inglaterra. Disseram que a França e a Inglaterra não têm nada a ver conosco, que vivemos na Alemanha e que é assunto nosso provar a necessidade e a excelência do comunismo para a Alemanha. Ao mesmo tempo, fomos criticados por não termos deixado suficientemente clara a necessidade histórica do comunismo. Isso está totalmente correto e não pudemos proceder de outra maneira. Não é possível provar uma necessidade histórica em um tempo tão curto como o que se leva para demonstrar a congruência de dois triângulos; ela só pode ser provada mediante o estudo e o aprofundamento em pressupostos amplos. No entanto, hoje quero dar a minha contribuição para desfazer essas duas críticas; vou tentar provar que o comunismo – caso não seja uma necessidade histórica – é uma *necessidade econômica para a Alemanha*.

Examinemos primeiramente a atual situação social da Alemanha. É de conhecimento geral que há muita pobreza entre nós. A Silésia e a Boêmia falaram por si mesmas. A respeito da pobreza na região em torno do rio Mosela e na região montanhosa da Eifel, a *Rheinische Zeitung* já relatou algu-

[Dois discursos em Elberfeld]

ma coisa[5]. Nos Montes Metalíferos [*Erzgebirge*] reina grande miséria desde tempos imemoriais. A situação não é melhor na região do rio Senne e nos distritos produtores de linho da Vestfália. De todas as regiões da Alemanha vêm as queixas, e nem seria de se esperar outra coisa. Nosso proletariado é numeroso e tem de sê-lo, como necessariamente perceberemos já pela análise mais superficial de nossa situação social. Reside na natureza da coisa que, nos distritos industriais, tem de haver um proletariado numeroso. A indústria não consegue subsistir sem um grande número de trabalhadores que estejam inteiramente a sua disposição, que trabalhem exclusivamente para ela e renunciem a todo e qualquer outro ganha-pão; em um estado de concorrência, a ocupação industrial impossibilita qualquer outra ocupação. É por isso que, em todos os distritos industriais, encontramos um proletariado numeroso demais, evidente demais para ser negado. – Em contraposição, muita gente afirma que, *nos distritos agrícolas*, não existiria proletariado. Mas como isso é possível? Nas regiões em que predomina o latifúndio tal proletariado é necessário, as grandes economias necessitam de servos e servas, não conseguem subsistir sem proletários. Nas regiões em que a grande propriedade é dividida em parcelas, tampouco é possível evitar o surgimento de uma classe despossuída; parcelam-se as propriedades até certo ponto e, a partir daí, cessa o parcelamento; e como só um da família poderá assumir a propriedade, os demais se tornarão proletários, trabalhadores sem posses. Nesses casos, o parcelamento costuma avançar até o ponto em que a propriedade é pequena demais para alimentar uma família, formando-se, então, uma classe de pessoas que, como a classe média das cidades, constitui a transição entre a classe possuidora e a classe despossuída, impedida de assumir outra ocupação por sua posse e, não obstante, incapaz de viver dela. Também nessa classe reina grande miséria.

Esse proletariado necessariamente aumentará, o que nos é confirmado pelo empobrecimento crescente das classes médias, sobre o qual falei extensamente há oito dias, e pela tendência do capital de se concentrar em poucas mãos. Certamente não preciso retomar esses pontos hoje e observo somente que essas causas que continuamente geram e multiplicam o proletariado permanecerão as mesmas e trarão as mesmas consequências, enquanto houver concorrência. Sob todas as circunstâncias o proletariado não só necessariamente continuará existindo, mas também se expandirá continuamente, tornando-se um poder cada vez mais ameaçador em nossa sociedade, enquanto continuarmos a produzir cada um por sua conta e em oposição aos demais. Porém, o proletariado alcançará um estágio de poder e compreensão em que não mais tolerará que o peso de todo o edifício social repouse permanentemente

---

[5] Ver o artigo de Karl Marx, "Rechtfertigung des Korrespondenten von der Mosel", *Rheinische Zeitung*, jan. 1843 [em *Marx-Engels Werke* (Berlim, Dietz, 1962), v. 1, p. 172-99]. (N. E. A.)

Friedrich Engels – Esboço para uma crítica da economia política

sobre seus ombros, em que exigirá uma repartição mais homogênea dos ônus e dos direitos sociais; e então – caso a natureza humana não se modifique até lá – não será mais possível evitar uma revolução social.

Essa questão ainda nem foi abordada pelos nossos economistas. Eles não se preocupam com a distribuição, mas só com a geração da riqueza nacional. No entanto, vamos abstrair por um momento do fato de que, como vimos, uma revolução social em si já é consequência da concorrência; vamos examinar as formas individuais em que ocorre a concorrência, as diferentes possibilidades econômicas para a Alemanha, e verificar qual é a consequência necessária de cada uma.

A Alemanha, ou melhor, a União Aduaneira Alemã[6] tem no momento uma tarifa do tipo *juste-milieu*. Nossas tarifas alfandegárias são muito baixas para ser tarifas de proteção e altas demais para possibilitar a liberdade de comércio. Desse modo, apresentam-se três possibilidades: ou passamos a adotar a plena liberdade de comércio, ou protegemos nossa indústria com tarifas suficientes, ou mantemos o atual sistema. Verifiquemos cada um dos casos.

Se proclamarmos a *liberdade de comércio* e revogarmos nossas tarifas, toda a nossa indústria, com exceção de poucos ramos, estaria arruinada. *Nesse caso*, não haveria mais a nossa fiação de algodão, a tecelagem mecânica, a maior parte dos ramos da indústria do algodão e da lã, ramos importantes da indústria da seda, quase a totalidade da extração e do processamento de ferro. Os trabalhadores que subitamente perderiam seu ganha-pão em todos esses ramos se lançariam em massa sobre a agricultura e as ruínas da indústria, o pauperismo brotaria do chão em toda parte, a concentração da posse nas mãos de poucos seria acelerada por essa crise e, a julgar pelos eventos na Silésia, a consequência dessa crise seria uma revolução social.

Ou instituímos *tarifas de proteção*. Estas se tornaram recentemente o centro das atenções da maioria de nossos industriais e, por isso, merecem uma análise mais detida. O senhor List sistematizou os desejos de nossos capitalistas[7] e vou me ater a esse sistema adotado como credo por quase todos eles. O senhor List propõe tarifas de proteção gradualmente crescentes que, por fim, atingem um patamar suficientemente alto para assegurar aos fabricantes o mercado interno; as tarifas deverão permanecer por um tempo nesse patamar elevado e depois, gradualmente, voltarão a ser reduzidas, de modo que, por fim, após uma série de anos, toda a proteção cessa. Suponhamos que esse

---

[6] O *Deutscher Zollverein* foi uma união político-econômica dos estados alemães sob a liderança da Prússia para eliminar as alfândegas internas e regular as alfândegas de fronteira. Foi instituído em 1º de janeiro de 1834 pela Prússia e outros Estados-membros da Federação Alemã. (N. E. A.)

[7] As visões protecionistas do economista alemão Friedrich List foram expostas no livro *Das nationale System der politischen Oekonomie* [O sistema nacional da economia política] (Stuttgart, Cotta, 1841). (N. E. A.)

[Dois discursos em Elberfeld]

plano seja executado, que as tarifas alfandegárias crescentes sejam decretadas. A indústria se erguerá, o capital ainda ocioso se lançará sobre os empreendimentos industriais, a demanda por trabalhadores crescerá e com ela o salário aumentará, os abrigos de pobres se esvaziarão e tudo indicará o início de uma situação de florescimento da economia. Isso durará até que a nossa indústria tenha se expandido o suficiente para suprir o mercado interno. Para além disso ela não poderá se expandir, pois como não consegue assegurar nem o mercado *interno* sem proteção, não conseguirá nada em mercados neutros contra a concorrência estrangeira. Esse é o momento, na opinião do senhor List, em que a indústria doméstica já estará forte o suficiente para poder dispensar tanta proteção, e a redução [de tarifas] poderia começar.

Concedamos isso por um momento. As tarifas são reduzidas. Caso não aconteça na primeira redução de tarifas, na segunda ou terceira a proteção certamente atingirá um nível tão baixo que a indústria estrangeira, vamos dizer logo a indústria inglesa, poderá concorrer com a nossa no mercado alemão. O senhor List deseja exatamente isso. Mas quais serão as consequências disso? A partir desse momento, a indústria alemã terá de aguentar todas as oscilações e crises da indústria inglesa. Assim que os mercados de além-mar estiverem saturados de mercadorias inglesas, os ingleses farão o que estão fazendo agora, e que o senhor List descreve de maneira tão emocionante, ou seja, lançarão todos os seus estoques no mercado alemão por ser o mais acessível e, assim, voltarão a converter a União aduaneira em seu "armazém de quinquilharias". A indústria inglesa logo se reerguerá, porque terá o mundo inteiro como mercado e porque o mundo inteiro não poderá prescindir dela, ao passo que a indústria alemã não será indispensável nem para o seu mercado e deverá temer a concorrência dos ingleses em sua própria casa, padecendo com o excesso de mercadorias inglesas oferecidas aos seus consumidores durante a crise. Então a nossa indústria terá de sorver até a última gota todos os períodos ruins da indústria inglesa, ao passo que poderá participar apenas modestamente de seus períodos de glória – em suma, estaremos no mesmo ponto em que estamos agora. E, para chegar logo ao resultado final, haverá o mesmo estado deprimido em que agora se encontram os ramos semiprotegidos, em seguida um estabelecimento após o outro quebrará sem que novos surjam, nossas máquinas ficarão obsoletas sem que tenhamos condições de substituí-las por novas e melhores, a paralisação se converterá em retrocesso e, segundo a afirmação do próprio senhor List, um ramo industrial após o outro se deteriorará e, por fim, desaparecerá. Mas, então, teremos um proletariado numeroso criado pela indústria, um proletariado privado de seus meios de vida, de seu trabalho; e então, meus senhores, esse proletariado exigirá que a classe possuidora lhe proporcione trabalho e o alimente.

É isso que acontecerá se as tarifas de proteção forem reduzidas. Suponhamos que não sejam reduzidas, que permaneçam como estão, à espera de que

Friedrich Engels – Esboço para uma crítica da economia política

a concorrência entre os fabricantes domésticos as torne ilusórias para que então diminuam. A consequência disso será esta: a indústria alemã estacionará assim que tiver condições de suprir completamente o mercado interno. Novos estabelecimentos não serão necessários, dado que os existentes serão suficientes para suprir o mercado, e novos mercados, como já foi dito, estão fora de cogitação enquanto se necessitar de proteção. Porém, uma indústria que não se *expande* mais tampouco poderá se *aperfeiçoar*. Ela estacionará tanto para fora quanto para dentro. O melhoramento da maquinaria não existirá para ela. Não se poderá jogar fora as velhas máquinas e não se encontrarão estabelecimentos que possam fazer uso das novas. Enquanto isso, as outras nações avançarão e a paralisação de nossa indústria representará mais um retrocesso. Logo os ingleses estarão capacitados por seu progresso a produzir tão barato que poderão concorrer em nosso mercado com a nossa indústria atrasada *apesar* das tarifas de proteção e, dado que, na guerra da concorrência, como em qualquer guerra, o mais forte vence, nossa derrota definitiva é certa. Então, a situação será a mesma que descrevi há pouco: o proletariado artificialmente gerado exigirá dos que têm posses algo que eles não poderão fazer, enquanto quiserem permanecer exclusivamente possuidores, e haverá a revolução social. Agora ainda há uma possibilidade, a saber, o caso muito improvável de que nós, alemães, consigamos, com a ajuda das tarifas de proteção, fazer com que a nossa indústria seja capaz de concorrer contra os ingleses sem proteção.

Suponhamos que isso ocorra; qual será a consequência disso? Assim que começarmos a concorrer com os ingleses em mercados estrangeiros, neutros, será deflagrada uma guerra de vida ou morte entre a nossa indústria e a indústria inglesa. Os ingleses farão o que estiver ao seu alcance para nos manter afastados dos mercados até agora supridos por eles; eles terão de fazer isso porque estarão sendo atacados em sua fonte de vida, no ponto mais vulnerável. E com todos os meios que têm à disposição, com todas as vantagens de uma indústria centenária, eles conseguirão nos derrotar. Eles manterão a nossa indústria restrita ao nosso mercado e farão com que fique estacionada ali – então acontecerá o mesmo que foi explicitado há pouco: nós estacionaremos, os ingleses avançarão e a nossa indústria, na sua decadência inevitável, não será capaz de alimentar o proletariado artificialmente gerado; haverá a revolução social.

Supondo, porém, que consigamos vencer os ingleses em mercados neutros, apropriando-nos de seus canais de deságue, um a um; o que teríamos ganhado nesse caso praticamente impossível? Na melhor das hipóteses, faríamos o mesmo percurso industrial que a Inglaterra fez antes de nós e, cedo ou tarde, chegaríamos ao ponto em que a Inglaterra se encontra agora, a saber, às vésperas de uma revolução social. Mas é bem provável que nem demoraria tanto. As constantes vitórias da indústria alemã necessariamente arruinariam a indústria inglesa, o que só aceleraria o iminente levante maciço

[*Dois discursos em Elberfeld*]

do proletariado contra as classes possuidoras inglesas. A falta de alimento que rapidamente se instalaria impeliria os trabalhadores ingleses à revolução e, no estado em que as coisas estão agora, tal revolução social teria uma tremenda repercussão nos países do continente, principalmente na França e na Alemanha, que seria ainda mais forte se tivesse sido gerado um proletariado artificial pela indústria intensificada na Alemanha. Tal revolução logo assumiria dimensões europeias e perturbaria indelicadamente os sonhos de nossos fabricantes a respeito de um monopólio industrial da Alemanha. Mas a possibilidade de que a indústria inglesa e a alemã subsistam lado a lado já é interditada pelo princípio da concorrência. Repito que toda indústria tem de avançar para não ficar para trás e desaparecer; ela precisa se expandir, conquistar novos mercados, e, para poder avançar, precisa continuamente ser incrementada por meio de novos estabelecimentos. Porém, dado que, desde a abertura da China[8], não se conquistaram mais novos mercados, somente se explorou melhor os já existentes, ou seja, dado que no futuro a expansão da indústria será mais lenta do que até agora, de agora em diante a Inglaterra poderá tolerar muito menos um concorrente do que foi o caso até agora. Para proteger sua indústria do declínio, ela precisa refrear a indústria de todos os outros países; para a Inglaterra, assegurar o monopólio industrial deixou de ser uma questão de mais ou menos lucro e se tornou uma questão de *sobrevivência*. De qualquer modo, a guerra da concorrência entre nações já é bem mais violenta, bem mais decisiva do que a guerra entre indivíduos, porque é uma guerra concentrada, uma guerra de massas, que só pode terminar com a vitória cabal de uma parte e a derrota cabal da outra. Por isso mesmo, uma guerra dessas entre nós e os ingleses, seja qual for o resultado, não seria vantajosa nem para os nossos industriais nem para os ingleses, mas, como explicitei há pouco, somente acarretaria uma revolução social.

Meus senhores, de acordo com isso, vimos o que a Alemanha pode esperar tanto da liberdade comercial quanto do sistema de proteção em todos os casos possíveis. Nós ainda teríamos uma possibilidade econômica, a saber, manter as tarifas alfandegárias do *juste-milieu* atualmente vigentes. Porém vimos anteriormente quais seriam as consequências disso. Nossa indústria fatalmente sucumbiria, ramo após ramo, os trabalhadores da indústria perderiam seu ganha-pão e, quando a falta de pão atingisse certo grau, se lançariam numa revolução contra as classes possuidoras.

Portanto, os senhores veem se confirmar, também no detalhe, o que explicitei no início, partindo da concorrência em geral, a saber, que a consequência inevitável das relações sociais vigentes entre nós, sob todas as condições e

---

[8] Após o término da chamada Primeira Guerra do Ópio, que os colonizadores ingleses travaram contra a China, impôs-se a esta o acordo desigual de Nanquim (1842); uma das condições do acordo era a abertura de cinco portos chineses para o comércio inglês. (N. E. A.)

Friedrich Engels – Esboço para uma crítica da economia política

em todos os casos, *será uma revolução social*. Com a mesma certeza com que, a partir de princípios matemáticos estabelecidos, podemos desenvolver um novo teorema, podemos também deduzir das relações econômicas vigentes e dos princípios da economia política uma iminente revolução social. No entanto, examinemos mais de perto essa revolução: de que forma ela ocorrerá, quais serão seus resultados, em que se diferenciará das revoluções violentas ocorridas até agora? Uma revolução social, meus senhores, é algo bem diferente das revoluções políticas que tivemos até agora; ela não se volta, como estas últimas, contra a propriedade do monopólio, mas contra o monopólio de propriedade; uma revolução social, meus senhores, é *uma guerra franca dos pobres contra os ricos*. E uma guerra como essa, na qual entram em ação franca e aberta todos os impulsos e todas as causas que, nos conflitos históricos que tivemos até agora, formavam obscura e dissimuladamente a sua base, uma guerra como essa de fato ameaça ser mais violenta e sangrenta do que todas as suas predecessoras. O resultado dessa guerra pode ser duplo. Ou o partido que se rebela ataca apenas a aparência e não a essência, apenas a forma e não a coisa em si, ou ele visa a coisa em si e ataca o mal pela raiz. No primeiro caso, a propriedade privada continuará existindo e apenas será repartida de maneira diferente, de modo que continuarão existindo as causas que acarretaram o atual estado de coisas e, cedo ou tarde, necessariamente voltarão a acarretar um estado de coisas parecido e uma nova revolução. Mas, meus senhores, isso seria possível? Onde se acha uma revolução que não tenha realmente imposto o princípio do qual partiu? A revolução inglesa impôs tanto os princípios religiosos quanto os políticos que levaram Carlos I a combatê-los; a burguesia francesa, em sua guerra contra a nobreza e a velha monarquia, conquistou tudo o que desejava, pôs fim a todos os abusos que a levaram à revolta. E a revolta dos pobres deveria cessar antes de abolir a pobreza e suas causas? Isso não é possível, meus senhores, pois supor algo assim contrariaria toda a experiência histórica. O nível de formação do trabalhador, especialmente na Inglaterra e na França, também não nos permite admitir essa possibilidade. Não resta nada além da alternativa, a saber, que a futura revolução social também atacará as causas reais da necessidade e da pobreza, da insciência e do crime, e que ela, portanto, implementará uma reforma social real. E isso só poderá ocorrer mediante a proclamação do princípio comunista. Observem só, meus senhores, as ideias que movem o trabalhador em países nos quais o trabalhador também pensa; vejam na França as diferentes facções do movimento dos trabalhadores e me digam se não são *todas* comunistas; vão para a Inglaterra e ouçam as propostas que são feitas aos trabalhadores para melhorar sua situação e me digam se não estão *todas* baseadas no princípio da propriedade comunitária; estudem os diversos sistemas de reforma social e vejam quantos dos que encontrarem não são comunistas? De todos os sistemas que hoje ainda têm alguma importância, o único não comunista é o de Fourier, que voltou sua atenção mais

[Dois discursos em Elberfeld]

para a organização social da atividade humana do que para a distribuição de seus produtos. Todos esses fatos justificam a conclusão de que uma futura revolução social terminará na execução do princípio comunista e dificilmente admitirá outra possibilidade.

Se essas inferências estiverem corretas, meus senhores, a revolução social e o comunismo prático será o resultado necessário das relações vigentes –, assim sendo, teremos de nos ocupar, antes de tudo, das medidas que permitirão evitar uma revolução violenta e *sangrenta* das condições sociais. E há somente um meio para isso, a saber, a introdução pacífica ou, pelo menos, a preparação do comunismo. Portanto, se não quisermos a solução sangrenta do problema social, se não quisermos que a contradição cada dia maior entre a formação e a condição de vida dos nossos proletários atinja seu clímax, no qual, segundo todas as experiências que temos da natureza humana, o que resolverá esse contraste é a brutalidade, o desespero e a sede de vingança, então, meus senhores, temos de nos ocupar seriamente e sem preconceitos da questão social; então temos de encarar como assunto nosso contribuir para a humanização da situação dos hilotas modernos. E se talvez, a alguns de vocês, possa parecer que a elevação da condição social das classes até agora humilhadas não poderia acontecer sem o rebaixamento de sua condição de vida, ponderem que se trata de criar essa condição de vida *para todos os seres humanos*, que todos possam desenvolver livremente sua natureza humana, viver com seu próximo em relações humanizadas, sem precisar temer um abalo violento de sua condição de vida; ponderem que aquilo que alguns indivíduos deverão sacrificar não é a fruição verdadeiramente humana da vida, mas apenas a aparência de fruição da vida gerada por nossas condições perversas, algo que contraria a própria razão e o próprio coração daqueles que agora se alegram com essas aparentes prerrogativas. De modo nenhum queremos destruir a vida verdadeiramente humana com todos os seus condicionamentos e suas necessidades, tanto é que, pelo contrário, desejamos estabelecê-la como tal. E se os senhores, mesmo abstraindo disso, apenas quiserem ponderar no que forçosamente desembocará nosso atual estado de coisas, a que labirinto de contradições e desordens ele nos levará, então os senhores certamente considerarão que vale a pena estudar a questão social de maneira séria e profunda. E se eu puder motivá-los a fazer isso, o propósito da minha palestra terá sido inteiramente alcançado.

[O *status quo* na Alemanha][1]

I

A cada mês que passa a literatura socialista alemã piora. Cada vez mais ela se limita às largas efusões daqueles *socialistas verdadeiros,* cuja sabedoria se resume inteiramente a um amálgama de filosofia alemã e sentimentalidade alemã comportada, entremeada de bordões comunistas surrados. Ostenta um caráter tão pacífico que, mesmo sob censura, logra expressar sua opinião do fundo do coração. Nem mesmo a polícia alemã encontra o que criticar nela – prova suficiente de que ela não figura entre os elementos progressistas e revolucionários, mas entre os estabilizadores e reacionários da literatura alemã.

Entre esses *socialistas verdadeiros* figuram não só os que *par excellence* se chamam socialistas, mas também a maior parte dos escritores na Alemanha que aceitaram a denominação partidária de *comunistas.* Estes últimos talvez sejam até piores.

Sob essas circunstâncias, é óbvio que esses autores *soi-disant* [supostamente] comunistas não representam de modo nenhum *o partido* dos comunistas alemães. Eles não são reconhecidos pelo partido como seus representantes literários nem representam os interesses do partido. Pelo contrário, têm interesses muito diferentes, defendem princípios totalmente diversos, opostos aos do partido comunista em todos os aspectos.

Os socialistas verdadeiros, entre os quais também figura, como foi dito, a maioria dos escritores alemães *soi-disant* comunistas, aprenderam dos comunistas franceses que a transição da monarquia absoluta para o moderno Estado representativo não acaba de modo nenhum com a necessidade da grande massa do povo, mas apenas alça ao poder uma nova classe, a burguesia. Além disso, aprenderam com eles que, mediante seus capitais, é exatamente essa burguesia a

---

[1] Em *Marx-Engels Werke* (Berlim, Dietz, 1977), v. 4, p. 40-57. Escrito em março e abril de 1847. Baseado no documento manuscrito. A intenção de Engels era publicar este trabalho como brochura em 1847 na Alemanha. Porém, em virtude da prisão do editor, a brochura não chegou a ser impressa. O manuscrito conservado apenas em parte foi publicado pela primeira vez em julho de 1929 na União das Repúblicas Socialistas Soviéticas. (N. E. A.)

Friedrich Engels – Esboço para uma crítica da economia política

que mais oprime a massa do povo e que, por isso, ela é o adversário *par excellence* dos comunistas, ou seja, dos socialistas, como representantes da massa do povo. Eles não se deram o trabalho de comparar o estágio de desenvolvimento social e político da Alemanha com o da França nem de estudar as condições de fato existentes na Alemanha, das quais depende todo o desenvolvimento ulterior; transpuseram para a Alemanha, voando e sem pensar muito, os conhecimentos adquiridos às pressas. Se fossem membros de um partido, trabalhando para atingir um resultado prático e palpável, representando interesses bem determinados, comuns a uma classe inteira, teriam ao menos observado como os adversários da burguesia se comportaram em sua polêmica contra ela na França, dos redatores do *La Réforme*[2] até os ultracomunistas, principalmente o representante reconhecido da grande massa dos proletários franceses, o velho Cabet. Deveria ter chamado a atenção deles o fato de que esses representantes de partido não só se envolvem continuamente com a política cotidiana, como eles próprios adotam em relação a certas medidas políticas, como, por exemplo, as propostas de reforma eleitoral, que muitas vezes não são de interesse *direto* do proletariado, uma postura que difere muito da de um desprezo soberano. Mas nossos socialistas verdadeiros não são membros de partido, mas teóricos alemães. O que está em jogo para eles não são interesses e resultados práticos, mas a verdade eterna. Os interesses que eles buscam representar são os "do ser humano", os resultados que perseguem se limitam a "conquistas" filosóficas. Desse modo, só precisaram harmonizar suas novas iluminações com a própria consciência filosófica e imediatamente trombetear para toda a Alemanha que tanto o progresso quanto toda a política são do mal e, principalmente, que a liberdade constitucional alçaria ao trono a mais perigosa das classes, a burguesia, e que de modo geral a burguesia deveria ser atacada tanto quanto possível.

Na França, a burguesia governa há dezessete anos tão completamente como em nenhum outro país do mundo. Os ataques dos proletários franceses, de seus chefes de partido e dos representantes literários à burguesia foram, portanto, ataques à classe dominante, ao sistema político vigente, foram ataques *decididamente revolucionários*. A burguesia dominante sabe muito bem disso, como provam os inúmeros processos contra a imprensa e as coligações, a suspensão de reuniões e refeições festivas, as centenas de chicanas policiais com que ela persegue reformistas[3] e comunistas. Na Alemanha, tudo é muito diferente. Na Alemanha, a burguesia não só não está no poder, como é a inimiga mais perigosa dos governos existentes. Para estes, o diversionismo dos socialistas verdadeiros veio bem a calhar. A luta contra a burguesia, que com

---

[2] Jornal diário francês, órgão dos republicanos democratas pequeno-burgueses; circulou de 1843 a 1850 em Paris. De outubro de 1847 a janeiro de 1848, Engels publicou artigos nesse jornal. (N. E. A.)

[3] Adeptos do jornal parisiense *La Réforme*, que defendia a instauração da república e a realização de reformas democráticas e sociais. (N. E. A.)

[*O* status quo *na Alemanha*]

muita frequência resultou em prisão ou exílio para os comunistas franceses, não trouxe para os nossos socialistas verdadeiros nada além do imprimátur. O fervor revolucionário da polêmica proletária francesa arrefeceu no peito frio dos teóricos alemães até chegar ao nível da tíbia moderação da censura e, nesse estado de castração, tornou-se uma aliada bem-vinda dos governos alemães contra a burguesia que os acossava. O socialismo verdadeiro tinha conseguido usar as frases mais revolucionárias jamais formuladas como dique de proteção para o pântano do *status quo* alemão. O socialismo verdadeiro é reacionário do começo ao fim.

Há muito a burguesia percebeu essa tendência reacionária do socialismo verdadeiro. Mas ela também tomou sem mais nem menos essa corrente como a representante literária do comunismo alemão e acusou os *comunistas* em público e *privatim* [em particular] de estarem, com sua polêmica contra a constituição representativa, os júris, a liberdade de imprensa, com sua gritaria contra a burguesia, somente prestando um serviço aos governos, à burocracia e à nobreza.

Está mais do que na hora de os comunistas alemães rejeitarem finalmente a responsabilidade que lhes é imputada pelos atos e pruridos reacionários dos socialistas verdadeiros. Está mais do que na hora de os comunistas alemães, que representam o proletariado alemão com suas necessidades bem claras e bem concretas, se separarem da maneira mais resoluta possível daquela clique literária – pois não passa disso – que não sabe a quem representa e, por isso mesmo, cambaleia contra a vontade para os braços dos governos alemães, que acredita estar "realizando o ser humano" e não realiza nada além do endeusamento da choradeira da burguesia alemã. De fato, nós, comunistas, nada temos a ver com as elucubrações teóricas e os escrúpulos de consciência dessa sociedade cheia de sutilezas. Nossos ataques contra a burguesia se diferenciam dos ataques dos socialistas verdadeiros na mesma proporção em que se diferenciam dos da nobreza, como, por exemplo, os dos legitimistas franceses[4] ou da Jovem Inglaterra[5]. O *status quo* não consegue

---

[4] Adeptos da dinastia dos Bourbon, derrubada em 1830; representavam os interesses do latifúndio hereditário. Na luta contra a dinastia dominante dos Orléans, que se apoiava na aristocracia financeira e na alta burguesia, era frequente que uma parte dos legitimistas recorresse à demagogia social e pretendesse ser a protetora dos trabalhadores diante da espoliação pela burguesia. (N. E. A.)

[5] Intitulou-se *Young England* um grupo de políticos e literatos ingleses constituído no início da década de 1840 e afinado com o partido *tory*. Seus representantes manifestavam o descontentamento da aristocracia fundiária com o crescente poder político e econômico da burguesia e, nesse afã, recorriam a meios demagógicos para obter influência sobre a classe trabalhadora e usá-la a favor de sua luta contra a burguesia. No *Manifesto Comunista* [trad. Álvaro Pina, São Paulo, Boitempo, 2005, p. 59-61], Marx e Engels caracterizam suas opiniões como "socialismo feudal". Representantes de renome da Jovem Inglaterra foram Benjamin Disraeli, Thomas Carlyle e outros. (N. E. A.)

Friedrich Engels – Esboço para uma crítica da economia política

explorar nossos ataques a seu favor porque eles se voltam bem mais contra ele do que que contra a burguesia. Se a burguesia é, por assim dizer, nosso inimigo *natural*, o inimigo cuja ruína nos levará ao poder, então o *status quo* alemão é tanto mais nosso inimigo, porque ele está entre a burguesia e nós, porque ele nos impede de pôr as mãos na burguesia. Por essa razão, de modo nenhum nos excluímos da grande massa que faz oposição ao *status quo* alemão. Nós apenas constituímos sua fração mais avançada – uma fração que por sua *arrière-pensée* [atitude básica] indissimulada assume uma posição bem determinada contra a burguesia.

A reunião do Parlamento Unificado prussiano representa um ponto de mutação na luta contra o *status quo* alemão. A sobrevivência ou o declínio desse *status quo* depende da atuação desse parlamento. Desse modo, os partidos da Alemanha, ainda bastante difusos, vacilantes e fragmentados por sutilezas ideológicas, são confrontados com a necessidade de obter clareza sobre os interesses que representam e a tática que devem seguir, de se distinguir e se tornar práticos. O mais jovem desses partidos, o partido comunista, não tem como se eximir dessa necessidade. Ele também deve ter clareza sobre sua posição, seu plano de batalha, seus recursos, e o primeiro passo nessa direção é a desautorização dos socialistas reacionários que se escoram nele. Ele pode dar esse passo quando se sentir suficientemente forte para rejeitar o apoio de aliados comprometedores.

II
O *status quo* e a burguesia

O *status quo* na Alemanha é o seguinte.

Enquanto na França e na Inglaterra a burguesia se tornou poderosa o suficiente para derrubar a nobreza e alçar-se à condição de classe dominante no Estado, a burguesia alemã ainda não teve esse poder. Embora até tenha certa influência sobre os governos, é obrigada a ceder diante do interesse da nobreza proprietária de terras sempre que os interesses de uma e outra colidem. Enquanto na França e na Inglaterra as *cidades* dominam o *campo*, na Alemanha o campo domina as cidades, a agricultura domina o comércio e a indústria. Essa é a situação não só nas monarquias absolutas, mas também nas monarquias constitucionais da Alemanha, não só na Áustria e na Prússia, mas também na Saxônia, em Württemberg e Baden.

A causa disso é o estágio civilizatório atrasado da Alemanha em relação aos países ocidentais. Nestes, os ramos decisivos que alimentam a massa do povo são o comércio e a indústria, entre nós é a agricultura. A Inglaterra não exporta nenhum produto agrícola, mas necessita continuamente do fornecimento de produtos estrangeiros; a França importa pelo menos tanto quanto exporta e os dois países baseiam sua riqueza sobretudo na exportação

[*O* status quo *na Alemanha*]

de produtos industrializados. Em contraposição, a Alemanha exporta poucos produtos industrializados, mas grandes massas de cereal, algodão, gado etc. A importância preponderante da agricultura era muito maior na época em que foi estabelecida a constituição política da Alemanha – no ano de 1815 – e, naquela época, ela ainda foi reforçada pela circunstância de que foram justamente as parcelas quase exclusivamente agrícolas da Alemanha as que participaram com mais fervor da derrubada do Império francês.

O representante político da agricultura na Alemanha é, como na maioria dos países europeus, a *nobreza*, a classe dos latifundiários. A constituição política que corresponde ao domínio exclusivo da nobreza é o sistema feudal. Esse sistema decaiu em toda parte na mesma proporção em que a agricultura deixou de ser o ramo decisivo da produção de um país onde se constituiu uma classe industrial ao lado de uma classe agrícola, onde se constituíram cidades ao lado dos povoados.

Essa nova classe que se forma ao lado da nobreza e dos agricultores mais ou menos dependentes dela não é a burguesia que hoje domina os países civilizados e, na Alemanha, aspira ao poder, mas é a classe dos *pequeno-burgueses*.

A constituição atual da Alemanha não passa de um acordo entre a nobreza e os pequeno-burgueses, que resulta em depositar a administração nas mãos de uma terceira classe: a burocracia. Da composição dessa classe participam os dois partidos que celebraram o contrato, cada um segundo sua posição relativa ao outro: a nobreza, que representa o ramo mais importante da produção, reserva para si os cargos mais elevados; a pequena burguesia contenta-se com os mais baixos e só excepcionalmente apresenta candidatos à alta administração. Onde a burocracia é submetida a um controle direto, como nos estados constitucionais da Alemanha, a nobreza e os pequeno- -burgueses repartem os cargos entre si; e é bem compreensível que também nesse caso a nobreza reserve para si a melhor parte. Os pequeno-burgueses nunca conseguirão derrubar a nobreza, nem mesmo se igualar a ela; o máximo que conseguem é enfraquecê-la. Para derrubar a nobreza, é preciso que haja outra classe com interesses mais abrangentes, posses maiores e um ânimo mais resoluto: a *burguesia*.

Em todos os países, a burguesia surgiu a partir dos pequeno-burgueses, com o desenvolvimento do comércio mundial e da grande indústria, com a livre concorrência e a centralização da propriedade. O pequeno-burguês representa o comércio interno e costeiro, o artesanato, a manufatura baseada no trabalho manual – ramos de geração de renda que se movem em um terreno limitado, exigem pouco capital, aplicam lentamente esse capital e apenas geram uma concorrência local e sonolenta. O burguês representa o comércio mundial, a troca direta dos produtos de todas as zonas, o comércio com dinheiro, a indústria fabril baseada no trabalho com máquinas – trata- -se de ramos de geração de renda que exigem o território mais amplo possível, os maiores capitais possíveis e uma rápida aplicação desses capitais, e

Friedrich Engels – Esboço para uma crítica da economia política

geram uma concorrência universal e agressiva. O pequeno-burguês representa interesses *locais*, o burguês, interesses *universais*. O pequeno-burguês considera sua posição suficientemente assegurada quando, exercendo influência indireta sobre a legislação do Estado, participa diretamente da administração provincial e é dono de sua administração municipal local. O burguês não consegue assegurar seus interesses sem um controle direto e constante sobre a administração central, a política externa, a legislação de seu Estado. A criação clássica do pequeno-burguês foram as cidades imperiais alemãs; a criação clássica do burguês é o Estado representativo francês. O pequeno-burguês é conservador, basta-lhe que a classe dominante lhe faça algumas concessões; o burguês é revolucionário até ele próprio chegar ao poder.

Ora, como se relaciona a burguesia alemã com as duas classes que repartem o domínio político entre si?

Enquanto na Inglaterra se formou uma burguesia rica e poderosa a partir do século XVII e na França a partir do século XVIII, na Alemanha só se pode falar de burguesia a partir do início do século XIX. O que existia até aquele momento era um punhado de armadores ricos nas cidades portuárias, alguns banqueiros ricos no interior, mas nenhuma classe de grandes capitalistas e muito menos de grandes capitalistas *industriais*. O criador da burguesia alemã foi Napoleão. Seu sistema continental[6] e a liberdade de exercer uma atividade industrial e comercial rentável, que se tornou necessária em virtude da pressão desse sistema sobre a Prússia, proporcionaram uma indústria aos alemães e expandiram sua mineração. Poucos anos depois, esses ramos de produção novos e expandidos se tornaram tão importantes e a burguesia por eles criada tão influente que, já em 1818, o governo prussiano se viu obrigado a conceder-lhes tarifas alfandegárias de proteção. Essa lei aduaneira prussiana de 1818 foi o primeiro reconhecimento oficial da burguesia pelo governo. Admitiu-se – claro que com dor no coração e uma boa dose de má vontade – que a burguesia tinha se tornado uma classe indispensável para o país. A concessão seguinte à burguesia foi a União aduaneira[7]. A integração da maioria dos estados alemães no sistema aduaneiro prussiano foi originalmente ocasionada por simples conveniências fiscais e políticas, mas favoreceu a burguesia alemã, muito especialmente a prussiana. Mesmo que a união aduaneira tenha proporcionado algumas pequenas vantagens à nobreza e à

---

6   Alusão ao bloqueio econômico da Inglaterra decretado por Napoleão I. Depois que navios ingleses destruíram a frota francesa em Trafalgar, Napoleão tentou subjugar a Inglaterra economicamente. No decreto de 21 de novembro de 1806, promulgado por ele em Berlim, constava, entre outras coisas: "As ilhas britânicas se encontram em estado de bloqueio [...] o comércio com as ilhas britânicas e quaisquer relações com elas estão proibidos". Todos os Estados vassalos e aliados da França cumpriram esse decreto. A barreira continental foi removida após a derrota de Napoleão na Rússia. (N. E. A.)

7   Ver, neste volume, "Dois discursos em Elberfeld", p. 212, nota 6. (N. E.)

[O status quo na Alemanha]

pequena burguesia, ela as prejudicou muito mais no quadro geral em razão da ascensão da burguesia, da concorrência mais animada e da supressão dos meios de produção usuais. Desde então a burguesia, especialmente a da Prússia, desenvolveu-se com muita rapidez. Mesmo que, nos últimos trinta anos, não tenha alcançado o mesmo impulso das burguesias inglesa e francesa, ela conseguiu introduzir a maior parte dos ramos da indústria moderna e, em alguns distritos, suprimiu o patriarcalismo camponês e pequeno-burguês, concentrou em certa medida os capitais dispersos, gerou algum proletariado e construiu ramais ferroviários bastante extensos. Ela ao menos se colocou em condições de decidir se avança e se torna a classe dominante ou se desiste das conquistas obtidas até aqui, a ponto de se tornar a única classe que, no momento, pode avançar na Alemanha, que no momento pode governar a Alemanha. Ela de fato já é a classe dirigente na Alemanha e toda a sua existência depende de tornar-se também dirigente de direito.

De fato, com a ascensão e a influência crescente da burguesia coincide a impotência cada vez maior das classes até agora oficialmente dominantes. Desde o período napoleônico, a nobreza foi empobrecendo e endividando-se gradativamente. A substituição do trabalho servil multiplicou os custos de produção de seu cereal e a expôs à concorrência de uma nova classe de pequenos agricultores independentes – desvantagens que de modo algum puderam ser compensadas no longo prazo pela defraudação dos agricultores por ocasião da substituição. A venda de seu cereal é limitada pela concorrência russa e norte-americana, a de sua lã pela australiana e, em alguns anos, pela do Sul da Rússia. E, na mesma proporção em que aumentavam os custos de produção e a concorrência, evidenciava-se a incapacidade da nobreza de cultivar suas fazendas de modo vantajoso, apropriar-se dos progressos mais recentes da agricultura. A exemplo das nobrezas francesa e inglesa do século passado, ela só usou o progresso da civilização para malbaratar esplêndida e alegremente sua fortuna nas grandes cidades. Entre a nobreza e a burguesia instaurou-se aquela concorrência da formação social e intelectual, da riqueza e da gastança que precede o domínio político da burguesia em toda a parte e que, como qualquer outra concorrência, termina com a vitória da parte mais rica. A nobreza do campo se transformou em nobreza da corte para se arruinar tanto mais rápida e seguramente. Os 3% de rendimentos da nobreza sucumbiram diante dos 15% de lucro da burguesia; os 3% buscaram refúgio em valores hipotecários, em caixas de crédito da fidalguia etc., para poderem continuar com a gastança correspondente à classe e arruinaram-se tanto mais rapidamente. Os poucos aristocratas rurais que foram suficientemente sábios para não se arruinar formaram, em companhia dos proprietários de terras burgueses em ascensão, a nova classe dos *proprietários de terra industriais*. Essa classe se dedica à agricultura sem as ilusões feudalistas e sem a despreocupação cavalheiresca, ou seja, trata-a como um negócio, uma indústria, com os meios auxiliares burgueses do "capital", do "conhecimento de causa" e do "trabalho". Ela não é nem um pouco incompatível com o domínio

Friedrich Engels – Esboço para uma crítica da economia política

da burguesia, tanto é que, na França, está tranquilamente postada ao lado dela e participa de seu domínio, segundo a proporção de sua riqueza. Ela é a fração da burguesia que explora a agricultura.

Portanto, a nobreza se tornou tão impotente que parte dela já aderiu à burguesia.

Os pequeno-burgueses, que já eram fracos em relação à nobreza, não conseguem se manter em pé diante da burguesia. Ao lado dos agricultores, a pequena burguesia é a classe mais miserável que alguma vez interveio de forma inepta na história. Com seus interesses locais mesquinhos, não logrou, na época de sua maior glória, na Idade Média tardia, estabelecer nada além de organizações locais, travar nada além de batalhas locais e alcançar nada além de progressos locais, e levar nada além de uma existência *tolerada* ao lado da nobreza; em lugar nenhum alcançou a dominação política geral. O surgimento da burguesia a privou até da *aparência* da iniciativa histórica. Prensada entre a nobreza e a burguesia, pressionada tanto pela preponderância política da primeira quanto pela concorrência dos grandes capitais da segunda, ela se dividiu em duas frações. Uma delas, a dos pequeno-burgueses mais ricos das cidades grandes, alia-se de modo mais ou menos hesitante à burguesia revolucionária; a outra, recrutada entre os burgueses mais pobres, especialmente de cidades pequenas do interior, aferra-se ao existente e apoia a nobreza com todo o peso de sua inércia. Na mesma proporção que a burguesia se desenvolve, piora a situação do pequeno-burguês. Aos poucos essa segunda fração também percebe que, nas relações existentes, sua ruína é certa, ao passo que, sob o domínio da burguesia, ela ao menos dispõe, ao lado da *probabilidade* da mesma ruína, da *possibilidade* de avançar para a condição de burguesia. Quanto mais certa se torna sua ruína, tanto mais ela se coloca sob a bandeira da burguesia. Mal a burguesia chegou ao poder, os pequeno-burgueses se dividiram outra vez. A cada fração da burguesia eles forneceram recrutas e, ademais, formaram uma série de seitas políticas e socialistas mais ou menos radicais entre a burguesia e o proletariado que, na ocasião, começou a manifestar seus interesses e fazer suas exigências; essas seitas podem ser mais detidamente estudadas na câmara de deputados inglesa ou na francesa, bem como na imprensa diária. Quanto mais intrepidamente a burguesia avança a artilharia pesada de seus capitais, as colunas cerradas de suas sociedades por ações contra os bandos de pequeno-burgueses indisciplinados e mal armados, tanto mais perplexos estes ficam, tanto mais desordenada se torna sua fuga, até que não lhes resta outro caminho de fuga senão reunir-se atrás das longas fileiras do proletariado e aderir às suas bandeiras – ou entregar-se à mercê da burguesia. Esse divertido espetáculo pode ser observado na Inglaterra em cada crise comercial e na França neste exato instante. Na Alemanha, acabamos de chegar à fase em que a pequena burguesia, em um momento de desespero e aperto financeiro, toma a decisão heroica de renunciar à nobreza e confiar-se à burguesia.

[*O* status quo *na Alemanha*]

Portanto, como a nobreza, os pequeno-burgueses também não estão em condições de se alçar à posição de classe dominante na Alemanha. Pelo contrário, diariamente se colocam mais e mais sob o comando da burguesia. Restam os camponeses e as classes despossuídas.

Entendemos aqui por camponeses somente os pequenos agricultores, arrendatários ou proprietários, excluindo os diaristas e os servos da gleba – os camponeses formam uma classe desamparada, semelhante à dos pequeno-burgueses, mas diferenciam-se vantajosamente destes por terem mais coragem. Em compensação, são totalmente incapazes de tomar qualquer iniciativa histórica. Aliás, sua libertação das cadeias da servidão só aconteceu sob a proteção da burguesia. Onde a ausência da nobreza e da burguesia lhes possibilitaram o domínio, como nos cantões montanhosos da Suíça e na Noruega, o que domina por meio deles é a barbárie pré-feudal, o bairrismo estreito, o fanatismo surdo, a fidelidade e a honestidade. Onde a nobreza subsiste ao seu lado, como na Alemanha, eles ficam prensados entre a nobreza e a burguesia, exatamente como acontece com os pequeno--burgueses. Para defender os interesses da agricultura contra o poder crescente do comércio e da indústria, eles precisam se aliar à nobreza. Para se proteger da concorrência preponderante da nobreza e, principalmente, dos proprietários de terra burgueses, precisam se aliar à burguesia. Para qual dos lados acabarão passando depende da modalidade de sua posse. Os grandes agricultores do Leste da Alemanha, que exercem certa soberania feudal sobre os servos da gleba, têm todos os seus interesses bastante ligados aos da nobreza, não podendo querer seriamente se desvincular dela. Os pequenos proprietários de terra, oriundos da fragmentação das grandes propriedades pertencentes à nobreza no Oeste e os pequenos camponeses sujeitos à jurisdição patrimonial[8] e, em parte, ainda aos serviços forçados no Leste são oprimidos de modo demasiado direto pela nobreza ou se encontram em oposição muito forte a ela para não passarem para o lado da burguesia. Prova de que isso de fato acontece são os parlamentos provinciais prussianos.

Portanto, felizmente não se pode pensar em um domínio dos camponeses. Os próprios camponeses pensam tão pouco nisso que, em sua maior parte, já se colocaram à disposição da burguesia.

E as classes despossuídas, *vulgo* trabalhadoras? Logo falaremos mais extensamente sobre elas; por enquanto, basta apontar sua fragmentação. Essa fragmentação em servos da gleba, diaristas, artesãos, trabalhadores de fábrica e lumpemproletariado, associada a sua dispersão por uma superfície esparsamente povoada e com poucos e fracos pontos centrais, já impossibilita que obtenham clareza a respeito de seus interesses comuns, que se entendam

---

8   Alusão ao direito feudal do proprietário de terras de julgar e punir os camponeses ligados a ele – na Alemanha, foi restringido a partir de 1848 e abolido em 1877. (N. E. A.)

Friedrich Engels – Esboço para uma crítica da economia política

e se constituam como *uma* classe. Essa fragmentação e dispersão não lhes permitem nada além de restringir-se aos seus interesses mais imediatos e cotidianos, ao desejo de receber um bom salário por um bom trabalho. Isto é, elas restringem os trabalhadores a identificar seu interesse com o de seu empregador e, assim, tornam cada fração dos trabalhadores um exército auxiliar da classe que lhe dá trabalho. O servo da gleba e o diarista apoiam os interesses do nobre ou do agricultor em cuja propriedade trabalham. O artesão deve submissão intelectual e política ao seu mestre-artesão. O trabalhador de fábrica deixa-se usar pelo fabricante em prol das tarifas de proteção. Por um punhado de moedas, o lúmpen aluga seus punhos para resolver as rusgas entre burguesia, nobreza e polícia. E quando duas classes de empregadores querem impor interesses contraditórios, o mesmo conflito acontece também entre as classes de trabalhadores empregadas por eles.

Vê-se por aí como a massa dos trabalhadores na Alemanha está despreparada para assumir a condução dos assuntos públicos.

Em resumo: a nobreza está bastante decaída, os pequeno-burgueses e camponeses são muito fracos em toda a sua postura de vida e falta muito para que os trabalhadores atinjam a maturidade para poder atuar como classe dominante na Alemanha. Só resta a burguesia.

A miséria do *status quo* alemão consiste principalmente em que até agora nenhuma classe conseguiu ser forte o suficiente para alçar seu ramo de produção à condição de ramo de produção nacional *par excellence* e, desse modo, alçar a si mesma como representante dos interesses de toda a nação. Todos os segmentos e todas as classes que apareceram desde o século X na história – nobreza, servos, trabalhadores forçados, camponeses livres, pequeno-burgueses, artesãos, trabalhadores da manufatura, burgueses e proletários – coexistem. Dentre estes, os segmentos ou classes que, em virtude de sua posse, representam um ramo da produção, a saber, a nobreza, os camponeses livres, os pequeno-burgueses e os burgueses, repartiram entre si o domínio político na proporção de seu número, de sua riqueza e de sua participação na produção total do país. O resultado dessa repartição é que, como foi dito, a nobreza recebeu a maior parte e a pequena burguesia a menor parte, e que *oficialmente* os burgueses não passam de pequeno-burgueses e os camponeses, *enquanto camponeses*, não contam, pois, por sua diminuta influência, eles se distribuem pelas demais classes. Esse regime representado pela burocracia é a síntese política da impotência e da desprezibilidade geral, da monotonia tosca e da sordidez da sociedade alemã. Corresponde-lhe internamente o esfrangalhamento da Alemanha em 38 estados locais e provinciais, ao lado do esfrangalhamento da Áustria e da Prússia em províncias autônomas, e externamente a vergonhosa impotência contra a espoliação e as humilhações. A razão dessa miséria geral reside na falta generalizada de capitais. Cada classe exibiu desde o início na *pauvre* [pobre] Alemanha o carimbo da mediocridade burguesa; cada uma delas sempre foi *pauvre* e deprimida em

[*O* status quo *na Alemanha*]

comparação com a mesma classe em outros países. Como desde o século XII a alta e a baixa nobrezas alemãs parecem pequeno-burguesas em comparação com as nobrezas francesa e inglesa ricas, despreocupadas, decididas e cheias de vitalidade! Como os burgueses alemães das cidades imperiais e hanseáticas parecem minúsculos, insignificantes e bairristas em comparação com os cidadãos franceses rebeldes dos séculos XIV e XV, em comparação com os puritanos londrinos do século XVII! Como ainda hoje parecem pequeno-burguesas nossas primeiras grandezas da indústria, das finanças e da navegação marítima em comparação com os príncipes das bolsas de Paris, Lyon, Londres, Liverpool e Manchester! Na Alemanha, até as classes trabalhadoras são pequeno-burguesas. Assim, a pequena burguesia, com sua posição social e política deprimida, pelo menos tem o consolo de ser a classe normal da Alemanha e ter transmitido às demais o caráter deprimido e a preocupação com o alimento que são característicos dela.

Como sair dessa miséria? Só há uma maneira possível. *Uma* classe deverá se tornar suficientemente forte para fazer depender de *sua* ascensão a de toda a nação, de *seu* progresso e do desenvolvimento de *seus* interesses o progresso dos interesses de todas as demais. O interesse dessa *uma* classe deverá se tornar por um momento interesse nacional, por um momento essa classe deverá se tornar a representante da nação. A partir desse momento, essa classe e, com ela, a maioria que compõe a nação entrarão em contradição com o *status quo* político. O *status quo* político corresponderá a um estado de coisas que deixou de existir: o conflito de interesses das diferentes classes. Os novos interesses ficarão estreitados e até uma parte das classes a favor das quais fora instituído o *status quo* não verá mais seus interesses representados por ele. A supressão do *status quo*, pela via pacífica ou pela via violenta, será a consequência necessária disso. O lugar dele será tomado pelo domínio da classe que no momento representa a maioria da nação e, sob o seu domínio, terá início um novo desenvolvimento.

Do mesmo modo que a falta de capitais é a razão do *status quo*, da debilidade geral, só a posse de capitais, sua concentração nas mãos de *uma* classe poderá dar a essa classe o poder de tomar o lugar do *status quo*.

Existe essa classe capaz de derrubar o *status quo* na Alemanha? Ela existe, ainda que, comparada à classe correspondente na Inglaterra e na França, tenha um feitio bastante pequeno-burguês, mas ela existe, mais precisamente, na burguesia.

A burguesia é a classe que, em todos os países, derruba o acordo estabelecido na monarquia burocrática entre a nobreza e a pequena burguesia e, por essa via, conquista o poder primeiro para si mesma.

A burguesia é a única classe na Alemanha que fez com que grande parte dos proprietários de terra industriais, pequeno-burgueses, camponeses, trabalhadores e até uma minoria da nobreza compartilhassem seus interesses e se unissem sob as suas bandeiras.

Friedrich Engels – Esboço para uma crítica da economia política

O partido da burguesia é o único na Alemanha que sabe com certeza o que colocar no lugar do *status quo*; é o único que não se limita a princípios abstratos nem deduções históricas, mas quer impor medidas bem determinadas, concretas, que sejam imediatamente executadas; é o único partido que de certo modo está organizado em nível local e provincial e tem uma espécie de plano de batalha; em suma, é o partido que luta na linha de frente contra o *status quo* e participa diretamente de sua derrubada.

Portanto, o partido da burguesia é o único que, num primeiro momento, tem chance de ser bem-sucedido.

A pergunta que resta é esta: a burguesia se vê diante da necessidade de conquistar o poder mediante a derrubada do *status quo*? Ela tem força suficiente para derrubar o *status quo* por suas próprias forças e pela fraqueza de seus adversários?

Vejamos.

A fração decisiva da burguesia alemã são os industriais. Do florescimento da indústria depende todo o comércio interno, o comércio marítimo de Hamburgo e Bremen e em parte também o de Estetino, os negócios bancários, a renda das ferrovias e, desse modo, da parcela mais significativa dos negócios na bolsa de valores. Independentes da indústria são apenas os exportadores de cereal e lã das cidades do Mar Báltico e a insignificante classe dos importadores de produtos industrializados estrangeiros. Portanto, as necessidades dos fabricantes representam as necessidades de toda a burguesia e das classes que momentaneamente dependem da burguesia.

Os industriais, por sua vez, se subdividem em dois segmentos: o primeiro faz o processamento inicial da matéria-prima e a entrega semipronta ao comércio; o segundo recebe a matéria-prima semipronta e a lança como mercadoria pronta no mercado. Ao primeiro segmento pertencem os fiandeiros e ao segundo, os tecelões. Ao primeiro segmento associam-se na Alemanha igualmente os produtores de ferro[9].

[...] viabilizar recursos auxiliares recém-inventados, estabelecer boas comunicações, adquirir máquinas e matérias-primas baratas, formar trabalhadores hábeis: para isso, é preciso haver todo um sistema industrial; para isso, é preciso haver a imbricação de todos os ramos industriais, é preciso haver cidades marítimas que sejam tributárias do interior industrializado e realizem um comércio florescente. Há muito essa tese foi comprovada pelos economistas políticos. Porém, hoje em dia faz parte desse sistema industrial, no qual os ingleses são os únicos que não precisam temer a concorrência, um sistema alfandegário protecionista completo, que abranja todos os ramos ameaçados pela concorrência estrangeira, cujas modificações têm de se guiar sempre pela condição em que se encontra a indústria. Um sistema como esse

---

[9] A partir deste ponto, faltam quatro páginas do manuscrito. (N. E. A.)

[O status quo na Alemanha]

não pode ser proporcionado pelo governo prussiano vigente nem por todos os governos da união aduaneira juntos. Um sistema como esse só pode ser organizado e manejado pela própria burguesia governante. Também por isso a burguesia alemã não pode mais prescindir do poder político.

Porém, um sistema alfandegário protecionista como esse é tanto mais necessário na Alemanha porque lá a manufatura está moribunda. Sem tarifas de proteção sistemáticas, a manufatura sucumbirá à concorrência das máquinas inglesas e, com ela, arruínam-se também os burgueses, pequeno-burgueses e trabalhadores que obtêm dela seu sustento. Isso é razão suficiente para que os burgueses alemães prefiram arruinar o restante da manufatura com máquinas *alemãs*.

Portanto, a burguesia alemã precisa das tarifas de proteção e estas só podem ser introduzidas por ela própria. Isso já é razão suficiente para que ela se apodere do poder estatal.

Contudo os fabricantes estão sendo impedidos de aproveitar plenamente seus capitais não só pela insuficiência das tarifas, mas também pela *burocracia*. Se na legislação aduaneira eles se deparam com a indiferença do governo, aqui, em suas relações com a burocracia, eles se chocam com a mais direta hostilidade do governo.

A burocracia foi instituída para governar pequeno-burgueses e camponeses. Essas classes, fragmentadas em povoados e cidades pequenas, com interesses que não vão além do âmbito local mais estreito, necessariamente têm um campo de visão limitado, correspondente às suas relações vitais limitadas. Eles não são capazes de governar um grande Estado, não conseguem ter visão de conjunto nem conhecimentos suficientes para equilibrar os diferentes interesses que colidem entre si. É exatamente *nesse* estágio civilizatório, em que a pequena burguesia chega ao auge, que os diferentes interesses se entremeiam da maneira mais intrincada possível (pense-se nas guildas e em seus conflitos). Portanto, os pequeno-burgueses e os camponeses não podem prescindir de uma burocracia poderosa e numerosa. Eles precisam ser tutelados para escapar à maior das confusões, para não se arruinarem com centenas e milhares de processos.

Porém, sendo uma necessidade para o pequeno-burguês, a burocracia logo se torna uma amarra insuportável para o burguês. Já na manufatura a supervisão e a interferência de funcionários do governo se torna muito incômoda; a indústria fabril fica praticamente inviável sob tal supervisão. Até agora, os fabricantes alemães se livraram tanto quanto possível da burocracia por meio do suborno, o que nem se pode levar a mal. Mas esse artifício só os livra de metade do ônus; abstraindo da impossibilidade de subornar *todos* os funcionários com que um fabricante entra em contato, o suborno não o livra de taxas judiciais, honorários de juristas, arquitetos, mecânicos e outros gastos provocados pela vigilância, pelo trabalho extra e pela perda de tempo. E quanto mais a indústria se desenvolve, tanto mais "funcionários cônscios

Friedrich Engels – Esboço para uma crítica da economia política

de seu dever" emergem, isto é, aqueles que por pura tacanhice ou por ódio burocrático à burguesia submetem os industriais às maiores chicanas.

Portanto, a burguesia é forçada a quebrar o poder dessa burocracia petulante e viciada em chicanas. A partir do momento em que a administração do Estado e a legislação passarem a ser controladas pela burguesia, desmoronará a autonomia da burocracia; a partir desse momento, os espíritos que atormentavam o burguês se converterão em seus servos submissos. Os regulamentos e rescritos em uso até aquele momento, que só serviam para aliviar o trabalho dos funcionários às custas dos burgueses industriais, darão lugar a novos regulamentos em que o trabalho dos industriais é aliviado à custa dos funcionários.

A burguesia é obrigada a fazer isso o quanto antes, na medida em que, como vimos, todas as suas frações participam diretamente do erguimento mais rápido possível da indústria fabril, sendo impossível que esta se erga sob o regime do tormento burocrático.

A subordinação da aduana e da burocracia ao interesse da burguesia industrial são as duas medidas em cuja imposição a burguesia tem participação mais direta. Mas isso ainda nem de longe resolve suas necessidades. Ela é obrigada a submeter a uma revisão radical todo o sistema legislativo, administrativo e judiciário de quase todos os territórios alemães, pois todo esse sistema serve à conservação e consolidação de uma condição social que a burguesia trabalha continuamente para revolucionar. As condições, sob as quais a nobreza e os pequeno-burgueses conseguem subsistir lado a lado são completamente diferentes das condições de vida da burguesia e só os primeiros são oficialmente reconhecidos nos estados alemães. Tomemos como exemplo o *status quo* prussiano. Os pequeno-burgueses puderam se submeter tanto à burocracia administrativa quanto à burocracia jurídica, puderam confiar seu patrimônio e sua pessoa à discrição e à sonolência de uma classe "independente", isto é, burocraticamente autônoma de juízes, que em troca lhes proporcionava proteção contra os ataques da nobreza feudal e às vezes também contra a burocracia administrativa. Os burgueses não podem fazer isso. Os burgueses necessitam, para processos relativos à propriedade, pelo menos da proteção da opinião pública e, para processos criminais, do júri e do controle constante da justiça por uma delegação de burgueses. – O pequeno--burguês até pode aceitar que os nobres e os funcionários do governo sejam eximidos de comparecer diante do tribunal comum, porque esse aviltamento oficial corresponde inteiramente a sua baixa posição social. O burguês, que se encontra entre perecer ou tornar sua classe a primeira na sociedade e no Estado, não pode aceitar isso. – O pequeno-burguês, sem prejuízo de seu modo pacato de viver, pode deixar exclusivamente à nobreza a legislação sobre a posse fundiária; ele tem de fazer isso, pois já tem muito o que fazer para proteger seus interesses citadinos da influência e dos ataques da nobreza. O burguês não pode de modo nenhum deixar a regulação das relações de propriedade no

[*O* status quo *na Alemanha*]

campo a critério da nobreza, pois o pleno desenvolvimento de seus interesses exige a máxima exploração industrial também da agricultura, a geração de uma classe de agricultores industriais, a livre venalidade e mobilização da propriedade fundiária. A necessidade dos proprietários de terra de conseguir dinheiro mediante hipoteca oferece ao burguês uma maneira de lidar com a questão e obriga a nobreza a conceder à burguesia influência sobre a legislação relativa à propriedade fundiária, pelo menos no que se refere às leis hipotecárias. – O pequeno-burguês não era especialmente pressionado pela deplorável legislação comercial da velha Prússia em virtude das diminutas dimensões de seu negócio, de seu fraco movimento comercial e da quantidade limitada de clientes concentrados em um espaço reduzido, e decerto ele até se sentia grato pela garantia diminuta que ela lhe oferecia. O burguês já não pode suportá-la. O pequeno-burguês, cujas transações extremamente simples raramente constituem negócios de comerciante para comerciante, mas quase sempre são vendas de varejistas ou fabricantes diretamente para o consumidor – esse pequeno-burguês raramente entra em falência e facilmente consegue se submeter às leis de falência da Prússia antiga. Segundo essas leis, as dívidas em letras de câmbio devem ser pagas antes de todas as dívidas contábeis a partir da massa falida, mas o que habitualmente ocorre é que toda a massa falida é devorada pela justiça. Essas leis foram elaboradas primeiramente no interesse dos burocratas jurídicos que administram a massa e, desse modo, no interesse de todos os não burgueses contra os burgueses. Especialmente a nobreza, que emite ou recebe do vendedor ou consignatário letras de câmbio pelo cereal entregue, é protegida por essas leis, mas, de modo geral, também o são todos os que vendem somente uma vez por ano e sacam o ganho do comércio mediante uma letra de câmbio. Protegidos dos que praticam o comércio estão, por sua vez, os banqueiros e os atacadistas, mas os fabricantes são negligenciados. O burguês, que *só* faz negócios de comerciante para comerciante, que tem clientes em áreas dispersas, recebe letras de câmbio de todo o mundo, tem de mover-se num sistema extremamente intrincado de transações e a toda hora está envolvido em alguma falência, o burguês só pode mesmo se arruinar com essas leis absurdas. – O pequeno-burguês só se interessa pela política geral de seu país na medida em que deseja paz e tranquilidade; sua esfera de vida tacanha o torna incapaz de visualizar relações entre Estados. O burguês, que faz negócios com as mais distantes nações estrangeiras ou tem de concorrer com elas, não pode trabalhar por seu crescimento sem exercer a influência mais direta possível sobre a política externa de seu estado. – O pequeno-burguês pôde permitir a cobrança de impostos pela burocracia e pela nobreza pelas mesmas razões por que se submeteu à burocracia. O burguês tem um interesse bem direto em distribuir o ônus público de tal maneira que atinja minimamente o *seu* rendimento.

Em suma, o pequeno-burguês pôde se contentar em contrapor à nobreza e à burocracia sua massa inerte, assegurar por meio de sua *vis inertiae*

Friedrich Engels – Esboço para uma crítica da economia política

[capacidade de inércia] alguma influência sobre o poder público. O burguês não pode fazer isso; ele precisa que sua classe se torne dominante, que demonstre interesse decisivo pela legislação, administração, justiça, tributação e política externa. A burguesia tem de se desenvolver plenamente, multiplicar seus capitais diariamente, reduzir diariamente os custos de produção de suas mercadorias, expandir diariamente suas conexões comerciais, seus mercados, melhorar diariamente suas comunicações, para *não sucumbir*. A concorrência no mercado mundial a impele a isso. E, para poder se desenvolver livre e plenamente, ela precisa justamente do domínio político, da subordinação de todos os interesses ao seu.

Porém, ao tratar da questão das tarifas de proteção e da posição da burguesia em relação à burocracia, já demonstramos que, para não sucumbir, a burguesia alemã precisa do domínio político *agora*. A prova mais contundente disso é *a situação momentânea do mercado financeiro e de mercadorias da Alemanha*.

A prosperidade da indústria inglesa em 1845 e as especulações com ferrovias que dela decorreram tiveram, dessa vez, uma repercussão bem mais forte sobre a França e a Alemanha do que tiveram em qualquer outro período anterior. Os industriais alemães fizeram bons negócios e o nível dos negócios alemães em geral cresceu com o deles. Os distritos agrícolas encontraram um mercado receptivo para o seu cereal na Inglaterra. A prosperidade geral animou o mercado financeiro, facilitou o crédito e atraiu para o mercado boa quantidade de pequenos capitais, dos quais há muitos na Alemanha em estado semiprodutivo. Como na Inglaterra e na França, só que um pouco mais tarde e algo [...][10].

---

[10] Neste ponto, o manuscrito é interrompido. (N. E. A.)

Princípios do comunismo[1]

1) *O que é comunismo?*
O comunismo é a doutrina das condições de libertação do proletariado.

2) *O que é proletariado?*
O proletariado é a classe social que obtém seus meios de subsistência exclusivamente da venda do seu trabalho[2], sem se beneficiar de qualquer lucro extraído de qualquer capital. É a classe cuja felicidade e dor, vida e morte e completa existência dependem da procura de trabalho, ou seja, da alternância de bons e maus períodos dos negócios, das flutuações da competição desenfreada. Em poucas palavras, o proletariado, ou a classe proletária, é a classe trabalhadora do século XIX.

3) *Isso quer dizer que nem sempre os proletários existiram?*
Exatamente. Sempre houve classes pobres e trabalhadoras. E as classes trabalhadoras sempre foram principalmente pobres. No entanto, trabalhadores e pobres, vivendo nas condições acima assinaladas, nem sempre existiram. Isso significa que os proletários não existiram sempre, assim como nem sempre existiu uma concorrência livre e desenfreada.

---

[1] Esta versão foi publicada pela primeira vez em José Paulo Netto (org.), *Engels* (São Paulo, Ática, 1981) (coleção Grandes Cientistas Sociais, v. 17). Original em "Principes du communisme", em Karl Marx e Friedrich Engels, *Oeuvres choisies en trois volumes* (Moscou, Progrès, 1970), v. 1, p. 82-99; tradução de José Paulo Netto e Maria Filomena Viegas; revisão e cotejo com o alemão para esta edição de Ronaldo Vielmi Fortes. Os *Princípios do comunismo*, redigidos em novembro de 1847, só foram publicados em 1914, no *Vorwärts* (Avante), órgão da social-democracia alemã em Paris. Originalmente, o texto era um projeto de programa para a *Liga dos Comunistas*, depois, é de se supor que o material se tenha constituído numa das bases para a redação do *Manifesto do Comunista* (trad. Álvaro Pina e Ivana Jinkings, 1. ed. rev., São Paulo, Boitempo, 2010). (N. E.)

[2] Nessa altura de seu desenvolvimento teórico-ideológico, Engels (e, como ele, Marx) não distinguia entre *venda de trabalho* e *venda da força de trabalho*, expressão conceitual correta para o fenômeno aqui referido. (N. T.)

Friedrich Engels – Esboço para uma crítica da economia política

4) *Como surgiu o proletariado?*

O proletariado nasceu com a Revolução Industrial, que ocorreu na Inglaterra na segunda metade do século XVIII e logo se estendeu a todos os países civilizados. Essa revolução foi desencadeada pela invenção da máquina a vapor, das várias máquinas de fiação, do tear mecânico e de uma série de outros inventos. Tais máquinas, que em razão de seu alto custo estavam ao alcance apenas dos grandes capitalistas, transformaram completamente o antigo modo de produção e mudaram totalmente a situação dos antigos trabalhadores, uma vez que produziam melhor e a um custo menor do que podiam fazer os trabalhadores com seus teares manuais. As máquinas colocaram a indústria inteiramente nas mãos dos grandes capitalistas e reduziram a nada o valor da pequena propriedade dos trabalhadores (instrumentos, teares etc.). Disso resultaram a apropriação de tudo pelos capitalistas e a penúria dos trabalhadores. Foi assim que o sistema fabril se introduziu na produção de tecidos.

Progredindo sistema fabril e maquinaria, logo ambos se generalizaram em outros ramos da produção, especialmente na confecção e na imprensa, na cerâmica e na metalurgia. O trabalho começou a ser cada vez mais dividido entre os operários, de tal forma que o trabalhador, que antes fazia uma peça completa, agora fazia apenas uma parte dessa peça. Essa divisão do trabalho permitiu que se produzisse mais rapidamente e, por consequência, a um custo menor, reduzindo a atividade de cada trabalhador a um procedimento mecânico, muito simples, constantemente repetido, passível de ser mais bem realizado pelas máquinas. Desse modo, e como já acontecera com a fiação e a tecelagem, todos esses ramos da produção caíram, um após o outro, sob o domínio do vapor, das máquinas e do sistema fabril; consequentemente, caíram também nas mãos dos grandes capitalistas, retirando dos trabalhadores privados qualquer independência que ainda lhes restasse. Pouco a pouco, o sistema fabril estendeu seu domínio não só a toda a manufatura em sentido estrito, mas também às atividades artesanais, já que, também nessa esfera, os grandes capitalistas eliminaram os pequenos patrões de artífices, criando grandes oficinas que possibilitavam a diminuição dos gastos e a implementação de uma elaborada divisão do trabalho.

Eis como, atualmente, nos países civilizados, quase todos os tipos de trabalho se realizam em fábricas, e em quase todos os tipos de produção a grande indústria suplanta o artesanato e a manufatura. Esse processo arruinou a antiga classe média, especialmente os pequenos artesãos, e transformou inteiramente a condição dos trabalhadores. Com ele, surgem duas novas classes que, gradualmente, vão absorvendo todas as outras:

a) a classe dos grandes capitalistas, que em todos os países civilizados já estão de posse exclusiva de todos os meios de subsistência, das matérias-primas e dos instrumentos (máquinas, fábricas etc.) necessários à produção dos meios de subsistência. Essa é a classe dos burgueses, isto é, a burguesia;

Princípios do comunismo

b) a classe dos despossuídos, dos que, em virtude da despossessão, são obrigados a vender seu trabalho aos burgueses para receber, em troca, os meios necessários à sua subsistência. Essa é a chamada classe dos proletários, isto é, o proletariado.

5) *Em que condições se realiza a venda de trabalho dos proletários aos burgueses?*
O trabalho é uma mercadoria como qualquer outra e, por conseguinte, seu preço é determinado pelas mesmas leis que se aplicam às mercadorias. Sob o regime da grande indústria ou da livre concorrência – como veremos, os dois são a mesma coisa –, o preço de uma mercadoria é, em média, sempre igual aos custos de sua produção; portanto, o preço do trabalho é igual ao custo de produção do trabalho. Ora, o custo de produção do trabalho consiste precisamente na quantidade de meios de subsistência indispensáveis para que o trabalhador mantenha sua capacidade de trabalho e a classe média operária não seja extinta. Por isso, o trabalhador não receberá mais do que o necessário para sobreviver; o preço do trabalho, ou o salário, será o mais baixo, constituindo o mínimo indispensável para se manter a vida. Contudo, uma vez que, nos negócios, existem períodos melhores e piores, o trabalhador receberá algumas vezes mais e outras menos, da mesma forma que os capitalistas ganham mais, ou menos, por seus produtos. E como os capitalistas, na média dos bons e dos maus períodos, não conseguem pelas mesmas mercadorias mais do que seu custo de produção, também o trabalhador não receberá, na média, mais do que seu mínimo vital. Essa lei econômica dos salários se verificará tanto mais estritamente quanto maior o número de ramos da produção dos quais a grande indústria se tenha apoderado.

6) *Que classes trabalhadoras existiam antes da revolução industrial?*
As classes trabalhadoras têm sempre vivido, de acordo com os diferentes estágios do desenvolvimento da sociedade, em diversas condições e com distintas relações com as classes possuidoras e dominantes. Na Antiguidade, os trabalhadores eram *escravos* de seus amos, como ainda ocorre em muitos países atrasados, e mesmo no Sul dos Estados Unidos. Na Idade Média, eram *servos* dos nobres proprietários de terras, como ainda ocorre na Hungria, na Polônia e na Rússia. Na Idade Média e, na verdade, até a Revolução Industrial, havia nas cidades artesãos que trabalhavam a serviço da pequena burguesia. Gradualmente, à medida que se desenvolviam as manufaturas, esses artesãos se transformaram em trabalhadores da manufatura empregados por grandes capitalistas.

7) *Que diferença existe entre o proletário e o escravo?*
O escravo é vendido de uma vez para sempre; o proletário é forçado a vender-se diariamente, de hora em hora. Todo escravo, individualmente, é propriedade de um só dono, tem assegurada sua existência, por mais miserável

Friedrich Engels – Esboço para uma crítica da economia política

que esta seja, pelo próprio interesse do amo. O proletário, por seu turno, é propriedade da *classe* burguesa, assim, não tem assegurada sua existência – seu trabalho só é comprado quando alguém tem interesse nele. A existência só é assegurada à *classe* operária, não ao operário individualmente. O escravo está à margem da concorrência; o proletário está imerso nela e sofre todas as suas flutuações. O escravo conta como uma coisa, não é membro da sociedade civil; o proletário é reconhecido como pessoa, componente dessa sociedade. Consequentemente, embora o escravo possa ter uma existência melhor, o proletário pertence a uma etapa superior de desenvolvimento social e situa-se, ele próprio, em um nível social mais alto do que o escravo. Este se liberta, quando, de todas as relações da propriedade privada, suprime-se apenas uma, a escravatura, com o que, então, torna-se um proletário; por sua vez, o proletário só pode libertar-se suprimindo a propriedade privada em geral.

8) *Que diferença existe entre o proletário e o servo?*
O servo possui e utiliza um instrumento de produção, um pedaço de terra, e em troca entrega parte de seu trabalho ou executa determinado tipo de trabalho. O proletário trabalha com instrumentos que pertencem a outro, por conta desse outro, em troca de uma parte do produto. O servo dá; o proletário recebe. O servo tem sua existência assegurada; o proletário, não. O proletário sofre a concorrência; o servo, não. O servo pode libertar-se de três formas: refugiando-se na cidade e tornando-se artesão; transformando-se em livre arrendatário, pagando a seu senhor em dinheiro, em vez de bens e serviços; ou, ainda, expulsando da terra o senhor feudal e assumindo a propriedade. Em poucas palavras, ele se liberta, de uma maneira ou de outra, ingressando na classe possuidora e na esfera da concorrência. O proletário liberta-se suprimindo a concorrência, a propriedade privada e todas as diferenças de classe.

9) *Que diferença existe entre o proletário e o artesão?*[3]

10) *Que diferença existe entre o proletário e o trabalhador da manufatura?*
O trabalhador da manufatura, do século XVI ao século XVIII, ainda possuía, com muito poucas exceções, instrumentos de produção – seu tear, a roça da família e um pedaço de terra que cultivava nas horas vagas. O proletário não tem nada disso. O trabalhador da manufatura quase sempre vivia no campo, relacionando-se com seu patrão ou senhor de forma mais ou menos patriarcal. O proletário vive principalmente na cidade e relaciona-se com seu patrão por vínculos puramente monetários. A grande indústria arranca o trabalhador da manufatura, eliminando suas relações patriarcais, liquidando a propriedade que possuía – em suma, transforma-o em proletário.

---

[3] No manuscrito original, não há resposta a essa pergunta. (N. T.)

Princípios do comunismo

11) *Quais foram as consequências imediatas da revolução industrial e da divisão da sociedade em burgueses e proletários?*
Em primeiro lugar, os preços cada vez mais baratos dos produtos industriais destruíram, em todos os países, o velho sistema manufatureiro ou a indústria articulada sobre o trabalho manual. Todos os países semibárbaros que, até então, estavam mais ou menos à margem do desenvolvimento histórico, e cuja indústria se apoiava na manufatura, foram violentamente arrancados de seu isolamento. Começaram a comprar dos ingleses mercadorias mais baratas, levando à ruína e à morte seus próprios trabalhadores. Países que não fizeram nenhum progresso por milênios, por exemplo, a Índia, foram revolucionados por completo, e até mesmo a China está agora encaminhando-se para uma revolução. Chegamos ao ponto em que a invenção de uma nova máquina, na Inglaterra, pode, no espaço de um ano, levar à fome milhões de trabalhadores chineses. Desse modo, a grande indústria vinculou entre si todos os povos da terra, fundiu todos os mercados locais num único mercado mundial, preparou em todas as partes o terreno para a civilização e o progresso e deu margem para que as transformações recorrentes nos países civilizados repercutissem necessariamente em todos os outros. Por isso, se os trabalhadores da Inglaterra ou da França se libertarem agora, certamente haverá revoluções nos outros países, revoluções que, mais cedo ou mais tarde, realizarão a libertação de suas classes trabalhadoras.
Em segundo lugar, em todas as partes em que a grande indústria liquidou a manufatura, a burguesia aumentou extraordinariamente sua riqueza e seu poder, erigindo-se na classe mais decisiva. Consequentemente, a burguesia, nos países onde esse processo se realizou, tomou em suas mãos o poder político e substituiu a dominação das classes que a procederam: a aristocracia, os chefes das corporações e seus representantes, a monarquia absoluta. A burguesia aniquilou o poder da aristocracia, da nobreza, abolindo o vínculo com a terra, ou sua inalienabilidade, e liquidando seus privilégios. Destruiu o poder dos chefes das corporações, arrasando com todos os grêmios e com todos os privilégios gremiais. Em todo lugar, implantou a livre concorrência, isto é, uma condição social que permite a todos ingressar em qualquer setor da produção, desde que possuam o capital necessário. Isso significa que, a partir daí, os membros da sociedade só são desiguais na medida em que o são seus capitais; é a declaração pública de que o capital é a força decisiva e que os capitalistas, a classe burguesa, constituem a classe decisiva. A livre concorrência é indispensável ao estabelecimento da grande indústria, porque é sob seu reino que esta pode avançar. Destruindo o poder social da nobreza e das corporações, a burguesia destruiu também seu poder público: instituindo-se como classe decisiva, a burguesia proclamou-se a classe dominante. Fê-lo instaurando o sistema representativo, assentado na igualdade burguesa perante a lei e no reconhecimento legal da livre concorrência, que tomou, nos países europeus, a forma de monarquia constitucional. Nessas monarquias

Friedrich Engels – Esboço para uma crítica da economia política

constitucionais, existem apenas os eleitores que possuem uma certa quantidade de capital, ou seja, apenas a burguesia; esses eleitores burgueses elegem os deputados, e esses deputados burgueses elegem, por meio do direito à recusa de impostos, um governo burguês.

Em terceiro lugar, a Revolução Industrial criou, em todas as partes, juntamente com o desenvolvimento da burguesia, o proletariado. Na mesma proporção em que cresce o poder econômico da burguesia, cresce numericamente o proletariado. Já que os proletários só podem ser empregados pelo capital, e visto que o capital só cresce por meio do trabalho, o crescimento do proletariado produz-se em exata correspondência com o crescimento do capital. Ao mesmo tempo, a Revolução Industrial concentra burgueses e proletários na cidade, onde a indústria é mais rentável. Por outro lado, essa concentração de grandes massas num *mesmo local* proporciona ao proletariado a consciência de sua própria força. Além disso, quanto mais se desenrola esse processo, mais se inventam novas máquinas que poupam trabalho, o que aumenta a pressão sobre os salários, reduzindo-os, como dissemos, ao mínimo, o que torna progressivamente mais insuportável a situação do proletariado. Assim, por um lado, pela crescente insatisfação e, por outro, pelo crescente poder do proletariado, está-se preparando uma revolução da sociedade por meio do proletariado.

12) *Que outras consequências teve a Revolução Industrial?*
Com a máquina a vapor e outras invenções, a Revolução Industrial criou os meios para aumentar rapidamente, a baixo custo e num processo sem fim, a produção industrial. Graças a isso, a livre concorrência, que está necessariamente ligada à grande indústria, revestiu-se logo de um caráter extraordinariamente violento: uma multidão de capitalistas lançou-se à indústria, e em pouco tempo produziu-se mais do que se podia consumir. Como consequência, mercadorias deixaram de ser vendidas, advindo a chamada crise comercial: fábricas tiveram de fechar, proprietários foram à falência e trabalhadores, submetidos à fome, caíram por toda a parte na mais profunda miséria. Passado algum tempo, venderam-se os produtos em excesso, as fábricas recomeçaram a operar, os salários subiram e, pouco a pouco, os negócios voltaram a prosperar. Mas, em pouco tempo, muitas mercadorias foram produzidas novamente e uma nova crise se instalou, seguindo o mesmo curso da anterior. Desde o princípio do século XIX, a situação da indústria tem oscilado continuamente entre períodos de prosperidade e períodos de crise; regularmente, a cada cinco ou sete anos, tem ocorrido uma nova crise, trazendo sempre as maiores dificuldades para os trabalhares e acompanhando-se de uma agitação revolucionária generalizada e de enormes perigos para o regime existente.

13) *O que resulta dessas crises comerciais periódicas?*
Em primeiro lugar, essa grande indústria, embora ela própria tenha produzido livre competição em sua primeira fase de desenvolvimento, agora superou

Princípios do comunismo

essa livre competição; a competição e a operação da produção industrial em geral tornaram-se um obstáculo para eles, que eles devem e precisam quebrar. A grande indústria, enquanto for mantida na base atual, acarreta de sete em sete anos um caos generalizado, que faz perigar a civilização e não apenas joga na miséria os proletários, mas também arruína muitos burgueses. Assim, a grande indústria ou tem de eliminar-se a si mesma, o que é uma impossibilidade absoluta, ou torna inevitavelmente necessária uma organização completamente nova da sociedade, na qual a propriedade deixe de ser dirigida por uns poucos capitalistas em concorrência para ser orientada por toda a sociedade, operando segundo um plano definido e levando em conta as necessidades de todos.

Em segundo lugar, resulta que a grande indústria e a expansão ilimitada da produção, que ela possibilitou, permitem a criação de um regime social em que se produza tanto e de tal modo que qualquer membro da sociedade estará em condições de desenvolver e exercitar livremente todas as suas forças e faculdades. Assim, as características da grande indústria que, na sociedade atual, produzem miséria e crises comerciais, permitirão, sob uma forma diferente de organização social, abolir a miséria e essas flutuações catastróficas. Vemos, pois, claramente, que:

a) nos dias de hoje, esses males só podem ser atribuídos ao regime social, que deixou de corresponder às exigências da situação real;

b) já existem condições para a supressão de todos esses males, por meio da construção de uma nova ordem social.

14) *Como deverá ser essa nova ordem social?*

Antes de mais nada, a administração da indústria e da produção em geral deixará de pertencer a uns poucos indivíduos que concorrem entre si, ao contrário, todos os ramos da produção passam para a sociedade como um todo, ou seja, serão administrados em benefício de toda a sociedade, segundo um plano geral e com a participação de todos. Portanto, a nova ordem social abolirá a concorrência, substituindo-a pela associação. Na medida em que a administração da indústria por uns poucos supõe necessariamente a existência da propriedade privada, e na medida em que a concorrência não é mais o tipo e o modo dessa forma de administração, é claro que a propriedade privada não pode ser separada da concorrência e da administração particular da indústria; assim, a propriedade privada também deve ser suprimida e seu lugar será ocupado pela utilização coletiva de todos os instrumentos de produção e pela distribuição dos produtos segundo um acordo comum – numa palavra, a propriedade privada será substituída pelo que se denomina comunidade de bens. A supressão da propriedade privada é de fato o resumo mais curto e significativo da reestruturação de toda a ordem social que resultou necessariamente do desenvolvimento da indústria e é, portanto, corretamente enfatizada pelos comunistas como a principal reivindicação.

Friedrich Engels – Esboço para uma crítica da economia política

15) *A supressão da propriedade privada não era possível antes?*
Não. Toda transformação da ordem social e toda mudança nas relações de propriedade são a consequência necessária da emergência de novas forças produtivas que não se ajustam mais às velhas relações de propriedade. A própria propriedade privada surgiu assim. Ela não existiu sempre; quando, nos fins da Idade Média, apareceu o novo modo de produção sob forma de manufatura, ultrapassando os limites da propriedade feudal e gremial, essa manufatura, que desbordava as velhas relações de propriedade, originou uma nova forma de propriedade: a propriedade privada. E como para a manufatura e para o primeiro estágio de desenvolvimento da grande indústria não era possível nenhuma outra forma de propriedade, a ordem social fundada na propriedade privada era a única possível. Enquanto for impossível produzir não apenas o bastante para todos, mas ainda um certo excedente para a expansão do capital social e das forças produtivas – enquanto isso for impossível, tem de haver uma classe dirigente que disponha das forças produtivas da sociedade e uma classe pobre e oprimida. A constituição e a natureza dessas classes dependem do grau de desenvolvimento da produção. A sociedade medieval, que tem por base a exploração da terra, apresenta-nos o senhor feudal e o servo; as cidades da Baixa Idade Média mostram-nos o chefe da corporação, o oficial artesão e o jornaleiro; no século XVII, temos o proprietário da manufatura e seu trabalhador; no século XIX, aparece o proprietário da grande fábrica e o proletário. É claro que, até então, as forças produtivas não se haviam desenvolvido ainda a ponto de permitir que se produzisse o suficiente para todos e de revelar a transformação da propriedade privada num obstáculo ao seu progresso. Atualmente, porém, graças ao desenvolvimento da grande indústria,
– em primeiro lugar, constituíram-se capitais e forças produtivas em proporções sem precedentes, e existem meios para aumentar infinitamente, a curto prazo, essas mesmas forças produtivas;
– em segundo lugar, tais forças produtivas estão concentradas nas mãos de um reduzidos número de burgueses, enquanto a grande massa do povo se transforma progressivamente em classe operária cuja situação se torna tanto mais precária e insuportável quanto mais aumenta a riqueza dos burgueses;
– em terceiro lugar, essas poderosas forças produtivas, que se expandem facilmente a ponto de ultrapassar os limites da propriedade privada e da burguesia, provocam continuamente violentos distúrbios na ordem social.
Tais fatos não só permitem a abolição da propriedade privada, como também a fazem absolutamente necessária.

16) *Será possível a abolição da propriedade privada por meios pacíficos?*
Seria desejável a abolição da propriedade privada por essa via, os comunistas seriam os últimos a opor-se a ela. Os comunistas sabem perfeitamente que todas as conspirações, além de inúteis, são mesmo prejudiciais: têm consciência de que as revoluções não são feitas premeditada e arbitrariamente, sendo antes, em

Princípios do comunismo

todas as partes, uma consequência necessária de circunstâncias independentes da vontade e da direção de partidos ou classes. Ao mesmo tempo, os comunistas veem que o desenvolvimento do proletariado, em quase todos os países civilizados, tem sido violentamente reprimido e que, assim, os próprios inimigos do comunismo preparam a revolução com todas as suas forças. Se, por fim, o proletariado oprimido é lançado na revolução, nós, comunistas, defenderemos na prática, tal como agora o fazemos por palavras, a causa da classe operária.

17) *Será possível abolir repentinamente a propriedade privada?*
Não, não será possível, assim como não é possível aumentar repentinamente as forças produtivas atuais na escala necessária à criação de uma economia coletiva. Por isso, a revolução proletária que se aproxima, segundo todas as probabilidades, transformará gradualmente a realidade atual e só abolirá a propriedade privada quando estiver disponível a necessária quantidade de meios de produção.

18) *Qual será o curso dessa revolução?*
Ela estabelecerá, antes de mais nada, um *regime democrático* e, portanto, direta ou indiretamente, a dominação política do proletariado. Dominação direta na Inglaterra, onde o proletariado constitui já a maioria da população; indireta na França e na Alemanha, onde a maioria da população engloba proletários, pequenos camponeses e pequenos burgueses urbanos que, transitando para o proletariado e tendo a satisfação de seus interesses políticos dependente da classe operária, podem aderir a suas reivindicações. Talvez isso venha a custar uma segunda luta, mas o resultado só pode ser a vitória do proletariado.

A democracia seria absolutamente inútil para o proletariado se não fosse imediatamente usada como meio para realizar amplas medidas, dirigidas diretamente contra a propriedade privada, cujos objetivos são assegurar a vitória do proletariado. As medidas mais importantes nas condições atuais são:

a) limitação da propriedade privada por meio de impostos progressivos, pesada tributação sobre heranças, supressão da herança colateral (irmãos, sobrinhos etc.), empréstimos compulsórios etc.;

b) expropriação gradual de latifundiários, industriais, proprietários de navios e ferrovias, em parte pela pressão operada pela concorrência da indústria estatal, em parte pela indenização em títulos;

c) confisco dos bens de todos os emigrantes[4] e de todos os que se rebelarem contra a maioria da população;

d) organização do trabalho ou do emprego dos proletários nas terras, fábricas e oficinas nacionalizadas, abolindo-se a concorrência entre os

---

[4] Os emigrantes a que Engels aqui se refere são, naturalmente, aqueles que, após a tomada do poder pelo proletariado, não querem submeter-se a sua dominação e transferem-se para o estrangeiro. (N. T.)

Friedrich Engels – Esboço para uma crítica da economia política

trabalhadores; os proprietários que ainda existirem serão obrigados a pagar salários tão altos como os pagos pelo Estado;

e) idêntica obrigação de trabalho para todos os membros da sociedade, até a supressão completa da propriedade privada. Formação de contingentes de trabalho, especialmente para a agricultura;

f) centralização dos créditos e do sistema bancário nas mãos do Estado por intermédio de um banco nacional com capital estatal. Supressão dos bancos privados;

g) expansão do número de fábricas, oficinas, ferrovias e navios nacionalizados, extensão do cultivo a novas terras e aperfeiçoamento da exploração de outras – em consonância com o aumento do capital e do número de trabalhadores;

h) educação de todas as crianças, a partir do momento em que possam prescindir dos cuidados maternos, em estabelecimentos gratuitos estatais. Vinculação do ensino com trabalho fabril;

i) construção, em lugares públicos, de grandes palácios que sirvam de residência a comunidades de cidadãos que trabalham na indústria e na agricultura, de forma a unir as vantagens da vida da cidade e do campo, suprimindo o caráter unilateral e as desvantagens de uma e de outra;

j) destruição de todos os bairros e casas insalubres e mal construídas;

k) iguais direitos de herança para filhos legítimos e ilegítimos;

l) concentração de todos os meios de transporte nas mãos da nação.

Evidentemente, é impossível levar a cabo, de imediato, essas medidas. Mas umas implicam outras: uma vez empreendido o primeiro ataque radical contra a propriedade privada, o proletariado ver-se-á forçado a ir sempre mais adiante, concentrando nas mãos do Estado todo o capital, toda a agricultura, toda a indústria, todos os transportes e todo o sistema cambial. É para essa direção que apontam as medidas mencionadas, que serão aplicadas e terão um efeito centralizador na escala mesma em que o trabalho do proletariado multiplique as forças produtivas do país. Finalmente, quando todo o capital, toda a produção e todo o sistema cambial estiverem reunidos nas mãos da nação, a propriedade privada desaparecerá, o dinheiro tornar-se-á supérfluo e os homens ter-se-ão transformado tanto que poderão ser suprimidas também as últimas formas de relação da antiga sociedade.

19) *Uma revolução como esta é possível num único país?*

Não[5]. A grande indústria, criando um mercado mundial, vinculou tão estreitamente os povos do globo, especialmente os mais civilizados, que o que acontece com um repercute sobre o outro. Além disso, ela nivelou a tal

---

[5] Como se sabe, a *teoria do socialismo num só país* é estranha aos fundadores do materialismo histórico e dialético. Somente após a morte de Lênin é que ela se propagou no movimento comunista internacional, especialmente sob influência de Josef Stálin. (N. T.)

Princípios do comunismo

ponto nos países civilizados o desenvolvimento social que, em todos eles, a burguesia e o proletariado tornaram-se duas classes decisivas da sociedade, com sua luta convertendo-se no principal combate de nossos dias. Consequentemente, a revolução comunista não será uma revolução puramente nacional: produzir-se-á simultaneamente em todos os países civilizados, ou seja, pelo menos na Inglaterra, na América, na França e na Alemanha. Em cada um desses países, a revolução se desenrolará mais ou menos rapidamente, de acordo com o próprio desenvolvimento industrial, a acumulação de riquezas e a quantidade de forças produtivas; por isso, será mais lenta e difícil na Alemanha e mais rápida e fácil na Inglaterra. Por outro lado, exercerá um considerável impacto nos outros países do mundo, alterando radicalmente o curso do desenvolvimento que têm seguido até agora. Trata-se de uma revolução universal e, por isso, terá um âmbito também universal.

20) *Quais serão as consequências da abolição definitiva da propriedade privada?*
Retirando aos capitalistas a utilização das forças produtivas e dos meios de distribuição, a sociedade os administrará segundo um plano baseado na disponibilidade dos recursos e nas necessidades sociais gerais. Assim, o mais importante é que desapareçam os resultados maléficos do atual sistema da grande indústria. As crises serão eliminadas; a produção ampliada, que é atualmente a superprodução causadora da miséria, será então insuficiente e deverá ser largamente expandida. Ao invés de engendrar a penúria, a superprodução ultrapassará as exigências elementares da sociedade para assegurar a satisfação das necessidades de todos; criará novas necessidades e, ao mesmo tempo, os meios de as satisfazer. Constituirá a condição e a causa do novo progresso, sem realizá-lo, como até agora, a preço de catástrofes periódicas. Liberta das amarras da propriedade privada, a grande indústria se desenvolverá em proporções tais que seu estágio atual parecerá tão insignificante quanto o da manufatura em face da grande indústria. Esse desenvolvimento da indústria possibilitará à sociedade uma massa suficiente de produtos para satisfazer as necessidades de cada um. O mesmo ocorrerá com a agricultura: esta – na qual, em razão da propriedade privada e do parcelamento dos latifúndios, torna-se difícil aplicar os melhoramentos já existentes e os processos resultantes da ciência – experimentará um novo incremento e colocará à disposição da sociedade uma quantidade suficiente de produtos. Desse modo, a sociedade produzirá o bastante para organizar a distribuição, visando a satisfação das necessidades de todos. Ademais, tornar-se-á supérflua a divisão da sociedade em classes distintas e antagônicas – divisão que, aliás, será incompatível com o novo sistema social. A existência das classes funda-se na divisão do trabalho e esta, sob sua forma atual, perecerá, uma vez que, para elevar a produção agrícola e industrial aos níveis indicados, não bastam apenas meios físicos e mecânicos – na mesma proporção, hão de se desenvolver as capacidades dos homens que os manejam. E assim como os camponeses e

Friedrich Engels – Esboço para uma crítica da economia política

os trabalhadores das manufaturas do século XVIII mudaram radicalmente seu modo de viver e transformaram-se em homens completamente diferentes ao serem incorporados à grande indústria, a exploração em comum da produção por toda a sociedade e o novo desenvolvimento dela derivado reclamarão e criarão homens totalmente novos. A gestão coletiva da produção não pode ser realizada por homens como os de hoje, presos a um ramo da produção, sujeitos a ele, explorados por ele, mutilados porque só podem desenvolver *uma* de suas capacidades à custa das demais e só conhecem um setor (ou parte dele) da produção. A indústria dos dias correntes já se vai tornando cada vez mais incompatível com esse tipo de homem. Por razões muito mais fortes, uma indústria que funcione planificadamente, graças ao esforço comum de toda a sociedade, pressupõe homens mais completos, aptos a se orientar no contexto do sistema global da produção. O sistema da divisão de trabalho, que converte um em camponês, outro em sapateiro, este em trabalhador fabril e aquele em especulador da bolsa, esse regime, em nossos dias já solapado pela máquina, desaparecerá. A educação permitirá aos jovens assimilarem rapidamente, na prática, todo o conjunto da produção e lhes permitirá deslocar-se sucessivamente de um ramo da produção a outro, segundo necessidades sociais ou inclinações individuais. Consequentemente, a educação libertará os indivíduos da unilateralidade que lhes é imposta pela atual divisão do trabalho. Dessa maneira, a sociedade organizada sobre bases comunistas possibilitará a seus membros o emprego multilateral de suas faculdades desenvolvidas universalmente. Com ela, desaparecerão necessariamente as classes sociais: sua existência é incompatível com as classes, e sua construção fornece os meios para a supressão das diferenças de classe.

Outra consequência é a eliminação da oposição entre cidade e campo. A exploração da indústria e da agricultura pelos mesmos homens, e não por duas classes distintas, é, em função de razões materiais, uma condição necessária da associação comunista. A dispersão dos agricultores e a concentração dos proletários é uma forma que corresponde a uma fase atrasada da agricultura e da indústria e, ainda, um obstáculo ao progresso, hoje mesmo já sensível.

A associação geral de todos os membros da sociedade para a utilização coletiva e planificada das forças produtivas; a intensificação da produção em proporções suficientes para a satisfação das necessidades de todos; a abolição da situação em que as necessidades de alguns são satisfeitas à custa de outros; a completa supressão das classes sociais e de seus antagonismos; o desenvolvimento universal das potencialidades humanas de todos os membros da sociedade, graças à eliminação da atual divisão do trabalho, à troca de atividades, à educação industrial e à participação de todos no usufruto dos bens criados coletivamente, e, enfim, graças à fusão entre a cidade e o campo, eis as principais consequências da supressão da propriedade privada.

Princípios do comunismo

21) *Que influência o comunismo exercerá sobre a família?*
As relações entre os dois sexos terão um caráter puramente privado, pertinente apenas aos interessados, sem qualquer intervenção da sociedade. Isso será possível já que, com a abolição da propriedade privada e com a educação dos filhos pela sociedade, cairão por terra as duas bases do matrimônio atual: a dependência da mulher em relação ao homem e a dependência dos filhos em relação aos pais. Reside aqui, precisamente, a resposta à algaraviada moralista dos filisteus quanto ao que chamam a comunidade de mulheres do comunismo. A comunidade de mulheres é um fenômeno típico da sociedade burguesa, hoje existente sob a forma de prostituição; mas a prostituição repousa sobre a propriedade privada e desaparecerá com ela. Longe, pois, de implantar a comunidade de mulheres, o comunismo a liquidará.

22) *Qual será a atitude do comunismo perante as nacionalidades existentes?*[6]

23) *Qual será a atitude do comunismo perante as religiões existentes?*

24) *Qual a diferença entre comunistas e socialistas?*
Os chamados socialistas agrupam-se em três classes. A primeira constitui-se de partidários da sociedade feudal e patriarcal, que foi e está sendo destruída a cada instante pela grande indústria, pelo mercado mundial e pela sociedade burguesa que ambos criaram. Dos males da sociedade atual, essa classe tira a conclusão que a sociedade feudal e patriarcal deve ser restaurada porque era livre desses males. Todas as suas propostas, direta ou indiretamente, se encaminham para esse objetivo. Os comunistas lutarão sempre, energicamente, contra essa espécie de socialistas *reacionários*, porque, apesar de sua pretensa compaixão pela miséria do proletariado, e apesar das lágrimas de dor que por ela derramam, eles:

a) lutam por algo puramente impossível;

b) sonham com a restauração do poder da aristocracia, dos mestres gremiais e dos proprietários de manufaturas, com sua corte de senhores absolutos ou feudais, funcionários, soldados e padres – uma sociedade que, certamente livre dos males atuais, traria consigo, pelo menos, tantos outros males e, além de tudo, não ofereceria sequer a perspectiva de emancipar, por meio de um regime comunista, os trabalhadores oprimidos;

c) mostram seus verdadeiros sentimentos toda vez que o proletariado atua de modo revolucionário e comunista – aliam-se imediatamente à burguesia contra a classe operária.

---

6   No manuscrito original, tanto a resposta a essa pergunta quanto à seguinte é expressa pela palavra *permanece*. É de se supor que Engels se referia a respostas já constantes de outros projetos prévios para o programa da *Liga dos Comunistas*. (N. T.)

Friedrich Engels – Esboço para uma crítica da economia política

A segunda classe compõe-se de partidários da sociedade atual, aos quais os males necessariamente provocados por ela despertam temores acerca de sua sobrevivência. Consequentemente, eles pretendem conservar essa sociedade, suprimindo-lhe os defeitos. Uns propõem medidas meramente filantrópicas; outros, grandiosos planos reformistas que, sob o pretexto da organização social, visam conservar as bases da sociedade atual, mantendo a propriedade privada. Os comunistas devem combater também, incansavelmente, esses socialistas *burgueses*, porque eles trabalham para seus inimigos e defendem precisamente a sociedade que os comunistas querem destruir.

Finalmente, a terceira classe constitui-se de socialistas democráticos, que trilham o mesmo caminho que os comunistas, propondo-se levar a cabo uma parte das medidas indicadas na resposta à pergunta 18, mas não como medidas de transição ao comunismo e sim como um meio suficiente para acabar com a miséria e os males da sociedade atual. Os socialistas *democráticos*, ou são proletários que ainda não possuem uma consciência clara das condições que determinam a libertação de sua classe, ou são representantes da pequena burguesia, isto é, da classe cujos interesses, sob muitos aspectos, coincidem com os do proletariado, até o momento em que se implantam a democracia e as medidas socialistas inerentes a ela. Por isso, os comunistas, nos momentos de ação, devem entender-se com esses socialistas democráticos e, em geral, devem procurar com eles uma possível política comum, sempre e quando não se ponham a serviço da burguesia dominante nem ataquem os comunistas. É claro que esse acordo para a ação não exclui a discussão das divergências existentes entre eles e os comunistas.

25) *Qual a atitude dos comunistas perante os outros partidos políticos da nossa época?* Essa atitude varia de país para país. Na Inglaterra, na França e na Bélgica, onde domina a burguesia, os comunistas ainda têm interesses comuns com diversos partidos democráticos, tanto mais estreitos quanto mais esses partidos, nas medidas socialistas que hoje proclamam, se aproximem dos objetivos dos comunistas – ou seja, quanto mais clara e resolutamente defendam os interesses do proletariado e nele se apoiem. Na Inglaterra, por exemplo, o movimento cartista[7], integrado por trabalhadores, está incomensuravelmente mais próximo dos comunistas do que os democratas pequeno-burgueses ou os chamados radicais.

Na América do Norte, onde se proclamou uma constituição democrática, os comunistas deverão apoiar o partido que volte essa constituição contra a burguesia, utilizando-a em benefício do proletariado – ou seja, devem apoiar o partido da reforma agrária nacional.

---

[7] O *movimento cartista*, cujo nome deriva da *Carta do Povo* – manifesto reivindicador de vários direitos cívicos e trabalhistas –, empolgou a classe operária inglesa na década de 1830. Pode-se afirmar que foi o primeiro grande movimento operário organizado. (N. T.)

Princípios do comunismo

Na Suíça, os radicais, apesar de constituírem um partido muito heterogêneo, são os únicos com os quais os comunistas podem entender-se, e, entre eles, destacam-se como os mais avançados os de Vaud e os de Genebra.

Na Alemanha, finalmente, ainda não se travou a batalha decisiva entre a burguesia e a monarquia absoluta. Mas como os comunistas não podem acabar com a burguesia antes que ela chegue ao poder, convém-lhes ajudá-la a conquistá-lo o quanto antes, para que, o quanto antes, possam eliminá-la. Os comunistas, portanto, devem sempre tomar o partido da burguesia liberal contra os governos, recusando-se, contudo, a compartilhar das ilusões burguesas ou dar ouvidos às promessas sedutoras acerca das mágicas vantagens que acarretará ao proletariado o triunfo da burguesia. As únicas vantagens que a vitória da burguesia pode oferecer aos comunistas são:

a) diversas concessões que facilitem aos comunistas a defesa, a discussão e a propaganda de seus princípios e, consequentemente, a união do proletariado numa classe organizada, unida e disposta à luta; e,

b) a certeza de que, derrubados os governos absolutos, passa a primeiro plano a luta entre os proletários e os burgueses. A partir desse momento, a política do partido dos comunistas será, na Alemanha, a mesma que nos países em que já existe a dominação burguesa.

Anexo
De Paris a Berna[1]

I
Sena e Loire

La belle France! [A bela França!] Os franceses de fato têm um belo país e todo o direito de sentir orgulho dele.

Que país da Europa pode se comparar à França em termos de riqueza, de diversidade de culturas e produtos, de universalidade?

A Espanha? Dois terços de sua superfície são cobertos por um terreno pedregoso e quente, seja por negligência, seja por natureza, e a costa atlântica da península, Portugal, não pertence a ela.

A Itália? Desde a época em que rota comercial mundial passou para o oceano, desde o tempo em que os navios a vapor cruzavam o Mediterrâneo, a Itália está abandonada.

A Inglaterra? Faz oitenta anos que a Inglaterra se resume a comércio e indústria, fumaça de carvão e pecuária, que a Inglaterra é coberta por um céu terrivelmente plúmbeo e não tem vinho.

---

[1] Em *Marx-Engels Werke* (Berlim, Dietz, 1959), v. 5, p. 463-80. Escrito do fim de outubro a novembro de 1848. Texto baseado no manuscrito não finalizado; publicado pela primeira vez na revista *Die Neue Zeit*, ano 17, v. 1, n. 1 e 2, 1898-1899. Os seguintes acontecimentos antecederam a viagem empreendida por Engels no outono de 1848: no dia 26 de setembro de 1848 foi decretado estado de sítio na cidade de Colônia e emitida a ordem de prisão de alguns redatores da *Neue Rheinische Zeitung* [Nova Gazeta Renana], entre os quais Engels. Engels emigrou para a Bélgica, onde foi preso pela polícia belga no dia 4 de outubro e expulso do país. Um dia depois, Engels chegou a Paris e, após breve estadia, resolveu viajar a pé até a Suíça. Passando por Genebra e Lausanne, chegou a Berna no dia 9 de novembro, onde fixou residência provisória. Começou a reescrever suas anotações de viagem em Genebra, o que se depreende do título original do manuscrito: "De Paris a Genebra". Os dados etnográficos e as ilustrações que se encontram nas páginas do itinerário permitem supor que Engels interrompeu o trabalho no relato de viagem para escrever, por solicitação de Marx, o artigo *Der magyarische Kampf* [A luta magiar]. (N. E. A.)

Friedrich Engels – Esboço para uma crítica da economia política

E a Alemanha? No Norte uma planície arenosa, separada do Sul europeu pelo paredão granítico dos Alpes, país pobre de vinho, terra da cerveja, da cachaça e do pão de centeio, terra de rios e revoluções assoreados!

Mas a França! Faz fronteira com três mares, é cruzada por cinco grandes rios em três direções; no Norte possui um clima quase alemão e belga e, no Sul, quase italiano; no Norte, trigo e, no Sul, milho e arroz; no Norte, colza e, no Sul, oliva; no Norte, linho e, no Sul, seda; e, em quase toda a parte, vinho.

E que vinho! Que variedade: do Bordeaux ao Borgonha, do Borgonha aos encorpados Saint-Georges, Lunel e Frontignan no Sul e, destes, ao borbulhante champanhe! Que variedade de brancos e tintos, do Petit Mâcon, Chablis ou Chambertin ao Château Larose, Sauterne, Roussillon ou Aix Mousseux! E pensar que cada um desses vinhos provoca uma embriaguez diferente, que com poucas garrafas se pode percorrer todos os estágios intermediários que levam da quadrilha de Musard[2] à "Marselhesa", do prazer frenético dos cancãs ao ardor selvagem da febre revolucionária e, por fim, com uma garrafa de champanhe, trasladar-se novamente para o humor carnavalesco mais divertido do mundo!

E só a França tem uma Paris, na qual a civilização europeia se desenvolve em sua florescência mais plena, na qual todas as fibras nervosas da história europeia se unem e da qual partem em intervalos regulares de tempo os pulsos elétricos que fazem tremer o mundo inteiro; uma cidade cuja população une a paixão da fruição à paixão da ação histórica como nenhum outro povo, cujos moradores sabem viver como os mais finos epicuristas de Atenas e morrer como os intrépidos espartanos, Alcibíades e Leônidas *ao mesmo tempo*; uma cidade que, como diz Louis Blanc, realmente é coração e cérebro do mundo[3].

Quando se contempla Paris de um ponto elevado da cidade, de Montmartre ou do terraço de Saint-Cloud, quando se perambula pela região circunvizinha da cidade, tem-se a impressão de que a França sabe bem o que significa ter Paris, de que a França despendeu suas melhores energias para cuidar bem de Paris. Como uma odalisca sobre um divã rutilante de bronze, a altiva cidade se reclina sobre as cálidas colinas cobertas de videiras do sinuoso vale do Sena. Onde no mundo se tem uma vista como a que se tem a partir das duas ferrovias de Versalhes sobre o vale verdejante com seus inúmeros povoados e pequenas cidades? Onde mais existem povoados e cidadezinhas localizados em um ambiente tão encantador, construídos de modo tão apurado e agradável, projetados com tanto bom gosto quanto Suresnes, Saint-Cloud, Sèvres, Montmorency, Enghien e tantos outros? Podemos andar na direção que quisermos, podemos caminhar a esmo e em

---

[2] Referência ao compositor Philipe Musard (1792-1859), conhecido como "o rei da quadrilha". (N. E.)

[3] Na verdade, essas palavras foram usadas por Auguste Blanqui em discurso ao governo da República francesa em março de 1848. (N. E. A.)

Anexo – De Paris a Berna

toda a parte vamos nos deparar com o mesmo entorno belo, com o mesmo bom gosto na utilização da área, com a mesma delicadeza e o mesmo apuro. E tudo isso é a rainha das cidades que criou para si esse maravilhoso leito.

Entretanto, também é preciso uma França para criar uma Paris, e só depois de tomar conhecimento da riqueza opulenta desse esplêndido país compreende-se como essa Paris reluzente, opulenta e incomparável pôde vir a existir. No entanto, não compreendemos isso quando entramos pelo Norte, atravessando ao rés da ferrovia as planícies de Flandres e Artois, as colinas sem mato e sem videiras da Picardia. Ali não vemos nada além de campos de cereal e pastagens, cuja monotonia só é interrompida por vales pantanosos e longínquas colinas cobertas de arbustos; e só quando ingressamos na atmosfera parisiense de Pontoise, notamos algo da "bela França". Já conseguimos compreender um pouco melhor Paris quando atravessamos os vales férteis da Lorena, quando passamos as colinas de giz enfeitadas de parreirais da Champagne, ao longo do belo vale do rio Marne em direção à capital; compreendemos ainda melhor a cidade quando passamos pela Normandia e, do trem de Rouen a Paris, ora cruzamos, ora acompanhamos as curvas do Sena. O Sena parece exalar o ar parisiense até a sua foz; os povoados, as cidades, as colinas, tudo lembra o entorno de Paris, só que tudo parece mais belo, mais opulento, mais refinado à medida que nos aproximamos do centro da França. Porém só entendi completamente como Paris se tornou possível quando caminhei ao longo do rio Loire e de lá cruzei as montanhas na direção dos vales cobertos de parreirais da Borgonha.

Conheci Paris nos últimos dois anos da monarquia, quando a burguesia desfrutava plenamente seu domínio, quando o comércio e a indústria eram produtivos, quando a alta e a baixa juventudes burguesas ainda tinham dinheiro para desfrutar e esbanjar, e quando até uma parte dos trabalhadores ainda estava em condições boas o suficiente para participar da alegria e da despreocupação gerais. Revi Paris no breve êxtase da lua de mel republicana, nos meses de março e abril, quando os trabalhadores, esses "loucos cheios de esperança"[4], "ofereceram três meses de sua miséria"[5] à República com a mais despreocupada inocência, passavam o dia à base de pão seco e batatas e ao entardecer plantavam árvores da liberdade nos *boulevards* [bulevares], soltavam fogos de artifício e entoavam a "Marselhesa", e os burgueses passavam o dia escondidos em casa, tentando apaziguar a ira do povo com lanternas coloridas. Retornei – muito contra a minha vontade, por Hecker! – em outubro. Entre a Paris daquele tempo e a de agora, há o 15 de maio e o 25 de junho, há a batalha mais terrível que o mundo jamais viu, há um mar

---

[4]   Alusão ao final da segunda estrofe do poema *Prometeu*, de J. W. von Goethe. (N. E. A.)

[5]   Dizer dos cartazes oficiais de contrapropaganda dos republicanos contra o levante dos trabalhadores em Paris no mês de junho de 1848. Ver Karl Marx e Friedrich Engels, "Die Junirevolution", *Neue Rheinische Zeitung*, n. 29, 29 jun. 1848. (N. E. A.)

Friedrich Engels – Esboço para uma crítica da economia política

de sangue, há 15 mil cadáveres. As granadas de Cavaignac mandaram pelos ares a insuperável alegria de Paris; a "Marselhesa" e o "Chant du départ"[6] foram silenciados, só os burgueses ainda cantarolavam entre os dentes o seu "Mourir pour la patrie"[7]; os trabalhadores, sem alimento e sem armas, rilhavam seu rancor contido; na escola do estado de sítio, a República descontraída logo se tornou respeitável, dócil, comportada e moderada (*sage et modérée*). Paris, contudo, estava morta, não era mais Paris. Nos bulevares, nada além de burgueses e espiões da polícia; os bailes e os teatros estavam desertos; os *gamins* [meninos de rua] metidos em uniformes da guarda móvel, vendidos a trinta *sous* [centavos] diários à respeitável República e, quanto mais imbecis se tornavam, tanto mais eram elogiados pela burguesia – em suma, ela voltou a ser a Paris de 1847, mas sem o espírito, sem a vida, sem o fogo e sem o fermento adicionados a todas as suas facetas naquela época pelos trabalhadores. Paris estava morta, e esse belo cadáver era tanto mais arrepiante quanto maior a sua beleza.

Eu não podia suportar mais essa Paris morta. Tinha de ir embora, não importava para onde. Primeiro para a Suíça. Eu não dispunha de muito dinheiro, por isso tinha de ir a pé. Também não podia ser pelo caminho mais curto, pois ninguém gosta de sair logo da França.

Portanto, numa bela manhã, parti a esmo direto rumo ao sul. Perdi-me entre os povoados assim que deixei para trás a *banlieue* [periferia]; isso é natural. Por fim, cheguei à ampla estrada que leva a Lyon. Acompanhei-a por um trecho, fazendo desvios por cima das colinas. Do alto delas pode-se divisar maravilhosos panoramas, Sena acima e abaixo, na direção de Paris e na direção de Fontainebleau. Pode-se ver o rio serpenteando pelo vale largo rumo ao infinito, margeado de ambos os lados por colinas cobertas de videiras, tendo como pano de fundo os montes azulados, além dos quais flui o rio Marne.

Mas eu não queria entrar tão diretamente na Borgonha; queria primeiro chegar ao rio Loire. Portanto, no segundo dia, saí da estrada principal e cruzei os montes na direção de Orléans. Naturalmente voltei a me perder entre os povoados, já que tinha como guias apenas o Sol e os camponeses isolados de todo o mundo que não sabiam o que era direita nem esquerda. Pernoitei em um povoado qualquer, cujo nome não consegui extrair claramente do patoá dos camponeses, distante quinze *lieues*[8] de Paris, na divisa entre as bacias hidrográficas do Sena e do Loire.

---

[6]   A "Canção de despedida" era uma canção revolucionária famosa durante a Revolução Francesa que também em tempos posteriores foi muito popular nos círculos democráticos da França. (N. E. A.)

[7]   "Morrer pela pátria": refrão de uma canção patriótica francesa popular no período da Revolução de Fevereiro de 1848. (N. E. A.)

[8]   *Lieue*, ou légua, é uma antiga medida francesa equivalente a 4 km. (N. T.)

Anexo – De Paris a Berna

Essa divisa é constituída por uma larga cadeia montanhosa que se estende de sudeste a noroeste. De ambos os lados há numerosos vales irrigados por pequenos arroios ou rios. Nos cumes ventosos, medra apenas cereal, trigo-mourisco, trevo e hortaliças; nas encostas dos vales, contudo, cresce "vinho" por todos os lados. As encostas voltadas para leste estão quase todas cobertas de grandes massas daqueles blocos de calcário que os geólogos ingleses chamam de *boulderstones* e que se encontram com frequência no terreno montanhoso secundário e terciário. Os enormes blocos azulados, entre os quais despontam arbustos verdes e árvores novas, produzem um belo contraste com os prados do vale e os vinhedos da encosta oposta.

Gradativamente desci a um desses pequenos vales e caminhei por ele durante algum tempo. Por fim, cheguei a uma estrada rural e assim encontrei pessoas que puderam me dizer onde afinal eu me encontrava. Estava perto de Malesherbes, a meio caminho entre Orléans e Paris. Orléans estava situada muito a oeste para os meus fins; meu destino seguinte era Nevers, e assim cruzei novamente a montanha mais próxima direto rumo ao sul. Lá de cima descortinou-se um belo panorama: entre montes cobertos de mato, a simpática cidadezinha de Malesherbes, nas encostas, numerosos povoados, num dos picos montanhosos, o castelo Chateaubriand. E algo de que gostei mais ainda: na banda oposta, passando por um desfiladeiro estreito, uma estrada departamental que corria diretamente para o sul.

Na França, há três classes de estradas: as estradas estatais, antes denominadas estradas imperiais, agora estradas nacionais, belas *chaussées* [estradas largas] que interligam as cidades mais importantes. Essas estradas nacionais, que nos arredores de Paris não são só estradas feitas com arte, mas também estradas de luxo, esplêndidas, com sessenta pés e mais de largura, cortadas ao meio por alamedas de olmos pavimentadas, vão se tornando piores, mais estreitas e sem alamedas, à medida que se afastam de Paris e diminui a importância da estrada. Há trechos tão ruins que, após duas horas de chuva amena, ficam quase intransitáveis para pedestres. A segunda classe é constituída pelas estradas departamentais, que estabelecem as comunicações secundárias, custeadas pelos fundos departamentais, são mais estreitas e menos luxuosas do que as estradas nacionais. A terceira classe, por fim, é constituída pelas longas estradas vicinais (*chemins de grande communication* [caminhos de grande comunicação]), construídas com recursos dos cantões[9], estradas estreitas e modestas, mas com trechos em melhores condições até do que as *chaussées* maiores.

Andei campo adentro diretamente na direção da minha estrada departamental e, para minha grande satisfação, descobri que ela rumava em linha

---

[9] Na estrutura administrativa francesa, os cantões são subdivisões dos *arrondissements* (distritos), estes dos departamentos e estes das regiões. (N. T.)

Friedrich Engels – Esboço para uma crítica da economia política

reta para o sul sem a menor variação. Povoados e tabernas eram raros; depois de várias horas de marcha, cheguei a uma grande fazenda arrendada, onde me serviram alguns refrescos com a maior solicitude e, em troca, desenhei para as crianças da casa algumas caretas numa folha de papel e expliquei com toda seriedade: esta é muito parecida com o general Cavaignac, esta com Luís Napoleão, esta com Armand Marrast, com Ledru-Rollin etc. Os camponeses arregalaram os olhos para as caricaturas em atitude de grande reverência, agradeceram com demonstração de grande alegria e de imediato afixaram os retratos praticamente idênticos na parede. Essa brava gente também me informou que eu me encontrava na estrada de Malesherbes a Châteauneuf às margens do Loire, tendo ainda em torno de doze *lieues* a percorrer até lá.

Atravessei Puiseaux e outra cidadezinha, cujo nome esqueci, e cheguei tarde da noite em Bellegarde, uma localidade bela e de bom tamanho, onde pernoitei. O caminho que atravessa o platô, que aqui, aliás, produz vinho em muitos lugares, é bastante monótono.

Na manhã seguinte, segui até Châteauneuf, faltando cinco *lieues* para chegar lá, e de lá acompanhei o rio Loire pela estrada nacional de Orléans a Nevers.

> Às verdes margens do Loire,
> Sob amendoeiras em flor
> Como é agradável sonhar,
> Onde achei o meu amor[10]

assim cantam muitos jovens alemães entusiasmados e muitas moças germânicas delicadas nas palavras comoventes de Helmina von Chézy e na melodia terna de Carl Maria von Weber. Porém, quem às margens do Loire procura amendoeiras e romantismo suave e adorável como eram moda nos anos vinte em Dresden, esse se entrega a terríveis ilusões, do tipo que só são permitidas a um alemão da terceira geração de herdeiros do movimento dos meias azuis[11].

De Châteauneuf via Les Bordes até Dampierre, quase não se vê esse Loire romântico. A estrada passa a uma distância de duas a três *lieues* do rio, por cima das elevações, e só raramente se vê à distância as águas do Loire refletindo a luz do Sol. A região é rica em vinho, cereal, frutas; na direção do rio há campos de pastagem abundantes; no entanto, a vista do vale sem bosques, rodeado de colinas em forma de ondas, é bastante invariável.

A meio caminho, nas proximidades de algumas casas de camponeses, encontrei-me com uma caravana de quatro homens, três mulheres e várias crianças, conduzindo três pesadas carretas puxadas por asnos, bem no mo-

---

[10] Da ópera romântica de Carl Maria von Weber, *Euryanthe* (libretista Helmina von Chézy, 1823), Ato 1, Cena 2. (N. E. A.)

[11] Referência à Blue Stockings Society (Sociedade das Meias Azuis), um movimento social e educacional informal de mulheres na Inglaterra em meados do século XVIII. (N. T.)

Anexo – De Paris a Berna

mento em que estavam cozinhando o almoço junto a um fogo de chão, em plena estrada. Detive-me por um momento: não tinha me enganado, eles falavam alemão, o mais sonoro dialeto do Sul da Alemanha. Cumprimentei-os; eles ficaram extasiados ao ouvir a língua materna no interior da França. Aliás, tratava-se de moradores da Alsácia, da região de Estrasburgo, que no verão percorriam desse modo o interior da França e se sustentavam com o ofício de trançar cestos. À minha pergunta se era possível viver disso responderam: "Bom, seria difícil, se fosse preciso comprar tudo; a maior parte é esmolado". Um homem de idade muito avançada arrastou-se com dificuldade para fora de uma das carretas, onde ele tinha uma cama completa. O bando inteiro tinha um aspecto cigano com seus trajes mendigados, cujas peças não combinavam nunca umas com as outras. Entretanto, ao que parece eles se sentiram bem à vontade e me contaram uma infinidade de coisas de suas viagens e, no meio da mais alegre e descontraída falação, mãe e filha, uma meiga criatura de olhos azuis, quase se agarraram pelos cabelos ruivos desgrenhados. Depois de me admirar da potência com que a comodidade e a intimidade alemãs se impõem mesmo em meio às mais ciganas condições de vida e de roupa, desejei-lhes um bom-dia e segui viagem, sendo acompanhado durante um trecho por um dos ciganos, que, antes do almoço, se permitiu o prazer de cavalgar a passeio na *croupe* [garupa] ossuda de um asno magro.

Ao anoitecer cheguei a Dampierre, um pequeno povoado não muito distante do rio Loire. Nessa localidade, o governo fez trezentos a quatrocentos trabalhadores parisienses, remanescentes dos antigos ateliês nacionais[12], construírem um dique contra inundações. Tratava-se de trabalhadores de todo tipo: ourives, açougueiros, sapateiros, carpinteiros e até trapeiros dos *boulevards* de Paris. Encontrei uns vinte deles na taberna onde passei a noite. Um açougueiro robusto, que já tinha avançado ao cargo de algo como supervisor, falou com enorme entusiasmo do empreendimento: um homem podia ganhar de trinta a cem *sous* por dia, dependendo de como trabalhasse, seria fácil conseguir de quarenta a sessenta *sous* por dia, bastando mostrar um pouco de serventia. Ele

---

[12] Os ateliês nacionais (também chamados de oficinas nacionais), foram criados logo depois da Revolução de Fevereiro de 1848 por meio de um decreto do governo provisório francês. O objetivo do governo era, por um lado, desacreditar as ideias de Louis Blanc sobre a organização do trabalho entre os trabalhadores e, por outro, usar os trabalhadores militarmente organizados dos ateliês nacionais na guerra contra o proletariado revolucionário. Como esse plano de dividir a classe trabalhadora malogrou e fez crescer cada vez mais o ânimo revolucionário dos trabalhadores dos ateliês nacionais, o governo burguês adotou uma série de medidas para eliminar os ateliês nacionais (redução da quantidade de trabalhadores, deslocamento para trabalhos públicos nas províncias etc.). Essas provocações causaram grande indignação no proletariado parisiense e constituíram um dos motivos que desencadeou a revolta de junho em Paris. Depois de esmagar a revolta, o governo Cavaignac acatou no dia 3 de julho de 1848 o decreto de dissolução dos ateliês nacionais. (N. E. A.)

Friedrich Engels – Esboço para uma crítica da economia política

logo quis me recrutar para a sua brigada; em pouco tempo eu me adaptaria e certamente conseguiria ganhar cinquenta *sous* por dia já na segunda semana; eu poderia fazer fortuna e ainda havia trabalho por pelo menos seis meses. Até fiquei com vontade de, para variar, trocar a pena pela pá por um ou dois meses; mas eu estava sem documentos e eu ficaria bastante encrencado.

Esses trabalhadores parisienses tinham preservado toda a sua tradicional alegria de viver. Trabalhavam dez horas por dia rindo e fazendo piadas, nas horas livres deleitavam-se caçoando uns dos outros e à noite divertiam--se *"déniaisant"* [seduzindo] moças camponesas. De resto, porém, estavam totalmente desmoralizados por seu isolamento em um pequeno povoado. Nenhum sinal de ocupação com os interesses de sua classe, com as questões políticas cotidianas que tocam tão de perto aos trabalhadores. Aparentemente nem liam mais os jornais. Toda a política que faziam se limitava à atribuição de apelidos; um deles, um grandalhão forte, era chamado de Caussidière; outro, mau trabalhador e bêbado contumaz, respondia pelo nome de Guizot etc. O trabalho pesado, a condição de vida relativamente boa e sobretudo o afastamento de Paris e o deslocamento para um recanto isolado e pacato da França havia limitado curiosamente seu campo de visão. Eles já estavam prestes a se tornar colonos, e isso tendo chegado ali havia apenas dois meses.

Na manhã seguinte, cheguei a Gien e, desse modo, ao vale do Loire propriamente dito. Gien é uma pequena cidade cheia de esquinas com uma bela doca e uma ponte sobre o rio Loire, que nesse ponto não chega a ser tão largo quanto o Main em Frankfurt. De modo geral, ele é bem raso e cheio de bancos de areia.

De Gien até Briare a estrada segue pelo vale a cerca de um quarto de milha de distância do Loire. Ela ruma para sudeste e, aos poucos, a região começa a assumir um caráter sulista. Olmos, freixos, acácias ou castanheiras compõem a alameda; pastagens abundantes e campos férteis – entre cujos restolhos brotou uma segunda colheita do mais suculento trevo –, com longas fileiras de álamos, perfazem o fundo do vale; do outro lado do Loire, a uma distância etérea, divisa-se uma fileira de colinas e, deste lado, bem perto da estrada, há uma segunda cadeia de elevações toda coberta de videiras. Nesse ponto, o vale do Loire não é particularmente belo ou romântico como se costuma dizer, mas dá uma impressão extremamente agradável; toda a rica vegetação indica o clima ameno, ao qual ela deve seu crescimento. Nem mesmo nas regiões mais férteis da Alemanha, encontrei uma vegetação que pudesse se comparar com a que cresce no trecho entre Gien e Briare.

Antes de partir do Loire, mais algumas palavras sobre os moradores da região percorrida e sua maneira de viver.

Os povoados a quatro, cinco horas de Paris não podem ser vistos como parâmetro para os povoados do restante da França. Sua organização, o modelo de construção de suas casas, os costumes dos moradores são por demais domi- nados pelo espírito da grande metrópole, da qual eles se nutrem. É a dez *lieues*

Anexo – De Paris a Berna

de Paris, nas terras altas retiradas, que começa o interior propriamente dito, que se veem verdadeiras casas de camponeses. Característico de toda a região até o Loire e a Borgonha adentro é que o camponês oculta a entrada de sua casa tanto quanto possível da estrada. Nas terras altas, toda propriedade camponesa é cercada por um muro; entra-se por um portão e até no pátio é preciso procurar a porta da casa, que geralmente é voltada para os fundos. Nessa região, em que a maioria dos camponeses possui vacas e cavalos, as casas dos camponeses são bastante espaçosas; em contraposição, junto ao rio Loire, onde se cultiva muita hortaliça e mesmo os camponeses abastados possuem pouco ou nenhum gado, e a pecuária, como ramo específico de geração de renda, é deixada por conta dos proprietários maiores ou arrendatários, as casas dos camponeses são cada vez menores, sendo com frequência tão pequenas que não se compreende como uma família de camponeses encontra espaço nela com seus utensílios e estoques. Também nessa região, a entrada das casas fica do lado oposto da estrada e, nos povoados, quase só tavernas e lojas têm portas voltadas para a estrada.

Os camponeses dessa região, apesar de pobres, têm uma vida bastante boa. O vinho, pelo menos nos vales, geralmente é produto próprio, bom e barato (este ano a garrafa custa entre dois e três *sous*), o pão, em toda parte, com exceção dos picos mais elevados, é de trigo de boa qualidade, além de excelente queijo e esplêndidas frutas, que em toda a França, como se sabe, são comidas com pão. Como todos os moradores do campo, eles consomem pouca carne, mas, em compensação, muito leite, sopa de legumes e, de modo geral, uma alimentação vegetal de excelente qualidade. O camponês do Norte da Alemanha, mesmo sendo consideravelmente mais abastado, não possui nem um terço da qualidade de vida do camponês francês entre o Sena e o Loire.

Esses camponeses são do tipo bonachão, hospitaleiro, alegre, são agradáveis e solícitos de todas as formas com os estranhos e, mesmo falando o pior dos patoás, ainda são franceses autênticos e corteses. Apesar do seu senso de propriedade altamente desenvolvido do torrão conquistado pelos antepassados das mãos da nobreza e dos padrecos, eles ainda possuem uma série de virtudes patriarcais, especialmente nos povoados afastados das grandes estradas.

Porém, camponês é sempre camponês e as condições de vida campesina nunca deixam de exercer sua influência. Apesar de todas as virtudes privadas do camponês francês, apesar da condição de vida mais desenvolvida em que ele se encontra, em comparação com o camponês a leste do Reno, tanto na França como na Alemanha o camponês é o bárbaro em meio à civilização.

O isolamento do camponês em um povoado remoto, com uma população pouco numerosa, que muda apenas com a sucessão de gerações, o trabalho penoso e monótono que o prende ao torrão mais do que qualquer servidão e que permanece sempre o mesmo de pai para filho, a estabilidade e a uniformidade de todas as relações vitais, a limitação, na qual a família se torna para ele a relação social mais importante, mais decisiva – tudo isso reduz o campo de visão do camponês aos limites mais estreitos possíveis na sociedade

Friedrich Engels – Esboço para uma crítica da economia política

moderna. Os grandes movimentos da história passam ao largo dele, de tempos em tempos arrastam-no com eles, sem que ele tenha noção da natureza da força motriz, de seu surgimento, de sua finalidade.

Na Idade Média e nos séculos XVII e XVIII, o movimento dos cidadãos nas cidades grandes veio acompanhado de um movimento campesino que, no entanto, sempre fez reivindicações reacionárias e, sem trazer grandes resultados para os próprios camponeses, só serviu de apoio para as lutas emancipatórias das cidades.

Na primeira revolução francesa, os camponeses só atuaram de modo revolucionário enquanto assim exigiam seus interesses privados mais imediatos, mais palpáveis; ou seja, até lhes serem assegurados o direito de propriedade ao torrão cultivado até então sob a relação feudal, a abolição irrevogável dessa relação feudal e o afastamento dos exércitos estrangeiros de sua região. Quando isso foi alcançado, eles se voltaram com toda a fúria da ambição cega contra o movimento incompreendido das cidades grandes e especialmente contra o movimento parisiense. Numerosas proclamações do Comitê de Bem-Estar, inúmeros decretos do Convenção, sobretudo os que trataram do preço máximo e dos *accapareurs*[13], brigadas móveis e guilhotinas ambulantes tiveram de ser usados contra os obstinados camponeses. E nenhuma classe se beneficiou mais do que a dos camponeses do regime de terror que expulsou os exércitos estrangeiros e sufocou a guerra civil.

Quando Napoleão derrubou o domínio burguês do Diretório, restabeleceu a tranquilidade, consolidou as novas relações de posse dos camponeses e as sancionou em seu *Code civil*[14], e afastou os exércitos estrangeiros das fronteiras, os camponeses aderiram a ele com entusiasmo e se tornaram seu principal apoio. Pois o camponês francês é um nacionalista que beira o fanatismo; *la France* [a França] passou a ter grande importância para ele, desde que passou a ter direito hereditário de propriedade de um pedaço da França; ele só conhece os estrangeiros na forma de exércitos invasores devastadores que lhe infligiram enormes danos. Daí o senso nacionalista irrestrito do camponês francês, daí seu ódio igualmente irrestrito *à l'étranger* [ao estrangeiro]. Daí o fervor com que ele partiu para a guerra em 1814 e 1815.

Quando os Bourbon retornaram em 1815, quando a aristocracia expulsa voltou a reivindicar a posse da terra perdida na revolução, os camponeses

---

[13] Em 1793, com a intenção de assegurar o suprimento da população das cidades, especialmente atingida pela carestia, o Convenção aprovou um decreto referente ao preço máximo geral no qual foram fixados preços máximos para as mercadorias, sobretudo mantimentos (cereal, farinha etc.). A lei previa uma pena máxima e até pena de morte para os *accapareurs* (açambarcadores) que desrespeitassem esses preços. (N. E. A.)

[14] O *Code Napoléon* ou Código Civil francês, passou a vigorar na França em 1807, mantendo a essência das conquistas da Revolução Francesa no terreno da igualdade civil formal. (N. E. A.)

viram isso como ameaça a toda a sua conquista revolucionária. Daí seu ódio contra o domínio dos Bourbon e seu júbilo quando a Revolução de Julho lhes reiterou a segurança da posse e a bandeira tricolor.

Contudo, depois da Revolução de Julho, a participação dos camponeses nos interesses gerais do país cessou novamente. Seus desejos foram satisfeitos, sua posse fundiária não estava mais ameaçada, na *mairie* [prefeitura] do povoado voltou a tremular a mesma bandeira sob a qual eles e seus pais foram vitoriosos um quarto de século atrás.

Porém, como sempre, o camponês colheu poucos frutos de sua vitória. Os burgueses logo começaram a explorar intensamente seus aliados rurais. Os frutos do parcelamento e da divisibilidade da terra, o empobrecimento dos camponeses e a hipoteca de suas terras já haviam começado a maturar sob a Restauração; após 1830, eles apareceram de modo cada vez mais generalizado, cada vez mais ameaçador. Para ele, porém, a pressão que o grande capital exercia sobre os camponeses se reduzia a uma simples relação privada entre ele e seu credor; ele não viu nem podia ver que essas relações privadas que se tornavam cada vez mais generalizadas, que passavam a ser a regra, aos poucos evoluíam para uma relação de classe entre a classe dos grandes capitalistas e a dos pequenos proprietários de terra. Não era mais o mesmo caso que se tinha em relação aos tributos feudais, cujo surgimento havia muito caíra no esquecimento, cujo sentido havia muito se perdera, e já não se tratava mais de contrapartida por serviços prestados, mas havia muito se transformara em simples ônus que pesava apenas sobre uma das partes. No caso da dívida hipotecária, o agricultor ou seu pai recebem a quantia em moeda sonante bem concreta de cinco francos; se for preciso, o título da dívida e o registro hipotecário o lembram da origem do ônus; o juro que ele tem de pagar e até mesmo os pagamentos adicionais opressivos e sempre renovados para o próprio agiota constituem agrados burgueses modernos que atingem todos os devedores de forma parecida; a opressão acontece em uma forma bem moderna e contemporânea e o camponês é sugado e arruinado com base exatamente nos mesmos princípios legais que asseguram sua posse. Seu próprio *Code civil*, sua Bíblia moderna, converte-se em instrumento de punição para ele. O camponês não consegue ver uma relação de classe na usura hipotecária; ele não pode pedir sua revogação sem, ao mesmo tempo, pôr em risco a sua posse. A pressão da usura, em vez de projetá-lo para o movimento, deixa-o completamente atordoado. Ele só consegue vislumbrar alívio na redução dos impostos.

Quando, em fevereiro deste ano, foi feita pela primeira vez uma revolução em que o proletariado compareceu com exigências próprias, os camponeses não entenderam absolutamente nada. O único sentido que viam na república era este: redução dos impostos e aqui e ali, talvez, um pouco de honra nacionalista, guerra de conquista e o rio Reno como fronteira. Porém, quando em Paris, na manhã seguinte à derrubada de Luís Filipe, irrompeu a guerra entre proletariado e burguesia, quando a estagnação do comércio e da indústria

Friedrich Engels – Esboço para uma crítica da economia política

repercutiu no campo, quando os produtos do camponês, de qualquer modo já desvalorizados em um ano de boas colheitas, baixaram ainda mais de preço e não puderam ser vendidos, quando por fim a batalha de junho disseminou terror e medo até os recantos mais afastados da França, levantou-se entre os camponeses uma gritaria geral de raiva fanática contra a Paris revolucionária e os eternamente insatisfeitos parisienses. É claro! O que o camponês tacanho e obstinado sabia sobre proletariado e burguesia, república social-democrática, organização do trabalho, sobre coisas cujas condições e causas básicas jamais poderiam ocorrer nos limites estreitos de seu povoado! E quando ele, aqui e ali, obteve, através dos canais poluídos dos jornais burgueses, uma vaga noção do que estava em jogo em Paris, quando os burgueses lhe forneceram o forte bordão contra os trabalhadores parisienses: *ce sont les partageurs* [são os repartidores], são pessoas que querem repartir toda a propriedade, toda a terra, então o grito de raiva redobrou, então a indignação dos camponeses não teve mais limites. Falei com centenas de camponeses nas mais diferentes regiões da França e, entre todos, reinava esse fanatismo contra Paris e, principalmente, contra os trabalhadores parisienses. "Queria que a maldita Paris explodisse amanhã mesmo" – esta foi a bênção mais delicada que ouvi. É compreensível que, para os camponeses, o velho desprezo pelos citadinos só tenha sido multiplicado e justificado pelos eventos deste ano. Os camponeses, o campo tem de salvar a França, o campo produz tudo, os citadinos vivem do nosso cereal, vestem-se com o nosso linho e a nossa lã, temos de restaurar a justa ordem das coisas; nós, camponeses, temos de assumir pessoalmente essa causa – este foi o eterno refrão que transpareceu de modo mais ou menos claro, mais ou menos consciente, por entre todo o palavreado confuso dos camponeses.

E como eles querem salvar a França, assumir pessoalmente a causa? Elegendo Luís Napoleão Bonaparte como presidente da República, um grande nome de um louco insignificante, vaidoso e confuso! Entre todos os camponeses com que falei, o entusiasmo por Luís Napoleão era tão grande quanto o ódio contra Paris. Toda a política do camponês francês se reduz a essas duas paixões e à admiração mais irrefletida, mais irracional possível diante de todo o abalo sofrido pela Europa. E os camponeses dispõem de 6 milhões de votos, mais de dois terços de todos os votos nas eleições na França.

É verdade que o governo provisório não soube atrelar os interesses dos camponeses à revolução, pois cometeu um erro imperdoável que jamais conseguirá reparar: ele aumentou em 45 cêntimos o imposto fundiário que atinge sobretudo os camponeses. Porém, mesmo que ele tivesse atraído os camponeses por alguns meses para a revolução, no verão eles teriam debandado de qualquer maneira. O atual posicionamento dos camponeses em relação à Revolução de 1848 não é consequência de um erro qualquer e de violações ocasionais; ele vem de sua natureza, está fundado na condição vital, na posição social do pequeno proprietário de terras. Antes de impor suas exigências, o proletariado francês terá de reprimir uma guerra camponesa generalizada, uma guerra que, mesmo com o abatimento de todas as dívidas hipotecárias, só poderá ser adiada por pouco tempo.

É preciso ter convivido catorze dias quase só com camponeses, com camponeses das mais diversas regiões, é preciso ter tido a oportunidade de encontrar em toda a parte a mesma tacanhice obtusa, o mesmo desconhecimento total de todas as relações citadinas, industriais e comerciais, a mesma cegueira política, os mesmos palpites furados sobre tudo o que existe fora do povoado, a mesma aplicação dos parâmetros das relações camponesas às mais portentosas relações da história – em suma, é preciso ter conhecido os camponeses franceses exatamente no ano 1848 para que a impressão deprimente produzida por essa estupidez teimosa seja completa.

II
Borgonha

Briare é uma cidadezinha de aspecto antigo situada na foz do canal que liga o Loire ao Sena. Ali busquei orientação sobre a rota a seguir e julguei mais apropriado rumar para a Suíça por Auxerre, em vez de ir por Nevers. Portanto, deixei o Loire para trás e me dirigi à Borgonha cruzando as montanhas.

O caráter fértil do vale do Loire vai diminuindo gradativamente, mas de forma bastante lenta. O aclive é imperceptível e só a cinco ou seis milhas de Briare, perto de Saint-Sauveur e Saint-Fargeau, ingressa-se na região montanhosa coberta de mato e dedicada à pecuária. Nesse ponto, a altitude da serra entre os departamentos do Yonne e do Loire já é maior e toda a banda oeste do departamento do Yonne é bastante montanhosa.

Na região de Toucy, a seis *lieues* de Auxerre, ouvi pela primeira vez o dialeto espontâneo e expansivo da Borgonha, um patoá que aqui e em toda a Borgonha propriamente dita ainda possui um caráter agradável e amável, mas que nas regiões mais altas da Franche-Comté adquire uma dicção pesada, desajeitada, quase doutoral. É como o dialeto austríaco espontâneo, que aos poucos se transforma no rude dialeto do Sul da Baviera. O patoá borgonhês pronuncia a tônica de um modo notavelmente não francês, sempre na sílaba anterior àquela que, no bom francês, leva o acento principal; ele transforma o francês iâmbico em um francês trocaico e, dessa maneira, desfigura curiosamente a fina acentuação que o francês culto sabe imprimir à sua língua. Porém, como disse, na Borgonha propriamente dita, ele ainda soa bem agradável e, na boca de uma moça bonita, é até atraente: *Mais, mâ foi, monsieur, je vous demande ûn peu...* [Palavra de honra, senhor, eu lhe peço um pouco de...][15].

---

[15] Engels usa essa expressão para exemplificar a entonação peculiar do dialeto borgonhês, que consiste em alongar a pronúncia das vogais abertas, produzindo uma dicção diferente daquela da língua francesa mais conhecida. (N. T.)

Friedrich Engels – Esboço para uma crítica da economia política

Caso seja possível comparar, o borgonhês é, em termos gerais, o austríaco francês. Espontâneo, benevolente, confiado ao máximo, dotado de muito humor e presença de espírito em seu ambiente vital habitual, cheio de representações ingenuamente engraçadas a respeito de tudo que transcende esse ambiente, comicamente desajeitado em relações não habituais, sempre inabalavelmente alegre – assim são essas pessoas, uma igual à outra quase sem exceção. O camponês amável de bom coração da Borgonha é o primeiro ao qual se consegue perdoar a total nulidade política e o entusiasmo por Luís Napoleão.

Os borgonheses, aliás, possuem inegavelmente uma proporção maior de sangue alemão do que os franceses que residem mais a oeste; os cabelos e o tom da pele são mais claros, a compleição física um pouco maior, principalmente no caso das mulheres; o senso crítico aguçado e o humor ferino já diminuem significativamente e são substituídos por um humor mais franco e às vezes por um leve toque de jovialidade. Contudo, o elemento mais alegre do francês ainda predomina e o borgonhês não perde para ninguém em termos de leviandade despreocupada.

A região montanhosa ocidental do departamento do Yonne vive principalmente da pecuária. Mas o francês é em toda a parte um mau criador de gado e os bovinos borgonheses são muito magros e pequenos. Todavia, ao lado da pecuária também se planta muito cereal e em toda parte se come um bom pão de trigo.

As casas dos camponeses também já assumem aqui um caráter mais germânico; voltam a ser espaçosas e juntam sob um mesmo telhado a moradia, o celeiro e o estábulo; mas também aqui a porta fica voltada em geral para a lateral ou do lado oposto da estrada.

No longo declive que leva até Auxerre, vi as primeiras videiras borgonhesas, em parte ainda carregadas com a colheita de uvas extremamente abundante de 1848. Em algumas videiras quase não se viam folhas, de tantos cachos de uva.

Auxerre é uma cidade pequena, situada em terreno irregular, que por dentro não é muito imponente, mas possui uma bela doca na margem do rio Yonne e alguns pontos de partida para aqueles bulevares sem os quais não pode ficar uma capital de departamento francês. Em tempos normais, deve ser quieta e sem vida, e o prefeito do departamento do Yonne não deve ter gasto muito para organizar os bailes e os jantares obrigatórios que tinha de oferecer às nobiliarquias locais sob Luís Filipe. Mas agora Auxerre estava animada, como só fica uma vez por ano. Se o cidadão Denjoy, representante do povo, que tanto se escandalizou na Assembleia Nacional porque, no banquete democrático-social de Toulouse, todo o local do banquete estava decorado de vermelho, se esse bravo cidadão Denjoy tivesse chegado comigo a Auxerre, ele teria se horrorizado a ponto de ter convulsões. Aqui não era só um local, mas toda a cidade que estava decorada de vermelho. E que vermelho! O

Anexo – De Paris a Berna

vermelho-sangue mais inequívoco, mais indissimulado, coloria os muros e as escadas das casas, as blusas e as camisas das pessoas; e até pelas canaletas da rua corria um fluido vermelho-escuro que manchava a pavimentação, e um estranho líquido preto, que fazia uma espuma avermelhada, era carregado em grandes tinas pelas ruas por sinistros homens barbudos. Parecia que a república vermelha reinava ali com todas as suas atrocidades, a guilhotina, a guilhotina a vapor parecia estar funcionando permanentemente, os *buveurs de sang* [bebedores de sangue], a respeito dos quais o *Journal des Débats* [Jornal dos Debates] tem tantas sagas horripilantes para contar, evidentemente estavam celebrando suas orgias canibalísticas. Porém, a república vermelha de Auxerre era muito inocente, tratava-se da república vermelha da vindima borgonhesa, e os bebedores de sangue que consomem com tanta volúpia o produto mais nobre dessa república vermelha são os próprios respeitáveis senhores republicanos, os grandes e os pequenos burgueses de Paris. E, nesse tocante, o honorável cidadão Denjoy também tem seus apetites vermelhos, a despeito das melhores intenções.

Sorte de quem estivesse com os bolsos cheios de dinheiro nessa república vermelha! A vindima de 1848 foi tão infinitamente rica que não havia barris suficientes para guardar todo o vinho. E vinho de uma qualidade superior à da safra de 1846 e talvez até à de 1834! De todos os lados vinham camponeses para comprar o que ainda restava do de 1847 a preços ridículos – 2 francos a *feuillette* [pipa] de 140 litros de bom vinho; por todos os portões entravam carretas carregadas de barris vazios e, no entanto, a coisa não tinha fim. Eu mesmo vi um comerciante de vinhos em Auxerre despejar na rua vários barris de vinho muito bom da safra de 1847 para fazer espaço para o novo vinho que, no entanto, oferecia perspectivas bem melhores à especulação. Garantiram-me que esse comerciante de vinhos despejara em poucas semanas quase quarenta grandes tonéis (*fûts*).

Depois de beber em Auxerre vários canecos do vinho velho e do vinho novo, atravessei o Yonne em direção às montanhas da margem direita. A *chaussée* acompanha o vale, mas tomei a estrada antiga, mais curta pelas montanhas. O céu estava encoberto, o tempo não estava agradável, eu próprio estava cansado e assim pernoitei no primeiro povoado que encontrei, a alguns quilômetros de Auxerre.

Na manhã seguinte, parti bem cedo sob o sol mais maravilhoso do mundo. O caminho ladeado exclusivamente de vinhedos passava por cima de uma serra bastante alta. Mas lá em cima fui recompensado pelo esforço da subida com um panorama magnífico. Diante de mim descortinou-se todo o declive de colinas que se estende até o Yonne, depois o vale verdejante do Yonne, rico em prados e plantações de álamos, com numerosos povoados e residências de camponeses; lá atrás, Auxerre, com seu matiz acinzentado, encostava-se na parede montanhosa da outra margem; povoados por toda parte e, até onde alcança a vista, nada além de videiras e a luz cálida e brilhante do sol,

Friedrich Engels – Esboço para uma crítica da economia política

suavizada somente na distância pelo vapor outonal, derramada sobre esse grande caldeirão, no qual o sol de agosto prepara um dos mais nobres vinhos.

Não sei bem o que confere a essas paisagens francesas, que não se distinguem por contornos extraordinariamente belos, seu caráter peculiarmente atraente. Decerto não é esse ou aquele detalhe, é o todo, o conjunto, que lhe imprime o selo da saturação como raramente se encontra em outro lugar. O Reno e o Mosela possuem os agrupamentos rochosos mais belos, a Suíça tem contrastes mais intensos, a Itália um colorido mais cheio, mas nenhum país tem regiões com um conjunto tão harmonioso quanto a França. Com satisfação incomum o olho relanceia o largo vale com seus prados abundantes até os picos montanhosos mais elevados, todos igualmente cobertos de videiras, e depois os inúmeros povoados e cidades que despontam entre as folhagens das frutíferas. Em lugar nenhum uma clareira calva, em lugar nenhum um trecho não cultivável para perturbar a vista, em lugar nenhum um rochedo áspero, cujas paredes seriam inacessíveis ao crescimento das plantas. Em toda a parte, uma rica vegetação, de um verde belo e intenso, que assume um matiz outonal bronzeado, intensificado pelo brilho de um sol que, em meados de outubro, ainda é intenso o bastante para que nenhuma fruta da videira deixe de amadurecer.

Um pouco adiante, abriu-se diante de mim um segundo panorama tão belo quanto o primeiro. Lá embaixo, no fundo de um vale mais estreito, ficava Saint-Bris, uma pequena cidade que também vivia exclusivamente da viticultura. Os mesmos detalhes de antes, só que concentrados em um espaço menor. Prados e jardins no vale em torno da cidadezinha, videiras em toda a volta nas paredes do caldeirão; só na parte norte viam-se campos lavrados ou cobertos com restolhos verdes de trevo e prados. Mais abaixo, nas ruas de Saint-Bris, a mesma atividade de Auxerre; tonéis e lagares por toda parte e a população inteira rindo e fazendo piadas, enquanto se ocupava de prensar o mosto e bombeá-lo para dentro dos tonéis ou carregá-lo em grandes tinas pela rua. Nos intervalos, comerciava-se; nas ruas mais largas, estavam estacionadas carretas carregadas de hortaliças, cereal e outros produtos do campo; os camponeses com seus gorros brancos de borlas, as camponesas com seus lenços de madras enrolados na cabeça misturavam-se aos vinhateiros, conversando animadamente, gritando e rindo; a pequena cidade de Saint--Bris apresentava uma efervescência tal que parecia a de uma cidade grande.

Adiante de Saint-Bris iniciou-se novamente uma longa subida até o monte. Mas subir esse monte foi especialmente prazeroso. Ali todo mundo ainda se ocupava da vindima e uma vindima borgonhesa é bem mais alegre do que uma vindima renana. A cada passo deparava-me com a mais bem-humorada companhia, com as uvas mais doces e as moças mais belas; pois aqui, onde de três em três horas há uma pequena cidade, onde os moradores têm contato assíduo com o resto do mundo em virtude do comércio do vinho, já reina certa civilização e ninguém acolhe mais rapidamente essa civilização do que

Anexo – De Paris a Berna

as mulheres, pois tiram as vantagens mais imediatas e mais evidentes dessa situação. A nenhuma francesa da cidade ocorreria cantar:

Se eu fosse tão bela
Quanto as moças da roça!
Usaria chapéu de palha amarelo
E uma fita cor-de-rosa[16]

Pelo contrário, ela sabe muito bem que deve à cidade que a exime de todo trabalho duro, à civilização e às suas centenas de recursos de asseio e artifícios de toalete todo o desenvolvimento de seus atrativos; ela sabe que, mesmo quando não herdam de seus pais aquela ossatura tosca que os franceses detestam e que é o orgulho da raça germânica, as moças do campo, na maioria das vezes, convertem-se em espantalhos desajeitados, cambaleantes, comicamente trajados de cores berrantes, em consequência da lide dura no campo sob o sol escaldante e a chuva torrencial, da dificuldade do asseio, da ausência de todos os meios de aprimoramento físico, da roupa que é tão decente quanto desajeitada e de mau gosto. Os gostos variam; nossos conterrâneos alemães preferem em geral uma filha de camponeses e talvez não deixem de ter razão: todo respeito aos chutes violentos como os de um soldado de infantaria e, em especial, pelos punhos de uma robusta criada que lida com o gado; toda honra ao vestido verde-grama e vermelho-fogo que envolve o talhe robusto; toda reverência à planura impecável que vai de sua nuca aos seus calcanhares e, de trás, lhe confere a aparência de uma tábua revestida de chita colorida! Mas os gostos são distintos e, por isso, a parcela de concidadãos que discorda de mim – e nem por isso é menos honrada – queira me desculpar se as borgonhesas bem asseadas, bem penteadas e de porte esbelto de Saint-Bris e Vermenton causaram em mim uma impressão mais agradável do que aquelas jovens búfalas naturalmente sujas, desgrenhadas e molóssicas que moram entre o Sena e o Loire, que estacavam de olhos arregalados para mim sempre que eu enrolava um cigarro e fugiam berrando quando lhes perguntava em bom francês qual o caminho certo a seguir.

Portanto, podem acreditar que gostei mais de deitar na grama em companhia dos vinhateiros e das moças dos vinhateiros, comer uvas, beber vinho, conversar e rir do que de marchar morro acima, e o tempo que levei para subir ao topo dessas insignificantes colinas foi o mesmo que levaria para escalar o Blocksberg ou até a Jungfrau[17]. Tanto mais que se pode comer uvas à farta umas sessenta vezes por dia e, assim, em cada vinhedo, tem-se o melhor dos pretextos para entrar em contato com essas pessoas obsequiosas e sempre

---

[16] Engels cita a primeira estrofe do poema "Kriegserklärung" [Declaração de guerra], de J. W. von Goethe. (N. E. A.)

[17] O Blocksberg é o monte mais alto do Norte da Alemanha e a Jungfrau é a terceira montanha mais alta da Suíça. (N. T.)

Friedrich Engels – Esboço para uma crítica da economia política

risonhas de ambos os sexos. Mas tudo tem um fim e foi assim também com esse monte. Já passava do meio-dia quando desci pela encosta oposta até o encantador vale do rio Cure, um pequeno afluente do Yonne, rumo à pequena cidade de Vermenton, que está ainda mais bem situada do que Saint-Bris.

Porém, logo depois de Vermenton acabam as regiões aprazíveis. Aproxima-se aos poucos a serra mais alta do Faucillon, que faz a divisa entre as bacias hidrográficas do Sena, do Ródano e do Loire. De Vermenton sobe-se por várias horas, cruza-se um extenso platô infértil, no qual o centeio, a aveia e o trigo-sarraceno já começam a tomar o lugar do trigo[18].

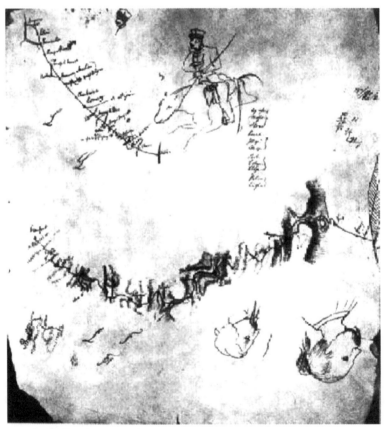

Esboço cartográfico de Friedrich Engels de seu
itinerário de Auxerre até Le Locle (folha 1)[19]

---

[18] Neste ponto, o manuscrito é interrompido. (N. E. A.)
[19] Ao manuscrito "De Paris a Berna" foram anexadas duas folhas nas quais Engels desenhou, em cinco esboços cartográficos, seu itinerário de Auxerre (França) até Le Locle

Anexo – De Paris a Berna

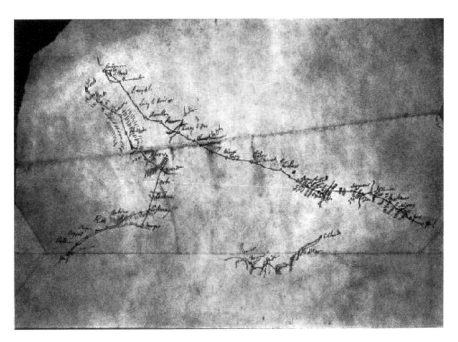

Esboço cartográfico de Friedrich Engels contendo seu
itinerário de Auxerre até Le Locle (folha 2)[20]

(Suíça). Na folha 1, constam os seguintes dados (os topônimos riscados por Engels estão entre colchetes angulares e os topônimos imprecisos entre colchetes simples): 1. Itinerário de Auxerre até Châlon: "Auxerre – Saint-Bris – Vermenton – Pont aux Alouettes – Lucy-le-Bois – Avallon – <Rouvray> – Saulieu – <na direção de Dijon> – Champeau [Chanteaux] – Rouvray – na direção de Dijon – Arnay-le-Duc – Château – <povoado comprido> – onde fui ao correio – mina de carvão – taverna – belo vale, vinho – idem – Chagny – Châlon"; 2. Itinerário de Beaufort a Genebra: "Beaufort – Orgelet – Aire – Moirans – Pont du Lizon [Pont d'Ison] – St. Claude – La Mure [La Meure] – Mijoux – Gex – Ferney – Succony – Genebra". Além disso, na mesma folha há alguns desenhos: um cavaleiro com uniforme húngaro e três cabeças. Ao lado deles, as seguintes designações étnicas, subdivididas em quatro grupos: "Tchecos, morávios, eslovacos}; Croatas, ilírios, eslavos}; Sérvios, bósnios, búlgaros}; Poloneses, rutenos}". (N. E. A.)

[20] Nessa folha 2, encontram-se os seguintes registros: 1. Itinerário de Auxerre até Genebra: "Auxerre – Saint-Bris – Vermenton – Pont aux Alouettes – Lucy-le-Bois – Avallon – <Rouvray> – Saulieu – Arnay-le-Duc – povoado comprido – Yvory – La Cange – Chagny – Châlon – St. Marcel – Louhans – Beaufort – Orgelet – Aire – Moirans – dois montes – Pont du Lizon [Pont d'Ison] – St. Claude – La Mure [La Meure] – Mijoux – Gex – Genebra"; 2. Itinerário de Moirans até St. Claude: "Moirans – moinhos – Pont du Lizon [Pont d'Ison] – St. Claude"; 3. Itinerário de Genebra até Le Locle: "Genebra – Bellerive – Coppet – Nyon – Rolle – Aubonne – Morges – Cossonay – La Sarraz – Orbe – Yverdon – Sainte-Croix – Fleurier – Travers – Les Ponts – Le Locle". (N. E. A.)

ÍNDICE ONOMÁSTICO

Afrodite – deusa grega do amor, da beleza e da sexualidade. 74

Alcibíades (ca. 450 a.C. – 404 a.C.) – político e general ateniense. 252

Altenstein, Karl (1770-1840) – reformador prussiano, foi ministro de Finanças, Educação e Saúde, entre outros. 88

Armínio (18-17 a.C. – 21 d.C.) – chefe militar da tribo germânica dos queruscos. 66

Babeuf, François Noël (Gracchus) (1760-1797) – revolucionário francês, defensor do comunismo utópico, organizador da conspiração dos "iguais". 144-5, 147-8

Bagel, August (1809-1881) – editor e proprietário de uma livraria em Wesel. 68

Bairstow, Jonathan (1819-?) – membro do movimento cartista. 150

Bakunin, Mikhail (1814-1876) – teórico político de origem Suíça; um dos principais líderes anarquistas da Europa. 35

Ball, Hermann (1804-1860) – pastor protestante alemão, pregou em Wülfrath e depois em Elberfeld. 66

Bauer, Bruno (1809-1882) – filósofo e teólogo alemão, jovem hegeliano. 20, 22-3, 25-6, 42, 89, 157, 195

Bauer, Edgar (1820-1886) – filósofo e jornalista alemão, jovem hegeliano; irmão de Bruno Bauer. 22, 25, 159

Bauer, Heinrich (1813-?) – sapateiro e líder revolucionário; membro da Liga dos Justos, integrou o comitê central da Liga dos Comunistas. 29, 47

Becker, Heinrich August (1814-1871) – jornalista alemão, colaborador da *Rheinische Zeitung* e do *Vorwärts!* Apoiador de Wilhelm Weitling, dirigiu o movimento dos artesãos comunistas na Suíça. 197

Benedix, Roderich (1811-1873) – escritor e dramaturgo alemão, administrou um teatro em Elberfeld. 193

Bernays, Karl (1815-1876) – jornalista alemão; redator de vários jornais radicais. 35

Berthollet, Claude Louis, conde de (1748-1822) – químico francês. 169

Blanc, Jean Joseph Louis (1811-1882) – historiador e político francês, opositor da Comuna de Paris. 46, 252, 257

Blanqui, Louis Auguste (1805-1881) – revolucionário francês, comunista utópico. 252

Bluntschli, Johann Caspar (1808-1881) – jurista suíço e político conservador. 154

Börne, Ludwig (1786-1837) – crítico e escritor alemão. 17, 24, 57

Bright, John (1811-1889) – político britânico, industrial do setor têxtil, defensor do livre comércio e cofundador da Liga Contra a Lei dos Cereais. 129

Buonarroti, Filippo Michele (1761-1837) – revolucionário italiano, comunista utópico radicado na França, lutou ao lado de Babeuf. 145

Friedrich Engels – Esboço para uma crítica da economia política

Bürgers, Heinrich (1820-1878) – jornalista radical alemão. 195

Byron, George (Lord) (1788-1824) – poeta inglês, representante do romantismo revolucionário. 131

Cabet, Étienne (1788-1856) – jurista e jornalista francês, foi fundador da corrente icariana do comunismo francês e autor de *Viagem a Icária.* 46, 148, 150-1, 153, 220

Carlos I (1600-1649) – rei da Inglaterra, da Escócia e da Irlanda durante as duas guerras civis. Foi derrotado por Oliver Cromwell. 216

Carlos Teodoro (1724-1799) – príncipe eleitor de Pfalz (1733-1799) e da Baviera (1777-1799). 68

Carlos X (1757-1836) – rei da França de 1824 a 1830. 91

Carlyle, Thomas (1795-1881) – escritor, historiador e ensaísta britânico, apoiava os *tories.* 31-2, 40, 129, 185, 221

Carrière, Moritz (1817-1895) – filósofo idealista alemão, historiador da arte e professor de estética. 72

Cartwright, Edmund (1743-1823) – inventor inglês, inventou o tear mecânico. 170

Cavaignac, Louis-Eugène (1802-1857) – general e político francês, foi ministro da Guerra e presidente do Conselho dos Ministros em 1848. 254, 256-7

Chézy, Helmina von (1783-1856) – escritora romântica alemã. 256

Clausen, Johann Christoph Heinrich (1806-1877) – professor de língua alemã, história e geografia em Elberfeld. 16, 70

Cobden, Richard (1804-1865) – político liberal, industrial de Manchester, defensor do livre-comércio e cofundador da Liga Contra a Lei dos Cereais. 129

Considérant, Victor Prosper (1808-1893) – publicista francês, socialista utópico, discípulo de Fourier. 147

Cooper, Anthony Ashley (1801-1885) – líder anglicano, defensor de reformas sociais e trabalhistas. 133

Crompton, Samuel (1753-1827) – inventor inglês, inventou uma máquina de fiar movida a água. 183

Cuvier, Georges (1769-1832) – naturalista, zoólogo e paleontólogo francês, fundador da anatomia comparativa. 111

D'Ester, Karl Ludwig Johann (1813-1859) – médico e parlamentar prussiano, membro da Liga dos Comunistas. 195

Davy, Humphrey (1778-1829) – químico e físico inglês. 169, 181

Denjoy, Jean François Polinis (1809-1860) – político monarquista francês, deputado da Assembleia Constituinte (1848-1849) e parlamentar. 264-5

Descartes, René (1596-1650) – filósofo, matemático e naturalista francês. 89

Diesterweg, Friedrich Adolph Wilhelm (1790-1866) – professor alemão. 69

Dingelstedt, Franz von (1814-1881) – poeta, romancista e dramaturgo alemão. 72

Dionísio – deus grego dos ciclos vitais, das festas, do vinho e do teatro. 118

Disraeli, Benjamin (1804-1881) – escritor e primeiro-ministro britânico, líder *tory.* 221

Döring, Karl August (1783-1844) – pregador protestante em Elberfeld. 66, 73, 75

Duller, Eduard (1809-1853) – escritor romântico alemão, autor de romances históricos. 75

Duncombe, Thomas Slingsby (1796-1861) – político radical inglês, participou do cartismo na década de 1840. 131, 133

Dürholt (?) – funcionário da empresa de Wittenstein em Unter-Barmen. 75

Eichhoff, Karl Johann Ludwig (1805-1882) – professor de grego e latim em Elberfeld. 70

Ewerbeck, August Hermann (1816-1860) – médico e escritor alemão; membro da Liga dos Justos e da Liga dos Comunistas. 35, 46

Ewich, Johann Jakob (1788-1863) – professor alemão, um dos fundadores da escola municipal de Barmen. 68

Índice onomástico

Feuerbach, Ludwig Andreas von (1804--1872) – filósofo alemão, exerceu grande influência sobre o desenvolvimento intelectual do jovem Engels. 20-3, 25-6, 42, 44-5, 82, 89, 100, 109, 125, 157, 169, 192

Fichte, Johann Gottlieb (1762-1814) – filósofo alemão. 78-80, 90-1, 104, 155

Finch, John (1784-1857) – jornalista inglês, seguidor de Robert Owen. 195

Fleming, George Alexander (?-1878)– editor do jornal owenista *The New Moral World*. 159

Fourier, François Marie Charles (1772-1837) – teórico social e socialista utópico francês. 46, 145-7, 150, 176, 188, 216

Frederico Guilherme IV (1795-1861) – rei da Prússia de 1840 a 1861. 19-22, 24, 26-7, 50-2, 77, 91, 157

Freiligrath, Ferdinand (1810-1876) – poeta romântico alemão, mais tarde escreveu poemas revolucionários e aderiu à Liga dos Comunistas. 69, 71-3, 75

Gans, Eduard (1797-1839) – filósofo alemão, professor de direito na Universidade de Berlim, seguidor de Hegel. 82, 85

Gigot, Philippe (1819-1860) – comunista belga; membro do Comitê de Correspondência Comunista. 45

Gladstone, William Ewart (1809-1898) – estadista e político *tory*. Foi quatro vezes primeiro-ministro da Grã-Bretanha durante a segunda metade do século XIX. 132

Goethe, Johann Wolfgang Von (1749-1832) – pensador e poeta alemão, foi figura proeminente do Iluminismo. 15, 69, 74, 253, 267

Graeber, Friedrich (1822-1895) – colega de escola de Engels, depois pastor. 16

Graeber, Wilhelm (1820-1895) – colega de escola de Engels, depois pastor. 16, 19

Graham, Sir James (1782-1861) – político e estadista inglês do partido *whig*. 131-2

Greaves, James Pierrepont (1777-1842) – pedagogo inglês, envolveu-se em projetos de organização do trabalho rural. 145

Grün, Karl (1817-1887) – jornalista, filósofo e socialista alemão, foi um dos principais representantes do "socialismo verdadeiro" na década de 1840, na Alemanha. 46, 186, 188, 196

Güll, Friedrich Wilhelm (1812-1879) – poeta alemão, autor de poemas e canções infantis. 73

Gutzkov, Karl Ferdinand (1811-1878) – escritor alemão, membro do movimento literário Jovem Alemanha e editor do *Telegraph fur Deutschland*. 17

Haase, Friedrich (1808-1867) – filólogo alemão, especialista em grego e latim. 70

Hantschke, Johann Carl Leberecht (1796-1856) – professor e diretor escolar em Elberfeld. 70

Hargreaves, James (1720-1778) – inventor inglês, inventou a máquina de fiar de multifusos. 183

Harney, George Julian (1817-1897) – líder cartista. 29

Hassel, Wilhelm (?) – editor de livros em Elberfeld. 73

Hegel, Georg Wilhelm Friedrich (1770--1831) – filósofo e professor na Universidade de Berlim, foi figura destacada do Idealismo alemão. Seu pensamento exerceu grande influência sobre Engels e Marx. 20-6, 77-84, 85-93, 97-101, 103-7, 109, 111-2, 114-5, 123-5, 155-8, 163

Heine, Heinrich (1797-1856) – poeta revolucionário alemão, amigo de Engels e Marx. 17, 24, 31, 57, 71, 188-9

Heinzen, Karl (1809-1880) – escritor revolucionário alemão. 50

Hengstenberg, Ernst Wilhelm (1802-1869) – teólogo protestante, professor na Universidade de Berlim e editor da *Evangelischen Kirchenzeitung*. 77

Friedrich Engels – Esboço para uma crítica da economia política

Henrique IV (1050-1106) – imperador do Sacro Império Romano-Germânico. 63

Herwegh, Georg (1817-1875) – poeta revolucionário alemão. Integrante do grupo Jovem Alemanha. 31, 157

Hess, Moses (1812-1875) – jornalista e filósofo alemão, foi cofundador da *Rheinische Zeitung* e foi um dos principais representantes do "socialismo verdadeiro". 26, 28-9, 36, 157, 188, 191, 193-6

Hey, Wilhelm (1789-1854) – padre alemão, autor de poemas e fábulas infantis. 73

Holbach, Paul Henri Dietrich, barão de (1723-1789) – filósofo franco-alemão, figura proeminente do Iluminismo francês. 131, 137

Horácio (*Quintus Horatius Flaccus*) (65 a.C. – 8 d.C.) – poeta romano. 74

Hübner, Karl Wilhelm (1814-1879) – artista realista alemão de orientação democrata. 186, 197.

Hülsmann, August (1822-1846) – pastor da comunidade luterana de Elberfeld e conselheiro escolar em Düsseldorf. 66, 75

Jean Paul (pseudônimo de *Johann Paul Friedrich Richter*) (1763-1825) – escritor satirista alemão. 66

Jürgens (?) – pregador itinerante, aventureiro. 61

Kant, Immanuel (1724-1804) – filósofo alemão, professor em Konigsberg. 21, 78, 83, 93, 107, 155, 158

Knebel, H. (?) – diretor escolar em Duisburgo, publicou obras sobre gramática. 69

Kock, Charles Paul de (1794-1871) – romancista e dramaturgo francês. 71

Köttgen, Gustav Adolf (1805-1882) – artista e poeta alemão próximo dos "socialistas verdadeiros", participou do movimento da classe operária na década de 1840. 36

Kohl, Albert (1802-1882) – pastor protestante em Elberfeld; pietista. 64, 66

Köster, Heinrich (1807-1881) – filólogo e professor alemão. 69, 71

Kriege, Hermann (1820-1850) – foi um revolucionário alemão-americano e jornalista. 45-6

Krug, Friedrich Wilhelm (1799-?) – teólogo alemão, autor de poemas e obras de ficção. 75

Krummacher, Emil (1798-1886) – pastor em Duisburgo e depois em Bonn, era filho de Friedrich Adolf Krummacher. 67

Krummacher, Friedrich Adolf (1767-1845) – pedagogo e escritor religioso alemão. Foi pastor em Bremen de 1824 a 1843. Irmão de Gottfried Daniel Krummacher. 62

Krummacher, Friedrich Wilhelm (1796-1868) – pregador e escritor religioso alemão, era filho de Friedrich Adolf Krummacher. Foi líder dos pietistas de Wuppertal. 19, 62-7

Krummacher, Gottfried Daniel (1774-1837) – pregador protestante e escritor religioso alemão, foi pastor em Elberfeld. Era irmão de Friedrich Adolf Krummacher. 62

Kruse, Karl Adolf Bernhardt (1807-1873) – professor em Elberfeld. 69

Lamennais (*La Mennais*), *Félicité Robert de* (1782-1854) – abade e jornalista francês, foi ideólogo do socialismo cristão. 155

Langewiesche, Wilhelm (pseudônimo *W. Jemand* [*W. Alguém*]) (1807-1872) – escritor e vendedor de livros em Barmen. 73

Leach, James (ca. 1806-1869) – líder cartista de Manchester. 29

Ledru-Rollin, Alexandre Auguste (1807-1874) – escritor, político e ministro francês, foi redator do jornal *La Réforme*. 256

Leo, Heinrich (1799-1878) – historiador e escritor, ideólogo da aristocracia agrária prussiana. 84, 88-9

Leônidas (ca. 480 a.C.) – rei de Esparta e herói de guerra. 252

Leopold, Heinrich (?-1865) – cônsul, proprietário de uma firma comercial em Bremen na qual Engels trabalhou de julho de 1838 a março de 1841. 16-7

Índice onomástico

Leroux, Pierre (1797-1871) – jornalista francês e socialista utópico, partidário de Saint-Simon. 150-1

Lessing, Karl Friedrich (1808-1880) – editor alemão, gerenciou em Darmstadt a editora herdada do pai. 187

Lewald, August (1792-1871) – escritor alemão próximo ao grupo literário Jovem Alemanha, foi editor da revista *Europa*. 73

Liebig, Justus von (1803-1873) – químico alemão. 169, 181

Lieth, Ludwig Theodor (1776-1850) – diretor do ginásio para meninas de Elberlfeld, autor de poemas infantis. 73

List, Friedrich (1789-1846) – economista alemão, defensor do protecionismo. 36, 180, 212-3

Luís Filipe I (1773-1850) – rei da França de 1830 a 1848. 141, 261, 264

Luís Napoleão Bonaparte (*Napoleão III*) (1808-1873) – sobrinho de Napoleão I, presidente da Segunda República (1848-1851) e imperador francês (1852-1870). 262, 264

Lüning, Otto (1818-1868) – físico e jornalista alemão, partidário do "socialismo verdadeiro". 188, 195-6

Lutero, Martinho (1483-1546) – teólogo e mais importante representante da Reforma protestante, foi fundador do protestantismo na Alemanha. 66, 151-2, 165

MacCulloch, John Ramsay (1789-1864) – economista britânico, vulgarizou as teorias de David Ricardo. 164, 167

Malthus, Thomas (1766-1834) – sacerdote e economista inglês, principal representante da teoria da superpopulação. 32, 130-1, 163, 177-80

Marcus (?) – pseudônimo de um autor de panfletos que propagandeou a teoria de Malthus na década de 1830, na Inglaterra. 178

Marrast, Armand (1801-1852) – político e escritor francês, um dos dirigentes dos republicanos moderados. Editou o jornal *Le National* e presidiu a Assembleia Constituinte (1848-1849). 256

Marx, Karl (1818-1883) – filósofo, economista e político comunista alemão. 9-56, 157, 180, 185-6, 188, 190-2, 195-6, 221, 235, 251

Michelet, Karl Ludwig (1801-1893) – filósofo hegeliano alemão, professor na Universidade de Berlim e coeditor das obras de Hegel. 85

Mill, James (1773-1836) – filósofo, historiador e economista inglês, popularizou a teoria de Ricardo. 164, 180

Moll, Joseph (1813-1849) – pioneiro do movimento operário alemão; integrou a Liga dos Justos e depois a Liga dos Comunistas. 29, 47-8

Montanus (pseudônimo de *Vincenz Jakob von Zuccalmaglio*) (1806-1876) – poeta e pesquisador de lendas alemão. 74

Mosen, Julius (1803-1867) – escritor romântico alemão. 73

Müller, Wilhelm (pseudônimo de *Wolfgang Müller von Königswinter*) (1816-1873) – poeta e físico alemão. 194

Mundt, Theodor (1808-1861) – escritor alemão, representante do movimento Jovem Alemanha, foi mais tarde professor de literatura e história em Breslau e Berlim. 71

Müntzer, Thomas (ca. 1490-1525) – líder dos pobres e dos camponeses durante a Reforma e a Guerra Camponesa na Alemanha, pregava o comunismo utópico. 152

Musard, Philippe (1792-1859) – músico e compositor francês. 252

Napoleão Bonaparte (1769-1821) – general francês, primeirocônsul da república francesa (1799-1804) e imperador da França (1804-1814). 63, 144, 224, 256, 260

Neander, Johann August Wilhelm (1789-1850) – teólogo protestante alemão, historiador do cristianismo e da Igreja; pietista. 77, 123

Nestroy, Johann Nepomuk Eduard Ambrosius (1801-1862) – célebre dramaturgo, ator e cantor austríaco. 71

Friedrich Engels – Esboço para uma crítica da economia política

Nösselt, Friedrich August (1781-1850) – pedagogo e escritor alemão. 68

O'Connell, Daniel (1775-1861) – advogado e político irlandês, líder da ala liberal do movimento de libertação nacional. 129, 138-41

O'Connor, Feargus (1794-1855) – líder da esquerda cartista, fundador e diretor do *Northern Star*. 129, 133-4

Owen, Robert (1771-1858) – socialista utópico britânico. 29, 36, 40, 136, 143, 150, 188, 190, 195, 207

Paine, Thomas (1737-1809) – publicista inglês, republicano, participou da Guerra de Independência dos Estados Unidos e da Revolução Francesa. 137

Palas Atena – deusa grega da sabedoria, da guerra e da justiça. 74, 125

Paulo – no Novo Testamento, um dos doze apóstolos. Tido como fundador do universalismo cristão e autor dos mais influentes textos na formação da doutrina da Igreja católica. 65, 123

Paulus, Heinrich Eberhard Gottlob (1761-1851) – teólogo protestante alemão, representante de uma corrente luterana racionalista. 64

Peel, sir Robert (1788-1850) – estadista e economista inglês, líder dos *tories* moderados. Duas vezes primeiro-ministro, revogou a Lei dos Cereais. 132, 139-40

Petrarca, Francesco (1304-1374) – poeta florentino da Renascença. 74

Platen, August Graf von (1795-1835) – poeta e dramaturgo alemão. 73

Pol, Johann (?) – pastor protestante em Heedfeld, perto de Wuppertal, e autor de poemas religiosos. 74

Proudhon, Pierre-Joseph (1809-1865) – filósofo político e econômico francês, considerado um dos mais influentes autores anarquistas. 33, 45-6, 151

Püttmann, Hermann (1811-1894) – poeta e jornalista radical alemão, seguidor do "socialismo verdadeiro". 188

Ricardo, David (1778-1823) – considerado um dos fundadores da escola clássica inglesa de economia política. 32-3, 164, 167, 170

Richter, Heinrich (1800-1847) – inspetor da sociedade missionária renana e da casa missionária de Barmen. 67

Riedel, Carl (1804-1878) – jornalista radical alemão e seguidor de Hegel. 82

Ringseis, Johann Nepomuk von (1785-1880) – físico alemão e professor da faculdade de medicina da Universidade de Munique. 91

Roberts, Richard (1789-1864) – inventor inglês, inventou a máquina operatriz de alta precisão. 183

Rousseau, Jean-Jacques (1712-1778) – filósofo iluminista franco-suíço. 131, 137

Rückert, Friedrich (1788-1866) – poeta romântico alemão e tradutor de poesia oriental. 73

Ruge, Arnold (1802-1880) – filósofo e jornalista radical alemão, jovem hegeliano e amigo de juventude de Marx. 11, 20, 23, 31, 82, 88, 157, 185

Runkel, Martin (1807-1872) – jornalista conservador alemão e redator da *Elberfelder Zeitung* de 1839 a 1843. 72

Rymarkiewicz, Leon (ca. 1825-?) – participou da conspiração revolucionária dos patriotas poloneses em Pozna (1844-1845). 196

Rymarkiewicz, Maximilian (ca. 1832-?) – participou da conspiração revolucionária dos patriotas poloneses em Pozna (1844-1845). 196

SaintSimon, Henri de (1760-1825) – jornalista e socialista utópico francês. 25-6, 46, 145-7, 150

Sand, George (pseudônimo de *Amandine Lucie Aurore Dupin*, baronesa de Dudevant) (1804-1876) – escritora francesa, autora de muitos romances sobre temas sociais, representante da corrente democrata do romantismo. 150

Índice onomástico

Sander, Immanuel Friedrich (1797-1859) – pastor luterano em Elberfeld; pietista. 66-7, 75

Say, Jean Baptiste (1767-1832) – economista francês, entusiasta das ideias iluministas. 32, 167-9

Schapper, Karl (1812-1870) – líder do movimento dos trabalhadores da Alemanha. 29, 47, 51, 54

Schelling, Friedrich Wilhelm Joseph von (1775-1854) – filósofo idealista alemão. Sua filosofia tardia aproximou-se do romantismo e foi usada pelo governo prussiano como reação ao jovem hegelianismo. 20-5, 77-84, 85-128, 155

Schifflin, Philipp (?) – professor de línguas modernas na escola municipal de Barmen. 15, 69

Schiller, Friedrich (1759-1805) – poeta, médico, pensador e historiador alemão, foi um dos ícones da literatura romântica da Alemanha no século XVIII, ao lado de Goethe. 66-7

Schlegel, August Wilhelm von (1767--1845) – poeta romântico, tradutor, historiador da literatura e crítico alemão. 75

Schlöffel, Friedrich Wilhelm (1800-1870) – político democrata e industrial da Silésia. 197

Schubarth, Karl Ernst (1796-1861) – professor e jornalista conservador. 84

Seiler, Sebastian (1810-1890) – jornalista e revolucionário alemão. 46

Shelley, Percy Bysshe (1792-1822) – poeta inglês, representante do romantismo revolucionário. 18, 131, 137

Smith, Adam (1723-1790) – economista britânico, importante defensor da economia política burguesa clássica. 32-3, 130, 163-6, 170, 179

Somerville, Alexander (1811-1885) – jornalista radical inglês. 195

Southwell, Charles (1814-1860) – socialista utópico inglês e seguidor de Owen, fundou o jornal ateísta *The Oracle of Reason*. 136, 138

Stahl, Friedrich Julius (18021861) – jurista e político alemão. Monarquista convicto, foi professor da Universidade de Berlim a partir de 1840. 77, 91

Stein, Lorenz von (1815-1890) – hegeliano, professor de filosofia e de direito público na Universidade de Kiel. 138

Steinhaus, Johann Friedrich (?) – editor de livros em Barmen. 73

Stier, Rudolf Ewald (1800-1862) – teólogo protestante e pastor alemão, também conhecido por suas adaptações religiosas de poemas de Schiller. 66-7

Stilling, Johann Heinrich (pseudônimo de *Johann Heinrich Jung*) – escritor pietista alemão. 75

Stirner, Max (pseudônimo de *Johann Caspar Schmidt*) (1806-1856) – filósofo e jornalista alemão, jovem hegeliano, ideólogo do individualismo e do anarquismo. 195

Strauss, David Friedrich (1808-1874) – filósofo e teólogo alemão, hegeliano de esquerda, é autor de *Das Leben Jesu*. 16, 64, 82, 88-9, 109, 123, 125-6, 131, 155-6

Stuhr, Peter Feddersen (1787-1851) – historiador alemão, autor de obras sobre a história da religião e professor de filosofia na Universidade de Berlim. 82, 117

Tácito, Publius Cornelius (ca. 55 – ca. 120) – historiador e orador romano. 66

Thompson, Thomas Perronet (1783-1869) – político e economista inglês, defensor do livre-comércio. 170

Tromlitz, August von (pseudônimo de *Karl August Freiherr von Witzleben*) (1773-1839) – escritor alemão, autor de romances históricos. 71

Uhland, Johann Ludwig (1787-1862) – poeta romântico alemão. 72

Urano – deus grego que personificava o céu. 120

Voltaire (pseudônimo de *Francois-Marie Arouet*) (1694-1789) – filósofo, escritor e historiador francês; principal representante do Iluminismo burguês. 69, 131, 137

Friedrich Engels – Esboço para uma crítica da economia política

Voss, Johann Heinrich (1751-1826) – poeta alemão, tradutor de Homero, Virgílio e outros autores antigos. 75

Wade, John (1788-1875) – publicista, economista e historiador inglês. 40, 174, 182

Watt, James (1736-1819) – engenheiro escocês, inventou a moderna máquina a vapor. 170

Watts, John (1818-1887) – socialista utópico inglês, seguidor de Robert Owen. 29

Weber, Carl Maria von (1786-1826) – compositor alemão. 256

Weerth, Georg (1822-1856) – poeta revolucionário alemão. 28, 46, 190

Weitling, Wilhelm (1808-1871) – alfaiate, teórico e agitador do comunismo utópico na Alemanha. 26, 45-7, 153-5, 192

Weydemeyer, Joseph (1818-1866) – militar, jornalista político e revolucionário alemão. 46

Wolff, Ferdinand (1812-1905) – jornalista e revolucionário alemão. 46, 190

Wolff, Wilhelm (1809-1864) – publicista e revolucionário alemão. 46, 48, 54

Wülfing, Friedrich Ludwig (1087-?) – poeta alemão. 73-4

Zuccalmaglio, Vincenz Jakob von – ver Montanus Eremita.

CRONOLOGIA RESUMIDA DE MARX E ENGELS

	Karl Marx	Friedrich Engels	Fatos históricos
1818	Em Trier (capital da província alemã do Reno), nasce Karl Marx (5 de maio), o segundo de oito filhos de Heinrich Marx e Enriqueta Pressburg. Trier na época era influenciada pelo liberalismo revolucionário francês e pela reação ao Antigo Regime, vinda da Prússia.		Simón Bolívar declara a Venezuela independente da Espanha.
1820		Nasce Friedrich Engels (28 de novembro), primeiro dos oito filhos de Friedrich Engels e Elizabeth Franziska Mauritia van Haar, em Barmen, Alemanha. Cresce no seio de uma família de industriais religiosa e conservadora.	George IV se torna rei da Inglaterra, pondo fim à Regência. Insurreição constitucionalista em Portugal.
1824	O pai de Marx, nascido Hirschel, advogado e conselheiro de Justiça, é obrigado a abandonar o judaísmo por motivos profissionais e políticos (os judeus estavam proibidos de ocupar cargos públicos na Renânia). Marx entra para o Ginásio de Trier (outubro).		Simón Bolívar se torna chefe do Executivo do Peru.
1830	Inicia seus estudos no Liceu Friedrich Wilhelm, em Trier.		Estouram revoluções em diversos países europeus. A população de Paris insurge-se contra a promulgação de leis que dissolvem a Câmara e suprimem a liberdade de imprensa. Luís Filipe assume o poder.
1831			Em 14 de novembro, morre Hegel.

Friedrich Engels – Esboço para uma crítica da economia política

	Karl Marx	Friedrich Engels	Fatos históricos
1834		Engels ingressa, em outubro, no Ginásio de Elberfeld.	A escravidão é abolida no Império Britânico. Insurreição operária em Lyon.
1835	Escreve "Reflexões de um jovem perante a escolha de sua profissão". Presta exame final de bacharelado em Trier (24 de setembro). Inscreve-se na Universidade de Bonn.		Revolução Farroupilha, no Brasil. O Congresso alemão faz moção contra o movimento de escritores Jovem Alemanha.
1836	Estuda Direito na Universidade de Bonn. Participa do Clube de Poetas e de associações estudantis. No verão, fica noivo em segredo de Jenny von Westphalen, sua vizinha em Trier. Em razão da oposição entre as famílias, casar-se-iam apenas sete anos depois. Matricula-se na Universidade de Berlim.	Na juventude, fica impressionado com a miséria em que vivem os trabalhadores das fábricas de sua família. Escreve "Poema".	Fracassa o golpe de Luís Napoleão em Estrasburgo. Criação da Liga dos Justos.
1837	Transfere-se para a Universidade de Berlim e estuda com mestres como Gans e Savigny. Escreve "Canções selvagens" e "Transformações". Em carta ao pai, descreve sua relação contraditória com o hegelianismo, doutrina predominante na época.	Por insistência do pai, Engels deixa o ginásio e começa a trabalhar nos negócios da família. Escreve "História de um pirata".	A rainha Vitória assume o trono na Inglaterra.
1838	Entra para o Clube dos Doutores, encabeçado por Bruno Bauer. Perde o interesse pelo Direito e entrega-se com paixão ao estudo da Filosofia, o que lhe compromete a saúde. Morre seu pai.	Estuda comércio em Bremen. Começa a escrever ensaios literários e sociopolíticos, poemas e panfletos filosóficos em periódicos como o *Hamburg Journal* e o *Telegraph für Deutschland*, entre eles o poema "O beduíno" (setembro), sobre o espírito da liberdade.	Richard Cobden funda a Anti-Corn-Law-League, na Inglaterra. Proclamação da Carta do Povo, que originou o cartismo.
1839		Escreve o primeiro trabalho de envergadura, "Briefe aus dem Wuppertal" [Cartas de Wuppertal], sobre a vida operária em Barmen e na vizinha Elberfeld (*Telegraph für Deutschland*, primavera). Outros viriam, como "Literatura popular alemã", "Karl Beck" e "Memorabilia de Immermann". Estuda a filosofia de Hegel.	Feuerbach publica *Zur Kritik der Hegelschen Philosophie* [Crítica da filosofia hegeliana]. Primeira proibição do trabalho de menores na Prússia. Auguste Blanqui lidera o frustrado levante de maio, na França.
1840	K. F. Koeppen dedica a Marx seu estudo "Friedrich der Grosse und seine Widersacher" [Frederico, o Grande, e seus adversários].	Engels publica "Réquiem para o Aldeszeitung alemão" (abril), "Vida literária moderna", no *Mitternachtzeitung* (março-maio) e "Cidade natal de Siegfried" (dezembro).	Proudhon publica *O que é a propriedade?* [Qu'est-ce que la propriété?].

Cronologia resumida de Marx e Engels

Karl Marx	Friedrich Engels	Fatos históricos
1841 Com uma tese sobre as diferenças entre as filosofias de Demócrito e Epicuro, Marx recebe em Iena o título de doutor em Filosofia (15 de abril). Volta a Trier. Bruno Bauer, acusado de ateísmo, é expulso da cátedra de Teologia da Universidade de Bonn e, com isso, Marx perde a oportunidade de atuar como docente nessa universidade.	Publica "Ernst Moritz Arndt". Seu pai o obriga a deixar a escola de comércio para dirigir os negócios da família. Engels prosseguiria sozinho seus estudos de filosofia, religião, literatura e política. Presta o serviço militar em Berlim por um ano. Frequenta a Universidade de Berlim como ouvinte e conhece os jovens hegelianos. Critica intensamente o conservadorismo na figura de Schelling, com os escritos "Schelling sobre Hegel", "Schelling e a revelação" e "Schelling, filósofo em Cristo".	Feuerbach traz a público *A essência do cristianismo* [*Das Wesen des Christentums*]. Primeira lei trabalhista na França.
1842 Elabora seus primeiros trabalhos como publicista. Começa a colaborar com o jornal *Rheinische Zeitung* [Gazeta Renana], publicação da burguesia em Colônia, do qual mais tarde seria redator. Conhece Engels, que na ocasião visitava o jornal.	Em Manchester, assume a fiação do pai, a Ermen & Engels. Conhece Mary Burns, jovem trabalhadora irlandesa, que viveria com ele até a morte dela. Mary e a irmã Lizzie mostram a Engels as dificuldades da vida operária, e ele inicia estudos sobre os efeitos do capitalismo no operariado inglês. Publica artigos no *Rheinische Zeitung*, entre eles "Crítica às leis de imprensa prussianas" e "Centralização e liberdade".	Eugène Sue publica *Os mistérios de Paris*. Feuerbach publica *Vorläufige Thesen zur Reform der Philosophie* [Teses provisórias para uma reforma da filosofia]. O Ashley's Act proíbe o trabalho de menores e mulheres em minas na Inglaterra.
1843 Sob o regime prussiano, é fechado o *Rheinische Zeitung*. Marx casa-se com Jenny von Westphalen. Recusa convite do governo prussiano para ser redator no diário oficial. Passa a lua de mel em Kreuznach, onde se dedica ao estudo de diversos autores, com destaque para Hegel. Redige os manuscritos que viriam a ser conhecidos como *Crítica da filosofia do direito de Hegel* [*Zur Kritik der Hegelschen Rechtsphilosophie*]. Em outubro vai a Paris, onde Moses Hess e George Herwegh o apresentam às sociedades secretas socialistas e comunistas e às associações operárias alemãs. Conclui *Sobre a questão judaica* [*Zur Judenfrage*]. Substitui Arnold Ruge na direção dos *Deutsch-Französische Jahrbücher* [Anais Franco-Alemães]. Em dezembro inicia grande amizade com Heinrich Heine e conclui sua "Crítica da filosofia do direito de Hegel – Introdução" [Zur Kritik der Hegelschen Rechtsphilosophie – Einleitung].	Engels escreve, com Edgar Bauer, o poema satírico "Como a Bíblia escapa milagrosamente a um atentado impudente, ou o triunfo da fé", contra o obscurantismo religioso. O jornal *Schweuzerisher Republicaner* publica suas "Cartas de Londres". Em Bradford, conhece o poeta G. Weerth. Começa a escrever para a imprensa cartista. Mantém contato com a Liga dos Justos. Ao longo desse período, suas cartas à irmã favorita, Marie, revelam seu amor pela natureza e por música, livros, pintura, viagens, esporte, vinho, cerveja e tabaco.	Feuerbach publica *Grundsätze der Philosophie der Zukunft* [Princípios da filosofia do futuro].

Friedrich Engels – Esboço para uma crítica da economia política

Karl Marx	Friedrich Engels	Fatos históricos
1844 Em colaboração com Arnold Ruge, elabora e publica o primeiro e único volume dos *Deutsch-Französische Jahrbücher*, no qual participa com dois artigos: "A questão judaica" e "Introdução a uma crítica da filosofia do direito de Hegel". Escreve os *Manuscritos econômico-filosóficos* [*Ökonomisch-philosophische Manuskripte*]. Colabora com o *Vorwärts!* [Avante!], órgão de imprensa dos operários alemães na emigração. Conhece a Liga dos Justos, fundada por Weitling. Amigo de Heine, Leroux, Blanqui, Proudhon e Bakunin, inicia em Paris estreita amizade com Engels. Nasce Jenny, primeira filha de Marx. Rompe com Ruge e desliga-se dos *Deutsch-Französische Jahrbücher*. O governo decreta a prisão de Marx, Ruge, Heine e Bernays pela colaboração nos *Deutsch-Französische Jahrbücher*. Encontra Engels em Paris e em dez dias planejam seu primeiro trabalho juntos, *A sagrada família* [*Die heilige Familie*]. Marx publica no *Vorwärts!* artigo sobre a greve na Silésia.	Em fevereiro, Engels publica "Esboço para uma crítica da economia política" [Umrisse zu einer Kritik der Nationalökonomie], texto que influenciou profundamente Marx. Segue à frente dos negócios do pai, escreve para os *Deutsch- -Französische Jahrbücher* e colabora com o jornal *Vorwärts!*. Deixa Manchester. Em Paris, torna-se amigo de Marx, com quem desenvolve atividades militantes, o que os leva a criar laços cada vez mais profundos com as organizações de trabalhadores de Paris e Bruxelas. Vai para Barmen.	O Graham's Factory Act regula o horário de trabalho para menores e mulheres na Inglaterra. Fundado o primeiro sindicato operário na Alemanha. Insurreição de operários têxteis na Silésia e na Boêmia.
1845 Por causa do artigo sobre a greve na Silésia, a pedido do governo prussiano Marx é expulso da França, juntamente com Bakunin, Bürgers e Bornstedt. Muda-se para Bruxelas e, em colaboração com Engels, escreve e publica em Frankfurt *A sagrada família*. Ambos começam a escrever *A ideologia alemã* [*Die deutsche Ideologie*], e Marx elabora "As teses sobre Feuerbach" [*Thesen über Feuerbach*]. Em setembro, nasce Laura, segunda filha de Marx e Jenny. Em dezembro, ele renuncia à nacionalidade prussiana.	As observações de Engels sobre a classe trabalhadora de Manchester, feitas anos antes, formam a base de uma de suas obras principais, *A situação da classe trabalhadora na Inglaterra* [*Die Lage der arbeitenden Klasse in England*] (publicada primeiramente em alemão; a edição seria traduzida para o inglês 40 anos mais tarde). Em Barmen, organiza debates sobre as ideias comunistas com Hess e profere os "Discursos de Elberfeld". Em abril sai de Barmen e encontra Marx em Bruxelas. Juntos, estudam economia e fazem uma breve visita a Manchester (julho e agosto), onde percorrem alguns jornais locais, como o *Manchester Guardian* e o *Volunteer Journal for Lancashire and Cheshire*. É lançada *A situação da classe trabalhadora na Inglaterra*, em Leipzig. Começa sua vida em comum com Mary Burns.	Criada a organização internacionalista Democratas Fraternais, em Londres. Richard M. Hoe registra a patente da primeira prensa rotativa moderna.
1846 Marx e Engels organizam em Bruxelas o primeiro Comitê de Correspondência da Liga dos Justos,	Seguindo instruções do Comitê de Bruxelas, Engels estabelece estreitos contatos com socialistas e	Os Estados Unidos declaram guerra ao México. Rebelião

Cronologia resumida de Marx e Engels

Karl Marx

uma rede de correspondentes comunistas em diversos países, a qual Proudhon se nega a integrar. Em carta a Annenkov, Marx critica o recém-publicado *Sistema das contradições econômicas ou Filosofia da miséria* [*Système des contradictions économiques ou Philosophie de la misère*], de Proudhon. Redige com Engels a *Zirkular gegen Kriege* [Circular contra Kriege], crítica a um alemão emigrado dono de um periódico socialista em Nova York. Por falta de editor, Marx e Engels desistem de publicar *A ideologia alemã* (a obra só seria publicada em 1932, na União Soviética). Em dezembro, nasce Edgar, o terceiro filho de Marx.

Friedrich Engels

comunistas franceses. No outono, ele se desloca para Paris com a incumbência de estabelecer novos comitês de correspondência. Participa de um encontro de trabalhadores alemães em Paris, propagando ideias comunistas e discorrendo sobre a utopia de Proudhon e o socialismo real de Karl Grün.

Fatos históricos

polonesa em Cracóvia. Crise alimentar na Europa. Abolidas, na Inglaterra, as "leis dos cereais".

1847

Filia-se à Liga dos Justos, em seguida nomeada Liga dos Comunistas. Realiza-se o primeiro congresso da associação em Londres (junho), ocasião em que se encomenda a Marx e Engels um manifesto dos comunistas. Eles participam do congresso de trabalhadores alemães em Bruxelas e, juntos, fundam a Associação Operária Alemã de Bruxelas. Marx é eleito vice--presidente da Associação Democrática. Conclui e publica a edição francesa de *Miséria da filosofia* [*Misère de la philosophie*] (Bruxelas, julho).

Engels viaja a Londres e participa com Marx do I Congresso da Liga dos Justos. Publica "Princípios do comunismo" [*Grundsätze des Kommunismus*], uma "versão preliminar" do *Manifesto Comunista* [*Manifest der Kommunistischen Partei*]. Em Bruxelas, com Marx, participa da reunião da Associação Democrática, voltando em seguida a Paris para mais uma série de encontros. Depois de atividades em Londres, volta a Bruxelas e escreve, com Marx, o *Manifesto Comunista*.

A Polônia torna-se província russa. Guerra civil na Suíça. Realiza-se em Londres o II Congresso da Liga dos Comunistas (novembro).

1848

Marx discursa sobre o livre--cambismo numa das reuniões da Associação Democrática. Com Engels publica, em Londres (fevereiro), o *Manifesto Comunista*. O governo revolucionário francês, por meio de Ferdinand Flocon, convida Marx a morar em Paris após o governo belga expulsá-lo de Bruxelas. Redige com Engels "Reivindicações do Partido Comunista da Alemanha" [Forderungen der Kommunistischen Partei in Deutschland] e organiza o regresso dos membros alemães da Liga dos Comunistas à pátria. Com sua família e com Engels, muda-se em fins de maio para Colônia, onde ambos fundam o jornal *Neue Rheinische Zeitung* [Nova Gazeta Renana], cuja primeira edição é

Expulso da França por suas atividades políticas, chega a Bruxelas no fim de janeiro. Juntamente com Marx, toma parte na insurreição alemã, de cuja derrota falaria quatro anos depois em *Revolução e contrarrevolução na Alemanha* [*Revolution und Konterevolution in Deutschland*]. Engels exerce o cargo de editor do *Neue Rheinische Zeitung*, recém-criado por ele e Marx. Participa, em setembro, do Comitê de Segurança Pública criado para rechaçar a contrarrevolução, durante grande ato popular promovido pelo *Neue Rheinische Zeitung*. O periódico sofre suspensões, mas prossegue ativo. Procurado pela polícia, tenta se exilar na Bélgica, onde é preso e

Definida, na Inglaterra, a jornada de dez horas para menores e mulheres na indústria têxtil. Criada a Associação Operária, em Berlim. Fim da escravidão na Áustria. Abolição da escravidão nas colônias francesas. Barricadas em Paris: eclode a revolução; o rei Luís Filipe abdica e a República é proclamada. A revolução se alastra pela Europa. Em junho, Blanqui lidera novas insurreições

Friedrich Engels – Esboço para uma crítica da economia política

Karl Marx	Friedrich Engels	Fatos históricos
publicada em 1º de junho, com o subtítulo *Organ der Demokratie*. Marx começa a dirigir a Associação Operária de Colônia e acusa a burguesia alemã de traição. Proclama o terrorismo revolucionário como único meio de amenizar "as dores de parto" da nova sociedade. Conclama ao boicote fiscal e à resistência armada.	depois expulso. Muda-se para a Suíça.	operárias em Paris, brutalmente reprimidas pelo general Cavaignac. Decretado estado de sítio em Colônia em reação a protestos populares. O movimento revolucionário reflui.
1849 Marx e Engels são absolvidos em processo por participação nos distúrbios de Colônia (ataques a autoridades publicados no *Neue Rheinische Zeitung*). Ambos defendem a liberdade de imprensa na Alemanha. Marx é convidado a deixar o país, mas ainda publicaria "Trabalho assalariado e capital" [*Lohnarbeit und Kapital*]. O periódico, em difícil situação, é extinto (maio). Marx, em condição financeira precária (vende os próprios móveis para pagar as dívidas), tenta voltar a Paris, mas, impedido de ficar, é obrigado a deixar a cidade em 24 horas. Graças a uma campanha de arrecadação de fundos promovida por Ferdinand Lassalle na Alemanha, Marx se estabelece com a família em Londres, onde nasce Guido, seu quarto filho (novembro).	Em janeiro, Engels retorna a Colônia. Em maio, toma parte militarmente na resistência à reação. À frente de um batalhão de operários, entra em Elberfeld, motivo pelo qual sofre sanções legais por parte das autoridades prussianas, enquanto Marx é convidado a deixar o país. É publicado o último número do *Neue Rheinische Zeitung*. Marx e Engels vão para o sudoeste da Alemanha, onde Engels envolve-se no levante de Baden-Palatinado, antes de seguir para Londres.	Proudhon publica *Les confessions d'un révolutionnaire* [As confissões de um revolucionário]. A Hungria proclama sua independência da Áustria. Após período de refluxo, reorganiza-se no fim do ano, em Londres, o Comitê Central da Liga dos Comunistas, com a participação de Marx e Engels.
1850 Ainda em dificuldades financeiras, organiza a ajuda aos emigrados alemães. A Liga dos Comunistas reorganiza as sessões locais e é fundada a Sociedade Universal dos Comunistas Revolucionários, cuja liderança logo se fraciona. Edita em Londres a *Neue Rheinische Zeitung* [Nova Gazeta Renana], revista de economia política, bem como *Lutas de classe na França* [*Die Klassenkämpfe in Frankreich*]. Morre o filho Guido.	Publica *A guerra dos camponeses na Alemanha* [*Der deutsche Bauernkrieg*]. Em novembro, retorna a Manchester, onde viverá por vinte anos, e às suas atividades na Ermen & Engels; o êxito nos negócios possibilita ajudas financeiras a Marx.	Abolição do sufrágio universal na França.
1851 Continua em dificuldades, mas, graças ao êxito dos negócios de Engels em Manchester, conta com ajuda financeira. Dedica-se intensamente aos estudos de economia na biblioteca do Museu Britânico. Aceita o convite de trabalho do *New York Daily Tribune*, mas é Engels quem envia os primeiros textos, intitulados	Engels, ao lado de Marx, começa a colaborar com o Movimento Cartista [Chartist Movement]. Estuda língua, história e literatura eslava e russa.	Na França, golpe de Estado de Luís Bonaparte. Realização da primeira Exposição Universal, em Londres.

Cronologia resumida de Marx e Engels

Karl Marx	Friedrich Engels	Fatos históricos
"Contrarrevolução na Alemanha", publicados sob a assinatura de Marx. Hermann Becker publica em Colônia o primeiro e único tomo dos *Ensaios escolhidos de Marx*. Nasce Francisca (28 de março), a quinta de seus filhos.		
1852 Envia ao periódico *Die Revolution*, de Nova York, uma série de artigos sobre *O 18 de brumário de Luís Bonaparte* [*Der achtzehnte Brumaire des Louis Bonaparte*]. Sua proposta de dissolução da Liga dos Comunistas é acolhida. A difícil situação financeira é amenizada com o trabalho para o *New York Daily Tribune*. Morre a filha Francisca, nascida um ano antes.	Publica *Revolução e contrarrevolução na Alemanha* [*Revolution und Konterevolution in Deutschland*]. Com Marx, elabora o panfleto *O grande homem do exílio* [*Die grossen Männer des Exils*] e uma obra, hoje desaparecida, chamada *Os grandes homens oficiais da Emigração*; nela, atacam os dirigentes burgueses da emigração em Londres e defendem os revolucionários de 1848-1849. Expõem, em cartas e artigos conjuntos, os planos do governo, da polícia e do judiciário prussianos, textos que teriam grande repercussão.	Luís Bonaparte é proclamado imperador da França, com o título de Napoleão Bonaparte III.
1853 Marx escreve, tanto para o *New York Daily Tribune* quanto para o *People's Paper*, inúmeros artigos sobre temas da época. Sua precária saúde o impede de voltar aos estudos econômicos interrompidos no ano anterior, o que faria somente em 1857. Retoma a correspondência com Lassalle.	Escreve artigos para o *New York Daily Tribune*. Estuda persa e a história dos países orientais. Publica, com Marx, artigos sobre a Guerra da Crimeia.	A Prússia proíbe o trabalho para menores de 12 anos.
1854 Continua colaborando com o *New York Daily Tribune*, dessa vez com artigos sobre a revolução espanhola.		
1855 Começa a escrever para o *Neue Oder Zeitung*, de Breslau, e segue como colaborador do *New York Daily Tribune*. Em 16 de janeiro, nasce Eleanor, sua sexta filha, e em 6 de abril morre Edgar, o terceiro.	Escreve uma série de artigos para o periódico *Putman*.	Morte de Nicolau I, na Rússia, e ascensão do czar Alexandre II.
1856 Ganha a vida redigindo artigos para jornais. Discursa sobre o progresso técnico e a revolução proletária em uma festa do *People's Paper*. Estuda a história e a civilização dos povos eslavos. A esposa Jenny recebe uma herança da mãe, o que permite que a família se mude para um apartamento mais confortável.	Acompanhado da mulher, Mary Burns, Engels visita a terra natal dela, a Irlanda.	Morrem Max Stirner e Heinrich Heine. Guerra franco-inglesa contra a China.
1857 Retoma os estudos sobre economia política, por considerar iminente uma nova crise econômica europeia.	Adoece gravemente em maio. Analisa a situação no Oriente Médio, estuda a questão eslava e	O divórcio, sem necessidade de aprovação

Friedrich Engels – Esboço para uma crítica da economia política

Karl Marx	Friedrich Engels	Fatos históricos
Fica no Museu Britânico das nove da manhã às sete da noite e trabalha madrugada adentro. Só descansa quando adoece e aos domingos, nos passeios com a família em Hampstead. O médico o proíbe de trabalhar à noite. Começa a redigir os manuscritos que viriam a ser conhecidos como *Grundrisse der Kritik der Politischen Ökonomie* [Esboços de uma crítica da economia política], e que servirão de base à obra *Para a crítica da economia política* [*Zur Kritik der Politischen Ökonomie*]. Escreve a célebre *Introdução de 1857*. Continua a colaborar no *New York Daily Tribune*. Escreve artigos sobre Jean-Baptiste Bernadotte, Simón Bolívar, Gebhard Blücher e outros na *New American Encyclopaedia* [Nova Enciclopédia Americana]. Atravessa um novo período de dificuldades financeiras e tem um novo filho, natimorto.	aprofunda suas reflexões sobre temas militares. Sua contribuição para a *New American Encyclopaedia* [Nova Enciclopédia Americana], versando sobre as guerras, faz de Engels um continuador de Von Clausewitz e um precursor de Lenin e Mao Tsé-Tung. Continua trocando cartas com Marx, discorrendo sobre a crise na Europa e nos Estados Unidos.	parlamentar, se torna legal na Inglaterra.
1858	O *New York Daily Tribune* deixa de publicar alguns de seus artigos. Marx dedica-se à leitura de *Ciência da lógica* [*Wissenschaft der Logik*] de Hegel. Agravam-se os problemas de saúde e a penúria.	Engels dedica-se ao estudo das ciências naturais.	Morre Robert Owen.
1859	Publica em Berlim *Para a crítica da economia política*. A obra só não fora publicada antes porque não havia dinheiro para postar o original. Marx comentaria: "Seguramente é a primeira vez que alguém escreve sobre o dinheiro com tanta falta dele". O livro, muito esperado, foi um fracasso. Nem seus companheiros mais entusiastas, como Liebknecht e Lassalle, o compreenderam. Escreve mais artigos no *New York Daily Tribune*. Começa a colaborar com o periódico londrino *Das Volk*, contra o grupo de Edgar Bauer. Marx polemiza com Karl Vogt (a quem acusa de ser subsidiado pelo bonapartismo), Blind e Freiligrath.	Faz uma análise, com Marx, da teoria revolucionária e suas táticas, publicada em coluna do *Das Volk*. Escreve o artigo "Po und Rhein" [Pó e Reno], em que analisa o bonapartismo e as lutas liberais na Alemanha e na Itália. Enquanto isso, estuda gótico e inglês arcaico. Em dezembro, lê o recém-publicado *A origem das espécies* [*The Origin of Species*], de Darwin.	A França declara guerra à Áustria.
1860	Vogt começa uma série de calúnias contra Marx, e as querelas chegam aos tribunais de Berlim e Londres. Marx escreve "Herr Vogt" [Senhor Vogt].	Engels vai a Barmen para o sepultamento de seu pai (20 de março). Publica a brochura *Savoia, Nice e o Reno* [*Savoyen, Nizza und der Rhein*], polemizando com	Giuseppe Garibaldi toma Palermo e Nápoles.

Cronologia resumida de Marx e Engels

Karl Marx	Friedrich Engels	Fatos históricos
	Lassalle. Continua escrevendo para vários periódicos, entre eles o *Allgemeine Militar Zeitung*. Contribui com artigos sobre o conflito de secessão nos Estados Unidos no *New York Daily Tribune* e no jornal liberal *Die Presse*.	
1861 Enfermo e depauperado, Marx vai à Holanda, onde o tio Lion Philiph concorda em adiantar-lhe uma quantia, por conta da herança de sua mãe. Volta a Berlim e projeta com Lassalle um novo periódico. Reencontra velhos amigos e visita a mãe em Trier. Não consegue recuperar a nacionalidade prussiana. Regressa a Londres e participa de uma ação em favor da libertação de Blanqui. Retoma seus trabalhos científicos e a colaboração com o *New York Daily Tribune* e o *Die Presse* de Viena.		Guerra civil norte--americana. Abolição da servidão na Rússia.
1862 Trabalha o ano inteiro em sua obra científica e encontra-se várias vezes com Lassalle para discutirem seus projetos. Em suas cartas a Engels, desenvolve uma crítica à teoria ricardiana sobre a renda da terra. O *New York Daily Tribune*, justificando-se com a situação econômica interna norte-americana, dispensa os serviços de Marx, o que reduz ainda mais seus rendimentos. Viaja à Holanda e a Trier, e novas solicitações ao tio e à mãe são negadas. De volta a Londres, tenta um cargo de escrevente da ferrovia, mas é reprovado por causa da caligrafia.		Nos Estados Unidos, Lincoln decreta a abolição da escravatura. O escritor Victor Hugo publica *Les misérables* [Os miseráveis].
1863 Marx continua seus estudos no Museu Britânico e se dedica também à matemática. Começa a redação definitiva de *O capital* [*Das Kapital*] e participa de ações pela independência da Polônia. Morre sua mãe (novembro), deixando-lhe algum dinheiro como herança.	Morre, em Manchester, Mary Burns, companheira de Engels (6 de janeiro). Ele permaneceria morando com a cunhada Lizzie. Esboça, mas não conclui um texto sobre rebeliões camponesas.	
1864 Malgrado a saúde, continua a trabalhar em sua obra científica. É convidado a substituir Lassalle (morto em duelo) na Associação Geral dos Operários Alemães. O cargo, entretanto, é ocupado por Becker. Apresenta o projeto e o estatuto de uma Associação	Engels participa da fundação da Associação Internacional dos Trabalhadores, depois conhecida como a Primeira Internacional. Torna-se coproprietário da Ermen & Engels. No segundo semestre, contribui, com Marx, para o *Sozial-Demokrat*, periódico da	Dühring traz a público seu *Kapital und Arbeit* [Capital e trabalho]. Fundação, na Inglaterra, da Associação Internacional dos Trabalhadores.

Friedrich Engels – Esboço para uma crítica da economia política

Karl Marx	Friedrich Engels	Fatos históricos
Internacional dos Trabalhadores, durante encontro internacional no Saint Martin's Hall de Londres. Marx elabora o "Manifesto de Inauguração da Associação Internacional dos Trabalhadores".	social-democracia alemã que populariza as ideias da Internacional na Alemanha.	É reconhecido o direito a férias na França. Morre Wilhelm Wolff, amigo íntimo de Marx, a quem é dedicado *O capital*.
1865 Conclui a primeira redação de *O capital* e participa do Conselho Central da Internacional (setembro), em Londres. Marx escreve *Salário, preço e lucro* [*Lohn, Preis und Profit*]. Publica no *Sozial-Demokrat* uma biografia de Proudhon, morto recentemente. Conhece o socialista francês Paul Lafargue, seu futuro genro.	Recebe Marx em Manchester. Ambos rompem com Schweitzer, diretor do *Sozial-Demokrat*, por sua orientação lassalliana. Suas conversas sobre o movimento da classe trabalhadora na Alemanha resultam em um artigo para a imprensa. Engels publica "A questão militar na Prússia e o Partido Operário Alemão" [Die preussische Militärfrage und die deutsche Arbeiterpartei].	Assassinato de Lincoln. Proudhon publica *De la capacité politique des classes ouvrières* [A capacidade política das classes operárias]. Morre Proudhon.
1866 Apesar dos intermináveis problemas financeiros e de saúde, Marx conclui a redação do Livro I de *O capital*. Prepara a pauta do primeiro Congresso da Internacional e as teses do Conselho Central. Pronuncia discurso sobre a situação na Polônia.	Escreve a Marx sobre os trabalhadores emigrados da Alemanha e pede a intervenção do Conselho Geral da Internacional.	Na Bélgica, é reconhecido o direito de associação e a férias. Fome na Rússia.
1867 O editor Otto Meissner publica, em Hamburgo, o primeiro volume de *O capital*. Os problemas de Marx o impedem de prosseguir no projeto. Redige instruções para Wilhelm Liebknecht, recém-ingressado na Dieta prussiana como representante social-democrata.	Engels estreita relações com os revolucionários alemães, especialmente Liebknecht e Bebel. Envia carta de congratulações a Marx pela publicação do Livro I de *O capital*. Estuda as novas descobertas da química e escreve artigos e matérias sobre *O capital*, com fins de divulgação.	
1868 Piora o estado de saúde de Marx, e Engels continua ajudando-o financeiramente. Marx elabora estudos sobre as formas primitivas de propriedade comunal, em especial sobre o *mir* russo. Corresponde-se com o russo Danielson e lê Dühring. Bakunin se declara discípulo de Marx e funda a Aliança Internacional da Social--Democracia. Casamento da filha Laura com Lafargue.	Engels elabora uma sinopse do Livro I de *O capital*.	Em Bruxelas, acontece o Congresso da Associação Internacional dos Trabalhadores (setembro).
1869 Liebknecht e Bebel fundam o Partido Operário Social--Democrata alemão, de linha marxista. Marx, fugindo das polícias da Europa continental, passa a viver em Londres com a família, na mais absoluta miséria. Continua os trabalhos para o segundo livro de *O capital*.	Em Manchester, dissolve a empresa Ermen & Engels, que havia assumido após a morte do pai. Com um soldo anual de 350 libras, auxilia Marx e sua família. Mantém intensa correspondência com Marx. Começa a contribuir com o *Volksstaat*, o órgão de imprensa do	Fundação do Partido Social-Democrata alemão. Congresso da Primeira Internacional na Basileia, Suíça.

Cronologia resumida de Marx e Engels

Karl Marx

Vai a Paris sob nome falso, onde permanece algum tempo na casa de Laura e Lafargue. Mais tarde, acompanhado da filha Jenny, visita Kugelmann em Hannover. Estuda russo e a história da Irlanda. Corresponde-se com De Paepe sobre o proudhonismo e concede uma entrevista ao sindicalista Haman sobre a importância da organização dos trabalhadores.

Friedrich Engels

Partido Social-Democrata alemão. Escreve uma pequena biografia de Marx, publicada no *Die Zukunft* (julho). É lançada a primeira edição russa do *Manifesto Comunista*. Em setembro, acompanhado de Lizzie, Marx e Eleanor, visita a Irlanda.

Fatos históricos

1870

Continua interessado na situação russa e em seu movimento revolucionário. Em Genebra, instala-se uma seção russa da Internacional, na qual se acentua a oposição entre Bakunin e Marx, que redige e distribui uma circular confidencial sobre as atividades dos bakunistas e sua aliança. Redige o primeiro comunicado da Internacional sobre a guerra franco-prussiana e exerce, a partir do Conselho Central, uma grande atividade em favor da República francesa. Por meio de Serrailler, envia instruções para os membros da Internacional presos em Paris. A filha Jenny colabora com Marx em artigos para *A Marselhesa* sobre a repressão dos irlandeses por policiais britânicos.

Engels escreve "História da Irlanda" [Die Geschichte Irlands]. Começa a colaborar com o periódico inglês *Pall Mall Gazette*, discorrendo sobre a guerra franco-prussiana. Deixa Manchester em setembro, acompanhado de Lizzie, e instala-se em Londres para promover a causa comunista. Lá, continua escrevendo para o *Pall Mall Gazette*, dessa vez sobre o desenvolvimento das oposições. É eleito por unanimidade para o Conselho Geral da Primeira Internacional. O contato com o mundo do trabalho permitiu a Engels analisar, em profundidade, as formas de desenvolvimento do modo de produção capitalista. Suas conclusões seriam utilizadas por Marx em *O capital*.

Na França, são presos membros da Internacional Comunista. Em 22 de abril, nasce Vladimir Lenin.

1871

Atua na Internacional em prol da Comuna de Paris. Instrui Frankel e Varlin e redige o folheto *Der Bürgerkrieg in Frankreich* [A guerra civil na França]. É violentamente atacado pela imprensa conservadora. Em setembro, durante a Internacional em Londres, é reeleito secretário da seção russa. Revisa o Livro I de *O capital* para a segunda edição alemã.

Prossegue suas atividades no Conselho Geral e atua junto à Comuna de Paris, que instaura um governo operário na capital francesa entre 26 de março e 28 de maio. Participa com Marx da Conferência de Londres da Internacional.

A Comuna de Paris, instaurada após a revolução vitoriosa do proletariado, é brutalmente reprimida pelo governo francês. Legalização das trade unions na Inglaterra.

1872

Acerta a primeira edição francesa de *O capital* e recebe exemplares da primeira edição russa, lançada em 27 de março. Participa dos preparativos do V Congresso da Internacional em Haia, quando se decide a transferência do Conselho Geral da organização para Nova York. Jenny, a filha mais velha, casa-se com o socialista Charles Longuet.

Redige com Marx uma circular confidencial sobre supostos conflitos internos da Internacional, envolvendo bakunistas na Suíça, intitulado *As pretensas cisões na Internacional* [Die angeblichen Spaltungen in der Internationale]. Ambos intervêm contra o lassalianismo na social-democracia alemã e escrevem um prefácio para a nova edição alemã do *Manifesto Comunista*. Engels participa do Congresso da Associação Internacional dos Trabalhadores.

Morrem Ludwig Feuerbach e Bruno Bauer. Bakunin é expulso da Internacional no Congresso de Haia.

Friedrich Engels – Esboço para uma crítica da economia política

Karl Marx	Friedrich Engels	Fatos históricos
1873 Impressa a segunda edição de *O capital* em Hamburgo. Marx envia exemplares a Darwin e Spencer. Por ordens de seu médico, é proibido de realizar qualquer tipo de trabalho.	Com Marx, escreve para periódicos italianos uma série de artigos sobre as teorias anarquistas e o movimento das classes trabalhadoras.	Morre Napoleão III. As tropas alemãs se retiram da França.
1874 É negada a Marx a cidadania inglesa, "por não ter sido fiel ao rei". Com a filha Eleanor, viaja a Karlsbad para tratar da saúde numa estação de águas.	Prepara a terceira edição de *A guerra dos camponeses alemães*.	Na França, são nomeados inspetores de fábricas e é proibido o trabalho em minas para mulheres e menores.
1875 Continua seus estudos sobre a Rússia. Redige observações ao Programa de Gotha, da social--democracia alemã.	Por iniciativa de Engels, é publicada *Crítica do Programa de Gotha* [*Kritik des Gothaer Programms*], de Marx.	Morre Moses Hess.
1876 Continua o estudo sobre as formas primitivas de propriedade na Rússia. Volta com Eleanor a Karlsbad para tratamento.	Elabora escritos contra Dühring, discorrendo sobre a teoria marxista, publicados inicialmente no *Vorwärts!* e transformados em livro posteriormente.	É fundado o Partido Socialista do Povo na Rússia. Crise na Primeira Internacional. Morre Bakunin.
1877 Marx participa de campanha na imprensa contra a política de Gladstone em relação à Rússia e trabalha no Livro II de *O capital*. Acometido novamente de insônias e transtornos nervosos, viaja com a esposa e a filha Eleanor para descansar em Neuenahr e na Floresta Negra.	Conta com a colaboração de Marx na redação final do *Anti--Dühring* [*Herrn Eugen Dühring's Umwälzung der Wissenschaft*]. O amigo colabora com o capítulo 10 da parte 2 ("Da história crítica"), discorrendo sobre a economia política.	A Rússia declara guerra à Turquia.
1878 Paralelamente ao Livro II de *O capital*, Marx trabalha na investigação sobre a comuna rural russa, complementada com estudos de geologia. Dedica-se também à *Questão do Oriente* e participa de campanha contra Bismarck e Lothar Bücher.	Publica o *Anti-Dühring* e, atendendo ao pedido de Wolhelm Bracke feito um ano antes, publica pequena biografia de Marx, intitulada *Karl Marx*. Morre Lizzie.	Otto von Bismarck proíbe o funcionamento do Partido Socialista na Prússia. Primeira grande onda de greves operárias na Rússia.
1879 Marx trabalha nos Livros II e III de *O capital*.		
1880 Elabora um projeto de pesquisa a ser executado pelo Partido Operário francês. Torna-se amigo de Hyndman. Ataca o oportunismo do periódico *Sozial-Demokrat* alemão, dirigido por Liebknecht. Escreve as "Randglossen zu Adolph Wagners Lehrbuch der politischen Ökonomie" [Glosas marginais ao tratado de economia política de Adolph Wagner]. Bebel, Bernstein e Singer visitam Marx em Londres.	Engels lança uma edição especial de três capítulos do *Anti-Dühring*, sob o título *Socialismo utópico e científico* [*Die Entwicklung des Socialismus Von der Utopie zur Wissenschaft*]. Marx escreve o prefácio do livro. Engels estabelece relações com Kautsky e conhece Bernstein.	Morre Arnold Ruge.

Cronologia resumida de Marx e Engels

Karl Marx	Friedrich Engels	Fatos históricos
1881 Prossegue os contatos com os grupos revolucionários russos e mantém correspondência com Zasulitch, Danielson e Nieuwenhuis. Recebe a visita de Kautsky. Jenny, sua esposa, adoece. O casal vai a Argenteuil visitar a filha Jenny e Longuet. Morre Jenny Marx.	Enquanto prossegue em suas atividades políticas, estuda a história da Alemanha e prepara *Labor Standard*, um diário dos sindicatos ingleses. Escreve um obituário pela morte de Jenny Marx (8 de dezembro).	Fundação da Federation of Labor Unions nos Estados Unidos. Assassinato do czar Alexandre II.
1882 Continua as leituras sobre os problemas agrários da Rússia. Acometido de pleurisia, visita a filha Jenny em Argenteuil. Por prescrição médica, viaja pelo Mediterrâneo e pela Suíça. Lê sobre física e matemática.	Redige com Marx um novo prefácio para a edição russa do *Manifesto Comunista*.	Os ingleses bombardeiam Alexandria e ocupam o Egito e o Sudão.
1883 A filha Jenny morre em Paris (janeiro). Deprimido e muito enfermo, com problemas respiratórios, Marx morre em Londres, em 14 de março. É sepultado no Cemitério de Highgate.	Começa a esboçar *A dialética da natureza* [*Dialektik der Natur*], publicada postumamente em 1927. Escreve outro obituário, dessa vez para a filha de Marx, Jenny. No sepultamento de Marx, profere o que ficaria conhecido como *Discurso diante da sepultura de Marx* [*Das Begräbnis von Karl Marx*]. Após a morte do amigo, publica uma edição inglesa do Livro I de *O capital*; imediatamente depois, prefacia a terceira edição alemã da obra e já começa a preparar o Livro II.	Implantação dos seguros sociais na Alemanha. Fundação de um partido marxista na Rússia e da Sociedade Fabiana, que mais tarde daria origem ao Partido Trabalhista na Inglaterra. Crise econômica na França; forte queda na Bolsa.
1884	Publica *A origem da família, da propriedade privada e do Estado* [*Der Ursprung der Familie, des Privateigentum und des Staates*].	Fundação da Sociedade Fabiana de Londres.
1885	Editado por Engels, é publicado o Livro II de *O capital*.	
1887	Karl Kautsky conclui o artigo "O socialismo jurídico", resposta de Engels a um livro do jurista Anton Menger, e o publica sem assinatura na *Neue Zeit*.	
1889		Funda-se em Paris a II Internacional.
1894	Também editado por Engels, é publicado o Livro III de *O capital*. O mundo acadêmico ignorou a obra por muito tempo, embora os principais grupos políticos logo tenham começado a estudá-la. Engels publica os textos	O oficial francês de origem judaica Alfred Dreyfus, acusado de traição, é preso. Protestos antissemitas multiplicam-se nas principais cidades francesas.

Friedrich Engels – Esboço para uma crítica da economia política

Karl Marx	Friedrich Engels	Fatos históricos
	"Contribuição à história do cristianismo primitivo" [Zur Geschischte des Urchristentums] e "A questão camponesa na França e na Alemanha" [Die Bauernfrage in Frankreich und Deutschland].	
1895	Redige uma nova introdução para *As lutas de classes na França*. Após longo tratamento médico, Engels morre em Londres (5 de agosto). Suas cinzas são lançadas ao mar em Eastbourne. Dedicou-se até o fim da vida a completar e traduzir a obra de Marx, ofuscando a si próprio e a sua obra em favor do que ele considerava a causa mais importante.	Os sindicatos franceses fundam a Confederação Geral do Trabalho. Os irmãos Lumière fazem a primeira projeção pública do cinematógrafo.

COLEÇÃO MARX-ENGELS

O 18 de brumário de Luís Bonaparte
Karl Marx
Tradução de **Nélio Schneider**
Prólogo de **Herbert Marcuse**
Orelha de **Ruy Braga**

*Anti-Dühring : a revolução da ciência
segundo o senhor Eugen Dühring*
Friedrich Engels
Tradução de **Nélio Schneider**
Apresentação de **José Paulo Netto**
Orelha de **Camila Moreno**

O capital: crítica da economia política
Livro I: *O processo de produção do capital*
Karl Marx
Tradução de **Rubens Enderle**
Textos introdutórios de **José Arthur Gianotti,
Louis Althusser** e **Jacob Gorender**
Orelha de **Francisco de Oliveira**

O capital: crítica da economia política
Livro II: *O processo de circulação do capital*
Karl Marx
Edição de **Friedrich Engels**
Seleção de textos extras e
tradução de **Rubens Enderle**
Prefácio de **Michael Heinrich**
Orelha de **Ricardo Antunes**

O capital: crítica da economia política
Livro III: *O processo global da produção capitalista*
Karl Marx
Edição de **Friedrich Engels**
Tradução de **Rubens Enderle**
Apresentação de **Marcelo Dias Carcanholo**
e **Rosa Luxemburgo**
Orelha de **Sara Granemann**

Crítica da filosofia do direito de Hegel
Karl Marx
Tradução de **Rubens Enderle**
e **Leonardo de Deus**
Prefácio de **Alysson Leandro Mascaro**

Crítica do Programa de Gotha
Karl Marx
Tradução de **Rubens Enderle**
Prefácio de **Michael Löwy**
Orelha de **Virgínia Fontes**

*Os despossuídos: debates sobre a lei
referente ao furto de madeira*
Karl Marx
Tradução de **Mariana Echalar** e **Nélio Schneider**
Prefácio de **Daniel Bensaïd**
Orelha de **Ricardo Prestes Pazello**

Dialética da natureza
Friedrich Engels
Tradução de **Nélio Schneider**
Apresentação de **Ricardo Musse**
Orelha de **Laura Luedy**

*Diferença entre a filosofia da natureza
de Demócrito e a de Epicuro*
Karl Marx
Tradução de **Nélio Schneider**
Apresentação de **Ana Selva Albinati**
Orelha de **Rodnei Nascimento**

*Grundrisse: manuscritos econômicos de 1857-1858 –
Esboços da crítica da economia política*
Karl Marx
Tradução de **Mario Duayer** e **Nélio Schneider**,
com **Alice Helga Werner** e **Rudiger Hoffman**
Apresentação de **Mario Duayer**
Orelha de **Jorge Grespan**

A guerra civil na França
Karl Marx
Tradução de **Rubens Enderle**
Apresentação de **Antonio Rago Filho**
Orelha de **Lincoln Secco**

A ideologia alemã
Karl Marx e **Friedrich Engels**
Tradução de **Rubens Enderle,
Nélio Schneider** e **Luciano Martorano**
Apresentação de **Emir Sader**
Orelha de **Leandro Konder**

Lutas de classes na Alemanha
Karl Marx e **Friedrich Engels**
Tradução de **Nélio Schneider**
Prefácio de **Michael Löwy**
Orelha de **Ivo Tonet**

As lutas de classes na França de 1848 a 1850
Karl Marx
Tradução de **Nélio Schneider**
Prefácio de **Friedrich Engels**
Orelha de **Caio Navarro de Toledo**

Lutas de classes na Rússia
Textos de **Karl Marx** e **Friedrich Engels**
Organização e introdução de **Michael Löwy**
Tradução de **Nélio Schneider**
Orelha de **Milton Pinheiro**

Manifesto Comunista
Karl Marx e **Friedrich Engels**
Tradução de **Ivana Jinkings** e **Álvaro Pina**
Introdução de **Osvaldo Coggiola**
Orelha de **Michael Löwy**

Manuscritos econômico-filosóficos
Karl Marx
Tradução e apresentação de **Jesus Ranieri**
Orelha de **Michael Löwy**

*Miséria da filosofia: resposta à Filosofia
da Miséria, do sr. Proudhon*
Karl Marx
Tradução de **José Paulo Netto**
Orelha de **João Antônio de Paula**

*A origem da família, da propriedade
privada e do Estado*
Friedrich Engels
Tradução de **Nélio Schneider**
Prefácio de **Alysson Leandro Mascaro**
Posfácio de **Marília Moschkovich**
Orelha de **Clara Araújo**

*A sagrada família : ou A crítica da Crítica
crítica contra Bruno Bauer e consortes*
Karl Marx e **Friedrich Engels**
Tradução de **Marcelo Backes**
Orelha de **Leandro Konder**

A situação da classe trabalhadora na Inglaterra
Friedrich Engels
Tradução de **B. A. Schumann**
Apresentação de **José Paulo Netto**
Orelha de **Ricardo Antunes**

Sobre a questão da moradia
Friedrich Engels
Tradução de **Nélio Schneider**
Orelha de **Guilherme Boulos**

Sobre a questão judaica
Karl Marx
Inclui as cartas de Marx a Ruge
publicadas nos *Anais Franco-Alemães*
Tradução de **Nélio Schneider**
e **Wanda Caldeira Brant**
Apresentação e posfácio de **Daniel Bensaïd**
Orelha de **Arlene Clemesha**

Sobre o suicídio
Karl Marx
Tradução de **Rubens Enderle**
e **Francisco Fontanella**
Prefácio de **Michael Löwy**
Orelha de **Rubens Enderle**

O socialismo jurídico
Friedrich Engels
Tradução de **Livia Cotrim**
e **Márcio Bilharinho Naves**
Prefácio de **Márcio Naves**
Orelha de **Alysson Mascaro**

*Últimos escritos econômicos:
anotações de 1879-1882*
Karl Marx
Tradução de **Hyury Pinheiro**
Apresentação e organização de **Sávio Cavalcante**
e **Hyury Pinheiro**
Revisão técnica de **Olavo Antunes de Aguiar
Ximenes** e **Luis Felipe Osório**
Orelha de **Edmilson Costa**

Capa da brochura
"Schelling e a revelação"

Publicado 180 anos depois da primeira edição de "Schelling sobre Hegel" e da redação de "Schelling e a revelação", traduzidos aqui pela primeira vez para o português, este livro foi composto em Palatino Linotype 10/12 e Optima 9,5/13 e impresso em papel Avena 80 g/m², na gráfica Rettec, para a Boitempo, em outubro de 2021, com tiragem de 5 mil exemplares.